U1006824

# 新时期国际化人才培养与德育模式创新

吴秀明　主编

世界知识出版社

# 编 委 会

吴秀明　丁　浩　李志军　王文静　陈　斌　谢应东
王云海　毕昆鹏　严大龙　古　晶　陈占权　郑锐华
盛　玲　赵　勇　王　渝　王　钊

# 序　言

高校思想政治教育，历来都是我国高等教育事业发展的一个重要优势。大学阶段是青年学生世界观、人生观和价值观形成的重要时期，也是对青年学生进行正确的世界观、人生观和价值观教育的关键时期。在这一时期形成的思想观念和价值取向，将成为他们铭心刻骨的青年旋律，往往对他们今后的发展和人生道路产生重大而深远的影响。越来越多的人们认识到，在人的素质中，思想政治素质是最重要的素质。党的十八届四中全会以来，高等教育改革发展主动适应经济发展新常态，积极服务“四个全面”战略布局。作为高等教育事业的重要组成部分，高校思想政治教育的创新与发展问题正受到全社会广泛的关注。在此背景下，新常态下国际化人才培养德育创新研讨会暨全国外语外贸院校学生工作协作会第十九届年会在外交学院召开，以高度的历史使命感对我国外语外贸院校的思想政治教育工作进行总结交流和研讨展望，具有很强的学术前沿性和现实意义。

当前，我国进入全面建设小康社会、加快推进社会主义现代化的新的历史阶段。国际上，经济全球化、政治多极化、文化多元化，各种思想文化相互激荡；在国内，社会主义市场经济体制的建立和完善，人们的思想领域发生深刻变化；高等学校管理体制的改革，也给学生的思想认识带来重要影响。随着我国高等教育进入大众化的中后期，人们认识到高等教育发展正在逐步从要素驱动转为改革驱动，必须通过体制机制创新激发和释放发展活力。对于我们这样一个大国，高等教育的大众化是前所未有的事情。在人类发展史上，这恐怕也是前无古人的事情。大家现在常说，改革就是啃硬骨头。我想，高校思想政治教育创新和发展中的硬骨头也一定不会少。高等教育大众化再加之国际国内校内信息网络化，高校学生思想政治教育工作出现了许多我们从来没有遇到过的新任务、新问题。它呼唤着大学生思想政治教育的加强和改进，呼唤着思想政治工作者的投入和奉献，呼唤着思想政治教育研究者的思考和探讨。从这个角度讲，高校思想政治教育工作的创新与发展正面临着难得的机遇。紧紧抓住这个难得的机遇，扎实推进高校政治教育的创新与发展，是我们高教战线尤其是广大高校思想政治教育工作者的光荣职责和神圣使命。外语外贸院校办学特色鲜明、优势突出，致力于培养国际化复合型人才，长期处在我国改革大潮的前沿，对社会的发展变化、人们的思想变化一直很敏感，反应也很迅速。这次研讨会的召开，就充分体现了这一点。

本次研讨会以“新常态下国际化人才培养德育创新”为主题，与外语外贸院校的特色实际紧密联系，紧跟以习近平为总书记的党中央推出一带一路、亚投行等一系列重大国家战略的国际化步伐，准确把握了时代脉搏，具有很强的前瞻性。研讨会涌现出一大批优秀研究成果，理论与调研相结合，问题意识强，社会关注度高，充分反映了外语外贸院校思想政治教育工作者平时做了大量创造性的工作，积累了丰富的经验，形成了一整套行之有效的工作思路、工作机制、工作方法和规章制度，丰富和发展了高校思想政治教育理论。我相信把外语外贸院校这些优秀研究成果集结成册并推而广之，对于提高全国大学生思想政治教育工作的精细化、专业化、科学化水平具有积极的借鉴意义和参考价值。

高校思想政治教育的创新与发展，是一项需要不断在实践中探索、不断深入研究的课题。高校思想政治教育工作者要紧扣时代精神，强化思想引领，把立德树人的根本任务落到实处。从党的十八大报告到习近平总书记系列重要讲话精神，中央反复强调教育的根本任务就是立德树人，也就是大学生思想政治教育始终作为工作灵魂的“育人为本，德育为先”。要通过入脑入心的高校思想政治教育工作，将中国梦作为青年大学生的共同时代理想，将社会主义核心价值观作为青年大学生的价值取向标准，从中华民族传统文化瑰宝中汲取丰富营养，引导大学生在勤学、修德、明辨、笃实上下功夫，踏实做人，锤炼本领，建功立业，报效祖国，真正扣好人生第一粒扣子。以本书的出版为契机，期盼更多的人关心和支持高校思想政治教育，期盼更多的有分量的研究成果问世。通过大家的不懈努力，让高校思想政治教育工作永葆创新与发展的勃勃生机!

**外交学院党委书记**

**袁南生**

**2015年9月23日**

# 目 录

## 一、现状分析



## 二、思想教育

## 三、实践创新

# 高校大学生创业现状与教育研究

## ——基于全国21所高校大学生创业现状的调查及重点国别研究

丁 浩 兰建华 郑大鹏

**摘 要**：大学生创业是当前社会关注的热点问题，大学生创业对缓解就业压力、促进经济社会健康发展具有重要的意义。本文从当前大学生创业的政策环境、发展现状、创业教育现状等方面，分析大学生创业的现状、创业教育发展与存在的问题，并结合英、美、日等国家大学生创业教育的经验，通过问卷调查、文献研究等方法，提出应从国家、社会、学生等层面关注大学生创业，引导大学生创业教育工作，在理念、载体上不断顺应时代需求。

**关键词**：大学生 创业现状 创业教育 国别研究

做好高校大学生就业创业工作，对于促进经济社会健康发展具有重要意义，同时大学生创业和创业教育对缓解当前严峻的就业压力、提高就业质量具有很好的促进作用。近年来，国务院就促进高校毕业生就业创业工作进行了部署，引领和支持更多的大学生创业。创业教育逐渐受到国内高校及有关部门的重视，也得到一定的发展。与此同时，在世界范围内大学生创业热潮兴起燎原，创业和创业教育成为世界各国政界和教育界高度关注的重要课题。

本研究以全国大学生为研究对象，采用非概率抽样的方式，选取了8个省（市）的21所高校，对合计3010名大学生进行了名为“高校大学生创业现状调查问卷”的问卷调查。结合大学生对创业教育的主观认知和评估，从创业意识、创业指导、创业支持、创业实践等方面，在宏观上分析国内大学生创业的现状，以及创业教育发展与存在问题，并通过对美国、英国、日本等国家大学创业教育的实践、课程、培养模式等进行研究和借鉴，从而对如何进一步推动大学生创业教

丁 浩 兰建华 郑大鹏 北京外国语大学学生处

育提出对策建议。

## 一、高校大学生创业的现状

### （一）大学生创业的政策环境

高校大学生是国家宝贵的人才资源，大学生的就业创业工作，长期以来都是国家高度重视的课题。随着经济社会的发展，关于大学生就业、创业的政策不断适应社会的需求，逐步得到完善。

在新中国成立之初的1950年，当时的政务院发出了《为有计划地合理地分配全国公私立高等学校今年暑期毕业生工作的通令》，提出对高校毕业生实行有计划的统筹分配的政策。

资料显示1984年全国的大学毕业生仅有27万，大学生可以说是当时社会环境中稀缺的人才资源。到1986年，原国家教委出台了《高等学校毕业生分配制度改革方案》，提出了“在国家就业方针政策指导下，逐步实行毕业生自主择业、用人单位择优录用的双向选择制度，逐步把竞争机制引向高校”的高校毕业生分配制度改革目标。高校大学生从原有的“毕业即就业”逐步发展为“毕业后双向择业”，大学生创业开始走进人们的视野。特别是1992年邓小平南巡讲话后，当年的许多大学毕业生，毅然打点行装，到深圳、广州等南方城市开创自己的事业，大学生创业之火开始燎原。

随着大学生创业人数的不断增多，创业教育越来越成为高校教育改革的新方向，如何培养创新型人才，如何使“创业”带动“就业”日益成为高校教育的重心之一。1989 年底，联合国教科文组织“面向 21 世纪教育国际研讨会”，首次提出创业教育。1999年中共中央、国务院颁发《关于深化教育改革全面推进素质教育的决定》，明确提出“高等教育要重视培养大学生的创业精神”。2002年 4 月，教育部召开普通高等学校创业教育试点工作座谈会，指出了在高等学校开展创业教育实践活动的重要性和迫切性。2010 年5 月，教育部下发《关于大力推进高等学校创新创业教育和大学生自主创业工作的意见》，特别指出要大力推进高等学校创新创业教育工作，积极鼓励高校学生自主创业。尤其是在《国家中长期教育改革和发展规划纲要（2010—2020）》中，专门强调了“加强就业创业教育”对提高人才培养质量的重要性。2014年人力资源和社会保障部等九部委发布《关于实施大学生创业引领计划的通知》，通知指出要发挥政府部门、公共服务机构和高等学校的职能作用，应调动社会各方面力量，采取一系列鼓励、引导和扶持措施，强化创业意识，提升创业能力，改善创业环境，健全创业服务，引导和带领一大批大学生通过创业实现就业。

虽然支持大学生创业以及创业教育的政策在不断完善，但调查显示，在问及“对国家出台的扶持大学生自主创业的相关政策和法律法规是否关注？”时，如图1所示，仍有44.25%的同学表示“不太关注，知道一点”。

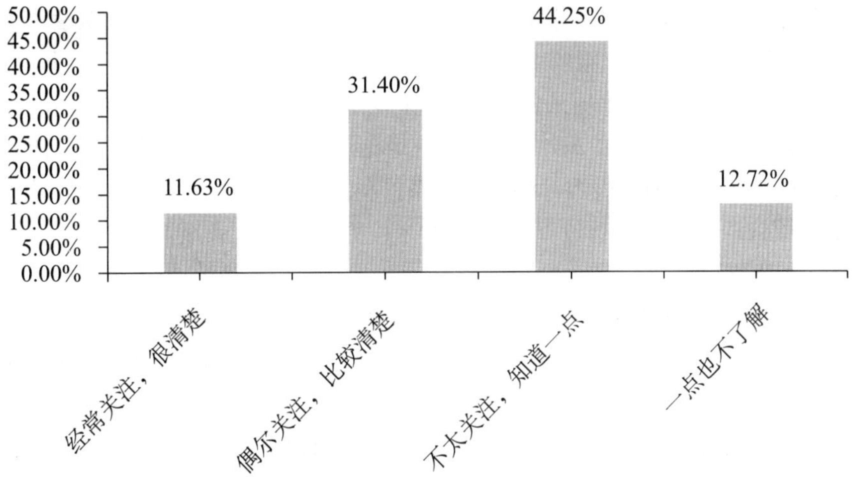


**图1　对国家出台的扶持大学生自主创业的相关政策和法律法规是否关注？**

调查显示，在对“国家有哪些对大学生创业的政策支持”的了解上，如图2所示，仅有64.09%的人对优先贷款有所了解，而对企业优惠政策的了解人数均达不到半数。

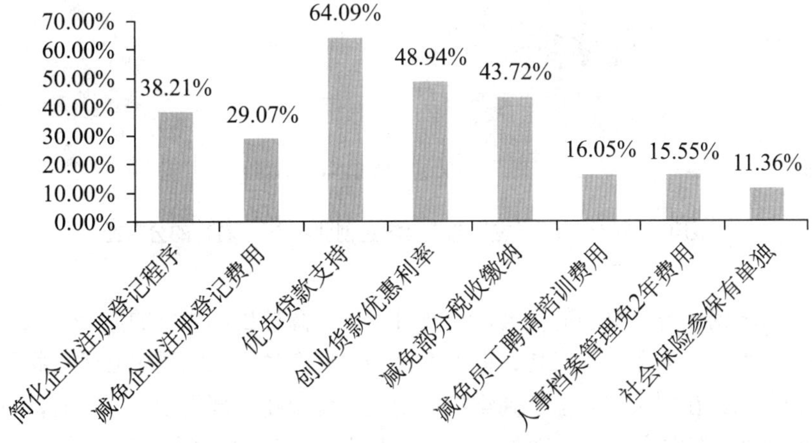


**图2　您了解国家有哪些对大学生创业的政策支持？**

## （二）大学生创业的发展现状

大学生创业能否成功有诸多的影响因素，国家政策为大学生创业提供了有力的保证，同时还受到市场、文化等环境因素的影响。为鼓励和扶持创业，社会和高校都成立了大量的创业孵化机构、孵化器或创业中心。1987年，原国家科委下发了《关于开展科技创业服务中心可行性研究的通知》，提出了“服务为主，开发为辅”的工作方针。孵化器从此诞生，在此之后创业孵化机构也开始逐渐发展壮大。2012年科技部发布的《国家科技企业孵化器“十二五”发展规划》指出，截至2010年末，全国纳入火炬计划统计体系的科技企业孵化器达到896家（其中国家级346家），孵化面积超过3000万平方米，服务和管理人员队伍达1.5万余人，在孵企业56382家。

随着创业孵化机构的不断发展，全国各地各类的“创业中心”也开始了蓬勃的发展。观察基于百度地图的搜索而制成的“创业中心”与“大学生创业中心”的分布比较图，可以发现目前全国的创业中心数量多且主要分布于东部地区，而“大学生创业中心”即主要面向大学生的孵化机构相对较少，且主要分布在长三角、珠三角以及京哈铁路主线。2010 年4 月，教育部要求进行全方位创新创业教育和促进学生自主创业支撑平台的打造，以国家大学科技园为主要依托全面建设100 个“高校学生科技创业实习基地”，通过多种形式建立省级、地市大学生创业实习和孵化基地。

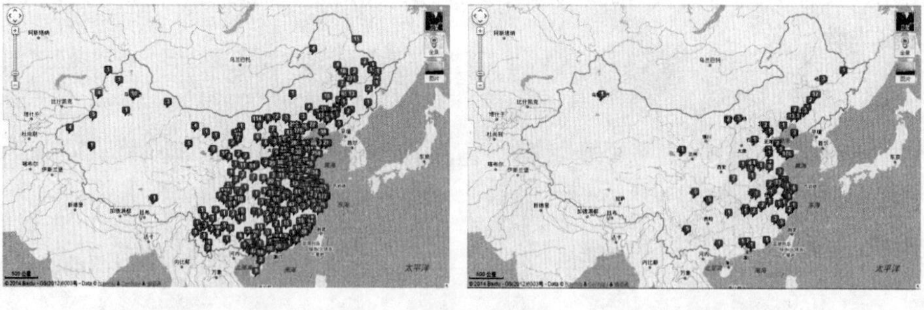

**图3 “创业中心”（左）与“大学生创业中心”（右）的分布图**

相对于创业孵化机构的发展，虽然目前各个高校也都相应的成立了大学生创业中心、大学生创业园等机构，但大部分仍由原有的就业指导中心进行指导。调查数据显示，在问及“您了解到学校的创业工作由哪些部门指导？”时，71.83%的同学所在学校创业工作由就业指导中心指导，70.37%的由大学生创业中心指导，27.18%由职业咨询中心指导，23.42%由大学生创业园指导，而10.4%的同学表示学校并未设置相关创业指导部门。

通过麦可思公司2009年针对本科和高职高专层次大学生创业群体进行的调查，可以发现目前80%左右的大学生创业项目都集中在以下5个主要领域：批发、零售行业，文教体产业，制造业领域，IT领域，便民服务行业。“麦可思—中国2011届大学毕业生社会需求与培养质量调查”显示，大学生毕业半年后自主创业所集中的行业，不仅创业准入门槛相对较低，而且体现了当下的热门产业和就业市场趋势。

**表　2011届本科、高职高专毕业生自主创业最集中的前十位专业**①

单位：%

| 本科专业 | 比例 | 高职高专专业 | 比例 |
|---|---|---|---|
| 艺术设计 | 7.1 | 物流管理 | 4.2 |
| 计算机科学与技术 | 5.5 | 机电一体化技术 | 3.3 |
| 英语 | 4.3 | 数控技术 | 3.1 |
| 工商管理 | 4.2 | 计算机网络技术 | 2.6 |
| 市场营销 | 3.5 | 建筑工程技术 | 2.6 |
| 国际经济与贸易 | 3.4 | 电气自动化技术 | 2.5 |
| 电子信息工程 | 2.3 | 市场营销 | 2.4 |
| 法学 | 2.2 | 模具设计与制造 | 2.1 |
| 金融学 | 1.9 | 电子商务 | 2.1 |
| 机械设计制造及其自动化 | 1.8 | 计算机应用技术 | 2.0 |

问卷调查发现，如图4所示，毕业生在选择“如果创业您会选择哪个行业？”时，有40%的学生选择了“自己感兴趣的行业”。

## （三）大学生创业教育的发展

在大学生创业的政策环境与市场环境的基础上，各高校也在大学生创业教育上开展了大量的工作。从创业教育课程设置来看，2002年教育部召开普通高等学校创业教育试点工作座谈会后，清华大学等9所大学开展创业教育试点工作，纷纷制定大学生创业的有关政策，积极鼓励大学生创业，并加强大学生创业教育，开设创业教育课，出版有关创业教育书籍教材。

---

① 数据来源：麦可思—中国2011届大学毕业生社会需求与培养质量调查。

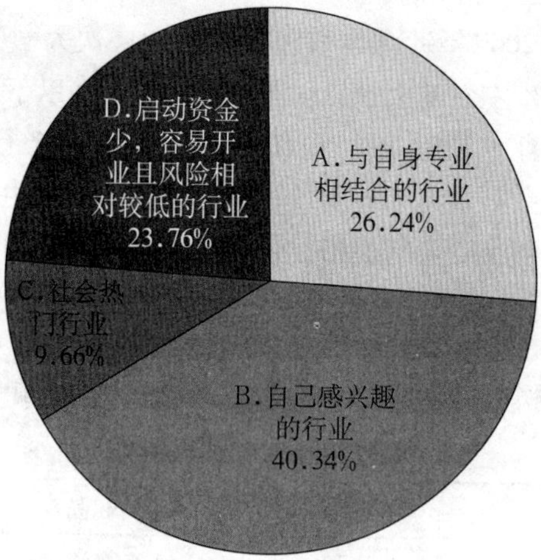


**图4　如果创业会选择哪个行业？**

本次调查显示，在问及“您了解学校有何支持大学生创业的机制”时，49.34%的同学了解到学校开设了相关课程，56.61%的学生了解到学校开展了大学生创业大赛，30.33%的同学了解到学校建立了大学生创业指导专家队伍。如图5所示。

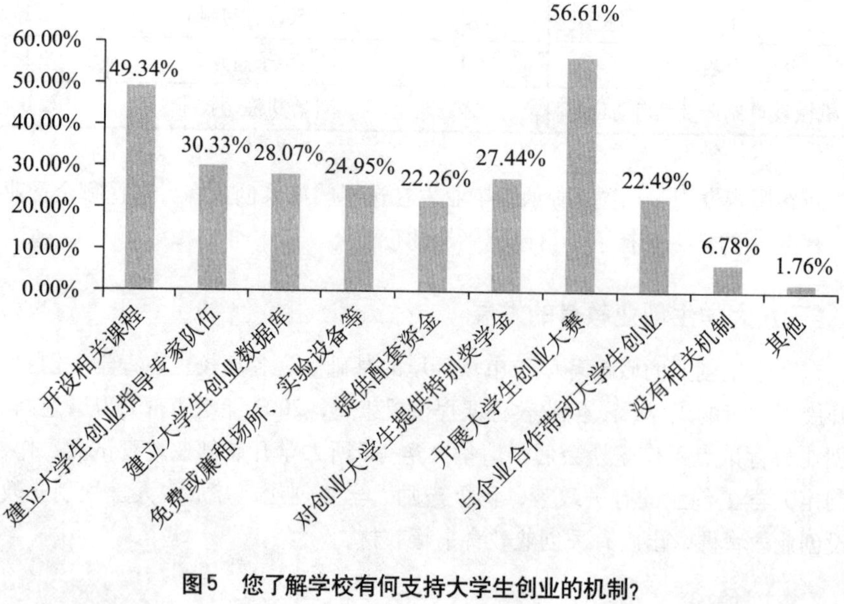


**图5　您了解学校有何支持大学生创业的机制？**

通过调查可以发现，高校的创业教育主要以创业课程及创业大赛为主，特别是创业大赛，主要有“挑战杯”、SYB 项目和 KAB 项目等。发轫于1999 年共青团中央、中国科协、全国学联主办，清华大学承办的首届“挑战杯”，至今已经连续举办七届。2004 年9 月，人力资源和社会保障部（原劳动和社会保障部）、教育部联合开展的全国首次高校创业培训 SYB 课程（“创办你的企业”，start your business 的简称）试点启动。2010 年5 月，大学生创业培训教材试验培训活动启动，SYB 课程的大学生版教材成型并得到运用。共青团中央、全国青联在2005 年引进 KAB（Know About Business）创业教育项目，清华大学、中国青年政治学院等6所高校在2006 年8 月成为首批大学 KAB 创业教育基地。2010 年，KAB 项目在高校的覆盖面和影响力迅速扩大，一年内参与项目的高校新增250 多所，达到850 所；开设基础课程的高校新增260 多所，达到600 多所；成立大学生 KAB 创业俱乐部的高校新增43 所，达到100 所；累计有20 万大学生参与了课程学习，近百万大学生参加了 KAB 项目的活动。当前，越来越多的高校在引进吸收中不断推出校本教材，使高校创业项目的内容、载体和教育体系不断充实。

### （四）大学生的创业认知

关于创业的阐释有狭义和广义之分，广义的创业是指创业者指向集体、群体或国家大业的各项创业实践活动，狭义的创业是指创业者指向个体或家庭的生产经营活动。由此可知，创业的含义可以是创业者通过发现和识别商业机会，成立

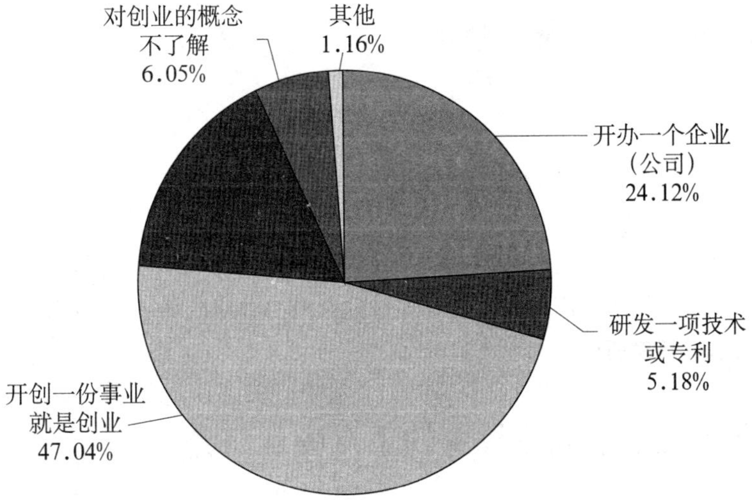


图6　您对创业的理解

活动组织，利用各种资源，提供产品和服务，以创造价值的过程。

调查显示，47.04% 的同学认为创业就是开创一份事业，24.12% 的同学对创业的理解为开办一个企业（公司），16.45% 的同学认为创业就是职业生涯发展的过程，5.18% 的同学认为创业是研发一项技术或者专利，而6.05% 的同学对创业的概念并不了解。可见，大学生对创业的理解偏向广义的范畴，反映出大学生创业观念的视野比较开阔。

数据表明，39.09% 的同学对大学生毕业就创业的想法评价一般，29.93% 的同学认为这一想法好，21.33% 认为非常好，8.27% 认为不好，1.43 % 认为很不好。可见，大学生对创业所持的态度还是比较积极的。但在问及“是否曾经创业或有创业意向？”时，45% 的学生表示“不想创业”。

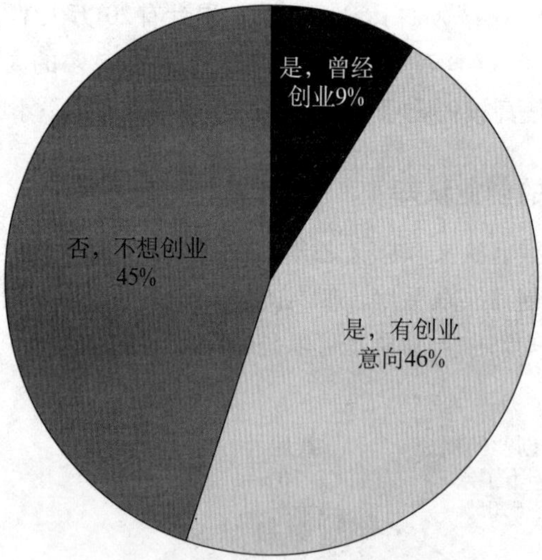


**图7　是否曾经创业或有创业意向**

当代大学生已经具有较强烈的创业意识，且一部分大学生已经投身于创业实践。但是调查还显示，问及“是否参加过创业类的讲座或培训？”时，47.44% 的大学生表示没有参加过。

## 二、高校大学生创业教育的重点国别研究

目前，创业教育已延伸到职业教育和基础教育领域，很多国家在不同程度上对创业教育进行了探索。美国、英国、日本等国是世界上实行创业教育较成功的

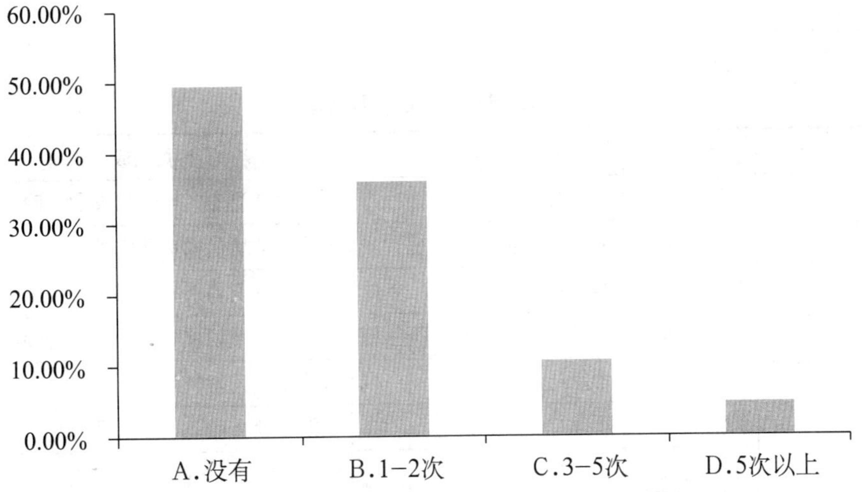


**图8　参加过创业类的讲座或培训的次数**

几个国家，如美国的创业教育已经有50多年的历史，在良好的社会基础和有力的社会支持体系下，已经形成了完善的创业教育体系。通过分析、认真研究并借鉴这些国家的成功经验，对于我国大学生创业教育体系的构建，具有一定的现实意义。

## （一）系统化的创业教育课程

美国高校创业教育的课程已经系统化，涵盖了创业构思、融资、设立、管理等方方面面，综合起来有创业涉及的法律、新兴企业融资、商业计划书、创业领导艺术及教育、技术竞争优势管理、启动新设企业、大型机构创业、社会创业、成长性企业管理、家族企业的创业管理、创业营销、企业成长战略等几十门课程。在开展创业教育时大都配备了雄厚的师资力量，以保证创业教育的有效开展。例如，百森学院有35名专职从事创业教育和研究的教师，共计开设33门课程。仁斯里尔理工大学有22名教师，开设了20门课程。伯克利学院从事创业教育的教师有20人，共计开设了23门课程。①

日本高校的创业课程开设经历了一个渐进的发展过程。不同学校在课程层次、参与程度及学习对象等方面也各异。日本文部科学省针对日本高校创业教育实施情况进行的相关调查显示，2002年，日本全国共有205所大学导入创业教育

① 房国忠、刘宏妍：《美国大学生创业教育模式及其启示》，《外国教育研究》，2006年第12期。

培养科目，占日本全部大学687所的30%左右。日本大学各层次创业教育课程的情况如下表。[①]

**日本大学各层次创业教育课程**

| 平台 | 大学名 | 对象 | 科目构成 |
|---|---|---|---|
| 第一舞台<br>讲义、演讲水平 | 冲绳大学 | 社会人 | 风险企业讲座、生物和农业风险贸易 |
| | 大阪大学 | 学生、社会人 | 风险企业贸易构造和培养 |
| | 鹿儿岛大学 | 本科生、研究生、社会人 | 风险企业贸易讲座、创业家育成讲座 |
| | 庆应塾大学 | 本科生、研究生、社会人 | SFC创业家讲座电视会议系统的应用 |
| | 多摩大学 | 社会人 | 风险企业艺术风险企业经营论 |
| | 长崎大学 | 社会人 | 从创业到企业——事业发起的先锋 |
| | 立命馆大学 | 社会人 | 创业家学校、资金经营讲座 |
| | 龙谷大学 | 社会人 | 风险企业的养成资金运转和经营 |
| 第二舞台<br>俱乐部水平 | 大阪商业大 | 本科生、社会人 | 地域社会和中小企业 |
| | 京都大学 | 研究生、本科生 | 新产业创成论 |
| | 神户大学 | 社会人、本科生 | 新规事业开发课程、风险企业经营论 |
| | 庆应塾大学 | 研究生 | 创业家战略、中小企业经营 |
| | 东北大学 | 研究生 | 风险企业贸易论、风险企业政策 |
| | 多摩大学 | 本科生 | 风险企业经营论 |
| | 通信大学 | 本科生、研究生 | 风险企业贸易讲座 |
| | 政治大学 | 研究生 | 创业培训、创业家养成领域 |
| | 山口大学 | 本科生、研究生 | 风险企业论、VB项目 |
| | 立命馆大学 | 研究生 | 风险企业贸易研究 |
| | 早稻田大学 | 研究生、社会人 | 创业、经营政策科目群 |
| 第三舞台<br>孵化器 | 庆应塾大学 | 本科生、研究生、社会人 | 创业家战略、风险企业经营论、企业家 |
| | 多摩大学 | 社会人、本科生 | 风险企业的培育、风险企业成功理论 |
| | 山口大学 | 本科生、研究生、社会人 | 风险企业概要、新事业概要、VB论 |
| | 早稻田大学 | 本科生、研究生、社会人 | 风险企业的创出特论 |

### （二）重视创业教育中的实践教学

英国为鼓励学生积极参与创业实践活动，许多大学定期举办竞赛，设立数目

① 李志永：《日本大学创业教育述评》，《外国教育研究》，2009年第8期。

可观的奖金资助获胜学生进行创业，并在其创业过程中给予相应的指导和支持。"牛津大学21世纪挑战"是一个国际性创业竞赛，其宗旨为促进创造同时具有财务回报和社会与环境收益的可持续发展的新企业，2007年竞赛的奖金总额高达6.5万英镑。曼彻斯特大学则分设两类创业项目：一是针对创业主意的"初级创业"（Venture Out）项目，向获胜者提供150—1000英镑奖金；二是针对创立新企业的"深度创业"（Venture Further）项目，向获胜者提供2.5万英镑的创业奖金。学生在竞赛过程中和获得资助后都将获得学校提供的帮助和指导。[①]

美国的创业教育课堂更加趋于实践化，让学生在实践中提高自己的创业能力。例如，百森学院设立"创立人之日"活动，把全球著名的有影响力的创业家邀请到学校同学生交流座谈，并成立了杰出创业家协会。仁斯里尔理工大学的学生在创业计划大赛获奖后可以直接进入学校的"孵化器"进行"孵化"，平常约有15家学生开办的公司在"孵化器"中被辅导。

日本的创业课程结合社会热点，如大阪商业大学率先提出基于实践的课题设定型学习体系（Project-BasedLearning，简称PBL），面向新产品开发设定具体的课题，成立项目小组，同时进行学习，让学生在实践中利用从体验到思考到抽象化再到体验的周期，提高创业能力。

### （三）建设创业基础支持设施

美国、英国、日本的许多大学均建立科技园区，提供低价格场地支持和咨询服务，充分发挥孵化器功能，为立志创业的学生搭建实践平台，使其在专业人士的支持下进行创业。日本高校创业教育还通过创业育成中心、企业孵化器及相关的资助中心等创业基础设施，对具有成熟潜力的创业计划进行支援。

为保证新企业的存活率，英国大学企业孵化器遵循严格的准入政策，所接纳的通常是与大学科研紧密关联的高科技或者知识密集型的企业。比如，拉夫堡大学的创新中心是创新知识或技术型新企业与成长企业的商业孵化器，向创业者开放图书馆等学校的主要资源，提供办公场所、实验室、各类办公服务以及各类咨询服务。杜伦大学（Durham University）的蒙特桥科技园区内，创业者除获得各类办公服务外，还可在学校帮助下向当地政府申请相关资助。英国大学设立的创业中心、企业中心或者创新中心等机构通常还担负着推动学生创业实践学习的责任。它们为学生创业提供专业师资力量以及各种咨询服务，面向学生和社会开设相关课程。例如，牛津大学赛德商学院的科技企业中心，[②] 组织以富于经验的成

① 乔明哲、陈忠卫：《英国大学创业教育的特点及其启示》，《外国教育研究》，2009年第12期。
② 乔明哲、陈忠卫：《英国大学创业教育的特点及其启示》，《外国教育研究》，2009年第12期。

功创业者为主体的师资，向刚起步的企业提供培训和支持，传授科技工作者商业生涯所需技能。中心还推出专注于科技创业的“创业与商业技能”免费课程，为那些需要深入了解商业活动的校内外学员提供培训。

### （四）多种资源整合支持创业教育

美国高校管理层对创业教育的高度重视有力推动了创业教育的发展，很多学校的校院级管理者都在创业教育体系中担任重要职务。例如，仁斯里尔理工大学的校长在其提出的《仁斯里尔规划》中把创业教育放在重要的位置，商学院院长亲自兼任创业教育中心主任；百森商学院的校长、教务长、研究生院院长都是创业教育领域全球著名的学者。

英国高校通常将学校拥有的教学、科研以及各类社会资源整合起来，以支持学生的创业实践教育。建立连接广泛的网络资源平台。许多英国大学还积极地进行网络建设，利用互联网这一经济有效的手段将拥有的各种资源整合起来，促进创业群体、学校、企业等多方的知识共享和思想交流，为学生创业实践提供支持。例如，牛津大学赛德商学院设立“创业赛德”，将其作为校内创业成员、校友以及牛津周边1500余个高科技企业建立的门户，将实践教学、研讨会和网络资源整合在一起，为创业者和高成长企业提供有力的支持。

综合国外的经验，可以发现，学校、政府大力扶持大学生创业教育，从资金支持、创业环境以及学校课程教育等多方面，对大学生进行引导和鼓励，形成大学生创业的有效推动力，共同推进大学生创业教育事业的发展。

## 三、大学生创业教育与发展的对策思考

大学生阶段是进入社会创业的准备时期，是更好地为创办企业或开创事业实施的预演期。创业教育是高校创业教育的应有之义，随着创业政策和创业支持系统的不断完善，可以预见大学生创业意识和创业行为将继续深化。目前，大学生创业教育的发展尚属创新创业教育的初期，无论是从政策制定、课程设置以及社会支持等方面有相当大的提升空间。随着社会发展和国际竞争的加剧，必然也会要求创业教育，尤其是面向大学生的创业教育应具备新理念、新政策、新载体和新措施。

### （一）在国家层面，健全创业政策法律体系加强创业引导

政府部门需加强创业相关政策法规的宣传，培育和增强大学生创业光荣的意识，并对有创业意愿的大学生给予政策扶持。加快完善创业配套法律体系，营造

良好的创业政策和法治环境。强化大学生依法创业观念，引导其学会运用法律手段维护自身权益、降低创业风险。通过分析可以发现，目前大学生创业的行业与项目还太低端，而引导大学生创业的主要目的也是为了缓解当前的就业压力，而不是真正的创新创业教育。因此有必要不断引导大学生创业紧跟时代的需求，根据国家经济社会发展的需要，如互联网的发展、第三产业的发展以及经济转型等，发展跨领域的创新创业。从政策法规层面，建立政府、学校、企业以及社会各界互动的平台，提供政策、法律、咨询等配套服务，形成鼓励和支持大学生创业的合力。

### （二）从学校层面，转变教育理念提升大学生培养质量

学校应根据社会对人才的需求，对教学内容和教学模式进行改革创新，更多地向大学生传授创业知识，更加注重通过实践教学、案例教学等培养大学生的创业技能。加强专业教师指导，在制定和落实场地及资金扶持等创业优惠政策有关方面，应积极拓展渠道，通过设立大学生创业基金、创业互助基金等方式，为自主创业的大学生提供优惠、便捷的资金支持；同时，通过开展财务知识技能培训、提供财务顾问等方式，帮助大学生搞好财务管理、提高资金使用效率。

学校鼓励支持大学生创业，可以立足学校及社会资源优势进行项目开发。可以借助学校品牌，开发教育培训、技术转让、专业咨询等项目；利用智力优势，开发家教服务中心、成人考试补习、会议礼仪服务、速记训练等项目。根据我国经济发展正从要素驱动向创新驱动转变，高科技、创意等产业发展方兴未艾，应引导一定专长的大学生选择具有发展前景和一定基础的项目，助推其创业。根据城镇化和新农村建设需要，规划一批小微项目并匹配一定启动资金，因为小微项目具有成本低、经营方式灵活、技术门槛低等优势，因此适应大学生创业，可以提供给大学生用来进行创业。

### （三）从学生层面，转变理念提升创新创业精神

在大学生创业过程中，更重要的是培育学生的创新精神，发展学生的创造思维能力、专业能力、实践能力，塑造学生独立的创业人格。在创新创业的实践环节，也需要使学生掌握创新创业知识和创业技能。需要不断深化大学生对创业的认识，创业不仅是做生意，还应该是从事一份事业。因此应该培育学生创新创业的精神，让学生在创业中，增长自主、自立、自强的独立意识，发展意识，竞争意识。

同时，还需要营造有利于大学生创业创新的社会、校园文化环境，大学生创业不仅是大学生就业的重要途径，更是大学生成才的重要途径。高校、媒体和消

费者等市场主体对创业行为应给予相应的宽容和接纳，尤其是新闻媒体应该积极营造有利于大学生创业的良好社会舆论环境，加大对大学生创业的宣传力度，关注创业大学生的动态，倡导创业精神，引导大学生转变择业观念，在全社会营造良好的创业氛围，推动创业教育的健康发展，形成积极引导创业的舆论导向，从而激发大学生的创业意识和社会责任感。

## 参考书目

[1] 刘颖迪、曲悦、刘桂荣:《浅析大学生创业政策及改善措施》,《中小企业管理与科技(下旬刊)》, 2012年第6期。

[2] 魏拴成、曹扬、周小理:《中美创业教育模式比较与我国创业教育之发展路径》,《职业教育研究》, 2010年第6期。

[3] 夏春雨:《地方高校大学生创业教育的调查与思考——以浙江省为例》,《长春工业大学学报(高教研究版)》, 2009年第4期。

[4] [日] 佐々木正剛: Entrepreneur Education to Foster Manager Abilityin Agricultural High School, 岡山: 岡山大学農学部学術報告,2007年, 第65—70页。

[5] [英] H. Matlay & C. Carey, Entrepreneurship Education in the UK: a longitudinal perspective, *Journal of Small Business and Enterprise Development*, 2007, 14 (2), pp.252-263.

[6] [日] 大阪商業大学: 地域や高校と連携した起業家育成特色ある大学教育支援, 大阪: 大阪商業大学, 2004. 10。

[7] 丁蕙、陈风华、肖云龙:《美国百森创业教育的特点》,《教育评论》, 2004年第4期。

[8] [日] 中央教育審議会: 我が国の高等教育の将来像, 東京: 中央教育審議会, 2001, 12—13。

[9] [美] R. B. Charles Stowe, Entrepreneurship Education in the United States[EB/OL], http://www.wspiz.pl/unesco/article/books/tekst8.pdf.

[10] [美] Education, Training and Enterprise Center: Education Division: New Youth Entrepreneur Curriculum [EB/OL], http://www.edtecinc.com/nye_curr/nye_curr_intro.htm.

# 论当代大学生的耻感弱化与耻感培养

陈力行

**摘　要**：作为文明传承和文化创造的主体，大学生的道德耻感养成极其重要。然而，当前社会由于物欲膨胀、个人利己主义价值观不断抬头，部分大学生耻感丧失的情况日趋严重，冲击着社会的价值底线。本文从高校德育培养的角度出发，对大学生耻感丧失的具体表现及原因做出梳理，并且在大学生耻感培养上提出三方面的建议：第一，以“八荣八耻”为指导，完善耻感教育内容；第二，舆论正面引导，创新耻感教育方法；第三，全社会育人，构建耻感教育社会大环境。

**关键词**：大学生　耻感弱化　耻感培养

耻感即羞耻感，它是一种积极的道德情感。耻感基于一定的善恶、是非、荣耻判断标准，是从人们内心深处自觉产生的趋荣避耻心理。基于这种心理，耻感在道德的维护和构建上具有强大的约束力，这种约束力虽投射于个体自身，但是它更多地来源于群体与外部社会，因而它能够与人自身的自我规范相配合，并在一定程度上弥补人自我教育和正面引导等制约力不足的缺陷。

区别于西方的罪感文化，以中国为核心的儒家文化圈常常被描述为具有耻感文化的文明疆域。《论语·子路》曰：“行己有耻。”耻感教育是一种社会养成教育，对于个体道德情操的培养和社会道德风尚的养成具有重要意义。中国自古以来强调“知耻”、“有耻”的道德标准，龚自珍提倡“教之耻为先”，康有为也认为，“风俗之美，在养民知耻”。2006年，以“八荣八耻”为内涵的社会主义荣辱观，明确地说明了当代中国必须恪守的道德立场和底线。

面对世界范围内多元文化的激烈碰撞，以及市场经济条件下多种价值观的众声冗杂，道德底线和道德耻感的明确与养成迫切而又必要。而更为迫切必要的，

陈力行　四川外国语大学国际商学院

是大学生的耻感养成。我们不能说当前大学生的主流价值观已然分崩离析，但是现今，大学生耻感缺失的情况亦不再是一个新鲜话题。在全球化竞争日益激烈的今天，大学生人才教育不断地强调专业化、精英化，而对能力素质的片面强调与极度凸显，让大学生在内在道德的构建上不断弱化与模糊，物质、功利、利己正逐渐成为他们的标签。无论是网络传媒还是街谈巷议，大量关于大学生道德败坏、缺乏耻感的故事都充斥其中。专业素质和职业技能优秀的人才虽然在短时间内能够快速适应社会，但是如若严重缺乏耻感，那么社会的现代文明进程谈不上真正意义的发展。因此，大学生思想道德教育，尤其是耻感教育的强化，已经迫在眉睫。

## 一、当代大学生耻感弱化的原因及表现

在笔者看来，当代大学生耻感丧失主要有以下三方面原因。

第一是社会转型过程中的道德滑坡。改革开放以来，中国经济在获得显著增长的同时，整个社会也日渐陷入道德观念淡漠的困境。商业市场的兴盛、全球化浪潮的冲击以迅雷不及掩耳的速度改变了国人的生活方式，也使国人在物质的追逐中迷失了精神的支撑。此外新世纪是中国进行改革转型的关键时期，社会的瞬息多变、未来的不可预测和理念现实的落差也都加重了人们的心理负担，使人们本来就失衡的精神世界更加焦虑混乱。这所有的一切都使当代国人的道德空间不断受到挤压，而当代大学生从出生到成长都无不受这一时代环境所影响，整个社会的道德迷失在他们的成长之路也刻上了沉重的烙印。

第二是舆论传媒对无耻行为的大肆渲染，增大了大学生的耻感体验限度。现代传媒，尤其是互联网行业对点击率的极大渴求，导致一些趣味低级、突破底线的事件和个人往往被传媒推上舆论的风口浪尖，从而获得极高的曝光率。这种特殊偶然事件，一旦经过传媒的洗礼，往往迅速膨胀，给社会造成极为不良的观感。大学生作为现代传媒的最大受众群体，无疑接受这种负面信息最多，受其影响最深。本身尚不坚固的伦理价值观，负面社会现象的反复轰炸，部分大学生的荣辱观、道德耻感体验限度被不断扩大，造成社会风气的恶性循环。

第三是高校耻感教育重视力度不够，教育方式有待加强。学者李宏斌曾通过分析论证指出，造成当前耻感文化缺失的重要原因之一就是耻感教育本身。[①] 在当前我国的教育体制当中，学校承担了大部分德育工作。高校作为培育优秀人才的场所，其德育教化工作，尤其是耻感教育工作尤其不容轻视。然而，不可否认

① 李宏斌：《耻感教育：伦理价值与困境化解》，《广西社会科学》，2007年8月，第32页。

的是，一方面，德育往往成为抽象空洞的道德理论和道德规范的直接灌输和宣导，而忘记了从生活细节和行为习惯对学生进行培养和落实。另外一方面，在当前高等院校的思想政治教育中，耻感教育可以说鲜有涉及。部分对社会主义荣辱观的教育，也往往因为教育形式过于片面，缺乏让学生感同身受的感染力，而沦为教条的宣讲和复述。

社会伦理道德的整体滑坡，家庭德育和学校德育的双向退化，加之现代传媒的火上浇油，这些都造成了当前市场经济条件下部分大学生的耻感弱化。这种弱化主要体现在两个方面。其一即缺乏积极向上的价值观支撑，大学生理想信念趋于扁平化、庸俗化；其二即大学生“三俗”行为日益增多，趋荣避耻心理淡化，荣耻不分。

## 二、当代大学生耻感培养的方法

大学生耻感教育迫在眉睫，这不仅关系到新形势下国家人才培养的质量，更影响到良好社会风尚的养成和社会主义和谐社会的构建。但是，如何行之有效地开展相关教育，这一点仍然值得广泛探讨。笔者看来，高校耻感培养至少应该从以下三个方面着力。

第一，以“八荣八耻”和社会主义核心价值观为指导，完善耻感教育内容。大学生耻感教育是高校德育的重要组成，耻感教育的具体内容一方面应该继承传统耻感文化优秀成分，切合中国国情，另一方面，也必须坚持正确的价值导向。2006年3月4日，时任中共中央总书记胡锦涛在看望政协委员时强调，要引导广大干部群众特别是青少年树立社会主义荣辱观，坚持以热爱祖国为荣、以危害祖国为耻，以服务人民为荣、以背离人民为耻，以崇尚科学为荣、以愚昧无知为耻，以辛勤劳动为荣、以好逸恶劳为耻，以团结互助为荣、以损人利己为耻，以诚实守信为荣、以见利忘义为耻，以遵纪守法为荣、以违法乱纪为耻，以艰苦奋斗为荣、以骄奢淫逸为耻。“八荣八耻“不仅明确地阐明了社会主义价值导向，同时也为高等院校大学生耻感教育提供了现实的指导。

此外，党的十八大以来，中央对培育和践行社会主义核心价值观又提出了新的郑重要求。习近平总书记多次做出重要论述、提出明确要求。中央政治局围绕培育和弘扬社会主义核心价值观、弘扬中华传统美德也进行了反复研究，有着丰富论述。”八荣八耻“和社会主义核心价值观继承了中国传统荣耻观的丰富内涵，为高校大学生思想品德提出了更高要求，构成了当前高校耻感教育的主体内容。

值得注意的是，在这里面，高校德育工作者不能照本宣科，不能机械地向学生复制和灌输党和国家的指导理念。在我们日常的德育工作中，如果把这些立足全局的思想理念不加落实、不加细化地进行直接宣扬，那么很容易给现今大学生造成高、大、远离生活实际的印象。因此高校德育工作者应该把耻感教育糅合进大学生的日常生活细节中，从最微小的细节中，使其对自身不道德的行为有羞耻之心，逐步通过自律来规范道德行为。

第二，舆论正面引导，创新耻感教育方法。

传统耻感教育立足道德灌输，往往以“教”为主，忽视了学生对德育内容的主观理解和接受。要加强大学生耻感培养，就必须不断纠正传统德育的缺陷，转变德育观念，加强正面引导，不断创新耻感教育方法。

构建耻感教育实施模型，强化学生荣耻体验。当前高校学生耻感缺失的一个关键问题，即缺乏现实的荣耻体验。尤其是在面对网络媒体上一些寡廉鲜耻行径时，学生不仅不能准确判断其在道德标尺上的位置，引以为戒，相反，因网络媒体以丑出位不乏其人，学生甚至会产生一些仿效的心理和行径。鉴于此，要对学生进行耻感教育，就必须积极构建耻感教育环境，用现实的、生动的案例来教育学生，感染学生，强化学生的荣耻体验。在这一点上，德育工作者转变教育观念尤其重要。传统自上而下的德育方式因当前思想工作的复杂形势，已经愈发不能满足需要。以情动人，以情感人，为学生正确价值观的养成提供情感支持，无疑是更符合教育学理念的德育方式。

第三，全社会育人，构建耻感教育社会大环境。

大学生耻感教育并不单纯是学校的事，相反，耻感的生成还受到社会评价和社会风气的全面影响。如何发挥全社会的育人功能，充分发掘社会在育人工作中的导引作用，至关重要。这就要求，一方面社会要建立健全社会公平和正义机制，强化职能部门的监督管理；另一方面，要树立正确的价值导向，形成知耻、弃耻的社会风气。“机能主义的情绪理论认为，从情绪的动机方面看，融入社会群体是决定人类适应性的关键，社会的不赞同可以导致排斥，羞耻感的预期和令人厌恶的羞耻事件以后的学习是可以通过提高人们对行为的普遍标准的遵守而增强其适宜性的”。[①] 社会作为一个大染缸，其本身的底色直接熏染着身处其间的个体。只有建立起整个社会的道德标杆，个体道德境界的提升才有了依归。

《论语·为政》：“道之以政，齐之以刑，民免而无耻；道之以德，齐之以礼，有耻且格。”总而言之，作为法律规范的补充，道德耻感对于一个社会的文明至关重要。高校德育工作者应尽早把耻感教育作为高校道德建设的重要内容，使我们所培养的人才在进行道德的自我约束基础上完善健全社会道德，让国家的社会体制改革和社会转型能在稳定和谐的环境中顺利推进。

---

① 汪凤炎、郑红：《荣耻心的心理学研究》，北京：人民出版社，2010年版，第164页。

# 全球化背景下西方文化对大学生价值观的负面影响及其对策

施芙媛

**摘　要**：对大学生价值观的正确引导，历来是高校思想道德教育的重要内容。在世界经济日益全球化的背景下，西方价值观念涌入中国，对中国大学生的思想意识、价值观产生了不可忽视的影响，其对我国青年的主体意识、独立意识、民主意识等现代意识形成了不少积极的影响，但它对我国青年的消极影响也是不容忽视的。本文主要就西方文化对大学生价值观产生的负面影响略作探讨。

**关键词**：西方文化 核心价值观 对策

价值观是人们对各种事物和现象的价值进行认识和评价时所持的基本观点。大学生的价值观也就是大学生对现实生活中各种事物和现象进行评价，决定取舍的思想观点，是大学生的思想发展过程中在社会需要与客观事物所能满足这种需要的关系之间产生的一种观念。大学生的价值观，是其思想道德观念的核心内容。有什么样的价值观，就有什么样的思想道德境界和人生追求。对大学生价值观的正确引导，历来是高校思想道德教育的重要内容。在西学东渐与东学西渐并存文化交流碰撞融合日益频繁的今天，无论是中华民族的传统文化，还是西方文化，都深深地影响着当代大学生的思想意识和行为习惯，影响着大学生的价值观。尤其在世界经济日益全球化的背景下，西方价值观念涌入中国，对中国大学生的思想意识、价值观产生了不可忽视的影响，对我国青年的主体意识、独立意识、民主意识等现代意识的形成产生积极影响的同时，我们也不能忽视其对我国青年带来的消极影响。本文主要就西方文化对大学生价值观产生的负面影响略作探讨。我们需要正确分辨现阶段西方文化的具体特质，引导大学生积极吸取其中的有益成分，抵制并清除不良文化对大学生的侵害，帮助大学生树立正确的世界

施芙媛　上海外国语大学日本文化经济学院

观、人生观和价值观，从而构建社会、学校、家庭在多元文化并存的环境下的文化导向功能。

## 一、西方文化的特征

西方文化是一个笼统模糊的概念。中国有56个民族，各民族都有自己独特的文化，即使我们把西方仅理解为欧洲、北美，也仍然包括很多特色各异的民族文化。为了与中国文化和亚洲文化等作出区别，本文研究的西方文化主要是指欧洲及欧化了的北美大陆等主要资本主义国家，在其长期改造自然的社会实践中形成的与其地域相适应的文化体系，这一文化体系包括了思维模式、价值观念以及精神取向等一系列意识形态内容。西方文化主要具有以下几个特征。

### （一）个人主义

西方人注重个人的存在和个人的成就，也可以说个人主义是构成西方文化模式的基本特征和主要内容。西方人以个人为本位，强调个体的独立意识和创造意识，信奉个人的效率和能力，崇尚竞争欢迎竞争，喜欢在群体中表现自己推荐自己，认为公平竞争是最好的激励方式。 西方价值观念突出个人自由和个人权利，提倡个性解放，宣扬个人独立，推崇个人建树，追求个人享受，完善个人人格。认为人具有一种内向、内在的生命，这种内在的生命是人的一切可靠的源头。自我意识在西方价值观念中占据中心地位，自我是价值观念的轴心，也是衡量一切的价值尺度。我的自我意识最终决定了我的行为。个人主义强调用自己的眼睛观察事情，用自己的头脑思考问题，用自己的意志行事。自我意识是人的主体意识的前提，从这里出发，西方价值观念强调人是价值的主体，离开了人就谈不上什么价值，同时人又是实现价值的主体，只有通过自己的奋斗、进取、创造，才能获得幸福，才能实现自我。

### （二）功利主义

西方文化的发展脉络是神学、哲学、科学，西方的神学不排斥物质，从神学文化走向物质文化，哲学起的是过渡作用，因为西方哲学认为物质是第一性的，物质决定精神，到了近代，科学文化的产生有力地支持了唯物论，形成了偏重于物质的理性思维，催生了西方物质文化。

西方价值观念的总体目标是幸福。幸福简单地说就是人的欲望得到满足所产生的愉悦感受。在西方人看来，人的本性就是要追求快乐。在古希腊有快乐幸福论，这种幸福论把快乐与幸福等同起来，主张快乐就是幸福。幸福是人生的目的，德性不过是达到幸福的手段。最高的善只能在快乐之中，快乐是衡量一切价值的尺度。而幸福就是快乐，眼前的快乐就是目的，只有现实的、肉体的快乐才是真实的，肉体的快乐比精神的快乐更迫切、强烈。西方人认为，人的本性就是自私性，就是追求幸福快乐、追求个人利益。尽管“合理利己主义”要求个人在追求自己的利益和幸福的同时，兼顾他人的利益和幸福但合理利己主义的理论基础仍旧是人的本性是自私的，人的一切行为的出发点和归宿在于追求个人利益，满足一己私利。

### （三）法治主义

西方人认为法治是一个文明社会的核心观念，宪政和人权保护奠定了基础。当科技不足以保证个人幸福生活的实现的时候，当个人享受幸福生活的权利受到威胁的时候，西方人强调用法律手段予以解决。法律并且只有法律才能保障西方人从个人主义的价值基点出发实现幸福主义的价值目标。如果说个人主义引导西方人追求个人幸福，那么法治主义则要求西方人尊重他人的人格、尊严、价值和权利，并保证每个社会成员都有一份神圣而不可侵犯的追求自由、幸福的平等权利。只有在法治原则的范导下，通过个人奋斗以求个人幸福才是合理的。法治原则要求每个人认定别人和自己一样有追求自由和幸福的权利，使西方价值观念中的利己主义倾向具有了合理性特质，成为合理利己主义。

## 二、西方文化对大学生价值观的负面影响

当今世界，西方经济暂时领先，西方文化的影响力和渗透力不可低估，当今中国大学生每时每刻都能直面西方文化。西方文化对于他们价值观的形成与改变有着显而易见的影响。一方面，西方文化的优秀成分也起到了开阔大学生的视野，促进文化交流等积极作用；另一方面，受到西方不良思想文化的影响，一部分大学生的思想状况、价值取向和行为方式发生了扭曲并出现了偏差，其消极影响主要有以下几个方面。

### （一）政治价值观：民族情感逐渐淡化，国家安全意识受到威胁

当代大学生通过西方电视、电影、广播、报刊、书籍、互联网、教师授课、专家讲座甚至是道听途说等各种途径接触和了解到的西方政治文化其实是片面的、零碎的、不系统的，而且西方国家善于包装、美化和粉饰资本主义制度的优越性，总是用光鲜亮丽的外表去包裹西方政治中黑暗、丑恶的本质，在大肆渲染和鼓吹西方政治制度中的民主、自由、平等、人权等一系列进步思想的同时竭力

贬低和攻击社会主义政治制度，加上我国正处于社会主义政治文明建设的初级阶段，各种社会制度有待改革、发展和完善，确实出现了一些差强人意的腐败的社会现象，使得部分思想不成熟，缺乏分析和鉴别能力的大学生出现了不能正确全面地看待社会主义发展规律，对建设富强、民主、文明、和谐的中国特色社会主义道路丧失信心的情况，甚至产生了民族自卑心理并开始排斥社会主义政治制度，继而转向对西方资本主义政治制度盲目崇拜的现象。面对被西方国家粉饰了的资本主义制度，大学生将西方政治制度误认为是世界上最自由、最民主、最平等、最具人权的社会制度，而社会主义制度则过分强调集中、专制、不民主、不自由。由于部分大学生把西方资产阶级宣扬的自由、民主、人权作为衡量我国社会主义民主实践的标准，对资本主义民主、自由的片面理解或绝对理解，导致部分大学生中出现无政府主义和自由主义倾向，他们单纯地认为我国也应该学习西方的政治制度，走西化的民主道路，盲目崇拜西方资本主义国家的政治制度，怀疑社会主义国家政治制度的优越性。逐渐造成爱国情感的淡化，国家安全意识也随之弱化。

### （二）文化价值观：主流文化认同逐步削弱，传统文化受到挑战

文化全球化不仅为大学生提供了多元文化的发展空间，而且对本民族的传统文化造成巨大的冲击。在这些多元文化中，西方文化是最具有扩张力和渗透力的。“西方国家对外进行文化渗透的本质，就是要别国人们逐步淡化甚至抛弃本国的传统而信奉他们的价值观念”。伴随西方文化兴起的是西方大众文化。大众文化是一种将主流意识形态稀释后以贴近日常生活、符合大众口味的形式出现，并逐步取代精英文化和主流文化，导致传统文化贬值的一种文化形态。在西方大众文化面前，我国的主流文化受到了前所未有的威胁和挑战。在对大学生怎样看待中国传统文化态度的调查中发现，只有13%的大学生熟知中国传统文化知识，其中文学专业的学生占了大多数，还有很大一部分学生对中国传统文化不甚了解，不感兴趣，甚至有的大学生对中国传统文化持否定态度，他们错误地认为中国的落后是由中国传统文化造成的，还将西方的现代化归功于西方先进的文化。由此可见，大学生在追求大众文化的同时会被西方文化的一些表面现象所蒙蔽，不仅误把我国古代封建文化等同于中国传统文化，同时还忽略了本民族优秀的传统文化，造成了主流文化的削弱，传统文化的缺失、疏离甚至是断裂。

### （三）职业价值观：实用化倾向明显

实用主义是西方文化中一种特有的、最典型的哲学思潮，它衍生出了一种以追求眼前利益为出发点，讲究实用、实效，追求实现个人利益最大化的价值观。

实用主义作为资本主义现代化发展的产物，对我国大学生思想产生了深刻的影响，主要表现在大学生的职业价值观上。首先，在校大学生求知观工具化倾向明显。受西方文化影响，当代大学生在校读书学习朝工具化、功利化趋势发展。对某校大学生在图书馆借阅书籍、读书学习的情况进行调查，结果发现图书借阅的热点主要集中于英语、计算机、经济管理、市场营销等工具性图书；在图书馆自习的大学生70%进行英语、计算机、法律等证书考试的学习或者与自身专业相关的学习。

也有学者对某学院一年中举办的所有讲座与学术讨论会内容做了调查并发现80%的讲座涉及了与考研、等级考试、出国留学、就业以及与当前社会形势问题相关联的内容。通过以上两个调查发现大学生读书求知具有明显的功利化、工具性倾向。由于受实用主义的影响，诸如与历史、哲学、文学、艺术等相关的人文性知识很少有大学生问津，中国优秀传统文化和马克思主义著作受到冷落，容易导致青年学生人文素养的缺失和文化精神的衰退。其次，大学生择业观实用性倾向明显。随着市场经济的深入发展，大学生就业观越来越世俗化。经济利益成为大学生衡量一种职业的决定性因素，“实惠多、回报大、利益高”成为大学生就业的目标，脏活累活大学生不愿意干，赚钱快、社会地位高的工作大学生一哄而上，甚至有些大学生为了追求眼前的利益急功近利，过度追求物质利益，缺乏长远目标和远大理想。

### （四）核心价值观：个人主义盛行，集体主义观念逐渐模糊

西方个人主义思想的冲击唤醒了大学生的主体意识，增强了大学生对自身的重视程度，但却导致了一部分大学生个人至上的极端利己主义思想倾向，造成了大学生接受集体主义思想障碍。个人主义思想作为西方资本主义社会的价值观念和理论体系，与我国社会主义社会强调的集体主义观念是背道而驰的，所以个人主义思潮在传入我国之后对我国思想体系冲击最大的也是集体主义思想。一部分大学生受个人主义影响，表现出了一切以自我为中心，崇尚自我，强调自我负责、自我设计、自我奋斗、自我实现、自我完善，否定他人、否定社会、否定集体的力量，渴望个人实现的自我满足，但又忽视对社会、对他人应承担的责任，很少提及社会责任，甚至当个人与集体发生冲突时，强调以个人为中心；当个人利益与集体利益产生矛盾时，一切以个人私利为衡量，强调个人利益最大化实现。为了一己私利，不惜损害他人、集体、社会、国家的利益，做出损人利己、损公肥私的行为。“个人主义”在当代大学生中盛行，破坏了集体主义的感召力，导致集体主义价值观的教育苍白无力，对部分大学生进行价值判断和道德选择失去了指导意义。

## 三、大学生价值观教育引导的路向

### （一）旗帜鲜明地坚持社会主义集体主义的主导价值观

大学时期是青年价值观形成的重要时期，大学生的思想行为是不稳定的、开放的，有相当一部分大学生还没有形成明显的主导性价值观，他们随着社会上各种思潮、各种社会热点的变化而变化。学校必须用主导性的价值观来教育学生，而且要理直气壮地教育大学生坚持社会主义集体主义的主导价值观。当前价值观教育的重点，是要帮助大学生认清并掌握集体主义价值观所具有的新的时代特点——集体利益和个人利益是一致的、统一的；集体的出发点是为了维护集体成员的正当的个人利益；在道德实践中必须把履行道德义务与谋求个人正当利益有机结合起来。

### （二）加强理论引导，把信仰教育作为大学生价值观教育的核心

信仰是价值观的核心。在经济全球化条件下，各种非主流意识形态的纷起，正在冲击、动摇着主流意识形态的地位。各种信仰争夺战已经开始，各宗教信仰、西方的个人主义信仰，甚至是邪教信仰等，都在竭力抢夺自己的信仰地盘。这些不健康信仰的出现以及宗教信仰封建迷信的回潮，使得马克思主义信仰和社会主义信仰正在经受着严峻的考验。为此，我们必须把信仰教育作为大学生价值观教育的核心。把马克思主义理论、社会主义信念，通过教育的途径灌输给学生，使之从知识性理解到认同和接受，然后升华为信念、信仰，最后内化为大学生的行动指南和精神动力。学校的政治理论课和思想品德课必须做到既要系统地讲清理论，又要针对大学生最关心、最敏感的热点、难点、疑点进行教育，提高他们的认识能力和选择能力，使他们在复杂的社会环境中保持清醒的头脑，从而形成坚定的社会主义理想信念。

### （三）在体现价值观教育层次性和递进性的基础上，突出强调高层次导向。

价值观教育的主要作用，应该是引导大学生形成积极健康的价值观念。大学生的生理、心理特点以及我国社会主义初级阶段的社会特点决定了大学生价值观的多元性。我们对不同对象的要求和标准不可能一样。但必须指出的是，虽然我们承认大学生个体之间存在着一定的差异，教育要体现层次性和递进性，但我们必须在此基础上强调高层次的价值导向。我们要始终坚持在大学生中不断开展社会主义、共产主义的价值观教育，提倡大学生的奉献精神，带动全体大学生乃至

整个社会的价值观的健康发展。

### （四）积极引导大学生思考全球性价值问题，开展针对性的价值观教育

我们要培养能适应和推动全球化发展的与时俱进的新世纪大学生，就必须引导大学生关注和研究全球性问题，通过价值观教育作用于大学生的思想观念，使之形成新的价值观念。这些教育主要包括，针对自然环境方面的全球性问题进行的自然价值观教育、针对社会方面的全球性问题的价值观教育、针对人类自身的物质和精神失衡的生命关怀教育。

### （五）弘扬优秀传统文化，增强大学生的民族自尊心、自信心，抵御西方文化的侵蚀

中国优秀的传统文化和传统美德不仅仅是中华民族优秀道德品格赖以形成的原动力，同时也是新时期大学生思想政治教育的理论源头。因为中华优秀传统文化中蕴含的积极进取、爱国情感、乐于奉献、言行一致、诚实守信、民族气概等精神品格和精神追求不仅能够指导大学生树立正确的世界观和人生观，有助于培育大学生的道德修养，帮助大学生实现崇高的人生价值，同时还丰富了当代大学生思想政治教育的理论内容，扩展了大学生思想道德建设的新途径。所以我们不但不能抹杀优秀传统文化和传统美德在当代大学生思想政治教育中的地位和价值，还要更多地将这些优秀文化元素融入到大学生的德育内容中，充分发挥它们的优势，继续传承、发展、创新和发扬中国优秀传统文化和美德。

### （六）加强形势与政策教育，提高大学生政治素质，弱化西方文化的负面影响

形势与政策课是高校思想政治理论课的重要组成部分，是对大学生进行形势与政策教育的主渠道、主阵地，是每个学生的必修课。形势政策观是大学生思想政治素质的重要组成部分。改进和加强形势与政策教育，是我党总结历史经验、应对当前国际国内形势发展、培养高素质人才的重要举措。形势政策教育的目的就是通过大学生不断地认知时事、认同政策、认清大局和大趋势，使学生树立科学的形势政策观，学会运用马克思主义的立场、观点和方法观察形势，从总体上把握改革开放和社会主义现代化建设的大局，从本质上认清以美国为首的西方国家对我国实行“西化”、“分化”的图谋，进一步提高大学生的政治素质和辨别是非的能力，不断增强大学生的政治敏锐性。

# 非通用语种专业毕业生就业现状及策略探析

梁鹿儿

**摘　要**：随着我国“一带一路”战略目标的提出和落实，非通用语种毕业生就业面临诸多机遇与挑战。本文通过对非通用语种专业就业现状的分析，从社会、学校和毕业生三个维度，由现象到本质，得出规律性认识，为毕业生就业问题提出可能的解决途径。

**关键词**：非通用语种专业　就业

近年来，随着改革开放不断深化，国际交往的不断拓展，各类院校纷纷开设非通用语种专业，或扩招已有专业。在高就业率的表象下，其就业结构是否存在问题。如何正确认识该专业毕业生的就业现状？从而引导非通用语种专业学生理性择业、就业？是高校及教育部门需要重视的问题。

## 一、非通用语种专业就业现状

### （一）外交战略为该专业创造契机

近年来，我国对外经济发展迅速，国际地位逐步上升。习近平主席在周边外交工作座谈会上强调日益成熟的中国新一届政府的外交战略有“一个中心、两个基本点”，中心为“周边外交”，“两个基本”点即是“丝绸之路经济带”和“海上丝绸之路”。

中国作为发展中国家，为加强“南北对话”和“南南合作”做出不断的努力，而“一带一路”战略正是对外开放的升级版，其稳步走向实质的进展，表明了党和国家对加强国际交流合作，建设亚洲命运共同体、推动建设人类命运公共体这一目标的坚强信念。

梁鹿儿　西安外国语大学法语学院

非通用语种作为开展国际贸易、文化交流的必要工具，起到桥梁的沟通作用。在此历史机遇下，非通用语种专业学生就业形势整体良好。

### （二）全球化进程为该专业开拓市场

在全球化进程不断深入的时代背景下，我国“走出去”的战略已取得了显著成果。商务部提供的数据显示，我国对外经济合作业务分布在近200个国家和地区，其中非洲和拉美是承包工程与劳务合作业务增幅最大的地区。

全球化的进程使得很多中国企业走出国门，与非洲、中东及拉美地区的国家开展贸易往来。市场的需求带动了非通用语种专业的发展，对外派出类的工作成为非通用语种专业就业的主要去向。由于工作环境艰苦，岗位需求量大，外派类工作对毕业生专业水平要求较低，形成了非通用语种就业门槛低，就业率高的现状。

### （三）个人专业素养为该专业毕业生提供保障

非通用语种毕业生掌握一门专业语言，同时，英语作为公共必修课，在非通用语专业的培养大纲中占很大比例。学生在本科期间继续英语的学习，一些院校还对毕业生的英语等级水平做出要求，为培养双外语人才奠定了基础。专业选修课中的贸易、旅游服务、国际交流等方向的语言学习，增强了非通用语种毕业生的核心竞争力。

## 二、非通用语种专业毕业生就业的矛盾

### （一）政策出台与政策落实之间的矛盾

就业保障政策不足，且不能够完全落实。一些用人单位不与毕业生签订正式劳务合同，不缴纳“三金”、“五险”的保障，不解决户口、档案接收等。保障政策的缺失，导致毕业生在面对灵活就业工作岗位时产生迷茫和困惑。灵活就业作为一条重要的就业渠道，出现运行不畅的情况。创新创业方面的理论培训、资金支持及场地配置的不足，造成大学生创新创业的困难。

### （二）就业市场短期繁荣与持续力不足的矛盾

非通用语种专业毕业生从事的对外派出类工作，犹如一把“双刃剑”，它为大量的毕业生提供了便捷的就业机会、丰厚的工资待遇、工作能力的有效锻炼；却也为很多毕业生的长期职业规划带来了问题和障碍。非通用语种专业学生主要从事翻译、行政类工作，受到年龄、性别等限制，三至五年的外派工作结束后，很

多毕业生需要考虑回国发展。原单位并不能保证为他们在国内总部安排合适的岗位。很多学生面临着二次就业的困境。此时，学生的本科学历已很难适应国内就业市场要求，即使找到工作，国内本科毕业生的薪酬又会与国外工作造成较大落差。非通用语种专业的一次就业门槛低，而二次就业呈不可持续发展状态，成为该专业毕业生的长期职业规划瓶颈。

### （三）学校培养与市场需求仍有脱节

单一的专业知识结构，是造成非通用语种专业毕业生就业层次低的主要原因。非通用语种专业的教学方式以“语言学习”为主。其中，低年级的学习重点主要围绕“语法学习”展开；高年级的学习方向以“外国文学”及“文学翻译”为主。虽然一些院校也开设了实用类专业选修课，但由于课时限制、师资不配套等原因，很难深入涉及其他专业领域。专业课程设置及学习资料实用性较差。造成了毕业生在求职时，面对真实的工作岗位，出现专业能力与实际工作需求脱节的困难。

### （四）毕业生自身能力与就业愿景的矛盾

非通用语种专业毕业生具有外语语言能力，缺乏其他专业知识，实践工作能力不足。受到外派工作“低门槛”的影响，一些毕业生在求职过程中盲目乐观，过分向往大城市和高薪职业，而忽略了自身的定位及职业发展，只在乎眼前利益，没有对自身的职业生涯进行合理规划。

## 三、开创非通用语种专业毕业生就业新局面的途径

### （一）行政主体履行职能，保障政策落实

李克强总理在政府工作报告中指出：“要推动大众创业、万众创新，创新创业既可以扩大就业、增加居民收入，又有利于促进社会纵向流动和公平正义。”首先，国家和地方应出台相关政策，给予创新以极大的政策支持，形成良好的环境氛围，为大学生自主创业保驾护航；其次，各地教育厅等部门应面向大学生组织系统的创新创业培训，从理论层面向学生提供技术和技能的指导；再次，资金是创新型企业生存发展的最关键问题。政府要主动作为，为大学生提供便利，营造出公平的竞争环境，通过推行无息贷款等优惠政策，在资金层面给予大学生支持；最后，组建“大学生自主创业基地”、“大学生创新创业训练计划项目基地”及“大学生创新创业孵化基地”等项目，为培养大学生创新创业能力提供场地和空间支持。全社会要营造鼓励创新、包容失败的良好氛围，保护青年学生的创业

梦想和积极性。

### （二）教育部门深化教育改革，培养适应市场的人才

非通用语种专业教育应以社会需求为导向，加速专业教学改革，逐步转变教学观念，优化课程设置，让课程真正和市场需求挂钩。突出培养创新型、实用型和复合型外语人才。例如，已经有高校为外语专业学生提供第二学位的教育机会，学生可以在语言之外，适当选择经济、金融及传媒类课程。只有打破“语言只是工具”的专业局限性，非通用语种专业毕业生才能成为具有语言优势的专业类人才。教学改革的道路是漫长而曲折的，这需要教育工作者解放思想，在实践中总结经验，为学生创造更科学的培养方案，为他们毕业后的就业、择业打下良好基础，让学生成为真正符合社会要求的人才。

加强学生的语言应用能力。教学单位首先应在态度上，重视听说能力的培养；在实际课程中，增加听说练习的课时量；在专业考核中，增强其所占的比例。促使学生真正意识到听说能力的重要性，主动锻炼和提高专业素质。

建立健全完整的就业指导及人生规划服务体系，统筹兼顾做好就业指导工作，帮助更多的学生就业。教育部在《大学生职业发展与就业指导课程教学要求》中，要求各高校把职业发展与就业指导课程作为公共课纳入教学计划，要求不少于38学时并计算学分。

学生管理工作者更应重视尽早开展此项工作的重要性。这项工作不应在短期内突击进行，常规性开展才能保证良好效果。就业指导工作不仅只是针对四年级毕业班的学生，它是一项贯穿学生整个大学的系统工程。学生在入学之初，教育工作者应帮助学生培养端正的学习态度，建立对非通用语种专业就业、发展的准确认识，避免不切实际的幻想；鼓励二年级学生，通过学习不断自我成长，增强自己的核心竞争力；引导三年级学生，在实践中了解社会，了解自己，为建立合理的人生、职业规划奠定基础；辅导四年级学生，训练面试技巧，学习撰写简历，了解各类就业政策。只有建立系统的培养体系，才能实现就业指导的实际意义。

### （三）毕业生转变观念，提高就业能力

毕业生应进一步了解社会需求，转变自身的就业、择业观念；学会合理定位，寻找适合自身职业发展的工作；更应认识到：先就业再择业，在工作岗位上积累经验，提升自身综合实力，寻找符合自身能力的突破口。通过合理安排自己的职业规划，尽快完成从翻译、文秘等岗位进入单位核心部门的转化过程。从而彻底改变自身知识结构单一的弱势情况，避免可能产生的二次就业问题。

学生应提高语言的综合应用能力。重视英语学习，以“三语”优势向复合型

人才转变。增加语言之外的专业知识学习，例如：经济、金融、管理、传媒等方向。或考取各类等级证书，例如计算机、办公自动化及驾驶执照等，增强自身的核心竞争力。

通过专业实践，帮助学生在工作中积累经验、了解社会及个人能力，为就业、择业打下良好基础。根据学生专业能力的不同，高校应创造实践机会，拓宽实践平台，开展形式多样的实践活动。校内专业实践，例如：外语演讲比赛、辩论赛、应用文写作比赛等竞赛可以加强学生外语写作和口语的实际运用能力。校外专业实践，例如：旅游景区外语志愿服务活动、外语类报社编辑工作、外贸公司翻译文秘等工作，在增强学生外语能力的同时，也锻炼了学生办公软件使用能力，完成多学科背景下的语言贯通能力的训练。让学生走出学校的“象牙塔”在工作中锻炼能力，了解社会需求，树立正确的就业观。

## 四、总结

随着我国经济的飞速发展，“一带一路”战略的不断推进，市场需要非通用语种专业人才，也对非通用语种专业毕业生提出了更高的要求。2014年的《中国大学生就业报告》中指出：“大学毕业生是否符合社会需要，培养质量是否能够满足用人单位与读研的要求，是中国高校普遍面临的一个重要课题。”

提高非通用语种专业毕业生的就业率是一项长期的、综合性的工作。需要国家和社会给予政策支持。高校、专业教师及学生管理工作者应践行“以生为本”的理念，通过全面的调查及访谈，了解学生的就业困惑及困难；推行合理的教学改革，帮助学生实现知识结构与社会需求接轨；及时进行就业指导，引导学生认清就业形势，明确自身定位。通过实行社会、学校、学生的多方联动机制，为非通用语种专业毕业生的就业工作及缓解社会就业压力作出贡献。

# “新常态”下大学生爱国主义教育的困境及对策研究

姜毅影　楚文文　兰　希

**摘　要**：本文在新时期的时代背景下，结合党的十八大和习近平总书记系列讲话精神，提出在“新常态”下加强大学生爱国主义教育的重要意义。通过分析新时期爱国主义教育的困境，提出了加强大学生爱国主义教育要与培养大学生社会责任感紧密结合，要引导学生践行社会主义核心价值观，是引导学生理性爱国的有效途径。

**关键词**：“新常态”　大学生　爱国主义教育

## 一、“新常态”下爱国主义教育的时代背景

爱国主义是中华民族的优良传统，是一种强大的精神动力，推动着国家和民族不断前进，动员和鼓舞全国各族人民团结奋斗。2004年中共中央、国务院发布了《关于进一步加强和改进大学生思想政治教育的意见》（中发16号文件）在“加强和改进大学生思想政治教育的主要任务”中明确指出：“以爱国主义教育为重点，深入进行弘扬和培育民族精神教育。”党的十七大报告强调“用以爱国主义为核心的民族精神和以改革创新为核心的时代精神鼓舞斗志”。党的十八大报告再次强调要“大力弘扬民族精神和时代精神，深入开展爱国主义、集体主义、社会主义教育”，“倡导爱国、敬业、诚信、友善，积极培育社会主义核心价值观”。这些都为加强大学生爱国主义教育提供了极为有利的契机，对于继承和弘扬爱国主义传统，培养大学生的爱国情怀，增强大学生民族自尊心和自豪感具有指导意义。

党的十八大以来，随着以习近平同志为总书记的党中央推出一系列新的治国

姜毅影　西安外国语大学俄语学院
楚文文　西安外国语大学汉学院
兰　希　西安外国语大学日文学院

理政的举措，中国在经济、政治、文化、军事、外交、法治等诸多领域逐渐进入了一个“新常态”时期。“新”就是较以往明显不同，有大的变化和特点，新鲜生动，引领着健康进步的方向。在全面深化改革的背景下出现了也将会出现诸多的“新”。常态，就是长期要坚持和延续下去的态度和态势，而现在中国最明显的和最大的态度和态势，正是改革。①

然而，在改革的过程中，国内外环境都发生着巨大的变化，加之如今的大学生群体以90后为主，其意识形态领域也伴随时代变化出现了新情况和新问题。高校的爱国主义教育不可避免的受到了冲击。如何在新的历史条件下，加强当代大学生的爱国主义教育，引导他们确立正确的世界观和人生观，树立实现民族复兴的“中国梦”，如何提升爱国主义教育理念，构筑更具时代特色的爱国主义教育，提高爱国主义教育的实效性，是新时代思想政治教育迫切需要研究和解答的问题。

## 二.“新常态”下加强大学生爱国主义教育的重要意义

爱国是中华民族的传统美德，是推动我国社会发展前进的巨大动力，加强爱国主义教育，不仅是社会主义核心价值体系的重要组成部分，也是新时期的迫切需要。加强新常态下的大学生爱国主义教育，不仅是一个理论问题，也是一个实践问题，具有很强的理论意义与实践意义。

### （一）爱国主义教育有助于培养大学生的民族精神

民族精神是民族文化的核心和灵魂，也是一个民族赖以生存和发展的精神支撑。 在新的历史时期，开展爱国主义教育大力弘扬爱国主义传统，对于激发当代大学生的爱国情怀有十分重要的意义。

现在中华民族正处于一个极其重要的历史关头，一方面中国的现代化建设正处于关键时期，另一方面全球化趋势日益明显，中国前进的道路上充满着巨大挑战。这种挑战不单表现在物质层面，更重要的是表现在精神层面，这是对我们全民族意志、品质和能力等的全面考验。

中共中央、国务院发布了《关于进一步加强和改进大学生思想政治教育的意见》（中发16号文件）在“加强和改进大学生思想政治教育的主要任务”中明确指出：“以爱国主义教育为重点，深入进行弘扬和培育民族精神教育……要把民族精神教育与以改革创新为核心的时代精神教育结合起来，引导大学生在中国特色

① 刘淑珍：《新时期大学生爱国主义教育研究》，江南大学硕士学位论文，2009年6月。

社会主义事业的伟大实践中，在时代和社会的发展进步中汲取营养，培养爱国情怀、改革精神和创新能力，始终保持艰苦奋斗的作风和昂扬向上的精神状态"。

### （二）爱国主义教育有助于大学生树立远大的理想信念

作为新时代的年轻人，大学生肩负建设社会主义现代化国家，实现中华民族伟大复兴的责任与使命。加强大学生爱国主义教育可以使大学生正确认识人生，正确认识个人与社会、国家的关系，摆正自我的位置，正确回答人生目的、人生理想、人生价值、人生责任等问题，树立崇高的理想和远大的志向，牢记国家的培养，不断提高创新能力与实践能力，把个人发展与国家社会发展统一起来，坚定爱国主义理想信念。

## 三、"新常态"下大学生爱国主义教育面临的困境

### （一）互联网等新媒体平台影响大学生正确爱国主义认识的形成

新媒体时代为信息传播提供了开放性、匿名性的平台，信息的发布和使用空间都十分自由。新媒体带给人们便捷的同时也是一把双刃剑。一些腐朽落后甚至危害国家稳定和民族团结的信息也会通过媒体大肆传播。大学生正处于思想活跃、意识形态逐步形成的重要时期，容易受外界的影响。某些西方资本主义国家利用网络媒体宣扬人权思想、个人主义等错误的政治观点和思想观念，另外，国内一些反国家的恶势力利用新媒体传播反动信息，蛊惑人心。

大学生正处于人生观价值观还未稳定的时期，面对网络新媒体环境下的海量信息，不能做出理性判断和鉴别，看问题容易主观片面，热情高涨但行事上易冲动，容易受外界影响，急需要正面的教育和引导。

### （二）大学生思想的矛盾和困惑给爱国主义教育带来了严峻挑战

现阶段，我国社会存在很多矛盾。大学生最关心的就是就业问题，但是目前受高校扩招和国内经济形势不景气的双重影响，就业形势日益严峻，很多大学生毕业时找不到满意的工作，尤其那些期望靠教育来改变现实的贫困家庭和个人，就业情况令他们非常失望的同时也会使他们在思想上产生矛盾心理，甚至对社会、国家不满。大学生寒窗苦读数十载，最后的回报与投入相差甚远，在物质匮乏的状态下无法令他们大谈爱国主义的雄心壮志。另外，现阶段价值标准多元化，大学生价值标准的选择趋向对自己的实用，"利己主义"、"享乐主义"、"拜金主义"思想充斥着大学生的头脑。尤其对于外语外贸类院校，学生出国的人数较多，部分学生崇尚国外文化，认为只要是外国的就是好的，看电影只看外国大

片，购物只看洋品牌等。

## 四、“新常态”下加强大学生爱国主义教育的有效途径

### （一）加强爱国主义教育要与培养大学生社会责任感紧密结合

爱国主义教育必须首先解决为什么要爱国的问题。为什么要爱国？因为每个公民都是国家的一分子，国家的名誉、利益和个人的名誉、利益紧紧地联系在一起，国家的繁荣富强为个人提供了生活发展的保障。

增强大学生的爱国主义教育要使大学生认识国家的前途命运，认识自己的社会责任，增强社会责任感，把他们培养成德智体美全面发展的社会主义合格建设者和可靠接班人。

1. 充分发挥党组织的核心作用和大学生党员的先锋模范作用

大学生党员是一支重要的骨干力量，要抓好学生党员的理论教育，提高广大党员的理论修养，发挥基层党组织的战斗堡垒作用。通过开展党员志愿服务活动，使学生党员能够牢记并自觉实践全心全意为人民服务的宗旨，发挥模范带头作用，并且引领周围的同学积极向党组织靠拢。同时，充分发挥学生社团组织的自我教育、自我管理、自我服务作用，学生社团积极配合学校党团组织开展“中国梦”、“四进四信”等爱国主义教育活动，促进学生的思想道德素质的提高。[①]

2. 加强传统文化教育

中国传统文化源远流长，博大精深，是中华民族生生不息、团结奋进的不竭动力，已深深地融化在中华民族的思想意识和行为规范之中，并渗透到社会政治经济生活的各个领域，成为中国社会历史发展的强大力量。中华民族传统的道德核心强调为社会、为民族、为国家、为人民的集体主义思想，这其中也包含着强烈的社会责任感的理念。通过学习传统文化，感受国学国粹之美，可以完善大学生的人格，提高大学生的道德素质，激发大学生的爱国热情。[②]

3. 建设良好校园文化

校园文化作为一种无形的环境教育力量，对学生的健康成长有着巨大的影响。校园文化建设的终极目标就在于创设一种氛围，以期陶冶学生情操，构建学生健康人格，全面提高学生素质。高尚的风气，良好的秩序，幽雅的环境有利于形成校园群体共同的价值认同、价值取向行为方式，而且可以激发学生的社会责任感。建设良好的校园文化，加强校风建设，倡导文明校园，有利于学生陶冶情

① 孟炎、汪瑄琪：《试论增强大学生社会责任意识的教育》，《教育探索》，2010年7月。
② 任伟：《当代中国大学生社会责任感培养研究》，山东大学硕士学位论文，2010年3月。

操，调节情绪，启迪智慧，增长才干。良好的校园文化氛围有利用培养学生的爱校爱国热情。

### （二）加强爱国主义教育要引导大学生践行社会主义核心价值观

党的十八大报告中强调要“大力弘扬民族精神和时代精神，深入开展爱国主义、集体主义、社会主义教育”，“倡导爱国、敬业、诚信、友善，积极培育社会主义核心价值观”。加强爱国主义教育要引导学生践行社会主义核心价值观，争做适应时代发展的优秀人才。

1. 指引大学生学习、理解和把握社会主义核心价值观的含义和要求

大学生首先要通过认真、深入的学习，全面理解和把握社会主义核心价值观的内涵和要求，让社会主义核心价值观入耳、入脑、入心，真正树立社会主义核心价值观，用先进的思想武器武装自己，不断提高自己的政治素质和理论修养。大学生必须懂得社会主义核心价值观的含义：十八大报告提出：“倡导富强、民主、文明、和谐，倡导自由、平等、公正、法治，倡导爱国、敬业、诚信、友善，积极培育社会主义核心价值观。”从国家层面看，国家要不断发展成为富强、民主、文明、和谐的国家，从社会层面看，要努力创造自由、平等、公正、法治的社会环境，从公民个人层面看，要做一名爱国、敬业、诚信、友善的公民。

2. 引导大学生做好自己本职工作，做一名合格的大学生

当代大学生是祖国的未来，民族的希望，更是中国特色社会主义事业的生力军和接班人。所以，青年大学生一定要珍惜在大学的宝贵时光，认认真真、勤勤恳恳地做好自己的本职工作——做一名优秀的大学生，努力学习，刻苦学习，勤奋学习，多学知识，多增才干，多长见识，为将来践行社会主义核心价值观、建设社会主义和谐社会打下坚实的基础。

当今世界，科学技术日新月异，知识经济初见端倪，经济全球化趋势日趋明显，国际竞争日趋激烈，作为一名当代的大学生一定不能在大学里虚度光阴，要明确自己的责任和使命，要充分利用优越的学习条件，趁自己年轻精力充沛，不断提高自己的学识，技能、本领和才干。当代大学生必须高度重视社会实践，除了在学校学好功课外，还要积极参加各种有益的社会实践活动，在实践活动中践行和实践社会主义核心价值观。

### （三）加强爱国主义教育要加强大学生理想信念教育

理想信念是人们对未来的向往和追求，是一个人世界观和政治立场在奋斗目标上的集中体现。人生的理想决定着一个人的发展方向。大学生是时代精英，是国家和民族未来的希望，是社会进步和发展的关键力量，加强他们的理想信念教

育，对促进爱国主义教育意义深远。

1. 引导大学生树立积极的“中国梦”

“中国梦”是实现国家富强、民族复兴、人民幸福的国家梦想。习近平同志指出，实现中华民族伟大复兴是一项光荣而艰巨的事业，需要一代又一代中国人共同为之努力。当代大学生是社会主义建设的接班人，在实现伟大“中国梦”的过程中扮演着重要角色，要引导大学生认清现实，树立正确的理想，以社会需要为导向，以个人条件为基础，对自己的理想进行设定。高校要加强“中国梦”的学习宣传，将其中蕴含的理想信念、价值观念融入到大学生的个人理想中。

2. 引导大学生学习“四进四信”精神

自党的十八大以来，习近平总书记提出“四进四信”等一系列重要讲话精神。四进四信对当代大学生共青团员产生着深远影响。习主席提出通过进支部、进社团、进网络、进团课等“四进”方式使大学生树立“四信”即对党科学理念的信仰、对走中国特色社会主义道路实现“中国梦”的信念、对党和政府的信任和对以总书记为党中央的信赖。四进四信讲话精神促进当代大学生共青团员从最细微的行动中不断向党靠拢，不断贯彻落实社会主义核心价值观，从而提升当代大学生共青团员的总体素质，引导大学生树立积极的理想信念，为国家培养人才，为明日光芒添灯助威。

## 五、结语

鲁迅先生曾说过：“唯有民魂是最可贵的，唯有它发扬光大起来，中国才有希望。”体现一个民族灵魂的关键之所在就是国人的爱国主义精神，然而爱国主义思想不是自然而然形成的，在“新常态”新形势下对大学生开展深入持久的爱国主义教育，才能使爱国精神真正深入大学生的血脉。

# 中国高校国际学生工作趋同化推进路径探析

刘　晶

**摘　要**：随着中国高校国际学生数量的逐渐增长和高等教育国际化水平的不断提升，国际学生工作与中国学生工作趋同化管理成为融合教育背景下的必然趋势。如何在借鉴中外高校国际学生趋同化教育管理的基础上准确进行中国高校国际学生工作的价值定位，进而开展精准的路径选择，是中国高校走向国际化办学进程中面临的一项共同课题。

**关键词**：国际学生工作　趋同化　推进路径

当今世界，经济全球化和教育国际化水平不断提升，国际学生工作与中国学生工作走趋同管理之路已成为融合教育背景下的必然趋势。《国家中长期教育改革和发展规划纲要(2010—2020年)》、《北京市中长期教育改革和发展规划纲要(2010—2020年)》、《留学中国计划》以及《留学北京行动计划》明确指出，要“积极推动来华留学人员与我国学生的管理和服务趋同化”。在此背景下，中国高校应充分借鉴国外国际学生趋同化教育管理经验，探索出一条适合中国国情、学校校情和学生实情的特色趋同化管理之路。

## 一、中外高校国际学生工作趋同化比较分析

### （一）专业化、成熟型、菜单式管理模式

此模式以英国伯明翰大学、美国加州大学、爱尔兰都柏林大学等欧美国家高校为代表。在中外高校类似的趋同化管理目标下，这些高校趋同化管理模式相对专业、发展程度相对成熟、人员相对精干。欧美国家高校一般在学校层面设有主管国际学生事务的机构，与其他职能部门协调处理学习、生活等事宜，他们没

刘　晶　北京语言大学党委学工部

有明确的思想政治教育，至于心理健康教育、奖助勤补贷等工作都是由学校相关职能部门直接负责。这些高校尤其重视学业指导，英国伯明翰大学设置助教(Tutor)、爱尔兰都柏林大学设置讲师（Lecturer）专门对小规模数量学生进行指导。这些导师多为学业精湛的青年教师或高年级在读研究生，主要负责指导国际学生处理选课事务、监督学生完成学术课业、组织学生开展课堂论辩等，引导作用比较明显，但这种专业化、菜单式管理的先决条件是国际学生素质与本国学生的“同质化”以及学生较强的自主管理氛围。高校依靠专业化的管理、服务部门为国际学生提供服务即可，并不需要针对他们量身打造趋同化管理方案。

### （二）专业化、成熟型、综合式管理模式

香港大学、台湾大学等港台地区高校采用专业化、成熟型、综合式趋同管理模式。与欧美高校类似，港台地区高校也重视发挥学业指导的作用，不同之处在于他们在重视发挥主管部门效用的同时还注重利用学生宿舍等基层组织开展趋同化管理。香港大学让本地学生、大陆学生与国际学生同住一起，在为每位学生配备“同伴”的同时，各个 Hall 围绕自身文化特色组织开展品牌活动。台湾大学每栋宿舍楼都有管理型辅导员负责楼宇日常运作及活动组织，为国际学生打造活动平台。

### （三）掌控式、成熟中、综合式管理模式

与前两者相比，以北京语言大学、复旦大学等为代表的中国大陆高校大多采用掌控式管理方式，通过辅导员（国际学生管理干部）将中国学生的学业辅导、心理咨询、职业规划、文化活动、社会实践等诸多职能予以集中，整体“移植”到国际学生教育管理服务中，这样可能一方面使得管理人员力不从心，另一方面可能造成管而不活、大而不细、泛而不精。这些高校都有统筹学校各方力量共同推进趋同化管理的强烈愿望，普遍高度重视国际学生教育管理服务工作。例如，北京语言大学为进一步理顺管理体制、提高服务效能，进行了校部机关大部制改革，将国际学生管理职能纳入学生处职能范围予以趋同管理、协同创新。复旦大学由外国留学生工作处负责国际学生全过程管理，各院系和相关职能部门负责具体落实学生在校期间的各环节工作。

## 二、中国高校国际学生工作趋同化的价值定位

### （一）以生为本、和谐发展

以人为本，落实到学生身上，就是以生为本。以生为本的核心价值观，就是把中外学生的发展作为学校一切工作开展的出发点和落脚点，促进学生全面发

展，协调学校各种资源，从根本上推动学生培养质量提升。中国高校国际学生工作趋同化必须建立在和谐的多元环境中，把影响人、锻炼人、培养人纳入学校总体规划，充分发挥中外学生在学校建设发展中的作用。这一方面需要学校各部门切实树立以生为本的服务意识，竭尽全力为中外学生提供优质服务；另一方面需要全面提升中外学生综合素质，使其在自身获得良好发展的同时也促进学校发展，进而形成和谐发展的文化风气。

### （二）和而不同、彰显特色

与国际先进水平相比，中国高校国际学生趋同化管理目前还存在较大差距，表现为机构职能有待整合、人员分工有待加强、个人能力有待完善、工作观念有待提升等。国际学生工作趋同化包括中外学生接受相同的机构管理、遵守相同的规章制度、享受相同的软硬件设施等。但由于国际学生来自五湖四海，语言、文化、管理体制和规章制度存在客观差异，管理趋同绝不能采取简单的“一刀切”做法，必须遵循“和而不同、彰显特色”的原则。既看到差异，也促进融合；既享受多元，也促进包容，循序渐进、稳步推行，使国际学生既能体验到国际规则、国际水准、国际风范，又能感受到中国特色、中国风格、中国气派，与中国学生享受同等“国民待遇”。

### （三）德行言语、敦睦天下

“德行言语、敦睦天下”是季羡林先生为北京语言大学的题赠，也是北语人一直追求的理想和价值体现。“德行”、“言语”出自《江有归舟三章序》：“孔门四科，吾是以窃其一矣。然夫德行、政事，非学不言，言而无文，行之不远，岂相异哉？四者一，夫正而已矣。”所谓“四者”，指上文之“孔门四科”，即德行、言语、政事、文学。其目的就是用传统文化对学生进行道德品行与言语修养的熏陶。“敦睦”见于《三国志 · 明帝纪》：古者诸侯朝聘，所以敦睦亲亲，协和万国也。在夏侯湛《昆弟诰》中也有“敦穆于于九族”的记录，即“亲善和睦”，它是中华文化精神的基本内核、中华文化传播的基本要求和国际交往的基本原则，因而是独一无二的。“德行言语、敦睦天下”是每一位中国学生修身养性的标尺和努力追求的理想境界，也应成为国际学生趋同管理的精神动力和价值定位。

## 三、中国高校国际学生工作趋同化的路径选择

### （一）转变管理理念，强化角色定位

改革开放以前，中国高校招收的国际学生大多来自对我国友好和第三世界的

国家，因此对他们的管理体现了浓厚的援助性特征和尽义务色彩，无形中形成了对他们“特殊照顾”的习惯。直到1989年，中国高校才完全获得外国留学生教育管理的自主权，但长期以来对国际学生特殊照顾、另眼看待的做法已或多或少形成传统，这样的管理模式造成国际学生与中国学生“虽同处一校，但彼此隔绝”，国际学生不满意，中国学生不理解，导致学生培养的片面和教育资源的浪费。从世界范围来看，趋同管理是各国接收国际学生普遍采用的方式，对中国高校而言，理应顺应趋势、推进趋同。

同时要引导国际学生正确认识自身定位，帮助他们认识到来中国不仅是学习语言文化，更是了解中华文明。要淡化国际学生色彩，和中国学生一样，首先作为一名学生来开始学习生活、迎接困难挑战。学校有必要为国际学生提供一些必要帮助，但要注意适度原则，尽可能让国际学生自己或通过结交的语伴来独立生活、自主学习，因为这对他们本身也是一个学习交流的过程。对于高校而言，应淡化国际学生的外籍人士身份，他们首先是一名学生，其次才是国际学生。

### （二）融入中国特色，开展分类培养

语言水平是影响国际学生在中国高校学习生活最直接的因素。因此，在国际学生管理过程中，要根据学生语言水平高低，划定学历生、进修生、访学生等不同留学类别，因材施教、分类管理。对于语言水平较好的学历生，高校可以将他们与中国学生一起编班上课、连通培养，并尝试中外学生同住宿舍，以此推进国际学生在生活方面与中国学生的相互融合；对于语言水平较差的进修生和访学生，学校可以为他们提供语言实践和社会调查的机会，让他们在行走中国、亲近自然、感受社会的过程中提高语言水平、增强文化认同。

另外，国际学生管理绝不能完全脱离中国学生管理的模式和思路，而要根据中国国情，充分借鉴中国学生管理中的特色经验，融入一定程度的中国特色。例如，高校可在国际学生中尝试和推广中国特色的辅导员制度，选拔一部分有海外学习生活经历、具有较强语言能力、乐于从事中外文化交流的中国学生辅导员担任国际学生辅导员。这样既可以发挥和推广中国学生辅导员职能集中、管理全面的优势，也能促进中外辅导员之间的经验交流和信息共享，从而大大提升国际学生趋同化管理的效率和质量。

### （三）推进精细管理，助力学生发展

国际学生工作同属学生工作的一部分，同样可以借鉴和引入中国学生工作的精细化管理模式。学生管理工作的一个显著特点是事务繁杂、过程琐碎。在学生管理工作中实行精细化管理就是将管理覆盖到每一个过程，控制到每一个环节，

规范到每一个步骤，具体到每一个动作，落实到每一个人员。具体而言应遵循以下五点原则：一是规范。严格管理规章和工作程序，坚持制度面前人人平等。二是科学。善于运用现代管理方法和信息手段，积极探索和掌握学生管理工作的客观规律。三是到位。在学生管理过程中，每一个环节必须考虑到，不忽视微小的管理漏洞。四是明确。落实管理责任，将管理责任具体化、明晰化。管理的过程条理清楚、层次清晰。五是深入。把工作做得具体，做得扎实，追求精益求精。

## 参考书目

[1] 胡志平:《大力发展来华留学生教育　提高我国高校国际交流水平》,《中国高教研究》, 2000年第3期。

[2] 冒大卫:《浅析高校留学生管理工作的理念与机制创新》,《思想教育研究》, 2011年第1期。

[3] 顾莺、陈康令:《高校留学生趋同化管理的比较研究》,《思想理论教育》, 2013年第5期。

[4] 彭庆红、李慧琳:《从特殊照顾到趋同管理——高校来华留学生事务管理的回顾与展望》,《河南师范大学学报》, 2012年第9期。

[5] 于富增:《改革开放30年的来华留学生教育》, 北京: 北京语言大学出版社, 2009年版。

[6] 对外经济贸易大学国际学院:《足迹: 对外经贸大学留学生教育发展历程》, 北京: 对外经济贸易大学出版社, 2011年版。

# 论国际化背景下中外学生趋同日常管理

王慧媛

**摘　要**：近年来，来华留学生的规模不断扩大，留学生层次日益多样化，极大地推动了我国来华留学教育事业的发展。国际化背景对高校学生日常管理工作提出了更高、更新的要求。本文通过对中外学生趋同日常管理的发展现状、存在问题进行分析，并从建立班主任制度、搭建中外学生活动平台和提高管理人员素质等方面提出了国际化背景下中外学生的趋同日常管理的具体策略，借此提高办学优势，加快高校国际化进程。

**关键词**：国际化　留学生　趋同管理

当今世界强国的高等教育模式有两大特征，即开放式和国际化。在科学发展观的指导下，我国开放式、国际化办学的水平不断提升，并逐渐实现了我国高等教育由大向强的重大转变。随着中国经济实力的不断提升，目前，来华留学生人数逐年增多，留学生的生源背景越来越多样化，文化差异逐渐凸显，这必将为留学生管理者带来极大的挑战，很多专家学者开始探索留学生管理的新思路和新途径，其中，他们较为关注的是中外学生的趋同化管理，即在国际化背景下"去异求同"，让中外学生得到同等水平的教育管理质量，融入中国的文化氛围，接受和认同中国的各项制度，这也逐渐成为当今许多高校研究的一个重要课题。随着来华留学生规模日益扩大，学校国际化建设进程日益加快，并逐步与国际接轨，逐步把留学生招生管理、日常管理纳入到与中国学生同等管理地位，实施近乎同等管理模式，尽可能缩短与中国学生的差距，由趋同管理逐渐走向相同管理。

---

王慧媛　北京语言大学商学院

# 一、趋同管理概述

## （一）趋同管理的涵义

自20世纪90年代末起，我国教育界就开始对中外学生的“趋同管理”进行研究和分析。所谓趋同管理，是学界针对留学生工作所提出的一种新的管理理念，即对外国留学生的学习、生活等管理环节趋向于与中国学生相同的管理模式，是参照教育本身的含义以及国外对留学生教育所采用的方式而提出的留学生管理模式。

## （二）趋同管理的特点

“趋同管理”即“校内管理校园化，校外管理社会化”，目的是让留学生在校园内外享受与中国学生同等的“国民待遇”，最终达到中外学生管理的趋同。趋同管理是一种有效的扩大教育规模、提高办学层次、保证教学质量、规范日常管理的留学生管理模式。针对北京语言大学来说，这种模式的主要特点体现在以下三个方面：第一，剥离国际文化交流学院原有的管理、后勤等功能，对学院重新进行定位，仅保留学院的教学与科研功能。学院回归到学校的一个专门承担外国留学生汉语、汉文化及相关专业教学任务的单位。第二，原先由国际文化交流学院承担的大部分行政事务分别由外事处和新设立的外国留学生工作处分担。外国留学生工作处全面负责从招生到外国留学生离校全过程的管理与协调工作，包括学历生事务管理、非学历生事务管理、奖学金事务管理、学生综合事务管理、行政文秘管理等。第三，将原先由国际文化交流学院承担的留学生公寓管理事务移交给学校的物业管理部门或对其实行社会化管理。

# 二、中外学生趋同化日常管理发展现状

其一，通过沟通协调，统一解决留学生的住宿、保险、医疗、生活等其他服务工作。充分发挥院系、学校管理部门、公共服务体系的作用，尽可能在学校政策允许的范围内，给予留学生一些便利，增强国际学生的认同感和归属感，推进学校的国际化建设。

其二，在趋同化管理的大体系下，在新生入校、入学手续办理、住宿安排、入学教育、学生校园文化活动、班主任制度、心理咨询、学籍管理、课程设置等方面统一协调处理与学校相关教务处、学生处、团委、网络中心、后勤和各院系等部门的关系。

其三，通过培训、学习等方式，着力提高高校学生管理人员素质和工作水平，打造一支让学校满意、让中外学生满意的队伍。在引进来华留学生教育上，逐步与国际接轨，参考国外留学生教育管理体系，逐步把留学生招生、管理纳入到与我们在校学生同等教学和管理地位，实施同等化管理。

## 三、中外学生趋同日常管理存在的问题

### （一）忽视留学生的思想教育、心理疏导、考勤等日常管理工作

高校对留学生的日常管理尚停留在教学、学生活动融合方面，让留学生内部、中外学生之间产生紧密的集体认同，而往往忽视了留学生的思想教育。留学生心理问题主要集中在“应对那些盯住我看的人”和克服思乡情绪。加大对留学生思想教育既符合全面培养人才的育人宗旨，也有利于中国学生的生活环境不被打扰。目前，大部分高校在留学生心理疏导方面做的工作不够，由于文化的差异，留学生与中国学生相比，大多学习不够刻苦，上课迟到率较高，遵守学院的规定和参加学院的活动自由度大，随意性强。

### （二）班级体、学生会等基层组织的融合平台搭建不够

留学生的融入给高校文化建设带来了机遇和挑战。这是一个国际化的转变过程，深受社会关注。很多高校在营造多元文化氛围上还存在着一定程度的传统性倾向，文化的形式和内容不够多元化；学生会、社团等还不能大胆进行留学生主导的特色活动。另外，中外学生的交流平台在校级层面上搭建较少，中国学生对初次迎来留学生的心理应对还欠引导，国际交往通则缺乏普及。

### （三）学生管理人员自身素质和跨文化管理能力较弱

对于承担来自全球各国的留学生日常管理工作的一线老师而言，他们的素质要求面临着很大挑战，首先是流利的语言环节，其次是文化宗教的知识储备、外事管理能力和对世界政治安全的敏锐性，但最基本的还是跨文化教育的世界观和平等关爱各国学生的博爱精神。摸索着学习、借鉴、总结，应对事务的能力仍需不断地积累。

## 四、有效实现中外学生趋同日常管理的途径

在高等学校非留学生院系，都设有学生工作的专职领导和辅导员，还有学生党支部、团总支、学生会等，可以说，做大学生管理工作的机构和人员配备是很

全很强的。趋同化日常管理就是要以中国学生管理的模式为主要思路，在充分考虑文化差异因素的情况下对留学生进行管理，坚定“异少同多”。

### （一）建立留学生班主任、辅导员制度，规范留学生日常管理

结合中国学生的班主任制度，在留学生中尝试建立班主任、辅导员管理模式，通过高校学工队伍对留学生开展思想教育、心理教育、日常考勤等工作，会达到事半功倍的效果。

1. 思想教育的日常管理。各班主任、辅导员应加强中国法律法规、优秀文化传统和国情教育，帮助留学生客观地了解中国社会的发展状况。班主任和辅导员更应大力培养懂得中国政治内涵的留学生人才，以留学生能够接受的方式教授留学生政治知识，消除他们对中国政治体制的误解。

2. 心理教育的日常管理。来华留学生心理素质教育工作，除了在日常的教育与管理中探索思路，总结经验，开拓创新外，还应对来华留学生心理健康状况和心理素质发展的规律进行系统的研究，以界定不同年级、不同群体留学生在心理健康教育、心理咨询和心理治疗方面的需要，从而使不同心理健康需求的学生，获得不同程度的改善和发展的能力。

（1）关注留学生情感健康教育。不同文化之间存在着“文化差异”并会产生“文化摩擦”。留学生来校后往往遇到诸如在社会制度、思想观念、生活习惯、学习方法、纪律约束、心理健康、人际关系甚至法律法规等方面的不适应，甚至个别人会产生变异行为，他们大多正处在青年时期，阅历较浅，考虑问题较理想化，期望值偏高。同时，来华前他们一直生长在与我们不同的文化模式中，已形成了自己固有的文化习性和价值定势。来华后，他们往往自觉或不自觉地以此去衡量外界“新事物”，于是异文化的冲突，就不可避免地产生了。班主任、辅导员老师要多关注留学生的情感变化，适时地进行心理干预，帮助留学生摆脱感情困境。

（2）加强心理危机管理。留学生都处于青壮年时期，他们绝大部分是第一次离开父母，离开家乡，对新环境新文化需要一段适应过程。对留学生出现的不良行为进行简单的批评教育是不够的，对每年新入学的留学生进行必要的、常规的心理辅导可能是更有效的办法。目前入学前的心理辅导在留学生管理工作中仍然是个空白。如何将心理健康教育融入趋同日常管理体系是一个仍待研究的问题。加强留学生安全教育和自我保护意识，遇事冷静、机智勇敢，建立安全防范机制。留学生心理教育会直接影响留学生的教育、管理水平，影响高等院校的稳定和发展。因此，必须加强对留学生心理教育的管理。班主任和辅导员要将留学生的心理教育全面贯穿于中外学生趋同日常管理工作。

3. 考勤日常管理。为了保证学院的管理工作得到较好的贯彻和执行，安排班主任负责班级出勤率的统计，重点做好经常迟到和不来上课学生的工作；对于学校、学院组织的重大活动，班主任、辅导员要事先进行讲解说明并带队参加；学院的一些要求和通知也需要班主任及时、准确地传达下去，并把留学生的意见、建议反映上来，建立完善的留学生考勤制度。作为留学生，往往管理很松懈，因为他们自由性强、独立、空闲时间较多，绝大部分学生选择外住，因此增大了对留学生的管理难度。要想加快中外趋同化管理进程的步伐，就要通过对留学生严格考勤，分析其出勤率数据可发现留学生的不同动态。这对留学生的上课出勤有很大的促动，使他们越来越重视出勤率。外国留学生考勤制度是中外学生趋同管理工作的前提。立足长远，不断完善外国留学生考勤制度，加强考勤制度的有效性，使中外学生趋同日常管理工作更加规范化、制度化、科学化。

### （二）积极建设中外学生互动平台

建立一个多元文化和谐共生的校园环境，增加外国留学生了解和熟悉中国的社会生活环境的机会，帮助他们在中国的文化环境中建立自己的社交圈，是稳定跨文化校园环境的重要方面，是逐步统一管理的根本性措施。一个健康的跨文化校园文化环境应该是开放的、平等的、自由的，是一个多元文化求同存异的存在状态。高校在管理制度的设置上应考虑中外学生的共同需求，在最大的程度上为中外学生的交流与沟通构建一个便捷的平台。譬如在校园网站建设上，可以考虑加入英文版面，在页面布局和功能设置上更为国际化，以方便中外学生使用；在校园文化活动和比赛的安排上兼顾中外学生的不同需求，设置一些中外学生合作项目，并使之常态化，等等，都是对中外学生趋同管理的建设有重要的促进作用。

中外学生互动平台建设的重要一环应当是在中国学生自治组织与外国留学生自治组织之间建立起一个有效沟通的渠道。学生自治组织在文化交流方面有它独有的优势，它可以将零散的、自发的、个体的文化交流整合到一起、以团体的形式显现出来，规模更大、资源占有度更广、活动影响力也更深。同时，学生自治组织有自己的活动自主性，避免了过多的学校行政干预的痕迹，活动形式和内容更受到学生的欢迎。通过共同的兴趣或者参加共同的活动来认识和了解，让中外学生在这种交流活动中相互审视，相互了解，更容易在中外学生之间建立稳定的人际关系，形成一种彼此都能接受的第三文化沟通体系，帮助中外学生充分融合交流，最终达到趋同管理的目的。

### （三）提高学生日常管理人员的素质

留学生管理人员和留学生朝夕相处，他们的言行举止能反映出当代中国人的特点，并直接影响留学生对中国和中国人的认识。我们要不断加强教师队伍的建设，重视智力投资，以思想引导为主，辅以文化知识和服务技能的培训。要不断增强留学生教育管理人员的服务意识，完善各种规章制度，改进管理和服务方法，以满足留学生合理的生活要求，解决他们的后顾之忧。高校要注重引入有海外学习、生活经历，并具有较强沟通能力的“知外”、“友外”的学生管理人员，充分理解各国的宗教信仰、文化习惯、传统观念，以管理中国学生的模式为基础，采取留学生所习惯的方式予以管理，拉近与学生的距离，大大提高中外学生趋同化日常管理的效率和质量。

中外学生的趋同日常管理不能视为等同管理。尽管现阶段对来华学历留学生实施趋同日常管理还有这样那样的困难，在日常管理中往往也很难做到和中国学生完全相同，但是不能因此而寻求捷径，一味降低管理标准。而应始终遵循教育规律和借鉴国外留学生培养经验采取措施，尽可能缩短与中国学生的差距，由趋同管理逐渐走向相同管理，最终与国际化的学生管理接轨。

## 参考书目

[1] 夏青:《对来华学历留学生实施“趋同教学管理”模式的思考》,《教育探索》, 2010年第9期。

[2] 宋卫红:《高校留学生教育管理的问题与对策》,《高等教育研究》, 2013年第6期。

[3] 倪瑛:《跨文化背景下留学生管理的探索与研究》,《现代物业　现代经济》, 2013年第9期。

[4] 徐卓:《来华留学生实施趋同教学管理模式之研究》, 2011年第4期。

[5] 董光前:《高校跨文化管理中的协同与融合》,《北京师范大学学报》, 2007年第11期。

# 90后大学生对中华优秀传统文化的认知研究

张瑞娟

**摘　要**：中华优秀传统文化是中华民族在数千年的历史中创造的灿烂文化，它为弘扬和培育社会主义精神文明建设提供了有效的资源，它影响着一个民族的行为方式和生活方式，更形成着一个民族自我认同的凝聚力。90后大学生是祖国的未来和希望，更是弘扬传统文化精神的中坚力量。故选择以其为切入点研究“90后”大学生对中华优秀传统文化的认知。本文以上海四所高校2010—2013级学生为研究对象，实地发放问卷200份，从三大维度六个方面调研，结果显示90后大学生对中华优秀传统文化的主流态度是较为积极的，但在某些方面还存在一些偏差。

**关键词**：传统文化　90后大学生

## 一、研究背景

中华传统文化是中华文明演化而汇集的一种反映民族特质和民族风貌的民族文化，是中华民族的根基。但当今社会发展迅速，全球一体化趋势愈演愈烈，迥异于传统文化的现代文化，以网络媒体为传播媒介，引导了文化发展的趋势。目前，90后大学生成长为高校中的主流人群，他们正处在人生观、价值观逐渐健全的关键阶段。现代文化的发展走向及价值观引导无疑对他们产生了巨大影响。甚至有人说，传统文化在90后大学生中呈现出很大的断层。

90后大学生作为社会上最富有朝气、创造性和生命力的群体，已不断向推进社会前进的主力军进军。因此他们对中国传统文化的认知和理解程度，往往影响着社会民众对这一问题的关注。本次调查旨在分析90后大学生对中华优秀传统文化的态度和了解程度，以发现其中存在的问题，为相关部门加强传统文化教育提

张瑞娟　上海对外经贸大学商务信息学院

供参考。

## 二、研究方法

定性分析与定量分析相结合。具体操作主要采取问卷调查法，样本选取采用分层抽样和随机抽样相结合，以上海四所高校2010—2013级学生为研究对象，涉及经、管、文、法、理、工各专业的学生，四个年级各抽取样本50个，实地发放问卷200份，回收有效问卷198份，回收率为99%，问卷结果可信度较高。

根据研究目标设计问卷，问卷主要从三个维度展开，包括文化常识、认识态度、文化影响，共设计18道单项选择题。

## 三、问卷调查分析研究

### （一）大学生对传统文化中的部分具体内容的认知

此部分问卷设计了3道选择题。问题1：您对中国传统文化的核心儒释道三大思想了解吗？结果显示，清楚的占14%，大致了解的占66%，知道一点的占16%，根本不知道的占4%。问题2：您能区别行书、草书、隶书、篆书等书法字体吗？结果显示，能且很清楚的占9%，可以区分的占15%，勉强可以的占51%，不能区分的占25%。问题3：截至目前，您大学期间看过多少本古代经典名著？60%的学生表示看过1—3本。30%的学生表示看过4—8本，10%的学生大学期间还从没有看过。

可见大部分同学对中国传统文化常识有一定的了解，但进入大学期间阅读经典名著的时间不多，究其原因，网络媒体异常发达，很多学生都会使用智能手机、电子书等网络媒体阅读书籍，同时大量速食快餐盛行，实用主义至上，很多同学选择看工具书、实用类书籍，他们在追求感官化的文字体验时，忽视了从古典名著中汲取智慧。

### （二）大学生学习传统文化的必要性及重要性

此部分问卷设计了4道选择题。问题1：您是否对传统文化感兴趣？选择非常感兴趣的占总数的25.47%，选择有些感兴趣的占66.63%，而选择没什么兴趣的占7.67%，表明讨厌传统文化的仅有0.23%。问题2：您了解传统文化的相关内容吗？表示很清楚的仅有11.86%，选择大概了解的有47.84%，而选择只是了解一些的占总数的35.43%，表示完全不了解的有4.87%。问题3：您认为当今社会还有必要学习“四书五经”等历史文化古籍吗？结果显示，88%的同学认为有必要，有 12% 的同学认为没必要。问题 4：您认为传统文化对当下中国社会的作用？有 92% 的认为很重要，表示不在乎、可有可无的有 6%，而持反对意见认为没必要，与现代精神格格不入、起消极作用的占 2%。

此部分说明了大部分同学认识到优秀传统文化的重要性以及学习的必要性，但也反映出部分学生对传统文化的了解欠缺，认识程度低，范围小。

### （三）大学生对传统文化的态度

此部分问卷设计了 2 道选择题。问题 1：你怎样看待中国优秀传统文化？结果显示，认为传统文化博大精深，源远流长，应该以继承发扬为主的占总数的 61.89%，认为传统文化有糟粕也有精华，接受时应有扬弃占总数的 36.67%，认为在现代社会已经显得过时保守的占0.98%，有 0.46% 的同学既不关心也没什么认识。问题2：你是否认同中国优秀传统文化？结果显示，超过88% 的同学选择认同中国传统文化，并且，高达92.86% 的学生将中国传统的仁义礼信忠孝廉耻作为自己的道德标准。

从这部分数据不难看出，大部分同学对优秀传统文化持认同的态度，表示应该继承和发扬，但也有同学认为传统的文化已经过时保守。

### （四）大学生了解传统文化的途径

此部分问卷设计了 2 道选择题。问题 1：您一般是通过哪些途径来了解传统文化的？选择通过网络、电视、报纸等各种媒体的同学占总数的 45%，通过课外书或老师课堂讲授的同学占 35%，选择通过旅游、参观、参加社团活动来了解传统文化的同学占 11%，有 9% 的同学表示是通过其他途径进行学习。问题2：学校在传统文化教育上的做法是否让您满意？ 85% 的同学表示不满意，10% 的同学表示满意，5% 的同学表示还行。

以上数据不难看出，学校在传统文化教育的方式方法上已经不被大部分同学认可，很多大学生倾向于通过网络媒体等平台来完成学习。因此，应该及时调整教育思路，改进教学方法，多利用同学们喜欢并乐于接受的方式培养学生的学习和阅读兴趣。近年来，“国学热”逐步升温，央视的“百家讲坛”还有中国汉字书写大赛等很受大学生的喜欢。同时一些将历史与现实结合到一起的电视剧、电影更是博得了很多大学生的青睐。

### （五）传统文化对大学生的影响

此部分问卷设计了 4道选择题。问题1：“忠义礼智信”等传统价值观对您有多大影响？结果显示，30.1%的学生认为影响很大，65.12%的学生认为有较大影响，有4.78%的学生认为传统文化价值观对自己影响较小或者几乎没有任何影响。问题2：你关注传统文化的主要目的是什么？有45%的学生选择为了“提高文化修养”，33%同学是为了“拓宽视野”，9%的学生认为是“传承传统文化”，11%的同学表示为了“应付考试”，2%的学生表示“从不关注”。问题3：传统节日能够吸引您的最重要因素是什么？有50.78%同学选择“传统中的家、国的概念”，26.42%选择“传统节日象征的人文因素”，22.8%选择“被传统的节日氛围所吸引”。问题4：您觉得传统文化在哪些方面对您产生影响？58%的同学认为主要体现在“文化素养”方面，25%的同学认为是“价值取向”，12%的学生认为是“生活态度”，5%的同学认为是“人生视角”。

数据显示，尽管有少部分同学对传统文化有消极态度，但是绝大多数学生对传统文化的态度还是很积极的，并且学习传统文化的出发点是主动的。传统节日还是能引发学生的国家情怀和民族自豪感，因此，与西方节日所表现出来的浓厚的商业化气息相比，当前我国对传统节日的大力提倡，还需要充分挖掘人们内心深处所具有的文化情结。

### （六）大学生对传统文化面临挑战的认识

此部分问卷设计了3道选择题。问题1：您面对韩国、日本等一些国家抢注中国传统文化商标有何感想？65%的同学选择“认真的自我反省”，30%的学生选择“痛斥他们的行为”，2%选择“引以为荣”，3%的学生选择“无所谓”。问题2：中华传统文化受到了外国文化的较大冲击，您觉得需要保护吗？71%的学生表示“需要加强保护”，14%的同学表示“不好说”，13%的学生表示“顺其发展”，2%的同学认为“不需要保护”。问题3：您认为全球化趋势对中华优秀传统文化有何影响？81%的同学认为“全球化与传统文化可以共发展”，但是也有19%的同学认为“全球化会导致传统文化衰竭”。

由此可以看出，大部分学生能够正确理解当前全球化的形势下传统文化的发展趋势，对全球化下传统文化的困境有着清醒理性的认识和判断。

## 四、结论分析

通过数据调查分析，可以清楚地看到，90后大学生对中华优秀传统文化的认知在某些方面还存在一些偏差，究其原因，主要体现在以下几个方面：

一是多元文化冲击。随着大数据时代的来临，全球化和信息化迅猛发展，西方文化和西方思潮迎合了广大青年大学生的文化口味和心理基础，致使很多大学生没有或者不愿主动去了解中国传统文化。

二是网络生态繁杂。太多的大学生沉迷网络社交和网上娱乐。网络的开放与迅捷是一把双刃剑，一方面带来了信息共享的高效，一方面也带来了网络生态的繁杂。这种繁杂让大学生习惯快餐式的碎片化阅读，不愿静心去领悟传统文化的精髓。

三是教育方式不当。当前，大学生思想政治教育接受传统文化的整体基础不够，效果不明显。甚至一些高校在很认真地汲取传统文化精华开展思政教育，向大学生传递国学知识的过程中，有学生反映老师只是对着ppt讲课，学生觉得生硬难懂，美好初衷反成痛苦累赘，足见不仅仅是学生人文底蕴贫瘠，还有师资队伍同样有待提升。必须转变传统文化在大学生思想政治教育中的引入方式，注重将其融入到大学生生活和活动中去，让学生在实践中感知它、领悟它。

## 五、对策建议

### （一）提升社会对传统文化的关注度

90后是刚刚步入社会的一代，他们对社会往往还缺乏足够的了解，正是这样，也使得他们极为容易受到社会风气的影响。良好的社会风气能够帮助他们树立健康正确的观念，倘若社会整体上能够对中国传统文化提升关注，那么大学生对中国传统文化也会有着更多的关注与兴趣。

近几年来，社会对中国传统文化的关注虽然有所增加，一些宣传国学的节目被大众广泛接受，研究国学的书籍颇为畅销，国家也将端午、中秋等中国传统节日定为国家法定假日，但这一切显然远远不够。只有当社会上的大多数人都认同传统文化，并且内化为我们的行为准则，我们的脑海中才能将其牢牢铭记，中国传统文化才能更好的被了解和传承。这一切需要政府、媒体及所有大众的努力。

### （二）注重学校对传统文化的创新教育

首先加强传统的课堂教育。调查的结果显示认为学校教育不到位而导致大学生缺少传统文化意识的人数比例很高，这使得我们必须将学校教育作为提升传统文化认知的主阵地。学校有责任有义务更多的开设国学相关课程，甚至将其作为学生必修课，指导学生学习中国古典文学、诗词等传统文化。除了开设相关课程之外，学校更应当在教育的方法和质量上花功夫。编写合适的教材，使得学生既能读懂又不至于感到枯燥；改进教学模式，告别原有的老师说学生听的低效方法；努力提升老师的水平，聘请有经验有水平的教师。

其次，引入中国传统文化营造校园文化氛围。使其润物无声，滋养大学生的精神世界。在校园氛围硬件上，雕塑、标语、广告栏、电子屏、园林建设都可以呈现出能体现中国传统文化精髓的人物、论述、符号、图腾。在校园氛围软件上，开展多样的传统文化教育活动，竞赛，宣传。如邀请研究中国传统文化的专家名家做专题演讲，做专题的读书活动，列出有关传统文化的参考书目，主题班会可组织学生观看传统文化方面的电视、电影、录像，并开展讨论、辩论，通过多样的形式培养大学生的自主学习、思辨精神和乐学态度。

习近平总书记强调："培育和弘扬社会主义核心价值观必须立足中华优秀传统文化。博大精深的中华优秀传统文化是我们在世界文化激荡中站稳脚跟的根基。对历史文化特别是先人传承下来的价值理念和道德规范，要坚持古为今用、推陈出新，有鉴别地加以对待，有扬弃地予以继承，努力用中华民族创造的一切精神财富来以文化人、以文育人。"①

中华传统文化是中华民族在数千年的历史中创造的灿烂文化，它为弘扬和培育社会主义精神文明建设提供了有效的资源，它影响着一个民族的行为方式和生活方式，更形成着一个民族自我认同的凝聚力。90 后大学生是祖国的未来和希望，更是弘扬传统文化精神的中坚力量。我们所有人必须担负起时代的责任，民族的责任，为中华民族伟大复兴而努力奋斗。

① 信息来源：习近平在中央政治局就培育和弘扬社会主义核心价值观、弘扬中华传统美德进行的第十三次集体学习上的讲话。

# 高校国际化“潮课”热现象的德育冷思考

姚　军

**摘　要**：近年，国际化“潮课”热现象来袭，在一些大学选修课中出现了“潮课”热现象。这些时尚化、国际范儿十足的“潮课”对大学生的伦理观念以及跨文化观念冲击，引发了高校思想政治教育工作者的关注。本文拟从哲学和教育学高度进行德育分析。

**关键词**：潮课　德育　选修课程

## 一、“潮课”热现象

近年，国际化“潮课”热现象来袭，在一些大学选修课中出现了“潮课”热现象。所谓潮课，是指高校中出现的区别于以往传统内容与形式的较为新鲜的选修课程。这些潮课名目繁多，内容各异，比如《哈利 · 波特与遗传学》、《三国杀攻略教程》、《爱情心理学》等，还有“品酒课”、“化妆课”、“星座课”、“蘑菇课”、“生死课”、“新女性课”、“舞龙舞狮课”等。这些时尚化、国际范儿十足的“潮课”引发了高校思想政治教育工作者的关注。本文拟从哲学和教育学高度进行德育分析。

## 二、“潮课”的实质与“潮课”热的哲学意蕴

### （一）“潮课”的实质

“潮课”的出现以及风靡，受到思想政治教育工作者的关注，是因为其在内容与形式上容易与高校德育工作出现摩擦与冲突。这就需要对“潮课”现象进行深入的剖析。

“潮课”是高校选修课程开发过程中出现的一种新的形式，是课程多样化的形

姚　军　天津外国语大学国际商学院

式之一。“潮课”的出现并非是无源之水无本之木，它是对欧美国家选修课程的引进和创新，属于舶来品。欧美国家高校早就有类似的选修课程出现，如英国史塔福郡大学的教授曾开设了一门研究贝克汉姆的课程，英国南泰晤士学院的《都市性感高跟鞋》，美国南加州大学还曾开设一门社会学范畴的《Lady Gaga》课，美国康奈尔大学的《爬树》，美国巴尔的摩大学传媒设计学院开设的《僵尸》，等等。

国际化的“潮课”热现象，实质上是高校教师对传统意义上的选修课程的推陈出新，是一种大胆的教育教学尝试。选修课程是指由学生根据自己的兴趣、爱好和特长自愿选择修习的课程。高校开设选修课的目的，是为了方便学生涉足不同的专业、不同的学科、不同的领域，拓展知识面，提升学习能力，开阔和丰富视野，从而提高学生的综合能力，促进学生的全面发展。从课程类型来看，必修课与选修课是根据对学生的学习要求的角度而划分的两类课程。而选修课程又可分为两类：一类是专业选修课，即学生根据所学专业内容选定的课程；一类是公共选修课，即学生根据自己的兴趣爱好以及需要所选定的课程。从“潮课”的本源来看，它隶属于公共选修课课程的范畴。

在高校中，选修课程的开展状况并不乐观。高校中流传着“必修选逃，选修必逃”的口头禅，这从一定程度上说明了选修课程的境遇。很多学生出于拿学分的目的，去选择一些轻松、容易的选修课程，并且很少对所选课程进行认真学习。教师经常发现上课的人越来越少，认真听课的人越来越少，选修课就在这种尴尬的境地中艰难地进行。当然，实际中也存在受到学生欢迎的选修课程，这些课程往往比较符合现代学生的“胃口”，在选报开始便被抢报一空，上课更是座无虚席。于是高校教师开始了对这些课程进行研究，逐渐地摸清了其中的规律，从学科内容过渡到学生的兴趣，最终实现二者的结合，“潮课”便应运而生了。因此，“潮课”是高校教师为迎合学生兴趣、提高教学效率以及优化选修课程实施而开设的较为新颖的选修课程。

### （二）“潮课”热的哲学意蕴

从哲学层次来讲，关于“潮课”热现象，存在即合理。从本质上说，事物的存在都是基于其现实的理性，只有符合现实的需要，事物才有存在的价值。“潮课”，作为一个新生事物，它能从高校选修课程这个旧有的母体中产生，说明了其具有强大的生命力与不可逆性。

1. 从认识层面看，“潮课”是选修课程实现第一次飞跃的必要动力。在实践的基础上由感性认识上升到理性认识，这是认识过程的第一次飞跃。要实现这一次飞跃必须具备如下两个条件：第一，通过实践和调查研究获得十分丰富的感性材料；第二，运用科学的思维方法对感性材料进行加工制作。选修课程自引进至今不过短短的二十多年，全国高校在不同程度上都开展了选修课程，并获得了一定发展，积累了大量的材料和经验。但是由于对选修课程的认识还停留在感性认识的层面，没有对选修课程进行合理的分析与把握，所以选修课程暴露出的诸如信息量小，结构不平衡，体系单一，交叉课程少等问题也是明显的。面对学生“选修必逃”的尴尬境地，选修课程的发展进入了瓶颈期。而“潮课”的出现，是高校教师对传统选修课程现状的反思与总结。高校教师将以往选修课程积累下来的材料与经验进行分析与加工，对选修课程形成了更高层次的认识与理解。“潮课”课程可以说是高校教师解决选修课课程问题的一种创新，是我国高校选修课程发展历程中的又一突破。“潮课”将知识与时尚元素相结合，从形式上对高校选修课课程进行了创新，实现了多领域、多学科的交叉与融合，课堂信息量巨大，并且以学生喜闻乐见的形式呈现，使学生在轻松、愉悦的氛围之中获得知识的积累与能力的提升。自“潮课”出现之后，选修课程不再枯燥乏味，课堂不再门庭冷清，更多的学生（包括旁听生）走进了“潮课”的课堂。“潮课”使高校选修课程突破了发展瓶颈，进入了一个新的发展阶段，是我国课程发展的必要动力。

2. 从人本主义层面看，“潮课”是逆转高校逆人本化化的有力支撑。人本主义思想起源于14世纪的欧洲，在文艺复兴中得到了充分的发展，为人本主义哲学思潮的发展奠定了基础。人本主义思想的核心在于对人的尊重，关注人的现实需要，关注人的生存环境和生存方式，关注人的幸福。然而，长期以来，我国高校课程一直偏向逆人本化化。高校作为培养人的平台，在现实当中却往往忽视“人”的要义。高校课程趋于社会本位思想，开设的课程没有关涉到每个“人”的未来，学科分化严重，不注重课程的融合。尤其是传统的选修课程，课程设置随意性强，内容往往死板单一，而且所讲授的内容大多是教师根据自身专业知识的整合，缺乏创新性与吸引力，使学生陷入“只为拿学分”的恶性循环，造成了对学生人文关怀的缺失。

“潮课”，充分考虑到“人”的因素，既满足了学生兴趣的需要，又能够使学生自觉地全身心投入到课程的学习中，顺应了学生情感、态度的发展趋向。人本主义课程观认为，“课程是满足学生生长和个性整合（包括思想、情感和行为的整合）需要的自由解放的过程；课程的核心是促进个体的自我实现，选择的课程内容必须与学生所关心的事情联系起来，并允许学生探索自己所想的、所关心的事情；课程的类型提出合成课程，即通过把情感因素增添到常规课程中去，赋予课程内容以一种个人意义，以实现情感领域与认知领域的整合”。“潮课”打破了冰冷的选修课堂模式，使选修课程充满了人文关怀。因此，高校选修课程回归学生世界是人本主义思想的呼唤，“潮课”则是实现这一回归的有力支撑。

3. 从文化层面看，“潮课”既是我国优秀传统文化传承的载体，又是现代多元文化创新的重要形式。一方面，从夏代文字的产生至今，我国的灿烂文明史历经5000年的发展历程，积淀了大量优秀的传统文化。这些文化不是通过简单的口耳相传或是遗传的方式就能够实现传承的。教育的产生无疑是解决文化传承难题的最佳方式。我国的优秀传统文化正是在学校课程的演进与发展中获得了传承。高等教育承担着高层次知识文化传承的重任，是受教育者获得文化的重要载体。“潮课”课程，是文化传承的重要形式，对于文化的传承有着重要的作用。传统的选修课程，只是局限于授课教师相关专业知识的范围，对文化传承的层次与广度是有限的。而“潮课”在文化传承这个层面发挥了其独特的作用。它包含的文化层面与广度是传统课程所不能及的。如前文所提到的“舞龙舞狮课”，这类“潮课”是对中国传统文化的继承与传播；“生死课”是对1000多年前先哲们对生死观争论的一种继续与发展，等等。总之，“潮课”打破了传统选修课程围绕某一领域知识传授的模式，将课程与文化的传承与发展联系起来，是高校实现文化传承这一载体作用的重要形式与途径。另一方面，从我国古代儒家文化“一统天下”到如今文化多元化的发展趋势来看，课程不能仅限于对文化的传承，还要积极适应文化多元化发展的趋势，在保留民族性等根本属性的同时，应该吸收多元文化，融合中外文化，促进文化的创新与生成。在这个层面来看，“潮课”同样有着其独特的优势。“潮课”课程是对多元文化的巧妙融合，一门课程包含着多种文化，这种“包含”不是机械的、非自觉的，而是通过课程的理性加工而来的，如《哈利波特与遗传学》这类“潮课”课程正是对文化创新所做的有益探索。

## 三、对“潮课”热现象的德育分析

对“潮课”热现象的德育分析，离不开马克思唯物主义价值观立场与方法论的引导。

### （一）从价值观立场出发的“潮课”热现象的德育分析

“潮课”虽然作为一个新生事物，但同时也是一种课程形态，同样会受到社会因素、学生身心发展规律和学科知识的制约。因此，全面科学地评价潮课的价值，要从两个维度来看：一是考察它是否体现了社会主流取向。回看人类社会发展的历史长河，在每个历史阶段都有其独特的社会主流价值观。“一个社会要和谐健康地发展，就必须有一个相对能够成为大家共识的价值观，这就是主导价值观。”[①]这是由社会中的大多数人共同选择的结果，代表了社会主体的意识和取向。从我

① 李德顺：《关于价值与核心价值》，《学术研究》，2007年第12期，第14页。

国社会发展的主流取向来看，国家与社会对大学生思想政治教育特别是德育的关注度以及期望值与日俱增，“潮课”是否符合我国社会主义核心价值观要求决定了其是否符合社会主流价值观。二是考察它是否满足了学生的需要。高等教育最根本的出发点是培养和发展人，以满足学生发展的需要，拓展其知识面，培养专业技能，提高综合素质等为出发点和落脚点。这直接体现在高校开设的课程当中。“潮课”作为高校开设的课程形式之一，也应该关涉到满足学生各方面需要的层面，这个层面是多层次的，既包括了满足大学生兴趣的需要，还包括学生知识面的拓宽、实践能力的培养、情感的发展等多个方面的需要。因此，从满足学生需要的角度认识“潮课”，需要综合分析与把握。

### （二）从方法论角度出发的“潮课”热现象的德育分析

对于当前的“潮课”热现象，应该从哲学的方法论角度进行科学合理的评价，主要包括以下三个维度：一是要从发展的视角认识这个问题。“选课制始于洪堡创办的柏林大学，1872年被哈佛大学引入以后相继在美国广泛流传，也逐渐传播到其他国家。20世纪80年代末开始，在实施通识教育要求的推动下，清华大学、北京大学等一批全国知名高校要求本科生必须跨学科选修若干人文科学、自然科学或艺术类的课程，从而成为我国高校公共选修课制度的开始”。[①] 选修课程在高校中已开展多年，形成一定的体系与脉络，获得了一定的发展。近年出现在高校中的“潮课”，是以选修课程的形式出现的。对于“潮课”课程是否属于课程的创新与发展，要从课程发展历程与规律角度进行分析与评价。二是要用联系的观点来分析“潮课”。高校中出现的“潮课”课程，它隶属于课程体系，是选修课程的一种表现形式。它的出现与教师、学生、课程发展等多重因素有着千丝万缕的联系，它与大学生思想政治教育工作紧密相关。三是基于历史的视野来评价“潮课”现象。人类历史发展的总潮流是向前的。因此，评判潮课是一种进步还是倒退，应该将其置于人类历史的进程的动态评判中。对“潮课”进行全面的评价，应该用历史的观点衡量它在促进个人以及社会发展进程和方向的作用，在动态的进程中对其进行合理的把握与评判。

总之，国际化的“潮课”热现象给高校思想政治教育工作者提出了新的挑战与课题，作为高校辅导员，应该对学生进行合理的引导，对于“潮课”的名目、内容涉及的伦理、跨文化问题，应该从德育的角度为学生提供指导，帮助学生有目的、有针对性、有效地选择学习内容，为其价值观、人生观、世界观形成与发展指明方向。

---

① 张瑜：《大学生公共选修课的现状调查及对策研究》，《中国电力教学》，2011年第9期，第197页。

# 新时期高校加强对外国留学生的教育管理策略研究

李宝章　李　妍　刘云璐　王滨生

**摘　要**：在全球高等教育国际化的形势下，有必要加强新时期高校对外国留学生的管理工作以及改善教育管理策略。本文将根据新时期高校管理的特征，结合当前外国留学生的实际学习状况，提出一些教育管理策略的建议。

**关键词**：外国留学生　教育管理　策略研究

## 引　言

教育管理已经成为高校管理的一个重要组成部分。在当前高校外国留学生日益增多的状态下，本文综述了当前新时期高校教育模式的一些现状，以及我国外国留学生的教学管理和学习状况。这些都对日后的实际教育工作有很大帮助，结合教师日常的实际工作，分析目前高校在管理理念、教学方针和日常教育策略上的一些特点，并结合现存的一些缺陷进行完善外国留学生管理工作，根据新时期高校教育的特点提出一些综合性建议。

## 一、新时期外国留学生的教育特点

国家、地区、城市之间科技、经济的竞争，说到底是人才的竞争。现在中国的社会经济、教育实力、师资力量都在与日俱增，我国高校的外国留学生也越来越多，在新时期高校教育策略改革的关键时期，应当提出我国高校外国留学生管理的策略。

李宝章　大连外国语大学党委
李　妍　刘云璐　大连外国语大学组织部
王滨生　大连外国语大学软件学院

### （一）外国留学生的教育密度增加

在外国留学生规模的发展中教育密度剧增，而这种变化是和外国留学生在中国高校结构的变化有关系的。例如我国从1950年开始接受外国留学生，只有33人。这一时期外国留学生教育密度相当稀疏。改革开放后，1978年招收了来自72个国家的0.1236万名留学生。1990年，外国留学生总数首次突破1万名。1996年增加到4.12万人。根据历史数据显示，留学生的数量剧增，并且导致了在新时期高校的教育密度中大大增加，也削弱了对外国留学生的优惠教育管理策略和师资政策。

### （二）外国留学生的教育热情

在外国留学生的教育特点上，有着严格管理与热情服务相结合的特性，这是外国留学生来华学习的主要特点，在新时期外国留学生教育管理策略的加强研究上，必须根据外国留学生的教育热情这一特点进行教学管理上的改革，这种模式也是较为适合现代教育大环境下的外国留学生学习状况的。这种管理模式也是取自于教育热情。处于这个时代下的外国留学生教育者只有不断学习、不断创新，才有持续的能量来培养新生代的人才。外国留学生的教育热情，这也是其明显的主要特点之一。

### （三）外国留学生的自我管理特色

在外国留学生的教育日常管理上，应该结合外国留学生的特色，根据新时期普遍的高校状况来看，留学生的教育模式基本上都具有校方管理和自我管理相结合的特色。江泽民同志在十六大报告中提出："要形成全民学习的学习型社会，促进人的全面发展。"这种教育特色和学习形式也包括外国留学生。而自我管理的特色是其明显的主要特点之一。

## 二、新时期高校的教育管理困难

### （一）思想比较容易波动

如何构建一个新时期的高校教育新策略是由教育决策的。从现状来看，外国留学生在华接受教育的思想主流是好的，并能完成较快的学习达到自己的学习理想目标。这样的思想下留学生的信念比较坚定，然而不少留学生也表现出了不愿意参与高校教育管理活动的愿望。尤其是一些学生不关心时事，不关心所在的集体，对教育政策不理解，对集体互动的抵触情绪很大。

### （二）留学生数量逐年上升

包括留学生数量逐年上升在内的所有这些因素，都日益严重地侵蚀着高校教育的肌体，消耗了当前师资教育力量。这些问题应当引起高度重视。如果继续放任这些情况不理，很有可能导致留学生在华接收不到好的教育，而产生对中国新时期高校教育的失望。这种研究和分析的主要目的也是为了更好地管理学生，改善教育模式的方案也是构建新时期高校留学生教育管理策略分析的重要要素。

## 三、新时期高校对外国留学生的教育管理策略研究提升方案

### （一）加强组织建设

为便于开展党建工作，加强高校外国留学生的管理工作，学校可以适当的派遣国内外交流交换教师，并且随时和外国留学生交流经验，首先应考虑党员教师。派出前，布置外国留学生具体党建任务，这样可以调动他们的积极性，参与出国学生管理。我国外国留学生的现状是随着我国的教育发展模块和结构变化而变化的，在研究新时期外国留学生的教育特点时应当注意，趋同管理和同中求异相结合。

### （二）妥善安排组织生活

在学校的教育教学中，教师应当及时的对教学过程中遇到的不同情况做出正确的应对。随着信息时代的来临及互联网技术的迅猛发展，互联网已成为各方面生活工作中的必然存在，妥善安排组织留学生的日常生活可以采用互联网的方式，开展新阵地，利用互联网来建立健全外国留学生的教育管理。因此，各高等学府的教育都遵从师范的指导，大力开展新时期教育改革。

### （三）组织学习和知识共享

新时代高校学习就应当自主创建组织，并且学会知识共享，在关于加强外国留学生教育管理的提升方案中最重要的就是学习和知识共享。主要表现在大多数人有较强的组织观念，这种较强的组织观念可以让留学生接受高强度的教育训练，与其这样还不如帮助改善他们的教育模式，控制一定的留学生数量，而不是一味的严格管理。

## 四、结论

本文根据新时期高校管理的特征，结合当前外国留学生的实际学习状况，提出一些教育管理策略的建议。希望本文提出的一些建议可以启发和引导各位研究学者对高校外国留学生的教育管理研究，实现真正意义上的高等优化教育。

**参考书目**

[1] 陈昭:《对外国留学人员管理的几点思考》,《吉林师范大学学报(人文社会科学版)》, 2008年第1期。

[2] 王励杰、康进慧:《谈高职院校外国留学生的安全管理》,《企业家天地》, 2011年第11期。

[3] 邱赞、邵倩:《在华留学生对弘扬我国民族传统体育文化的作用及策略研究》,《体育世界(学术版)》, 2012年第5期。

# 高等教育国际化背景下赴外交换生思想政治教育探析

张春霞

**摘　要**：目前内地高校已与港澳台地区及国外高校广泛开展交换合作项目，赴外交换生人数日益增加，赴外交换生思想政治教育的重要性日益凸显。本文以高等教育国际化为背景，对当前高校赴外交换生思想政治教育状况进行分析，发现存在管理意识薄弱，制度不健全，思想引导不足，管理缺乏创新等问题，提出高校思想政治教育工作者要提高认识，加强对赴外交换生赴外交换前、交换期间、交换后的教育管理，并对赴外交换生党员管理提出对策。

**关键词**：高等教育　国际化　赴外交换生　思想政治教育

随着经济全球化，高等教育国际化成为必然趋势，高等教育国际化一项重要指标就是学生的国际化。许多国家高校都对这一指标格外重视，并加强与其他境外高校间的交流与合作，积极扩大在校留学生数量，目前每年世界各地有60多个国家和地区的学生参加交换项目。我国《国家中长期教育改革与发展纲要(2010—2020)》中明确指出，要坚持开放促改革、促教育，开展多层次、宽领域的国际交流与合作，提高我国教育国际化水平。我国内地高校也积极与港澳台地区高校及国外高校广泛开展交换生项目。以北京为例，北京大学已与世界50多个国家和地区的220余所大学和研究机构建立了校际交流关系，本科、研究生在读期间均有机会赴外交换。北京外国语大学已与世界上71个国家和地区的426所高校和学术机构建立了合作与交流关系，学生交换项目涉及全校各个语种和专业，学生本科段出国交换比例已达30%左右，一些小语种专业超过50%。目前大陆高校赴外交换生项目由重点大学向非重点大学普及，由沿海城市大学向内地城市大学普及，赴外交换项目呈现多元化、多层次化、多形式化，对现有高校人才培养

张春霞　北京外国语大学英语学院

模式和教育管理制度提出了挑战，赴外交换生教育与管理问题凸显，加强赴外交换生的思想政治教育研究，对于促进高校跨文化人才培养，赴外交流项目良性运行，维护和提升中国的国际形象有重要意义。

## 一、赴外交换生思想政治教育的研究

赴外交换生特指我国内地高校与港澳台、国外高校签订交流项目和协议，双方学校按照约定互派学生到对方学校学习的学生。交换的时间根据交换学校的项目协议约定，从一个月至三五个月不等，一般不超过一年。交换生不同于普通留学生，不以获取对方高校的学历、学位为目的，主要采用联合培养、短期访学、暑期学校、带薪实习等多种短期交流学习的形式。交换生项目的意义在于加强不同国家之间的交流，增进国家间的了解、文化沟通和学术交流，促进各国之间的友好往来。交换生项目的核心是体验，使其学习范围由认知、理性范畴，扩展到情感、生理和人格领域，把学习由学生知识增长的过程，转变为学生身心和人格健全与发展的过程。

目前国内学术界以“交换生”为对象的研究较少，从1988年开始逐步有关于交换生方面的文章，主要写海外留学或交流的体验，学术界以“交换生”或“交换项目”为研究对象主要从2004年逐步增加，这与进入21世纪后我国高等教育国际化进程加快有密切的关系。2006年华中师范大学硕士吉艳艳的硕士论文《高校交换生项目实施探析——以欧洲伊拉斯谟项目为分析案例》第一次详细地研究了交换生的实施意义、交换生项目实施办法，并对我国改进和实施交换生项目提出建议。2009年中山大学陈青、刘济科在《高等理科教育》上发表《加强校际教育交流 提升人才培养质量——中山大学开展本科交换生工作的探索与实践》，第一次回顾和总结了国内高校交换生项目开展情况，并对交换生管理存在的问题和前景展望等进行了分析研究。2011年关于交换生的研究文章逐步增加，主要集中于交换生的教学管理、行政管理等方面。研究交换生思想政治教育方面的文章更少，2010年中南民族大学硕士陶春丽的硕士论文《中国高校输出国际交换生思想政治教育研究》第一次提出要对输出国际交换生加强思想政治教育，并对交换生思想政治教育的相关内容进行研究。2010年陕西师范大学美术学院姬景聚、邵欣欣等在《文学界》发表了《浅谈国际化背景下对外交换生的思想政治教育》，指出对交换生出国前、出国后如何进行教育的相关研究。2012年北京大学邹慧发表在《中国青年政治学院学报》上的《加强和改进出国交流学生的思想教育》探讨了高校对出国交流学生思想政治教育存在的不足与问题，并提出对策。2013年南京邮电大学贺超凯、钟凯在《教育与职业》上发表的《对开展交换生思想政治教育工作的思考》研究了交换生项目的分类，交换生的思想政治特征，开展交换生思想政治教育的基本途径等。2014年桂林电子科技大学陆文、谢林鸿在《科教导刊》发表了《高校国际交换生党员教育管理工作中的问题与对策》对交换生党员管理存在的问题和对策进行了研究。

总体上，目前我国对赴外交换生的思想政治教育仍处于起步阶段，研究内容较为简单，研究形式较为单一。加强赴外交换生思想政治教育理论研究，有利于拓宽思想政治教育理论研究领域，更好地指导赴外交换生思想政治教育实践。

## 二、赴外交换生思想政治工作的现状

目前我国高校日益重视对外交流项目的开发，赴外交换学生呈跨越式发展，数量逐年增加。学生层次从本科生逐步向硕士研究生、博士研究生发展。随着赴外交换生数量的增加，对思想政治教育也提出了新的挑战。特别是外语院校由于学生语言学习的需要，学生赴外交换项目较多，一些专业超过50%的学生在大二或大三赴外交换学习，思想政治教育范围不得不从学校延伸到海外。传统的党团活动也遇到挑战，促进思想政治教育工作者不得不创新党团活动形式。目前内地高校对赴外交换生的思想政治教育方法、内容做出了很多探索，但总体仍存在管理意识落后，制度不健全，思想引导不力等问题。

### （一）管理意识落后，缺乏实践经验

内地高校赴外交换生项目起步时间较晚，发展速度较快，导致目前高校对于赴外交换生的管理无法与快速增加的交换生数量接轨。各高校对于交换生的管理存在部门混乱，职责不明等问题。大多数高校赴外交换生的选拔、管理由对外合作部门或教务部门负责，学生部处、党团组织及辅导员参与较少，且大多数思想政治教育工作者大多数没有国外学习生活的经历，对于交换项目不是特别了解，对加强赴外交换生思想政治教育的重要性和意义没有足够的理解和认识，对赴外交换生的思想政治管理意识落后。另一方面赴外交换生项目在我国属于新鲜事物，大多数高校思想政治教育工作者无相关管理经验，理论界对于赴外交换生的思想政治教育研究较少，缺乏理论支持，实际工作中也无太多经验借鉴，只能凭借一线工作者在实践中不断摸索经验。

### （二）制度体系不健全，管理存在漏洞

目前内地高校对赴外交换生大多数无统一的、正式的管理制度，导致在赴外交换生管理方面存在很多漏洞。对赴外交换生的思想政治教育也无明确的管理制

度、管理办法，导致思想政治教育工作者对于赴外交换生的管理无据可依，宽严不一，仅凭辅导员或班主任的责任心及对学生的了解程度。这也导致大多数赴外交换生出国前缺乏统一的思想教育和思想引导，出国期间与辅导员或班主任联系较少，辅导员或班主任无法及时掌握其思想动态及学习情况，回国之后也没有对赴外交换生的思想动态进行及时跟进。

### （三）思想引导缺失，隐患问题较多

对于赴外交换生的思想引导是思想政治教育的重要方面。赴外交换项目有利于学生开阔视野，提高独立性，提升爱国情感，但赴外交换项目也对学生思想产生冲击，如对国家和民族的认同感、对社会主义的认同感、对宗教信仰的认识等，如没有及时引导将对人才的培养产生不良后果。赴外交换项目也对学生的道德品质方面提出了挑战，如对交换国家的法律法规的遵守、交换学校的校纪校规的遵守等。大多数的赴外交换生都会遇到适应性问题、健康与安全问题、人际关系问题、信仰问题、婚恋交友问题等，这些问题都是需要思想政治教育工作者及时关注引导的问题。

### （四）党员管理缺乏，方法缺乏创新

由于赴外交换生党员人数相对较少，且交换时间较短，一般不超过半年，赴外交换生党员的管理问题大多被人忽视，管理方法缺乏创新，无法适应新的要求。但从长远来看，赴外交换生党员的数量将会逐步增加，对于赴外交换党员的管理将成为党建研究的一个新的课题。

## 三、加强赴外交换生思想政治教育的对策

赴外交换生项目对于培养国际化人才具有重要的意义，需要思想政治教育工作者从理论上不断研究赴外交换生思想政治教育的内容、方法，在实践中不断发现问题，总结经验，发现规律。

### （一）从思想意识上重视对赴外交换生的思想政治教育

高校思想政治教育工作者应从思想上充分认识加强赴外交换生的思想政治教育的重要意义。首先，有利于国家形象的提升。赴外交换生到港澳台地区或国外大学读书，他们的形象和表现直接代表了中国大学生的形象和中国高等教育的水平，良好的表现有利于国家形象的提升。这些赴外交换生也充当着文化交流的使者，他们可以通过参加交换学校的文化活动，增强外国人对于中国文化的了解。

其次，有利于高校提升办学竞争力。赴外交换项目有利于高校增强办学竞争力，吸引更多的优秀学子报考，同时通过交换项目，吸引更多的港澳台学生和国外留学生来华学习，可增强高校的国际化程度，促进高校教学管理工作水平的进一步提升。最后，有利于人才综合素质的提升。赴外交换项目可以促使学生开阔眼界，拓宽思路，形成跨文化的思维。加强赴外交换生的思想政治教育，有利于对外交换项目的良性发展，对国家和高校的国际化人才培养保驾护航。

### （二）加强赴外交换生思想政治教育制度建设

要加强赴外交换生的思想政治教育，高校必须从学校层面制定相关的规章制度，教务处作为教学管理部门，要对赴外交换生的学籍管理、学习成绩等做出要求，国际处或外事处对学生报名交换项目的条件、选拔程序等进行规定，学生部（处）则主要负责制定对赴外交换生的思想政治教育管理办法，对赴外交换生思想政治教育的内容、管理办法、实施细则等做出规定，尤其对学生赴外交换期间的思想、道德、学习、生活等做出规范。各院系作为具体管理部门结合本院系实际制定相应的赴外交换生管理和思想政治教育管理办法。教务处、国际处或外事处、学生部处、院系在具体实施过程中应形成联动机制，院系对于学生参加交换项目应具有决定权，由院系决定是否同意学生参加赴外交换项目，并由院系思想政治教育工作者具体实施对赴外交换生的思想政治教育。

### （三）加强赴外交换前的思想政治教育

在学生赴外交换前，高校学生管理部门及院系应对他们进行赴外前的培训。

1. 开设专题讲座，对赴外交换生进行教育：(1) 爱国主义和民族主义教育。强化对国家、民族和社会主义制度的认同，注意保守国家秘密，提高警觉性，不至于被境外反华势力侵蚀和利用，成为反华势力的工具；(2) 法律风俗教育。针对赴外国家进行对象国的相关法律、风俗习惯的教育，使学生更好地适应对象国的学习和生活，不违反相关法律和风俗习惯；(3) 宗教信仰教育。对学生进行相关宗教信仰的教育，要求学生尊重对象国的宗教信仰，同时不被邪教组织诱导和利用；(4) 道德规范教育。要求学生严于律己，严格遵守交换高校的教学管理规定，认真学习，努力完成学业。同时遵守对象国的道德规范，不做出有失道德和有辱中国人形象的行为；(5) 安全教育。要求学生在赴外交换期间，注意个人人身安全与财产安全。尤其是一些犯罪率高或动乱国家，更要对学生进行安全教育。

2. 组织往届赴外交换生座谈会，邀请往届赴外交换生与即将赴外交换的学生进行座谈，交流赴外交换的经验、收获和注意事项，对学生中容易出现的不适应问题、人际关系问题等进行交流。尤其是要通过赴外交换生中的优秀学生事迹来激励学生，教育学生，增强学生的自律。

3. 签署学生赴外交换安全责任承诺书。在学生赴外交换前，对学生进行统一的安全责任教育，同时签署承诺书，强化安全责任意识。并与学生家长取得联系，告知安全责任事宜，取得家长的认可。

### （四）加强赴外交换期间的思想政治教育管理

1. 制定赴外交换生定期联系制度。要求交换生通过电子邮件、QQ、微信等方式定期与辅导员或班主任联系，汇报学习、生活情况，辅导员或班主任对学生赴外期间遇到的困难或困惑进行解答，如出现学生在外违纪或出现无法继续学业的情况需及时向学院或学生部处汇报。

2. 制定赴外交换生思想政治教育长效机制。组建赴外交换生交流 QQ 群或微信群，互相交流赴外交换的经验、困惑及困难，增强交换生的交流沟通，同时增强朋辈间的互相辅导、互相帮助。持续对学生进行爱国主义教育、理想信念教育、道德修养教育及心理教育等。

3. 设立学生党团组织。在赴外交换生比较集中的高校或国家、地区设立学生临时党支部或团支部，通过实地组织或网络，组织党的会议精神研习会，学习经验分享会，鼓励学生创造条件组织形式多样的党团活动，实行学生的自我管理和自我教育。

4. 持续对学生进行安全教育。教育交换生在外出时注意人身安全和财产安全，特别是要求学生不酗酒，不晚归，不涉及黄、赌、毒场所。不参加国外的大型集会、游行活动。

### （三）加强赴外交换后的思想政治教育

1. 制定赴外交换生反馈制度。要求学生参加交换项目提交总结，总结赴外交换期间的思想变化、学习收获、生活情况等，将总结进行归档，为加强赴外交换生的思想政治教育提供依据和素材。

2. 制定赴外交换生座谈会制度。组织赴外交换生座谈会，邀请相关的教务处、国际处或外事处、学生部处等部分工作人员参加，赴外交换学生汇报学习体会，并对学校的赴外交换项目的实施提出意见或建议，进一步完善赴外交换生的教育与管理。

3. 实行赴外交换生考评机制。联合教务部门对赴外交换生进行考核，对学生的学习成绩、赴外交换期间的思想、道德表现等方面进行考评，考评合格的学生，继续进行下阶段学习，不合格者按照相关管理规定给予处分或留级。考评依据将作为学生综合评估、评奖评优的依据。

### （四）创新赴外交换生党员管理

随着赴外交换生人数的增加，赴外交换生党员管理逐步被重视，要求我们要不断创新赴外交换生党员的管理。

1. 加强赴外交换生党员的教育管理。除加强爱国主义、民族主义等教育外，党务工作者应专门针对交换生党员进行党性修养教育，要求他们在外期间继续以党员标准严格要求自我，并注重发挥党员的先锋模范作用。在国外自觉维护中国共产党的地位和利益，自觉承担起对其他赴外交换生的管理和教育任务。

2. 实行赴外交换生党员定期汇报思想制度。要求赴外交换生党员每个月定期向辅导员或党支部书记提交思想汇报，汇报在国外的政治理论学习、文化课程学习及其他情况等，也可对一些政治事件或敏感事件提交思想认识。

3. 建立赴外交换生临时党支部。如有条件，可在赴外交换生人数较为集中的高校或国家建立赴外交换生临时党支部。选拔责任心强，觉悟较高的同学担任党支部书记，临时党支部负责对赴外交换生中的党员进行教育与管理，并对入党积极分子继续培养，对于有入党意愿的同学进行培养。定期组织形式多样的党员学习、教育活动。

4. 创新网络党建。积极发挥党员的主动性和创造性，创新网络党建。针对赴外交换生学习时间、学习场地不集中的情况，创新网络党建，建设红色网站、海外交换生党支部微信平台，微信群等，解决赴外交换生党组织活动开展困难的问题。

# 以社会主义核心价值观引领大学生思想

王　钊

“少年强则国强”，大学生是祖国的未来，身肩建设祖国的重任。当代大学生们是不可缺少的为实现中华民族伟大复兴的“中国梦”努力奋斗的青春力量，坚定的信念、高尚的品格和无私的精神将会让新一代的大学生们实现中国最伟大的梦想。

“大学之道，在明明德”，大学生正处于世界观、人生观和价值观尚待建立和完善的阶段，加之我国正处于经济、社会全面转型的关键时期，各种思想观念、文化意识爆炸式呈现，互相交融，深刻碰撞，对大学生的思想意识形成较为猛烈的冲击。社会主义核心价值观，其实就是一种德，既是个人的德，也是一种大德，就是国家的德、社会的德，以社会主义核心价值观引领大学生思想，引导大学生树立正确的世界观、人生观和价值观，坚定社会主义理想信念，是把大学生培养成社会主义事业合格接班人的重要途径。

2014年5月，习近平总书记在在五四运动95周年之际，前往北京大学考察调研，勉励大学生践行“勤学”、“修德”、“明辨”、“笃实”。“勤学”是指下的苦功夫，求得真学问；“修德”是指加强道德修养，注重道德实践；“明辨”是指善于明辨是非，善于决断选择；“笃实”是指扎扎实实干事，踏踏实实做人。习总书记鼓励大学生“扣好第一粒扣子”，从现在做起，从自己做起，使社会主义核心价值观成为自己基本的遵循，身体力行推广至全社会中。这不仅是对青年大学生的殷切盼望，更是从国家未来和民族复兴的战略高度，着眼解决当前和今后教育工作需要解决的问题提出来的普遍性要求，既有立足当下的现实意义，又有着眼未来的指导意义。正因如此，高校以社会主义核心价值观正确引领大学生进行思想重要性不言而喻。高校对大学生进行正确的思想引领，从而使大学生在走出校门后，实现大学生主体向社会主体的恰当转换，更好地肩负历史时代赋予的责任和

王　钊　外交学院学生处

使命，担当实现伟大“中国梦”生力军、主力军，从容应对全球变化与动态竞争。

我校自建校以来，始终高度重视大学生的思想政治教育工作，以周总理为外交人员提出的“站稳立场、掌握政策、熟悉业务、严守纪律”十六字方针为校训，联系大学生思想行为特点，准确认识大学生思想意识特征，对大学生的思想政治教育工作进行了诸多积极有益的大力探索，并取得了显著成效。本文将结合我校开展的具体实践，总结大学生思想引领工作的基本经验。

## 一、正确理解大学生思想引导工作

正确理解大学生思想引导工作，主要包括正确认识大学生思想引导工作的核心内容和根本方法。大学生思想引导工作的核心内容，是引导广大大学生使社会主义核心价值观成为自己基本的遵循，身体力行推广至全社会中，始终坚持热爱祖国，回报社会，不断提高政治素养，恪守我校“站稳立场、掌握政策、熟悉业务、严守纪律”十六字校训，将民族精神和时代精神、个人成就和社会责任有机结合。大学生思想引导工作的根本方法，是在培育学生个人能力、尊重学生个人追求的基础上，结合新的时代特征，大学生群体的社会阅历、生活环境及思想意识方面的显著差异，将思想引导工作具体落实到大学生群体身上，增强引导大学生工作的针对性和实效性，把理论教育和社会实践结合起来，把感性的社会认知和理性的社会观察结合起来，发挥教育、引导、服务的重要作用。

在正确地理解了大学生思想引导工作后，应准确把握大学生思想引导工作的重点难点。充分调研学生的思想动态是解决问题的基础。在调研过程中，首先，应当注意客观真实，即客观真实地反映大学生的想法，避免任何形式的主观臆断；其次，应注意总结提炼，类型化地提炼出同学们较为集中的思想困惑或模糊认识。通过调研，梳理和归纳出“思想关键点”后，要抓住思想引导工作的重点和难点，有针对性地开展工作，进行有效路径设计，同时注重以点带面，不断扩大工作覆盖面，站在系统、全局的高度看待和解决问题，全方位提升引导工作的能力水平，系统推进思想引导工作的开展。

## 二、结合时代背景创新大学生思想引导工作的方式方法

“实践是检验真理的唯一标准”，检验思想引导工作是否有效的标准，归根到底要看大学生的思想认识到位与否，理论水平提高与否，理想信念坚定与否。为此，必须把实效性作为大学生思想引导工作的最终目标，切实予以突出加强。而大学生思想引导工作的效果如何，在一定程度上取决于引导路径的选择。在路径

的选择方面，一定要坚持以大学生普遍接受和个别疏导相结合，有针对性地实施思想引导。这就要求以时代为蓝本，深入解读当代大学生思维、语言和兴趣特点，彰显思想政治教育的指导性和实用性，以多样化的路径引导大学生健康全面成长成才。因此，我校除了各系部日常常规辅导教育之外，也开展了多样化的路径探索。

### （一）面对面交流

面对面交流是沟通最有效途径之一，也是开展大学生思想引导工作较为常用的方法之一。面对面交流可以充分利用沟通的直接性和正面性，充分发挥个体的主观能动作用，彼此在言语交流、眼神交流和肢体行为交流中传递着最具感召力的思想和感染力的情感。外交学院的办学定位是以服务中国外交事业为宗旨，培养一流外交外事人才的小规模、高层次、特色鲜明的外交部唯一直属高校。我校始终坚持着小班教育，育精英的方式，因此，在对大学生思想引导工作中，充分体现了我校“小、特、高”的特色，学校学工部门、团委、各系部党总支书记、辅导员在日常工作中能够确实做到辅导到人，细致指导，从而使得“面对面交流”的方式更深入，不流于表面。

具体实践：纪念抗战胜利70周年演讲比赛

2015年是中国人民抗日战争和世界反法西斯战争胜利70周年，为了切实做好这一具有重大历史意义的纪念活动，宣传抗日战争胜利的重大意义和中国人民抗日战争对世界反法西斯战争的重大贡献，以及中国人民在抗日战争中所表现出的不怕牺牲、前赴后继、英勇战斗的爱国主义精神，我院全体学生进行了重温历史、勿忘国耻、振兴中华、重塑强国之梦的爱国主义教育和民族主义教育。结合我院实际情况，学生参与活动的兴趣途径，学生工作部在全校学生中开展纪念抗日战争胜利70周年的演讲比赛。演讲比赛结合纪念中国人民抗日战争暨世界反法西斯战争胜利70周年的时代性，突出“弘扬抗战精神，实现强国之梦”主题，激发学生的爱国之情、忧国之心和报国之志，培育和践行社会主义核心价值观，传递正能量。

学院通过“抗战胜利70周年演讲比赛”系列活动，帮助学生树立正确的政治信仰，在从部系到学校层层准备、指导和公开选拔的过程中，加强了党史军史国史的学习，不仅缅怀革命先烈，抒发自身爱国情感，讴歌革命先烈英雄事迹，而且展示国防和军队建设辉煌成就。使同学们回顾过去，展望未来，在和平年代亦不忘学习老一辈革命家和亿万中华儿女在抗战过程中不畏流血牺牲，誓死保家卫国，用献血换来战争胜利，并逐步走向解放、现代化建设的精神，抒发薪火相传的强国之梦。

## （二）实践体验

“实践是思想认识的源泉和归宿”，大学生思想的引导离不开社会实践环节，只有在现实社会中实践体验，学生学到的理论知识才能落到实处，才能产生与世界、国家、民众同命运共呼吸的真切情感，才能深刻理解坚定跟党走中国特色社会主义道路的意义，才能不断增强自我的服务意识、责任意识。

具体实践：APEC 志愿者活动

2014 年 APEC 峰会在北京召开，我校学生积极响应，在校团委的组织下组成志愿者团队。在团委老师付出大量的努力下，从培训开始到会议结束，我校大学生志愿者不仅圆满完成了自己的任务，且广受好评。外交学院学生具有出色的外语能力和鲜明的外交外事特色，注重礼仪和个人修养，综合素质强，应变能力佳，展示了外院学子热情、负责、守纪之风，为学校争得了荣誉。在这次志愿者服务实践中，我校大学生怀揣着对祖国的热爱，加深了集体荣誉感，加深了一个青年大学生对社会的责任感，全身心踏踏实实地坚持投入到每一份工作中去，将青年大学生“中国梦”具象化，将自己的行动和国家的梦想交织在一起，加强了为国家的繁荣发展坚定不移努力的决心。

## （三）新媒体覆盖

与传统媒体相比，新媒体具有广泛性，高度强化了人与人之间的互动交流。随着网络智能手机的应用日益广泛，新媒体已然成为我们积极传播正确思想所不可忽视的工具之一。

具体实践：微信公共平台、微信群宣传

我校团委在探索应用新媒体做好青年学生的思想引导与教育工作方面很早就迈开了脚步，很多新媒体元素已经遍布校园，渗透到学生的日常学习生活中，将共青团工作从传统的传播模式向互播模式推进，打造新媒体的阵地和载体。而各系部亦建立了各自微信公众号、微信群，最大限度地发挥了新媒体传播迅速、辐射面大的优势，对学生的思想动态进行正确指引。新媒体不仅在传播正确信息，引导学生树立正确的世界观、人生观和价值观方面发挥着不可小觑的影响力，而且新媒体的运行过程中，十分注重发挥学生的主体作用和主观能动性，有意识地引导学生制作团队主动调查、了解青年学生中的各种现实需求，用学生的视角来观察校园生活中的各种现象，并做出理性的分析和解答。同时，积极关注学生的反馈情况，通过现场推广活动、网站留言讨论、用户体验等形式，不断调整传播内容，使文化产品更加符合学生的接受思维。这种做法，既避免了信息来源的不真实性，也克服了传统的灌输惯性，从学生自己的观点来解决学生的疑问，让学生感到更加真实可信，在潜移默化中传达了价值和理念。

### （四）文化熏陶

用青年喜闻乐见的形式，以符合社会主义核心价值体系的文化去熏陶学生，不仅可以丰富学生课余文化生活，舒缓学生学习压力，端正学生学习动机，而且可以让学生在投身学术、潜心科研的同时，不断拓宽自己的兴趣爱好和知识领域，更多地接触各种文化艺术形式，进而提高审美素养，塑造健全人格，培养高尚情操，净化纯洁心灵。

具体实践："我的班级我的家"视频录制系列活动

大学生基层组织是大学生自我教育、自我管理、自我服务的基本依托。为贯彻落实中央和北京市关于加强和改进大学生思想政治教育的精神和部署，响应北京市教工委的号召，充分发挥班级、宿舍在学生成长中的凝聚、引导、服务作用，进一步推进高校学生基层组织建设，交流经验，宣传典型，特别是运用网络宣传教育新平台，充分展示首都大学生群体积极健康的精神风貌，我校在各个系部举行了"我的班级我的家"视频录制活动。

本次活动不仅积极贯彻了中央和北京市加强大学生思想政治教育的精神，响应了北京市教工委的号召，而且把优秀学生基层组织创建展示活动通过新媒体的方式，作为加强大学生思想政治教育的有效抓手，保证活动影响力与覆盖面，并形成了"班级文化"、"宿舍文化"，在同学们日常学习和生活中形成了文化熏陶，并且充分发挥了网络展示的学习交流作用和教育效果，积极营造学校、家庭和社会共同关心大学生成长成才的良好氛围。增强了班级凝聚力和每一名大学生的集体荣誉感，不断提升同学们对社会主义核心价值观的认识。本次活动不仅收获了良好的思想引导效果，同时受到同学们的热烈响应与肯定。

## 三、小结

社会主义核心价值观是社会主义意识形态的本质体现，是全社会共同的思想基础，对于团结、统领全体社会成员在政治、思想、道德上共同进步，具有十分重要的意义。高校大学生思想政治教育应该以社会主义核心价值观为指南，帮助大学生树立正确的理想信念，弘扬民族精神和时代精神。对此，我们应当正确理解大学生思想引导工作，准确地把握大学生思想引导工作的重点难点，结合当下的时代背景和当代大学生的特点，创新大学生思想引导工作的方式方法，从思想上引领当代大学生成人成才，成为实现中华民族伟大复兴的"中国梦"的青春力量。

# 试析“新常态”下国际化人才培养与德育模式创新

李文雯

“新常态”，是当前经济领域比较热门的关键性词语，也是新一代决策层对当前中国经济特征的判断和预期。《经济日报》评论员文章这样表述“新常态”：“新”，意味着不同以往；“常”，意味着相对稳定。对经济学和经济发展，指要尊重事物发展的客观规律，实现中国经济的科学、和谐发展。那么“新常态”下的教育又应该是怎样的状态呢？[①] 德育教育是做人的工作，是培养有血有肉、有思想、有情感的人的事业，人的发展和成长相对于经济，更有其必然规律，德育教育工作更应该树立一种“新常态”意识，体现一种“新常态”思维。

伴随着经济全球化的浪潮，知识经济快速发展，科技进步日新月异，使得当今资源竞争日益演变成为人才的竞争，而国际化人才已成为新时代最核心的竞争力。这就要求我们的教育必须注重国际化人才的培养，来适应政治、经济、科技与文化全球化的发展要求，特别是高等教育，它担负着培养一批能够立足本土，放眼世界，通晓国际规则、礼仪文化的国际型人才的重任。

智库百科对国际化人才的描述是：指具有国际化意识和胸怀以及国际一流的知识结构，视野和能力达到国际化水准，在全球化竞争中善于把握机遇和争取主动的高层次人才。或者是指那些通晓专业国际惯例，能够熟练使用外语，具有较强的不同文化适应能力，具备国际视野，通过一定程度的专业教育，获得专门技能知识和资格的专业人才。也有学者从高校的中心任务，即培养人才的角度来探讨，把对国际化人才的理解分两种：一是从理想主义的维度，即主要培养学生的全球相互依赖的意识，增进国际理解；二是从实用主义的维度，即主要培养学生

李文雯　外交学院外交学与外事管理系

① 龚健辉：《以中国传统文化为杠杆撬动学校教育回归“新常态”》，载《基础教育论坛》，2015年第1—2期，第134页。

将来在国际社会环境中工作所需要的一些知识和技能。[①]

上海外国语大学党委书记吴友富曾提出，21世纪的国际型创新型人才至少应该具备六个方面的能力与素养：即具有全球视野、国际观念，了解当今时代问题、世界发展历史与趋势；具有民族情怀，熟悉本国传统文化，理解本国现实国情，有报效祖国的社会责任感；具有创新精神，善于学习，适应变化，勇于参与竞争；具有参与国际事务、国际经营活动所必需的专业知识与能力；至少精通一门外语，听、说、读、写、译本领过硬；具有跨文化沟通能力，能理解和尊重不同的文化。[②]

由此，我们可以总结出，国际化人才应该初步具备以下能力特征：(1) 本土文化扎实，拥有国际语言沟通能力和跨文化交往能力；(2) 具有国际态度、全球意识；(3) 具备全球视野和全球性思维模式，通晓国际规则和惯例，具备独立的国际活动能力；(4) 拥有创新思维能力；(5) 具备较高的政治思想素质和健康的身体素质；(6) 掌握本专业的国际化知识并在一定专业化领域取得国际专业资格认证。其中除技能要求外，特别重要的还包括政治思想素质要求。

因此在新形势、新情况下，大学的德育教育也应该进行相应的创新。德育创新工作可以从以下三个方面着手。

## 一、德育创新应摆脱德育教条模式，坚持中国特色社会主义先进文化的政治方向

德育实践工作已经证实，照本宣科的道德教育实效性低，道德规范能进入受教人的耳朵，难进入受教人的心里，加强德育文化建设是德育工作的一种先进模式。高校的德育文化是高校的灵魂，是高校重要的教育资源，是培养高校学生正确人生观、价值观的肥沃土壤，是高校人文环境和良好校风的根本所在。高校德育文化主要通过高校学生学习、生活的氛围营造，对高校学生的道德意识和言行举止进行潜移默化的熏陶。加强高校德育文化建设，要通过环境的营造体现学校的价值导向，为学生德育工作搭造实体平台。成功的德育文化建设能引导学生融入正能量的环境，建立正确的人生观、价值观。在这一过程中，要坚持中国特色社会主义先进文化的政治方向。德育的意识形态性内在地决定了德育创新要有作为国家意识形态的政治承担意识，要始终有能力代表当代中国先进文化的前进方向。所以，创新德育应当以先进文化为主要内容，引领和推动中国特色社会主义

① 马聪：《高等教育国际化人才培养目标研究》，上海外国语大学硕士学位论文，2010年，第6页。
② 马聪：《高等教育国际化人才培养目标研究》，上海外国语大学硕士学位论文，2010年，第6—7页。

文化健康发展，通过主导地位与引领作用的发挥，实现先进文化在社会文化中的主流地位。德育创新应以当代中国先进文化为主要内容，这也是维护国家文化安全所决定的，事关社会主义现代化的大局。[①]

## 二、德育创新应秉持以人为本的基本理念

传统德育往往认为社会发展内在地包含人的发展，因而以社会为主要视点，以社会发展遮蔽了人的发展。其实，社会发展与人的发展，并非主次抑或包含关系，而是相对独立的、互为前提和基础的关系。现代新德育首先就应当确立“以人为本”的新理念，以人为本的新理念就是要以人的全面发展真正实现为旨归。

所谓人本德育，简言之，就是以“人”为出发点，以“人”的方式对待人，以“成人”为目的的德育。人本德育，是现代社会强调“以人为本”的必然要求。现代德育的人本思想源于西方的人本主义思潮。西方传统人本主义与我国科学发展观中的“以人为本”思想在反对“物本”、“神本”，肯定人的力量、弘扬人的价值上有一定的相同性，它的一些合理内容应为我国德育吸收和借鉴。

“以人为本”中的人，相对社会本位而言，是具有“个体性”的现实的个人。确立以人为本的新理念也是德育现代性的根本要求。以人为本的新理念作为德育的原则，就是要使德育从人的发展需要出发，尊重人，关心人，一切为了人的生存发展，使德育不只是人获得社会生存态度的一种手段，而是提升人的存在层次、赋予人以终极关怀和心灵支撑的目的本身。以理性精神和人本精神培养人，以宽广的情怀和高远的视野培养具有全面发展潜质的人，是以人为本的真谛。德育以人为本的主旨就是要在德育过程中体现人文精神，以人文关怀的态度育人。德育的人文精神的核心就是“以人为本”。[②]

这就要求在进行德育教育时，要做到以下几点。

### （一）以学生为中心，为学生的学习和发展创造条件

学校所有从事教育工作的人都必须树立以学生为中心的理念，具有明确的育人意识。德育工作者要针对大学生的思想状况，有的放矢地开展工作，关心和解决学生的思想问题、心理问题和生活困难；管理者应将学生视为高校教育改革的重要参与者，在决策过程中重视他们的意见，考虑他们的需要，保护他们的利益，为他们的学习和发展提供良好的条件；教师应根据学生思想发展的需要调整

① 杨宝忠、郭凤志：《德育创新应遵循的原则探析》，载《东北师大学报（哲学社会科学版）》，2012年第6期，第9页。

② 杨宝忠、郭凤志：《德育创新应遵循的原则探析》，《东北师大学报（哲学社会科学版）》，2012年第6期，第10页。

自己的教学观和学生观，树立平等意识，加强师生对话与合作，提供高水平的教学。总之，全体教职工应通力合作，形成适合人才健康成长的环境氛围。

### （二）树立尊重、平等的观念

现代教育技术的本性不再是管理、控制、约束，而是对人性的唤醒和对人性的尊重，使学生自发投入到自我教育、自我管理、自我服务中。要在认识上理解学生、信任学生、赏识学生；在情感上尊重学生、关心学生；在行动上鼓励学生、帮助学生，使教育方法富有人情味，通过教育者的情感、人格、威信等影响学生，更好地促进学生的健康成长。教育充满了爱、充满了情、充满了关怀，就容易使人得到满足和尊重，就会唤起情感的共鸣，调动人的积极性，收到真正的教育效果。

### （三）促进学生的全面发展

人的发展是社会化发展与个性化发展的有机统一。人本德育强调人的全面发展，实质上是要把全面发展和个性发展紧密结合起来，特别是要尊重和关注学生的个性化、多样化发展，这是对过去突出社会化发展目标而忽视个性化目标的反思。德育的一个重要目标就是要在进行全面和整体教育的基础上，善于发现、开发和发挥好人的优势个性和潜能，让每个人合理的思想政治道德诉求都能得到尊重和发展。[①]

## 三、德育创新应着力搭建社会主义核心价值观与学生德育的桥梁，推进德育教育和实践共同发展

受社会大背景的影响，在价值多元的时代，学生个体价值观与社会价值观之间容易发生对立，在“信仰危机”的情况下，需要搭建社会主义核心价值观与学生德育的桥梁，采取更细、更柔、更活的方式来提升学生的信仰意识和价值判断。人类外在的行为是以观念、情感、信念为内核的表征。信仰作为道德人格的内核，支撑着人们的行为方式和价值抉择。社会主义核心价值观所带来的使命感和责任感，让学生产生提升自身信仰的动机。

大力弘扬社会主义核心价值观，离不开教育引导，也离不开生活实践。不仅要在促进认知认同上下功夫，更要转化为学生的信念和自觉行动。应将核心价值观所倡导的道德准则和价值目标通俗化、大众化，以利于宣传普及，并将教育引

① 石书臣：《现代德育理念与高校德育创新》，《思想政治教育研究》，2011年8月，第19页。

导和身体力行作为系统推进的主要思路，通过深入具体实践，定型与固化主流价值观和学生价值诉求的主渠道，让核心价值观与德育的衔接转化具备规律性和可操作性。

将核心价值观融入德育教育，帮助学生们树立正确的世界观、人生观、价值观，通过核心价值观与德育的衔接转化，构建学校、家庭、社会三位一体的德育格局，同时将核心价值观潜移默化地渗透于学生的价值取向和行为方式。理想信念归根结底还是要服务于社会的实践。在尊重学生身心特点、道德意识、知识层次前提下，引导学生积极投身实践活动，让德育教育贯穿于方方面面的实践中。

# 新形势下外语院校大学生核心价值观培育与德育模式创新

章　静

**摘　要**：社会主义核心价值观教育与高校德育建设具有内在契合性。国际化发展进程中，各国思想文化的碰撞与交流给大学生的核心价值观带来了巨大影响，外语院校所面临的复杂环境及自身所凸显的问题，迫切要求德育建设要突出社会主义核心价值观教育的引领，高校德育只有创新才能适应新形势发展的需要。本文通过分析外语院校大学生核心价值观形成的影响因素探索了高校德育创新的途径。

**关键词**：外语院校　核心价值观　德育创新　培育

高等教育的国际化发展趋势有效的推动了我国高校教育的改革开放，促进了对外学术交流，提高了教学质量和科研水平，但同时大量资源信息的涌入也对大学生的思想意识形态、人生观、价值观产生了深远的影响，对高校思想政治工作提出了严峻挑战。而外语院校学生因其专业特点，可以无障碍地接触国外文化信息；其就业方向往往与专业相挂钩，深受世界经济政治影响。因此，将社会主义核心价值观作为社会主义先进文化的集中体现融入高校德育建设势在必行。

## 一、社会主义核心价值观培育对高校德育创新的意义

党的十八大提出："倡导富强、民主、文明、和谐，倡导自由、平等、公正、法治，倡导爱国、敬业、诚信、友善，积极培育社会主义核心价值观。""三个倡导"，从国家、社会、公民三个层面提出了积极培育社会主义核心价值观的具体要求。既反映了社会主义核心价值体系建设的新成果，也集中体现了中国特色

章　静　四川外国语大学德语系

社会主义的核心价值诉求，成为指导社会成员进行价值选择和行为取向的基本标尺。这一表述是我党立足社会主义核心价值体系建设实践做出的重大理论创新，反映了我党对社会主义核心价值观问题的最新认识，也为高校德育创新指明了方向。当前，我国正处在思想多元、价值多样的社会转型期，大学生的价值观取向也呈现出多样化。大学生是培育与践行社会主义核心价值观的重要群体，是建设“两个百年”宏伟目标和实现“中国梦”的生力军，肩负着祖国的未来、民族的希望。① 加强高校德育建设，其目的就在于营造健康向上的育人氛围，培育合乎时代要求的大学精神，把大学建成弘扬中国特色社会主义先进文化的示范基地与传承创新区。② 大学生作为未来社会的中流砥柱，是国家和社会的希望，也是抵制现在社会中道德沦丧的重要力量，因此，加强德育创新对于积极培育大学生社会主义核心价值观尤为重要，它既是大学生成长成才的迫切需要，也是中国特色社会主义建设事业的客观要求。高校德育工作是大学生成长成才过程中的一项系统工程，寻找适合的载体和途径使大学生社会主义核心价值观念的培育具体化、现实化成为高等教育的一项新任务。③

# 二、新形势下外语院校大学生核心价值观形成的影响因素

外语院校是高等教育体系中一个比较特殊的群体。与综合性大学相比，外语院校虽然特色鲜明，学科优势明显，但办学资源相对有限、理念相对单一，学生在思想、行为方式等方面也有着显著特点。外语院校学生因其专业因素，更多的接触国外资源和信息，对他国文化有着较强的包容性和融合度，相对于其他的专业，外语专业更具敏感性，这必然对外语院校学生的核心价值观产生影响。因此深入分析外语院校和学生的自身特点，对寻求适合外语院校学生核心价值观培育的方法和路径，以及做好人才培养和学生管理工作有着重要意义。

## （一）外语院校特殊的校园环境

国际化的发展加速了大学生对外界事物的认知，各国的意识形态、文化习俗在很大程度上影响着学生核心价值观的形成。外语类高校是国内外各种哲学社会科学思潮交流、碰撞的重要平台。接连不断的演讲、报告和学术研讨，这些开放式的整体环境对外语院校大学生的价值导向构成了巨大的冲击。由于我国外语院

---

① 信息来源：学习贯彻习近平总书记关于教育工作系列重要讲话精神：青年要自觉践行社会主义核心价值观. http:// www.moe.gov.cn/publicfiles/business/htmlfiles/moe/moe_838/201405/167908.html，教育部网站 ,2015.2.10。

② 李修超：《以社会主义核心价值观引领高校德育创新》，《河南科技学院学报》，2013 年第 7 期，第 116 页。

③ 张瑞：《新形势下大学德育创新研究》，《经济师》，2012 年第 4 期，第 115 页。

校开设的外语专业其语言对象国大多在经济、政治等领域具有较强的话语权，因此，西方思想文化、西方意识形态对外语院校大学生的冲击程度之深，是其他高校所不能比拟的。外语院校学生由于专业要求，在日常学习生活中与“外”接触较多，一方面有助于学生学好外语，开阔视野，但同时由于学生社会经验较少、政治敏感性差，又对外来文化有着浓厚兴趣，导致他们极易受到各种社会思潮的影响，而对主流价值观产生质疑，从而出现偏差。[①] 另外，随着国际化办学程度逐步提高，外语院校不断加大海外高层次人才的引进力度。然而这些海外人才由于长期生活在国外，很多人在政治方面意识淡漠、热情不高，加之潜心于教学、科研之中，对学生的影响远远超出了专业学习、科研指导的范畴，他们的政治态度和追求也必然会对学生的核心价值观产生潜移默化的影响。

### （二）新媒体对大学生的价值选择和判断的影响

在我国社会价值体系中，以马克思主义为指导的社会主义意识形态居于核心地位，支配着意识形态的整体发展。但新媒体时代是个性得到全面张扬的时代，是信息传播主体多元化的时代。处于生理和心理成熟期的大学生，自由地参与到无中心状态的交流之中，成为话语主体并作为信息方式中的主体。不可否认的是，人们在“出售”各种信息产品的同时，也在“出售”各种思想、观点和价值观念。一旦媒体出于自身利益考虑，在宣传报道中潜移默化地引入了一种价值尺度，且这种价值尺度与客观现实有时存在一定距离，喜欢新鲜、刺激而认知和辨别能力尚未健全的大学生极易将媒介的导向视为“圭臬”而盲目追随，导致其价值观的偏离和行为失范。[②] 另一方面，在传统媒介环境下，教师相对于学生在身体、经验、知识、能力、社会性等方面具有一定的优势。正是由于“不对称性”的存在，年轻的学生才有弥补差距的冲动和内在动力，才会对教师始终保持一种仰视的角度。在新媒体环境下，随着成人信息控制权的空前削弱，尤其是随着学生对教师在传统媒体环境下严控信息的了解，越来越多的学生觉得老师“不过如此”，对老师及其生活的敬畏和好奇与日俱减。[③]“不对称性”的消逝，对负责传播“主流文化”的教师话语权形成了极大挑战，即使是针对教育者提出的信息内容，学生们也更趋向于相信自己的独立判断，其后果便是因普遍怀疑而产生的新的信仰危机。更为严重的是，学生在怀疑一切的情况下，价值取向可能变得混沌不清甚至被误导。

① 曲亮、张小川：《外语专业学生思想政治教育工作模式探究》，《黑龙江教育(高教研究与评估)》，2008年第22期，第44页。

② 吴倬：《关于价值观与价值观教育问题的若干理论思考》，《思想政治教育》，2009年第3期，第11页。

③ 黄岩等：《新媒体：大学生核心价值观培育的契机与挑战》，《思想政治工作研究》，2011年6月，第39页。

### （三）个体的特殊性

当前90后学生已成为新时期高校的主要群体，是祖国未来建设的生力军，是祖国未来的希望和进步的原动力。但是，随着市场经济的深入发展，人们思想活动的独立性、选择性、多变性和差异性日益增强，90后大学生的思想倾向也出现了不同的偏差。国际化以各种途径将多元文化、大量陌生的价值观念汇集于高校。对所学语言国文化的研究，使外语院校学生对多元文化和价值观有较为深入的了解，呈现价值追求的多层次性。在他们身上非功利价值观与功利价值观互为交叉共存，道德选择多样化，在竞争激烈的时代，他们有很强的危机意识和竞争意识，以实现自我为主流价值观，价值标准趋向对自己的实用性，有较强的个人功利主义倾向，集体观念及大局观淡漠，缺乏社会责任感。由于其思想观念中多元化趋向比较突出，习惯用其所接受的西方文化观念的某一侧面来反观社会上出现的一些负面现象，容易以偏概全，进而对正面开展的思想政治工作存在很多误解，甚至不信任。更有部分学生个性突出，对本国的现状强烈不满，集体感、爱国心淡薄。对于自身出现的挫折，经常查找别人或是外界的客观因素，而并不心甘情愿地分析自己的内在主观原因。同时由于缺乏深入研究，加之大学生社会经验不足，对信息和知识的判别能力较弱，欠缺理性思辨过程，最终导致是非判断出现偏差。

## 三、新形势下以核心价值观引领外语院校德育创新

### （一）弘扬主流价值观，科学引导政治思想

大学生思想政治教育在高等教育国际化的大背景下面对的是一个开放的社会环境。尤其是外语院校的学生，他们可以无障碍地通过网络、书籍报刊等渠道接触国外政治思想和意识形态，因此有效的关注、引导学生，科学的分析重大事件，弘扬主流价值观，扩大科学政治思想在学生中的影响，才能够确保学生在多元和复杂的政治文化环境中不迷失。这就要求我们增强国家主流文化的辐射作用，在包容多样中增进思想共识，达到学生思想上的先进性与主流价值要求的吻合；以深厚的人文底蕴强化民族精神和社会责任的培养，增强辨别世界文化的能力，培养民族文化认同感。针对外语专业学生，要深化爱国主义教育，以爱国之心立足根本，通过提升学校思政课程的课堂有效性，辅以参观纪念馆、科技馆、历史古迹等多种方式树立起民族自豪感。对于专业任课教师，要充分发挥他们在教学中的积极作用，在选用外国影音文字材料时要做到认真筛选，并进行客观的分析；在讲授专业知识的同时，要贯穿爱国主义思想教育。在思想政治教育中必

须客观分析我国和外国在政治经济文化等各方面的优势与不足，形成比较探析，将我国的优势所在和外国的先进经验相融合，避免强植入式、口号式、表层性的爱国主义教育，帮助学生树立正确的人生观、价值观、世界观，让学生从真正意义上知我中华、爱我中华、强我中华。[①]

### （二）坚持正确的舆论导向，加强对新媒体环境的应用管理

新媒体已经成为思想文化信息的集散地，是学生获取信息、沟通交流、表达情感及宣泄情绪的主要媒介，也是社会舆论的放大器和意识形态较量的重要战场。“高度重视互联网等新型传媒对社会舆论的影响，加快建立法律规范、行政监管、行业自律、技术保障相结合的管理体制，加强互联网宣传队伍建设，形成网上正面舆论的强势。”这是党的十六届四中全会对党的宣传思想工作的基本要求。在新媒体环境下，建设社会主义核心价值体系，就必须严格执行这一要求。面对新环境，要树立“尊重为本”的教育理念，改进宣传方式。博客、手机等新媒体的设计理念强调的是“怎样才能最大限度地实现信息的交流与互动”。[②] 开放、平等、自治是新媒体渗透的基本要义。为此，教育者一定要改变传统说教的形象，真正树立“尊重为本”的教育理念。首先，要放低姿态，抓紧学习新媒体知识，密切关注和研究新媒体信息发展的新动向，善于利用现代传媒开展工作。其次，要树立民主化的教育理念，通过公开自己的QQ、MSN等联系方式，与学生展开真诚的对话与交流，注重增加师生、学生之间的情感互动。再次，要敏锐把握大学生思想变化的细枝末节，及时了解不同个体的需求，通过“点对点”的教育方式，提升教育的实效性和针对性。最后，要深度把握社会主义核心价值观的科学意蕴，通过自身深厚的功底和内涵，用新媒体语境中喜闻乐见的语言来进行耐心细致的引导工作，并有意识地在大学生中培养新媒体“意见领袖”，发挥他们在引导“圈子”里的影响力，真正化被动为主动。

### （三）开展实践育人模式，深化核心价值观影响

针对思想政治理论课教学中理论与实际脱节或不注重课外实践教学的现状，从观念和行动中加以改进，日益转向注重思想政治理论课的实践教学，依据大学生的生理心理特点、品德养成和素质发展的要求，通过实践活动的形式，以经验、生活、劳动、社区等作为内容来体验思想政治教育目标、思想政治教育内容，安排学时学分，设置独立课程的课程类型。[③] 这种实践体验类课程以提高学

① 汤程荣：《新时代背景下的高校爱国主义教育工作》，《知识经济》，2010年第6期，第177页。
② 黄岩等：《新媒体：大学生核心价值观培育的契机与挑战》，《思想政治工作研究》，2011年第6期，第40页。
③ 徐丽曼：《高校思想政治教育实践育人模式研究》，博士学位论文，辽宁师范大学，2009年5月。

生的品德修养为核心目标，着力于人的全面发展，理论教育与实践教育相结合是大学生思想政治教育的根本原则，让学生走向自然，走进生活，在实践体验中培养学生的社会责任感和使命感，把知识内化为道德情操，从而提高学生的品德修养。作为一种课程体系，实践体验类课程与其他课程有着密切联系，所以课程内容的安排与设置应该与思想政治理论课相应合，同时可以与形势与政策课、专业课、职业规划、创业教育、学术报告等相关课程结合起来。同时学分的设立提升了学生参与社会实践的热情，并拓宽了实践活动的领域和时限。将学生在校期间德育方面的基本表现做出量的规定，并折算成学分，对学生形成综合性评价的制度。为了鼓励学生参加一些社会实践，给予在集体活动、志愿者服务、社会工作等方面表现出色的学生奖励学分，德育分数由校内外机构共同评定，并与奖学金直接挂钩。实践证明，德育学分制的实行提高了实践活动的重视程度，从而使实践育人的价值得到了更大幅度的发挥。[①] 另外，在坚持开展第二课堂活动和社会实践活动中，除了与专业挂钩外，还要着重培养学生的团队意识，可以通过一些有针对性的素质拓展训练、团体游戏，强化学生的集体荣誉感，调动学生的积极性，增强其组织能力，努力创造自由、独立、特色的校园文化氛围，创造优良的大学校园精神，使社会主义主流意识形态和价值观有效影响学生、塑造学生，成为他们思想和行动的自觉选择。

## 四、结语

在国际化背景下，思想政治教育的目标是要培养出具有理性思维、政治信仰坚定，道德与智力、学识、能力相协调，人生观、价值取向与国家民族利益相一致的社会主义事业的合格建设者与可靠接班人。外语院校学生的无障碍涉外特点对高校德育工作提出了更高的要求，教育者必须根据外语专业学生的特殊性，明确思想政治教育的多个重心，因材施教，使其逐渐内化为学生自发的理解、认识和信念追求，在国际化不断深入发展的未来，始终具有坚定理想、科学先进的信念价值选择和判断能力，以积极的态度构建高校德育工作的新内容、新机制和新模式。

① 敖祖辉等:《思想政治文化实践育人模式探析》,《边疆经济与文化》，2013年第8期，第44页。

# 新形势下高校“中国心、国际化”人才培养目标与两课改革的思考

饶其康

**摘　要**：本文认为适应国际化发展趋势，中国高校的培养目标应当是“中国心、国际化”的中国公民，而实现这一目标的捷径是改革两课（马克思主义理论课和思想政治教育课）的内容和教育教学方式等，立“中国心”之德，树“国际化”之人。

**关键词**：中国心　国际化　培养目标　两课　改革

中国高校的具体人才培养目标应该是什么，笔者认为，在进入新媒体时代、思潮涌动、信息爆炸的今天，面对越来越多的学生有机会走出国门的形势与挑战，高校要切实担当起培养有“中国心”的国际化人才的历史使命，要树立起符合时代要求和未来发展需要的人才培养的崭新理念。中国高校的培养目标应当是“中国心、国际化”的中国公民，培养复合型人才，而两课内容的改革则是实现这一目标的重要手段，我们必须提高认识，以人为本，注重实效，充分发挥好“两课”主渠道和主阵地作用。

## 一、培养“中国心、国际化”的中国公民是新媒体时代高校的培养目标

在国际化背景下，发挥中国传统文化的优势，把培养“中国心、国际化”的中国公民确立为新媒体时代高校的培养目标，既是形势所迫，又是现实要求，也是国外的经验借鉴，符合马克思主义理论与时俱进的品格。

饶其康　北京第二外国语学院

### （一）培养“中国心、国际化”的中国公民是经济全球化发展趋势的必然要求

进入新媒体时代以来，世界经济全球化、一体化的浪潮更加汹涌澎湃。随着中国“四个全面”战略的不断深入，特别是全面推进改革，中国参与世界经济的力度和深度正在进一步深化。我们早已经知道，经济的全球化，不仅是资本流动的全球化，在知识条件下，也是知识流动的全球化，还是各民族文化交流的全球化。无论是哪种资源流动，起主导作用的，最具活力的、起载体作用的是人的流动。换而言之，当今世界的全球化，实际上是人才流动的国际化。因此说，世界各国的竞争，归根结底是人才的竞争。但是，这里的人才是指有特性的人才，他必须是同时具有世界性、民族性和知识性的人。只有同时具备这三种特性的人才，才能在全球化运动中适应各种不同文化的挑战，进而得到认同，才能在全球文化的交互运动中凸显民族特色，促进民族文化的传播，保持民族文化，避免在全球化的浪潮中被湮没。因此，为了更好地适应全球化发展的需要，中国高校应当把培养具有世界性、民族性和知识性的合格人才作为教育培养目标。笔者所工作的北京第二外国语学院提出了“中国心、国际化”的人才培养目标，贯彻外语复语、专业 + 外语的复合型人才培养模式，正适应这一时代要求。

### （二）培养“中国心、国际化”的中国公民是我国实现“国际化与中国崛起”战略目标的现实需要

中国国际文化交流中心成立30周年纪念大会2014年10月29日在京召开。习近平同志做出重要批示指出，中国国际文化交流中心成立30年来，为扩大对外文化交流、推动中华文化走向世界、服务国家工作大局、增进中国人民与世界各国人民的友谊，作出重要贡献。希望认真总结经验，发挥民间往来优势，坚持社会主义先进文化前进方向，大力弘扬中华优秀传统文化，在推进人类各种文明的交流交融、互学互鉴中，增强我国的文化软实力，维护世界和平。国际教育信息化大会2015年5月23日在山东青岛开幕。习近平发贺信，强调因应信息技术的发展，推动教育变革和创新，构建网络化、数字化、个性化、终身化的教育体系，建设“人人皆学、处处能学、时时可学”的学习型社会，培养大批创新人才，是人类共同面临的重大课题。这些都充分向我们展示了“国际化与中国崛起”这一战略目标，而这一战略目标的实行要求中国高校必须实现“中国心、国际化”的培养目标。

另外，每年都有高校毕业生选择留学移民和自立创业。而且，中国加入WTO已经14年，外资持续涌入，大学毕业生到外资或合资企业就业的人数还会持续升

高。这表明三资企业和出国留学一直是近年来我国大学毕业生主要的趋向之一。而绝大多数此类企业具有国际背景，大学毕业生进军三资企业和出国，实际上是直接参与了经济全球化、文化全球化和知识全球化的进程。实践证明，具有世界性眼光、民族文化灵性和科学文化水平的毕业生，最容易适应三资企业的文化生态，并发展很快。相反，具有较高的科技知识水平，而缺少世界性眼光和民族文化修养者，极有可能很快被淘汰。这说明，培养具有世界眼光和民族文化修养的“中国心、国际化”大学生早已成为中国高校顺应时代发展的责任和担当。

### （三）培养“中国心、国际化”的中国公民是世界经济发达国家的经验总结

19世纪有一位名叫塞缪尔·斯迈尔斯的英国伦理学家说过：一个国家的前途，并不取决于城堡之坚固，而在于它的公民的文明素养，在于人们接受的教育的程度，人们的远见卓识和品德的高尚。近二三十年来，世界各国都在认真检讨高等教育的培养目标及人才培养模式，认真审视新世纪对人才的需求特征，并采取了一系列的相应举措。1987年10月6日，日本《推进教育改革大纲》正式启动，确立了21世纪日本教育的培养目标：培养宽广的胸怀，强健的体魄，丰富的想象力，自主自立，富有团结精神的世界通用的日本人（培养国际社会真正信赖的日本人）。强调教育要适应国际化，(1) 以国际化的眼光来理解日本文化的个性和其他文化的优越性；(2) 不仅作为日本人要爱国，而且要以世界的眼光来看待人类的命运；(3) 深刻理解多元化，掌握国际交流的能力。1989年11月联合国教科文组织召开的面向21世纪教育国际研讨会其会议报告明确指出：总而言之，21世纪最成功的劳动者将是最全面发展的人，将是对新思想和新的机遇最开放的人。成为世界高教改革与发展的主流，为检讨我国高等教育的现状，推动人才培养的目标、模式、途径以及教育改革提供了有益的借鉴。要求我们必须站在21世纪以来新的高度审视和思考中国高等教育人才培养的基本目标。

### （四）培养“中国心、国际化”的中国公民是马克思主义理论与时俱进品格在高等教育领域具体应用的必然结果

按照历史唯物主义的观点，一定时期的教育理论和教育目标是由国家经济社会和教育的发展状况以及世界经济、政治格局的变化状况所决定的。不同历史时期面临的时代特点是不相同的，由此引起教育环境、教育对象、教育内容、途径、手段、形式、教育机制、体制等的一系列新的变化。因此，学校教育培养目标的确立必须适应这些新的变化，不断充实、修改、完善原有的目标结构，才能满足学生主体日益增长的全面发展需要和国家、社会与民族的需要。站在时代前

列，立足于新的实践，把握时代的主题和特点，运用马克思主义人的全面发展理论，研究学校教育改革和发展中重大问题，不断深化对成才规律的认识，及时地更新教育培养目标，全面推进素质教育，有效地促进学生的全面发展。

早在1983年10月邓小平同志在为北京景山学校题词中，就明确地提出教育要面向现代化、面向世界、面向未来的发展战略。这一教育发展战略不仅是指导我国教育未来发展的总体策略和方向，而且也是确立我国教育方针、教育目的和培养目标的指导思想。这是邓小平同志高瞻远瞩，把握时代脉搏和教育规律，对我国教育发展最基本问题的科学回答，一直到今天，“三个面向”依然具有很强的现实指导意义。

习近平同志指出：“要准确把握经济全球化新趋势和我国对外开放新要求”，“努力在经济全球化中抢占先机、赢得主动”，“我们为此作出全面深化改革的总体部署，着力点之一就是以更完善、更具活力的开放型经济体系，全方位、多层次发展国际合作，扩大同各国各地区的利益汇合、互利共赢。”这一论断既高屋建瓴地指出了必须顺应经济全球化大势，也充满自信地指明了中国进一步扩大开放的总方向。在开放的重点方面，推进“一带一路”建设，扩大内陆沿边开放，推动形成更高水平的开放格局。开放在高等教育领域的实践，必然得出高校教育要培养具有世界眼光、有民族文化修养和掌握先进科学知识的合格公民。因为，在全球化的浪潮中，只有具有世界眼光，才能高瞻远瞩，才能更好的代表先进的文化和先进的生产力。只有掌握了先进的科学文化和生产力，才能更好地代表人民的利益。

## 二、“中国心、国际化”的中国公民的内涵与两课的责任

那么，“中国心、国际化”的中国公民的具体内涵是什么？如何解决这个问题呢？

### （一）“中国心、国际化”的中国公民的内涵

我们强调，大学生首先是中华人民共和国的公民，要有公民的责任意识和担当意识，同时是高校的培养对象。所谓“中国心、国际化”的中国公民，是指在世界经济政治社会活动中，认知国家和世界赋予的权利，同时自觉承担对国家和世界的责任和义务的中国人。进一步来说，应当同时具有世界性、民族性和知识性三个特点。

所谓世界性，就是总体性、全局性和时代性。在经济全球化不断深化的时代，整个世界已经连成一体，地球村已然形成，全球经济一体化和网络技术的飞速发展，向全人类提出了许多共同关心的命题，比如人类自身的关怀、环境保护等。这要求新一代大学生要用全球视野去观察当代世界的发展趋势，对于关系人

类的前途和命运的重大问题作出自己的回答。世界性的另一个重要标志是要有多样性的眼光。经济全球化并不排斥多样性。目前，不仅世界政治格局朝着多样化方向发展，就是经济和文化的多样性仍然是一个发展的趋势。应倡导和而不同的文化观。作为“中国心、国际化”的中国公民应当对世界历史的发展有一个整体的认知和把握；应当对世界的多元文化给予应有的尊重和理解；应当对世界各国的政治生态有更多的了解、尊重和批判。

所谓民族性，是同世界性紧密相连的范畴。俗话说，越是民族的，就越具有世界性。“中国心、国际化”的中国公民，首先要对中国的历史和传统文化有一个整体的认知和掌握，要有尊重和崇敬本民族文化的积极心态；要有坚定的爱国心，要对本国的政治、经济和法律制度有全面的了解和理解；要对自己作为国民的权利和义务有充分的把握，对行使权利和享受义务具有成熟的心态和合理的期待。

所谓知识性，是指作为“中国心、国际化”的中国公民对社会、自然、政治、经济、文化等领域知识的广泛了解与掌握。有扎实学识，在这里，要特别强调的有两个方面的知识：一是作为专业人士对本身所从事专业知识的掌握、运用和发展；二是作为公民应该具备的国内和国际知识，包括政治、历史、经济、法律、伦理道德等基本知识。这些知识是形成公民意识，养成世界公民良好行为的基础。

民族性是根，知识性是体，世界性是方向。只有世界性、知识性，而无民族性的人，缺少个性，没有历史厚重感，很难赢得其他民族的尊敬和认同；只有民族性、知识性，而无世界性的人，容易陷入盲目；只有世界性、民族性，而无知识性的人，缺少质量，容易浮躁。只有同时具备这三种属性的高校毕业生，才可以称为“中国心、国际化”的中国公民，才能够成为受到世界人民尊敬的骄傲的中国人。

### （二）两课的目标、责任与当前局限

那么如何来实现培养“中国心、国际化”的中国公民这一目标呢？多年来，为了实施素质教育，一直有人主张高校应重视学生的人文教育。为此，许多高校开设了大量的人文选修课程，有的学校多达20多门。但是，取得的效果并不尽如人意。原因有三：一是课时的限制。人文类选修课一般排在专业课和专业基础课的学分之后；二是内容缺乏系统性。学生完全是根据个人兴趣来选，确少前后的系统衔接性，知识碎片化；三是教材缺乏适用性。大多数人文类选修课教材是由专业类教材直接转化过来的，有的甚至就是专业教科书，不适合非专业学生选用，基本是浅尝辄止，效果不佳。因此，如果继续循着人文素质教育的思路多开几门选修课，来进行“中国心、国际化”中国公民教育显然不会达到应有的积极效果。笔者认为，从目前我国高校课程建设的现状来看，两课是可以很好地担负起这一时代重任的，责任重大，使命光荣，而且，改革两课的教学内容是实现这

一目标的捷径。这是因为：第一，高校两课是公共必修课，全校学生都必须取得学分才能毕业，对保证教育内容的系统性和教育质量有制度保障；第二，高校两课课时有保证，尽管目前某些高校课时紧张，但总体上是乐观的；第三，目前高校两课自身存在的问题要求必须对其内容进行改革。我们完全可以利用两课内容的改革，顺势而为，来实现“中国心、国际化”的中国公民教育目标。

进入21世纪以来，由于政治多极化、经济全球化走向使整个世界范围内文化的冲突、观念的碰撞、思想的互渗、价值的并行成为不以人们意志为转移的客观事实。我们必须承认，高校两课在立德树人、在培养四有新人和素质教育方面发挥着重要作用。但是，同样不可否认，目前高校两课也面临着严峻的困境和挑战。比如优秀师资的保障、比如学生学习兴趣低，缺乏学习热情，不少人认为出现这种状况的原因是两课教学方法陈旧，无法满足学生的需求。因此，各个学校想方设法在改善教学方式和方法上不断琢磨。实践证明，两课教学方法的改善，有利于教学质量的提高，但是，如果两课内容不进行必要的改革，两课的尴尬局势不会得到很大的改观。美国哈佛大学教授约翰·罗尔斯的《正义论》一书，自1971年问世后，在西方国家引起了广泛重视，被视为第二次世界大战后西方政治哲学、法学和道德哲学中最重要的著作之一，但他本人有点害羞，而且口吃，可是，他为本科生开课的牌一挂，几百人的梯形大教室，济济一堂。每次都需要提前去占位。哈佛的大学生看重的不是罗尔斯的讲课技巧，而是其内容的精彩。

根据笔者的调研与思考，目前高校两课内容的不足主要表现在三个方面：

一是两课教学内容不够贴近社会实际和学生个人实际。《两课改革若干意见》中明确规定：讲授马克思主义基本原理，努力回答学生普遍关心的重要理论问题和实际问题，正确把握学生的思想特点和心理、生理发展的特点，遵循教育的规律，简明、扼要、通俗易懂，生动活泼地进行教学、着力引导他们领会马克思主义的精神实质，掌握马克思主义的立场、观点和方法，提高教学的说服力和有效性。但是，现行教材依然存在一定的滞后性，没有与时俱进，如当代大学生应当怎样做却没有进一步剖析为什么要这样做，更没有对大学生群体进行分类，什么类型应当怎么做。另一方面，某些教师授课拘泥于书本的纯理论，不会理论联系实际，不谈自己的心得体会，不深入分析深层次的理论，有相当多同学认为，两课教学内容离自己很远，内容空泛，似乎与自己的知识学习和就业前途没有多大关系。比如，“四个全面”战略提出的历史、现实因素需要更接地气，以更加悦纳的方式传授给大学生。

二是两课总体教学内容缺乏逻辑性。两课的大学课程内容与中学时的思想教育课程衔接性差、重复多，使学生感到两课就是空洞的政治说教；忽视了两课诸课程之间本课程与其他课程以及与两课课程体系的逻辑联系和相互衔接问题。同时，在学科体系、教学实践和教学要点中也都存在一些不足和有待完善的地方。

三是两课教学内容缺乏格局视野。现代大学生信息渠道多，各种想法多，面临各种思潮影响，如何引领大学生接受并践行社会主义核心价值观，要求两课教师必须具有大格局、接地气的知识储备和表现形式，在现实教学中，我们发现这一点或是不少教师的短板，与时俱进，纵横捭阖，深入浅出，这是一个导向，以热点抓眼球，以焦点入大脑，进而塑造价值观。

所以，两课教学要与时俱进，搞好理论创新、科技创新、制度创新。举个例子，笔者认为，《思想道德修养与法律基础》这门课的授课教师可以从一线的学生工作干部中产生，他们熟悉学生的生活和思想动态，讲课内容更有针对性，贴近学生生活，这一举措在北二外已经实行了多年；充分利用现代化手段，利用网络对学生的吸引力，建立一个两课教育教学的网站，占领两课的网络阵地。两课内容只有创新，才能使两课教学焕发出青春的活力，才能担负起培育世界通用的中国公民的重任。

## 三、为适应培养目标高校两课内容的改革

### （一）适应培养目标的两课内容架构思想

两课教学内容属于意识形态的范畴，不是永恒不变的，它应当具有鲜明的时代性，只有结合时代变化，与时俱进，及时做出调整，才能发挥其应有的作用，为社会的发展提供合格的建设者和接班人。笔者认为，适应“中国心、国际化”的中国公民目标的培养，两课内容体系的建构应当体现这样的基本思想：应当把促进社会的全面进步与个人的全面发展作为两课教学的最终目的与归宿；应当注意在理论素质教育和理想信念教育上的整合，实现马克思主义理论教育与分析当代世界实际相统一，把树立科学的世界观与确立正确的人生观、价值观相统一，切实解决学生中存在的信仰、信念、信心问题；应当遵循继承与创新、突出主旋律与拓宽新领域相结合的原则，界定教学内容的角度和深度，使同一内容的讲授避免简单重复，并体现各门课的特色；应当体现学科的历史发展轨迹和最新发展动向，保持学科内容的系统性和开放性，及时反映国际形势和中国特色社会主义建设的状况以及党和国家采取的新政策，处理好开拓学生的知识视野同激发大学生历史责任的关系，培养学生的社会和历史责任感，培育和践行社会主义核心价值观。

### （二）适应培养目标的两课具体内容架构

从内容上看，“两课”教育的难处在如何将马克思主义这门科学和思想政治教育有机结合；从技术上看，则是师生之间如何互动、拉近距离。这就要求两课

教师不仅要有坚定的政治信仰、社会责任感，对马克思主义的理论体系掌握纯熟、深入研究。同时，还要对学生关注的时尚前沿、政治动态、社会生活及时了解。这样才可能在课堂上紧紧抓住学生的思想脉搏，引起共鸣，提高“抬头率”。根据培养目标和两课内容构建原则的需要，笔者认为高校两课课程体系应包括以下6门课程：

1.《马克思主义及其中国化》，主要从历史发展的角度来系统介绍马克思主义产生、发展的历史必然性；介绍科学社会主义理论产生和发展的历史进程及其实践的成功与教训；系统介绍马克思主义中国化的历史进程。从而让学生对马克思主义、毛泽东思想、邓小平理论和三个代表重要思想、“四个全面”战略有一个全面、系统的认识和把握。明确社会主义的本质及其发展动力。

2.《就业指导》，在“两课”中培养、激发学生的创业精神是整个创业教育的不可缺少的一环。目前“两课”理论教育已落后于创业活动的迅速发展以及党和政府支持鼓励创业的现实，李克强总理刚刚提出“大众创业、万众创新”的号召。从创业教育本身重要性来看，它是因应高等教育转型、缓解毕业生就业压力的必然性措施。

3.《大学生心理健康》，大学生处于青年期，具有生理、心理发展不平衡、不稳定和可塑性强等特点。大学这一特定的环境，既有有利于其身心健康发展的良好条件，又由于种种主客观因素，有些学生也会因学习、生活、就业、恋爱、经济、人际关系等问题产生诸多矛盾，导致心理障碍，这一旨在加强心理健康和心理素质方面的咨询和指导工作，需要心理学家、教育学家和思想教育工作者共同完成。“两课”教师尤其是思想品德课教师在这方面是可以大有作为的。

4.《形势与政策课》是一门基础性的课程，是高校“两课”的重要组成部分，在学生的素质教育中有着不可替代的作用。加强形势与政策课教学的改革，紧紧围绕热点、焦点问题，提高教学的实效性，充分发挥其在育人中的作用。

5.《市场经济法律制度》，主要从历史发展的角度全面介绍市场经济思想、法律制度思想产生和发展的历史进程，介绍市场经济制度和法律制度的历史实践以及市场经济与法律制度之间的关系，帮助学生正确认识和理解全面依法治国的重要意义，增强法制意识和法治观念。

6.《伦理学理论与实践》，主要从伦理学产生和发展的角度，向学生系统介绍伦理学理论和实践知识，帮助学生正确认识和理解依德治国的重要意义，增强社会伦理道德意识，重视伦理道德实践。

### （三）适应两课内容改革的其他配套措施

要实现培养目标，课程建设很重要，但是，只有内容的改革而无教学方法管理制度的改进，还是难以取得明显的教育效果。根据当前高校两课教学中存在的紧迫问题，提出如下配套改革意见：

1. 要进行两课考试制度的改革。开设两课的初衷乃是帮助学生树立科学的世界观、人生观和价值观，帮助他们成为有良好道德修养和文明行为的人。因此，两课学习效果的考察应当把对学生理论知识的考试同学生的日常行为表现结合起来，作到理论与实际的统一。改变现行两课考试制度中，只关注理论考试成绩，不考虑日常道德行为实践的学用分离现象。两课教学过程中可以考虑《大学生素质手册》的配套使用，与学生的年度综合测评挂钩，设计科学合理的考评制度，实践导向，将第一课堂与第二课堂有机结合，实现全过程育人。

2. 要进行两课教学方法的改革。一是实行专题授课制度，打破原有的教材章节，将教材中的重点内容抽取出来，结合知识的历史发展轨迹和当前国际国内发展的实际，加以综合整理，按照少而精的原则，从理论上进行深刻的分析，进行系统的、有针对性的讲解。这样既有利于保证教学内容的系统性，趣味性，从而调动学生学习两课的积极性；又有利于两课教师对教学内容的深入研究，提高教学水平和教育质量。二是更加注意现代化教学手段采用。现在，新媒体技术正在教学领域得到广泛的推广和应用。两课教师应当紧紧抓住这一有利时机，把现代教学手段适时地引入到自己的教学活动中来，改善两课教学的呆板印象，激发学生学习的积极性，取得好的教育效果。

3. 要处理好两课理论教学与实践的关系。两课理论结合现实实践包括两个方面，一是理论教学要同现实世界、社会的发展实践相结合，二是理论教学要同学生的心理需要和学生的实际状况相结合。两课的生命力和活力来源于理论与实践的紧密结合，但是，在如何结合上确实需要下一番功夫。就最基本的要求来说，在结合社会现实讲授理论时，既要讲清楚社会现实的然，更要讲清楚所以然；既要讲现实的历史，也要讲现在和未来；既要有对现实的批判精神，也要有肯定现实必然性的态度。反对那种为迎合学生心理需要而否定一切，打倒一切的极端行为，防止借联系现实之名，把两课变成对社会现实的控诉会，变成了历史虚无主义。在结合学生实际讲授理论时，既要看到他们的优势和希望，又要注意他们的缺陷和不足；既要强调理论之于实践的相对独立性，也要注意理论与个人实际的密切关系。既要反对那种理想主义的理论假大空，更要反对那种讨好学生的理论媚俗。

认识到这些，我们可以坚定地相信，高校两课教学不是“不可为”，关键在于“怎么为”。如上所述，师资、授课内容、授课方式是两课改革不可回避的问题。将师资队伍建设作为加强两课教学的根本，北京第二外国语学院将授课形式作为突破点，启动“两课”教学的社会实践环节教学法，计划将两课教学课时的15% 用于社会实践与社会调查的教学方法。同时，创办“锵锵三人行”式的师生互动教学法与“志愿者讲真实的故事”互动式的教学法，借助各种方式充分调动学生的主观能动性，实现自我教育。侧重点在授课内容上，在两课教学中不回避矛盾和问题，对学生关心的社会热点、难点、焦点问题，在课堂上结合有关内容进行逐一梳理，用马克思主义的立场、观点和方法加以辩证分析。

笔者曾经听北京第二外国语学院党委书记冯培教授仔细分析了新媒体时代背景对思想政治理论课产生的多重挑战，从思想政治理论课教导到引导的范式转换、定论到推论的流程再造以及单向到互动的教学组织三个层面提出了应对策略。也和北二外马克思主义学院胡伟院长就思想政治理论课教育教学四个“三位一体”的教学模式，以及以问题为导向的“课堂—网络—实践”一体化教学改革特色作了交流，探讨如何在新媒体时代背景下，关注外语院校学生特点，以问题为导向开展专题化教学。这些都是两课内容改革的有益探索与实践。

### （四）适应两课内容改革的新信息技术运用

现代信息社会对教育包括两课教学提出了更高的要求，在“中国心、国际化”培养目标上要求从培养知识积累型人才转向培养创造型人才，要求大学生能够有良好的素质和持续发展的能力。这就要求更加重视大学生的学习效果，让学习过程包含更多的主动获取知识、处理信息、促进发展的成分。为达到这样的培养目标，新信息技术在两课中的应用提供了好的机遇，它不仅为大学生提供了各种供选择的学习资源，还将导致教育思想、教育观念、课程内容、教育模式、教学方法、教育手段乃至教育体制等全方位的变革，适应世界发展水平，因此必须以现代教育思想来考虑新信息技术在两课教育中应用的发展策略。新信息技术本身不会孤立地在两课教育中必然地发挥作用，它必须要在先进的教育价值观念、现代教育思想的指导下才能产生积极的推动作用。只有把新信息技术的应用作为有机组成部分，与科学地确定课程内容和目标，正确地分析学生的学习需要和特征，选择适合的教学策略，确定合理而科学的评价标准等教育教学过程中各方面的因素结合起来，用教育技术的思想和方法进行支持和指导，才能发挥两课教育系统的整体功能，真正做到充分、合理、有效地发挥新信息技术的功能效益和优势，达到优化教育系统的目的，实现两课教学的育人目标。

### （五）适应两课改革的两点延伸思考

1．重在建设、重在发展。有学者提出两课实际上就是一门“公共理论课”，掌握基础理论知识就达到目的，两课应着重解决学生现存的一些思想问题，建议开设一些两课的辅助公选课，如心理学、就业指导、中国史等针对性更强的一些课，让学生感兴趣，让老师好讲。

2. 重在创新、重在实用。为解决两课实践和理论问题，有学者建议，两课教学应该建立长期、稳定的实践基地，响应李克强总理提出的“大众创业、万众创新”号召，理论与实践并进，使课内和课外的学习可以有机结合，增强互动性和实践性，实现两课的“中国心、国际化”育人目标，立德树人。

总之，我们必须清醒地认识到，当前意识形态领域渗透与反渗透的斗争更加复杂。大学生的思想状况直接受到国际形势及社会生活变化的影响，对外开放强化了资本主义与社会主义的实力对比，对民族精神的培育提出了挑战，社会改革使大学生的生存环境、就业形势发生了重大变化，价值取向多样化、人生态度功利化的上升，使社会主义、集体主义教育面临新的挑战。加之要适应国际化发展趋势，中国高校的培养目标应当是“中国心、国际化”的中国公民，而实现这一目标的捷径是改革两课的内容和教育教学方式，责任重大，使命光荣，相信通过广大两课教师的努力，一定能够实现预期育人目标，立“中国心”之德，树“国际化”之人。

## 参考书目

[1] 中宣部、教育部关于印发《关于普通高等学校“两课”课程设置的规定及其实施工作的意见》的通知（1998年6月10日）教社科［1998］6号。

[2] 叶溪生：《深化改革 不断提高“两课”教学的实效性》，《当代教育论坛》，2005年第5期。

[3] 李颖川：《高校思想政治理论课实现主体性教学的思考》，《安徽工业大学学报（社会科学版）》，2011年第1期。

[4] 刘忠珍：《高职“两课”教师如何践行科学发展观进行创新教育》，《湖北成人教育学院学报》，2013年第3期。

[5] 吴琼：《新时期增强“两课”教学实效性的探讨》，2012年第14期。

[6] 关珊珊：《工科院校思想政治理论课的教学现状及对策》，《郑州航空工业管理学院学报（社会科学版）》，2008年第1期。

[7] 贾金玲：《论高校思想政治理论课教学中存在的问题》，《教育与职业》，2011年第26期。

# 论国际化视野下高校德育工作的创新与发展

谢 梦

## 一、问题的提出：高校德育工作创新与发展的必要性探讨

高校德育工作创新与发展的源动力来自国际化视野下的“新常态”对高校德育工作不断提出挑战，因此高校德育的创新与发展极具必要性。当今世界形势发展的突出特征是国际化和经济全球化，这就导致形形色色的多元文化对思想政治教育工作提出了新的要求和新的挑战。机遇与挑战并存，“新常态”也给思想政治教育带来了难得的发展机遇。因此，积极探索国际化视野下思想政治教育的现代转型、创新和发展是历史和时代的选择，成为了必然。

本文第一部分，将从国际德育工作横向对比、国际化多元文化交融渗透、文化霸权主义这三方面具体展开，论证高校德育工作创新与发展是十分具有必要性的。

### （一）国际德育工作横向对比要求高校德育工作创新与发展

随着各国之间高等教育的交流与合作日益广泛深入，高校德育工作作为高等教育的一部分必须适应教育国际化的趋势。“积极开展对国外思想道德教育的考察和研究，通过实事求是的比较分析，我们不但可以进一步认识掌握思想政治教育的规律和特点，而且可以收到‘对镜’的效益，‘借鉴’的作用，‘互补’的功能。”① 尽管西方各国在德育方面与我国的具体提法不同，但所希望达到的教育效果是大约相似的：既关注主流意识形态的灌输，同时注重道德品质的培养。例如，美国称之为“公民教育”，旨在培养学生的“国民精神”和“责任公民”；英国突出“德行、智慧、礼仪、学问”；法国亦称“公民教育”，重点强调“公民责任感”

谢 梦 外交学院国际法系

① 魏晓文、葛丽君：《中外思想道德教育比较研究》，长春：吉林人民出版社，2003年版，第1页。

和“热爱法兰西共和国品质”；德国则突出强调“政治教育”、“和平教育”、“环保教育”；日本称为“社会科”和“道德时间”，突出“爱国主义”、“集体主义”、“民主主义”、“个性教育”等内容。

习近平总书记2014年5月在北京大学师生座谈会上发表了“青年要自觉践行社会主义核心价值观”的重要讲话。习总书记指出，“青年的价值取向决定了未来整个社会的价值取向，而青年又处在价值观形成和确立的时期，抓好这一时期的价值观养成十分重要。这就像穿衣服扣扣子一样，如果第一粒扣子扣错了，剩余的扣子都会扣错。人生的扣子从一开始就要扣好。‘凿井者，起于三寸之坎，以就万仞之深。’青年要从现在做起、从自己做起，使社会主义核心价值观成为自己的基本遵循，并身体力行大力将其推广到全社会去”，因此，习总书记对广大青年树立和培育社会主义核心价值观提出了要在“勤学、修德、明辨、笃实”这几点上下功夫。习近平总书记的重要讲话不仅仅是对当代大学生的殷切期望，更体现了对高校德育工作的重视。因为社会主义核心价值观说到底，就是一种“德”，既是个人的德，也是一种大德，就是国家的德、社会的德，广大青年树立和培育社会主义核心价值观就是要加强对德育工作的重视和培养。

横向对比中外的德育不难看出，高度重视思想政治教育是世界各国高等教育的共性特点，虽然内容和侧重点有所差异，但都非常重视人才的培养和思想品德的塑造。育人先育德，将高校作为培养合格人才，促进经济发展、国家振兴的重要途径。

### （二）多元文化交融渗透要求高校德育工作的创新与发展

当代社会，与生产力高度发展相呼应的是国际分工达到前所未有的新阶段。世界政治、经济、文化活动开始大规模地突破国家、民族的边界，在整个世界范围内呈现出以经济为主导的全方位的沟通、联系和相互影响，进而演化为国际化进程。历史的车轮不断前进，国际化已经成为现代社会最主要的特征之一，因此，毋庸置疑成为高校德育理论研究和实践探索必须直面的新常态。而国际化带来的最重要的影响之一，便是多元文化的交融渗透。多元文化是不同历史传统、民族文化交流的必然结果。马克思指出：“思想、观念、意识的生产最初是直接与人们的物质活动，与人们的物质交往，与现实生活的语言交织在一起的。人们的想象、思维、精神交往在这里还是人们物质行动的直接产物。”[①] 由此可知，文化的多元性与民族性是人类文化发展中必然出现的现象。到了近代，随着资本主义市场在全世界范围内的扩展，不同类型的文化伴随着商品与资本走向世界，“把世

① 马克思、恩格斯：《马克思恩格斯选集（第1卷）》，北京：人民出版社，1995年版，第72页。

界各国人民互相联系起来，把所有地方性的小市场联合成为一个世界市场，到处为文明和进步做好了准备，使各文明国家里发生的一切必然影响到其余各国”。[①]因此，多元文化交通渗透已经成为了当今社会文化十分重要的特征，对世界政治、经济和社会生活产生了深刻的影响。

多元文化“既是一种教育思想、一种历史观、一种文艺批评理论，也是一种政治态度、一种意识形态的混合体”。[②] 因此，由国际化带来的多元文化是一把“双刃剑”，既有利于创造民族文化的繁荣的局面，也给本民族文化带来了巨大的挑战。长期以来，由于思想政治教育实行“封闭式”教育，这种状况必然导致马克思主义大众化效果不佳，不利于马克思主义意识形态在全世界范围内的传播。因此，高校德育工作应当由封闭走向开放，使中国特色社会主义的意识形态，尤其是社会主义核心价值观，在与其他各种文化比较中展现它独有的先进魅力。

## （三）防止文化霸权主义的负面影响要求高校德育工作的创新与发展

意大利共产党领袖葛兰西认为，“文化霸权，是指资本主义的思想、文化、意识形态在西方社会中占据主导地位，资产阶级掌握着西方社会的文化领导权。这种文化领导权是西方民众在经济上认同、在政治上顺从资产阶级管理和统治的思想文化根源。”[③] 因此，文化霸权就是西方发达国家在全球化与国际化中凭借自己的经济、政治上的发达优势实现西方文化渗透，以达到推销西方意识形态与文化价值观的目的。在高校德育教育中，一方面我们要谨慎鉴别西方文化中的“精华”，借鉴西方文化中积极向上的部分并为我所用，促进、创新发展本国的民族文化；另一方面，随着科技在不断发展进步，西方文化的传播越来越便捷、广泛、深入，且形式多样，因此在高校德育工作中更要从日常做起，了解学生思想动态，提防西方文化及价值观念中的不良因素在意识形态传播的过程中，被无意识地认同和模仿，盲目的追从，从而造成了对我国民族文化和社会主义核心价值观的冲击。高校德育工作应清醒认识当前所面临的国际挑战和竞争压力，既要充分利用和吸收国际化进程中的积极因素提高德育教育的实效性、培养国际人才具有国际视野，又要严防和抵制国际化过程中的负面影响，强化社会主义核心价值体系的教育，为实现中华民族伟大复兴，实现“中国梦”培育出全面发展的新鲜血液。

---

① 马克思、恩格斯：《马克思恩格斯选集（第 1 卷）》，北京：人民出版社，1995年版，第234页。
② 王希：《多元文化主义的起源、实践与局限性》，《美国研究》，2000年第2期。
③ 吴友军、郑冬晓：《论葛兰西“文化霸权”理论的局限》，《当代世界与社会主义》，2010年第4期。

## 二、国际化视野下高校德育工作创新发展的策略

上文从国际德育工作横向对比、国际化多元文化交融渗透、文化霸权主义这三方面具体展开，论证高校德育工作创新与发展是十分具有必要性的。那么，面对如此重要的新常态，如何创新地开展和发展高校德育工作是需要深思的问题。

“每一时代的理论思维，从而我们时代的理论思维，都是一种历史的产物，在不同的时代具有非常不同的形式，并因而具有非常不同的内容”。[①] 在国际化视野下，面对新常态，高校德育工作实现创新与发展必须坚定不移地以马克思主义人的全面发展理论为育人导向的原则，并坚持国际化与民族化相结合、民族自信心与忧患意识相统一的原则，从理念、内容、方法等多方面进行优化与创新。

### （一）树立国际化高校德育工作新理念

1. 高校德育工作的目标必须始终坚持“以学生为本”

高校德育必须把“以学生为本”作为最基本的目标和理念。立足国际化视野，纵观国际化潮流，这既是马克思主义人本思想的具体体现，也为西方人本主义文化思想所认同。立足国际化趋势，高校德育工作的目标必须坚持“以学生为本”，并且“以学生为本”应当结合国际化趋势进行解读：第一，高校德育教育功能不仅仅是提高学生的思想政治素质，且着眼于提高学生的综合素质，促进学生的全面发展。只有在国际背景下，将社会对学生个体的要求与教育对象个体需求有机统一起来，在德育教育过程中才能真正完成教育。第二，高校德育教育功能不仅仅是促进学生思想政治素质的觉醒，且立足于学生的德育与人的生存价值和文化内涵的培养相结合。正如马克思所说，“活动是人的特性，自由自在的活动是全面发展的人的根本特征”。[②] 因此，国际化应是政治思想、品德情操、文化精神的综合培养，它不仅达到政治教育的目的，而且使学生具备了国际视野，实现国际化人才和世界公民的培养。

2. 高校德育工作的节奏必须做到“有张有弛”

高校德育工作由于其重要性，本身严肃、庄重，再与传统思想政治教育的内容相结合，使得高校教育过程“张力”有余，容易导致正处于青春期的青年学生的逆反心理，这也是高校德育工作实效性提升的瓶颈。因此，高校德育工作的创新就面临教育过程中节奏需“有张有弛”，避免学生产生叛逆抵触情绪，提升教育

① 马克思、恩格斯:《马克思恩格斯全集（第 20 卷）》，北京：人民出版社，1979年版，第382页。.

② 马克思、恩格斯:《马克思恩格斯全集（第42卷），北京：人民出版社，1979年版，第96页。

效果。在思想政治教育过程中，政治思想、道德意识、价值观念等既要通过教育者的单向传播，同时也要给教育对象一定的灵活空间和自我思考接受的余地。例如，在价值观教育中，要从不同学生群体的多样化价值取向出发，结合群体的不同实际情况，再有针对性地引导不同群体的学生正确认识各种价值观念的本质，在比较和鉴别中，逐步实现对社会主流价值观的认同和内化，才能够使得价值观的教育不流于表面。

3. 思想政治教育的结果必须着眼培养“创新人才”

国际化环境下，高校德育工作应促使学生们乐于思考、勤于思考、善于思考，并在思考后慎重选择，认清“乱花渐欲迷人眼”的思想之实质，使之在爆炸式的信息中择良而用。“创新”型的人才是国际化人才的本质特征之一，高校德育工作亦应根据国际化人才的根本要求，以创新的精神去推动思想政治教育发展，营造创新的环境，培育创新型人才。

## （二）优化国际化视野下的高校德育教育的内容

1. 完善以“中国梦”为核心的理想信念教育体系

大学生的理想信念教育是我国大学生德育工作的重要内容，也是大学生由成人向成才转变的关键。如何加强和完善大学生的理想信念教育一直是常谈常新愈谈愈新的话题。如今在为实现“中国梦”而努力奋斗的大时代背景下，应当着眼于大学生理想信念教育的现状，顺应时代潮流，进一步有效地完善和创新，具有相当重要的理论意义和实践意义。高校德育工作应立足于学术界对大学生理想信念教育的理论和实践研究，连结“中国梦”的时代背景和具体要求，探讨在“中国梦”的时代背景下大学生理想信念教育的现状及对策。

2. 突出以“社会主义核心价值观”为核心的道德教育体系

道德教育是思想政治教育的重要内容，也是世界各国公民教育的着力点，努力培养富有责任感的道德个人，是世界各国德育的目标和趋势。道德教育包括爱国教育、中华民族优良道德传统教育、集体主义教育、社会公德教育、职业道德教育等方面的内容。社会主义核心价值观是社会主义价值体系中最基础、最核心的价值观念，是马克思主义指导思想和中国特色社会主义共同理想相结合的新高度，是对以爱国主义为核心的民族精神、以改革创新为核心的时代精神和社会主义荣辱观的升华和凝练。每个时代都有每个时代的精神，每个时代都有每个时代的价值观念，在当代中国，我们的民族、我们的国家应该坚守什么样的核心价值观，这既是一个理论问题，也是一个实践问题。经过反复征询意见，综合各方面认识，中央提出要倡导富强、民主、文明、和谐，倡导自由、平等、公正、法治，倡导爱国、敬业、诚信、友善，积极培育和践行社会主义核心价值观。富强、民主、文明、和谐是国家层面的价值要求，自由、平等、公正、法治是社会层面的价值要求，爱国、敬业、诚信、友善是公民层面的价值要求。正如习总书记所言，核心价值观，“其实就是一种德，既是个人的德，也是一种大德，就是国家的德、社会的德。国无德不兴，人无德不立。如果一个民族、一个国家没有共同的核心价值观，莫衷一是，行无依归，那这个民族、这个国家就无法前进。这样的情形，在我国历史上，在当今世界上，都屡见不鲜”。

社会主义核心价值观对大学生的思想和行为起到引领正确方向、规范正确引导的作用。大学生是民族的希望，祖国的未来，国家建设和社会发展的新鲜血液，教育引导他们认同并积极亲身践行社会主义核心价值观，是高校思想政治教育工作当前所面临的主要任务和历史使命。

如何研究大学生认同并积极亲身践行社会主义核心价值观呢?

首先，应当找准大学生认同核心价值观的理论依据的基础。马克思主义基本原理和方法论、中国特色社会主义理论是当代大学生认同社会主义核心价值观的理论基础。并在此基础上，采用科学的方法，规划大学生认同的导引体系。马克思主义基本原理和方法论、中国特色社会主义理论、思政原理与方法论，是当代大学生认同社会主义核心价值观的理论基础。大学生认同核心价值观的导引体系，是将社会主义核心价值体系的思想融入思想政治教学的日常，贯穿于学生管理服务全过程，寓于校园文化建设的各个维度，以此来导引大学生理解、感悟、体验社会主义核心价值观，使其思想精华逐步渗透并且内化为大学生个体核心价值观的运行体系。

其次，应当深入思考内化机制，将社会主义核心价值观由理论上的认知到主观上的内化。大学生认同核心价值观的内化过程，就是指大学生通过学习理论知识、实践理论知识、体验、感受和内在的思辨、选择、融合等活动，将社会主义核心价值体系的精华逐步融入自身价值观并持续巩固的过程。正是由于这一过程，大学生才能不断调适自己的信念，规范自己的行为，达到从更深层次认同社会主义核心价值观，从而把这些新的思想和观念纳入自身的世界观、人生观和价值观体系建设之中。

最后，应当准确把握大学生主观认同与客观践行核心价值观的辩证关系，探索大学生践行核心价值观的动力和外化途径，使得社会主义核心价值观能够真正地实现“进校园、进课堂、进头脑”，进而促进大学生思想政治教育工作的创新发展。践行核心价值观的动力机制，是推动大学生践行社会主义核心价值观的各种驱动力量。而践行核心价值观的外化途径，是大学生将社会主义核心价值观内化为自身的价值观念后，通过党团活动、青年志愿者活动、寒暑假社会实习实践等符合社会主义核心价值观标准和规范的行为习惯更大范围宣传和弘扬社会主义核心价值观的途径。总之，大学生认同核心价值观是其践行核心价值观的基础，大学生践行核心价值观是其认同核心价值观的体现。

3. 优化以“世界观、人生观、价值观”为核心的思想政治教育体系

无论在何种环境下，思想政治教育的最终目的是培养合格的中国特色社会主义建设者和接班人，这是整个思想政治教育内容体系的核心。而思想政治教育，要培养青年学生树立正确的世界观、人生观、价值观，培养高尚的道德品质，使大学生能够自觉抵制一切不良思想道德的影响，真正成为全面发展的社会主义事业的建设者和接班人。除了传统的马克思主义基本原理等内容外，在国际化视野下，应该将社会主义的意识形态和科学的世界观、人生观、价值观教育在与西方社会思潮的比较中，彰显其优势，使思想政治教育的核心内容为教育对象内心所接受并转化为自觉行动。

### （三）创新国际化视野下的高校德育方法

在国际背景下，思想政治教育应实现教育方法的现代转型，突出情感共鸣和新媒体的运用。

1. 情感教育方法参与高校德育工作

突出强调思想政治教育过程中的情感共鸣，使同学们能够自觉地把马克思主义的理论知识和社会所要求的行为规范相结合，更容易地在主观上内化为自觉遵守的心理品质，客观上外化为品德行为习惯，减少传统思想政治教育中的“硬度”，可以更好地增加思想政治教育的“软度”，晓之以理、动之以情。将情感教育方法引入大学生思想政治教育领域，能够更好地关注大学生自身的主体地位和作用，这样能够丰富大学生的思想感知，提升思想道德水平，强化责任意识，深化思想政治教育效果，提高思想政治教育工作的质量。

2. 新媒体方法参与高校德育工作

随着科技日新月异的发展，教育技术手段的创新是思想政治教育的新要求，也是发展水平的重要标志。当前，高校德育工作利用计算机和互联网作为教育的平台在经济发达的省份比较普及，但在落后的省份和一些偏远地区还远远不够。即使在基本普及计算机网络教育技术的地方，很多网络思想政治教育的做法也是流于形式，亟待进一步优化和改进。教育要现代化，思想政治教育同样要现代化，现代化的思想政治教育需要现代化的教育技术手段去体现。在国际化视野下，思想政治教育要从传统以讲授为主的思想政治教育方法逐步过渡到现代传媒为主，充分利用计算机网络技术在思想政治教育方面的优势，赢得教育的主动权。

# 浅谈国际化人才培养与德育模式创新的两个做法

赵嘉蒙

随着国际化大趋势的发展，高等教育也出现国际化的趋势。我们要适应新形势下对人才培养的要求，培养一批拥有国际视野，同时以国家利益为重的人才。这就需要在国际化人才培养的过程中，对大学生尤其是研究生，要加强德育教育。本人作为研究生的辅导员，结合自己的工作情况，关于德育创新这个工作，认为可以从下述两个方面进行。

## 一、抓好学术道德诚信建设

国际上各个国家在高等教育领域都非常重视学术道德诚信建设，故抓好学术道德诚信建设，对于国际化人才培养，是不可或缺的。本人通过日常工作，逐渐摸索出如何培育研究生的学术道德，如何践行在学术活动中坚守诚信。

当今社会人们面临经济体制深刻变革、社会结构深刻变动、利益格局深刻调整，人们受各种社会思潮影响的渠道明显增多，个体思想容易受到社会中不良思想的影响。当今社会中一些诚信意识缺失的反面事例，或多或少会对高校中求学的学生们造成负面影响。因此，作为高教系统中的一个环节，本人作为一名辅导员，平时在做学生工作中，对所负责的研究生开展学术道德的宣传，促进学术诚信的建设，变得不可或缺、极为重要。本人的主要措施为依托学生，组织他们自发开展学术道德学习活动，动员他们自行宣传遵守学术道德，督促他们在学术道德建设自律书上签名。

### （一）组织研究生自发开展学术道德学习活动

2014年12月1日，经过部署，由博士研究生党支部组织全体党员召开了学术

赵嘉蒙　外交学院研究生部

道德交流会，会议由支部书记即一名博士生主持。具体如何召开此次交流会，以及本次交流会的目的，即培育践行社会主义核心价值观当中的“诚信”二字，这些内容在开会前夕，由笔者和该名博士生进行了详细的交流和布置。

此次会议在学生自发参与的基础上，取得了圆满的成功。在交流会中，同学们踊跃发言。有的博士研究生从自身的科研和学习体会陈述了自己对于“加强学术道德建设”的理解。例如着重强调了学术道德建设的新要求，认为要与时俱进，加强学术自律。还有的博士研究生则从学术严谨性角度谈了自己对学术道德的理解，表明自己支持学院的学术道德建设工作。有的博士研究生则从自己对“学术道德”的宏观角度谈了自己的认识，认为这是研究生进行科研的前提，也是国家学术水平进步的根本要求。

### （二）动员研究生自行宣传遵守学术道德

宣传工作在本人引导学生培育践行社会主义核心价值观当中，在进行德育创新的过程中，同样有着不可或缺的地位。在文化传播学当中，宣传实际上是制造一个供人学习的外部环境。只有有了一个让人能够易于接受吸收的外部环境，价值观才能被人所内化，即所宣传的“诚信”、“学术道德”才能被学生真正吸收到他们的内心当中。

从2014年开始，在部门领导的支持下，笔者组织硕士研究生通过制作展板，宣传学术道德中的正面事例，同时批判其中的反面事例，在研究生当中收到了非常好的效果。看过案例的研究生们表示深受启发，很有意义。遂决定将展板移入学生公寓当中做巡回展出。外交学院沙河校区学生公寓每层都有一间比较大的自习室，载有学术道德案例的展板在男生和女生公寓做了将近一个学期的展示，这对今后学生们从事毕业论文写作，打下了良好的诚信基础。

### （三）督促研究生在学术道德建设自律书上签名

通过在学术道德建设自律书上签名，可以使学生们在心中感到约束力。一般类似的学术道德建设自律书的签名活动，安排在学生们自发组织的学习活动中进行。例如在学术道德学习交流会后，在充满了积极而理性的氛围中，全体同学签名学术道德建设自律书，一起表明了支持加强学术道德建设的决心。

## 二、做好辅导员队伍建设

习近平总书记“五四”重要讲话中提到“教师承担着最庄严、最神圣的使命”，要“甘当人梯，甘当铺路石”，同时在全国宣传思想工作会议上强调了宣传思想工作的重要性。[①] 辅导员作为最贴近学生的教育工作者，应该努力践行，做好宣传思想工作。这需要加强自身的队伍建设，做好学生的德育工作。

### （一）关键在于建设服务型辅导员队伍

所谓服务型辅导员队伍，就是以人为本，也是以学生为本。树立以学生为本的服务理念，注重服务内容和服务手段，从实处着眼全面为学生服务。

这其中的服务有三个层次。一是为学生本体服务，为学生的健康成长、全面发展服务；二是为学校服务，为学校的科学发展、稳定和谐服务；三是为社会服务，为党和国家培养、输送合格的建设者和可靠的接班人服务。

关于如何服务，则是要处处以贴近实际、贴近生活、贴近学生为抓手。具体来说，一是要简化环节、便捷服务；二是要畅通师生沟通渠道，定期举办经验交流会；三是要把握学生动态，做好深度访谈的工作；四是要抓好学生干部队伍建设，使之成为师生之间的传声筒、沟通的桥梁。

### （二）要点在于做好对辅导员的培训

辅导员在处理日常事务的同时会积累起较为丰富的经验，但是对辅导员的培训是必不可少的。辅导员培训可以起到高屋建瓴的作用，从高处着眼，做出指导，同时辅导员培训还可以起到防患于未然的功效，通过经验教训的系统教述，增长辅导员们的见识，扩充辅导员们处理事件的视野。

辅导员培训要从思想素质、岗位知识、业务进修三个方面进行，三点一线，三位一体，不可或缺，同步开展。

第一关于思想素质的培训，要定期举办大学生思想政治教育论坛、辅导员专题讲座，邀请国内知名专家和党政领导干部进行专题辅导。同时，要组织辅导员赴井冈山、西柏坡等革命圣地参观，进行红色主义思想教育。只有这样，辅导员才能通过自己言传身教，做好本职工作。

第二关于岗位知识的培训，要大力发展进行岗位知识培训的辅导员基地建设。通过辅导员基地，对每年新上岗的辅导员队伍进行系统、全面的知识储备，举办新老辅导员对接交流活动，为新上岗辅导员配备实践导师；举办辅导员之间的工作沙龙，搭建辅导员朋辈交流平台；在进行知识培训的内容上，更要侧重心理培训。鉴于近年来突发激增的学生心理问题，有必要也有需要对辅导员队伍进行详尽、专业的心理知识培训。

第三是关于业务进修的培训，畅通辅导员的发展道路也是当前建设职业化、

① 中共北京市委教育工作委员会编：《新时期高校宣传思想工作实用读本》，北京：北京出版社，2014年版，第1页。

专家化辅导员队伍的当务之急。随着近年来高校与地方交流的增多以及社会公开招聘的增多，学校辅导员的业务进修渠道得到了扩宽与发展。同时随着辅导员教师身份的明确，为辅导员职称评聘也搭建了平台。

## 三、结语

综上所述，通过抓好学术道德诚信建设，同时做好辅导员队伍的培训工作，能够全面提升辅导员队伍的战斗力，同时引领学生们树立起良好的学术道德，以及更为重要的诚信意识，进而推动践行社会主义核心价值观，做好国际化人才培养的德育创新。

# 外语类高校传统文化教育路径探析

徐屹丰

**摘要**：现在国家、社会各界都在用各自的方式加大对传统文化的重视度，未来大学生传统文化思想教育仍是一个重要的话题。在外语类高校的教育实践中，外语教育既是语言教育，也是文化教育。目前，在跨文化交际中屡见不鲜的“中国传统文化失语现象”是长期以来我国高校外语教育过分强调英美文化的介绍学习，而忽略了对中国传统文化的渗入所造成的，是我国外语教育中的一大缺陷。本文着重探讨在外语类高校的教育实践中，如何强调中国传统文化的地位，并将传统文化教育融入到大学生日常思想政治教育中去。

**关键词**：传统文化　外语类高校　思想政治教育

## 一、外语类高校传统思想文化教育的现状

经济的全球化使得外语成为中国与世界交流和合作的主要工具。本着实用型人才培养的原则，外语类高校的课程安排及教学重心向技术型人才及复合型人才两个极端发展，课程设置中删减了中华传统文化方面的课程，增加了过多的综合类学科，而综合类学科之中大多涵盖了西方发达国家的历史、文学以及艺术，中国传统文化被挤出了大学课堂，唯一被保留的涵盖中华传统文化的大学语文课程也在一学期内草草收场。外语教学在社会实践中得到了过度的强化和渲染，外语成为升学、晋升、人才评价的主要标准之一。教学重心的转移导致了学生学习重心的转移，师生都把精力投入到了所谓的“工具”专业科目外语上，忽略了对母语的学习。对外语教育的过分重视导致了西方文化的强势输入，中国传统文化的输出却遭到了忽略。更为悲哀的是，当前的教学体制使我们的外语学得一知半解，而我们引以为豪的方块字却被同化得不中不洋，失去了本来的韵味。

---

徐屹丰　上海外国语大学日本文化经济学院

一方面除了课堂上的重心偏移，在大学生课外文化活动中，传统文化也处在十分弱势的地位。学生社团是大学生丰富课余文化生活，发展自身素质的另一个阵地。但近年来代表中国传统文化的文学、书画、诗歌等学生社团越来越不受到大学生的青睐，取而代之的是西方文化色彩浓重的摇滚社、街舞社、戏剧社，等等。传统文化本身对大学生吸引力的降低由此可见。另一方面，在现代消费观念影响下，传统节日早已失去应有的风采，大学生热衷于享受圣诞节、万圣节、情人节等西方节日给他们带来的新鲜感，围绕这些西方节日的学生活动也以宣扬西方文化为主题。传统文化和传统节日无疑成为了影响大学生群体文化氛围的弱势一方。

## 二、加强大学生传统文化思想教育的重要性

中国优秀的传统文化内容丰富，有着厚重的底蕴和深邃的哲理，能给人深刻的思想和道德的启迪，在思想政治教育中融入传统文化教育，能全面提高大学生的思想道德素质，成为具有鲜明的民族精神、德才兼备的21世纪人才。国家也出台相关要求，高等学校要创造条件，面向全体大学生开设中国语文课。加强传统文化教学与研究基地建设，推动相关学科发展。①

### （一）传统文化教育对当代大学生综合素质教育富有价值导向作用

传统文化教育对大学生综合素质教育的价值导向功能主要表现在以下两个方面。首先，广泛的传统文化教育是形成良好校园氛围的基本条件。它引导着学生朝着社会所期望的方向发展，从而正确地辨别是非、真伪，提高大学生的鉴赏能力，实现自我完善与发展；其次，传统文化教育为大学生的综合素质教育提供行为参照。长期以来，在高等学校过于注重对大学生进行世界观、人生观、价值观、理想、信念等方面的教育，而对于做人做事基本的道德品质，学校教育引导的力度还不够。中国古代教育以道德教化为先，道德教化诉诸个人内心修养，并重在践行，中国传统文化是“德性”文化，注重人的道德修养。古代教育家的教育思想广博而深邃，富有很强的哲理性，其道德学说规范并制约着中国人的道德意识和道德行为。②

### （二）中国传统文化有利于提高大学生的民族自尊心和自信心

中国的民族精神在《周易大传》的两句名言中得到了很好的体现，这就是“天

① 中共中央办公厅、国务院办公厅：《国家“十一五”时期文化发展规划纲要》，2006年9月。
② 王菲、李雪、高天阳、李彩红：《加强大学生传统文化教育的途径研究》，《科教导刊（上旬刊）》，2013年。

行健，君子以自强不息”；“地势坤，君子以厚德载物”。此外，中华民族刚毅奋进、积极进取的人生态度，“天下为公、世界大同”的理想精神，忧国忧民、献身祖国的爱国热情，“先天下之忧而忧，后天下之乐而乐”的博大情怀，“居天下之广居、立天下之正位、行天下之大道，得志与发由之，不得志独行其道”，“富贵不能淫、贫贱不能移、威武不能屈”的高尚情操，“士可杀不可辱”，“三军可夺帅、匹夫不可夺志”，“杀身成仁”，“舍生取义”的浩然正气，都是对大学生进行爱国主义教育的极好教材。

### （三）中国优秀传统文化有利于消除不规范的市场经济带来的负面效应

在市场经济大发展的今天，相当数量的国人无不为生活而奔波，无不为利益而拼搏。在这种大环境下成长起来的大学生，容易产生见利忘义的情况，容易引发唯利是图、拜金主义、享乐至上等思想。教育者要把大学生的思想实际与社会现实紧密结合，深入分析、找出大学生思想症结，从而加以启发教育。

传统文化教育有助于大学生树立正确的人生观和价值观。当代的大学生正处于市场经济蓬勃发展和社会转型的时期，不免存在一些人生态度和价值取舍的问题，如个人主义等。在人际交往中，大学生缺少社会经验，如果没有很好的修养，将在社会上寸步难行。而中国优秀传统文化中有许多关于人生观、价值观的教育资源，比如：中国优秀传统文化中的儒家文化对为人之道提出了标准，“忠恕”、“己所不欲，勿施于人”等都是为人处事的方法，我们可以借此引导他们建立健康的人生观和价值观。

## 三、加强大学生传统思想文化教育途径

大学生作为国家未来的主人，不懂得传统文化、不接受传统文化就会失去原有的根基，当我们走向世界，不了解我们国家的传统文化、不会运用我们的传统文化，就会影响我们国家的地位和国际水平。而作为外语类高校，进行中国传统文化教育的优势和劣势同样突出。本文将从以下七个方面探析外语类高校加强大学生传统文化教育的路径。

### （一）在大学普遍开设传统文化教育通识课程

《国家“十一五”时期文化发展规划纲要》第30条要求“高等学校要创造条件，面向全体大学生开设中国语文课。加强传统文化教学与研究基地建设，推动相关学科发展”。当前，在大学教育中，经济、法律等应用学科备受青睐，而文史哲等基础学科尚未受到足够重视。为使传统文化代代传承和更新发展，大学应普遍

重视中华优秀传统文化的通识教育，根据情况可将传统文化教育作为学生的必修或选修课程，并列入教学大纲，纳入学校课程体系。在学生的基础课中增加有关中国传统文化的通识类课程，从而为大学生较系统地学习传统文化知识提供必要的课程平台，使学生了解中国传统文化历史，学习传统文化知识，领悟传统文化精华，进而弘扬传统美德，发扬传统民族精神。

### （二）多方位开掘学科课程的人文内涵

对学科课程，尤其是对文科课程，我们在讲授其专业知识的同时，也要注重开掘其中蕴含的优秀传统文化资源，并结合学科特点融入中华优秀传统文化的内容。譬如在讲授大学语文课程时，基于课程本身浓厚的人文特质，可以充分挖掘优秀文学作品的精神资源，从哲学、政治、历史、人文精神、文化品格、民俗风尚、审美意趣、语言文字等层面进行多维度的意义建构，将中华文化的精髓贯穿其中。[①] 其他文史哲课程亦如此。对自然科学课程则可以通过介绍学科发展历史等方法，强化专业的历史教育，如法制史、财政史、金融史、经济史、建筑史、物理史、化学史、数学史等，使学生对中国科技历史和优秀文化遗产有所了解。

### （三）转变传统的授课方式

现在，尽管不少高校都开设了关于传统文化的通识教育课，但北京大学中文系主任温儒敏对它们的评价却是“效果平平”。虽然原因是多方面的，但授课方式的古板和陈旧则是屡屡受人诟病。然而，同样是传统文化的传授，央视“百家讲坛”栏目推出的传统文化系列讲座却十分受人欢迎。“于丹现象”、“易中天现象”为我们更有效地传播传统文化提供了很好的借鉴。首先，要注重对传统经典中的现代因子进行挖掘，从“现代视角”，在新时期语境下，进行阐释和调整，做到古为今用。其次，在注重对历史深度和文化深度的设计与把握的同时，兼顾学生的文化基础和兴趣需要，不能居高临下，故作高深，过于强调学术性，要采取“平民立场”和普及的态度，从学术研究的高阁中走出来，运用深入浅出的方法，甚至可以“用非学术的语言，来讲学术性的内容”，努力实现从“曲高和寡”向“和之者众”的转化，从而激发起大学生对祖国历史和传统文化的浓厚兴趣。

### （四）努力提高教师的传统文化素养

教育的质量在很大程度上取决于教师水平。由于历史的原因，多年来中国传统文化没有得到很好的传承。目前教师的传统文化素养不容乐观，难以很好地承

① 顾明远：《中国教育的文化基础》，太原：山西教育出版社，2004年版。

担传统文化教学的任务，因此，必须从培训教师入手，加强师资队伍建设。通过派出学习、资助课题、与文化单位交流研讨等形式，建设一支熟悉中国传统文化的、高学历高水平的专家型的大学教师队伍，并造就一批国学功底扎实、勇于开拓创新的学术带头人，培养一批年富力强、政治和业务素质良好、锐意进取的青年学术骨干。

### （五）重视中国传统文化教材建设

在传统文化教材建设方面，近年来，教育部虽然已将中国传统文化教育列入“新世纪高等教育教学改革工程”项目，有关大学和出版部门先后编写出版了《中国传统文化概论》、《中国传统文化通论》、《中国传统文化精神》等书籍，有的已作为大学传统文化教材进入课堂，但是在教育实践中，这些教材暴露出一些“大而空”的缺陷，泛泛而谈的内容很难引起学生的兴趣。因此，今后我们非常有必要集中有经验的专家学者加强对现有教材的分析研究，选择那些能够体现现代意义的传统经典，尝试“以实为主，以问题带经典作品原文，以作品印证问题”的方法，尽快编写出高水平、规范化、深受师生喜爱的大学教材，并不断加工修改和提高质量，逐步将全国的传统文化课教材建设引向健康发展的轨道。

### （六）营造校园文化氛围

《国家“十一五”时期文化发展规划纲要》第29条规定，要“发挥重要节庆和习俗的积极作用”，“适应当代生活，体现时代特点，与精神文明创建活动相结合，坚持不懈地抓好移风易俗，并不断地创新形式和丰富内容，改造和发展富有浓郁民族特色的民间传统节庆内容、风俗、礼仪，维护民族文化的基本元素”。采用耳濡目染的方式，在校园中营造一种传统文化的氛围，是提高学生传统文化素养的一条重要途径。大学校园里可以经常播放古曲、古乐，张贴古代先贤的语录，通过各种文化社团组织古诗词朗诵、古诗词写作活动，邀请有关专家教授开设讲座和论坛，传习传统技艺等，还可在传统节日组织各种民俗活动，紧紧围绕节日主题，体现民族风俗和民族心理，挖掘传统文化节日的文化内涵。在这些优秀传统文化的普及活动中，学生会自然而然、潜移默化地受到传统文化的熏陶。

### （七）有效利用丰富多彩的社会资源

传统文化教育的范围不能仅仅局限于校园内部，我们还可以借鉴全国各地青少年教育基地的建设经验，利用博物馆、展览馆、公园、文化遗址、名胜古迹和现有各类教育基地等场所，进一步拓宽大学生教育渠道，使这些过去被忽视的教育资源进入高等教育的主流渠道，使其成为大学生丰富多彩、直观生动的校外课堂，促进学生们的文化认同与认识深化。在运用上述途径对大学生加强传统文化教育时，还应注意以下两个问题：第一，在传统文化教育中，重视基础文科的同时，还要转变观念，不能用狭隘的功利主义的观点看待基础文科教育。

传统文化教育的核心是用先进文化观念进行教育，落脚点是通过教育提高学生的素质。传统文化教育不能单纯追求课程化和知识化，因为其目的不仅仅是让学生增长文化知识和文学功底，更重要的是感悟优秀传统文化的精神，提升文化品位，丰厚文化底蕴，锻铸自己的文化品格。第二，在人文素质教育中，不能只讲文化的继承，也应该重视文化的批判和创新。我们要在继承和发扬中华民族优秀传统文化的同时，积极学习和吸收一切外国的优秀文化成果，既不能故步自封，也不要妄自菲薄，要做到古为今用、西为中用。我们还要努力把传统文化的研究与时代精神结合起来，努力寻找传统文化与时代精神的内在联系。中国传统文化是中华民族在5000年的漫长岁月中绵延不绝、长盛不衰、和谐发展的根本原因，学习、了解中华民族特定的价值系统、思维方式、社会心理以及审美情趣等，是培养一个人民族情感、国家观念、社会意识的重要手段。“当历史的尘埃落定，有许多东西都化为乌有的时候，唯有文化以物质的或非物质的形态存在着，它是我们和遥远的祖先沟通的唯一的渠道，是我们这个民族悠久历史的物证，也是我们这个民族满怀自信地走向未来的文化的根基”。①

中国传统文化的教育旨在通过多种渠道，给大学生搭建一个了解祖国悠久、丰富的文化遗产的平台，以增强大学生的民族自信心和自豪感，培养民族精神，淳化风气，提高审美情趣，增强创新思维能力，促进和谐发展，帮助他们修养身心并达到较高的人格境界，形成较高的文化素养。

① 冯友兰：《论中国传统文化》，上海：三联书店，1987年版。

# “新常态”下国际化人才培养与德育模式创新

郭洁威

**摘　要**：在我国经济发展的“新常态”下，高校对国际化人才的教育中，德育培养起着根本性的引导作用。本文通过对德育教育的重要性进行分析，总结出高校德育培养的几点内涵，目的是探寻如何创新国际化人才培养模式下的高校思想政治教育工作内容。

**关键词**：国际化人才德育培养　“新常态”

当前，我国正处在经济发展形势变化的“新常态”下，经济增速降低，产业结构面临优化升级，发展动力转向创新驱动，这一切正深刻改变着中国的面貌。时代的发展要求高校人才培养紧跟潮流，向国际化方向发展，培养大批德才兼备的国际化人才。作为在国际化竞争交流中的重要力量，高等学校培养出来的国际化人才德育素质的高低将直接影响到高等教育国际化的成败。在竞争日趋激烈的今天，在面临更多发展机遇的“新常态”下，我们高校人才培养工作需要从思想上深刻认识当前形势，积极调整工作思路，树立国际化的教育理念和培养目标，顺应时代发展。

## 一、德育教育在国际化人才培养中的重要性

国际化的竞争中需要德才兼备的人才，只有拥有正确的人生观、价值观，热爱祖国，具备良好的个人品德和心理素质的人才才能真正立足于社会。品德决定着人的发展方向和发展高度，只有道德品质高尚，具有社会责任心的人才能正确运用自身才智。国际化人才应该较之普通人才在思想政治素质方面更胜一筹，因此我们要不断重视对于德育教育的提倡，深刻意识其重要性。

---

郭洁威　外交学院外语系

1. 德育教育具有导向作用，能够帮助学生形成正确的价值观，引导学生今后工作生活的正确方向。在开放化的教育背景下，我们应当树立开放的心态和积极的态度，吸收借鉴其他国家的优秀经验，运用到我国的思想政治教育内容当中，通过这些新的途径和手段引导学生客观认识世界，开放理性，增强整体素质，为构建社会主义核心价值观树立价值导向。同时，对大学生进行德育教育可以激发学生的责任感和服务意识，帮助他们树立奋斗目标，形成坚韧的意志和正确的信念，从而激发他们的民族自豪感，为国家培养国际化人才。

2. 德育教育具有育人作用。高校通过加强德育教育可以培养和提高大学生的思想道德水平，强化他们的心理素质，同时能够使他们养成高尚的情怀。在学校育人的过程中，要润物无声地把德育教育贯穿于各方面，充分发挥文化育人的作用。大学阶段是学生受教育体系中至关重要的环节，这一阶段所受到的教育会深刻影响他们后期的发展。他们在学习阶段离不开文化的浸润和熏陶，我们要让学生在获取文化知识的同时培养德行，进行一以贯之的德育教育，这样才能与专业教育相配合，取得相得益彰的效果。高校培养出的人才应有重诚信、懂奉献的责任感，有自主独立的品格，有良好的心态和高尚的精神境界。

综上所述，国际化人才德育培养是素质教育的重要体现，它所具有的作用不可小觑，能够切实提高学生的身心健康水平和思想政治素质。但是我国目前在大学国际化人才培养德育工作方面仍然存在教育观念、教育体制、教学内容和培养方法上的诸多不足之处。特别在外语类院校中，学校往往更注重对学生专业语言能力的培养，而不够重视学生思想政治工作的建设。习近平总书记在全国宣传思想工作会议上强调，高校要把思想政治教育工作摆在更加重要和突出的位置，始终坚持马克思主义的指导地位，夯实实现“中国梦”的思想基础。因此，如何在“新常态”下培养具有良好德育品质的国际化人才是外语类院校进一步改革和发展的主要课题。

## 二、高校德育培养内涵

高校德育教育是一个系统工程，国际化人才德育教育需要首先明确其内涵，结合我校近年来在学生思想政治教育方面的工作经验，具体可分为以下五个方面。

1. 立场教育可明辨是非。在国际化交流日渐紧密的今天，高校培养的国际化人才走向社会时最需要把握的是代表国家利益的立场问题，是否能在大是大非面前站稳立场是国际事务中的基本态度。因此，在高校的德育教育中，要始终对学生进行这一方面知识的强调，帮助学生做好对于基本立场的澄清。外事工作有许多重要的法律规定，这是做好国际交流所必须遵行的政策制度，具备坚定的政治立场是开展工作的前提。我们要在日常对学生的教育中贯彻强调共产主义信仰，强调政治纪律，才能提高学生的政治敏锐性和洞察力，才能够保证在国际交往中，在不同思潮的影响下，胸怀国家的利益，保持清醒的头脑，不犯外事错误。

2. 政策教育可紧跟时政。高校要开展一系列对学生的形势政策教育，在学生中间开展社会主义核心价值观的教育，引导大学生牢牢把握政治导向。大学生由于受到年龄、知识、能力的局限，面对纷繁复杂的国际形势难免产生认识上的偏差，这就需要我们带领学生主动开展对国家政策的学习，帮助他们认识国际社会问题，掌握国家方针政策，学会分析解决问题，弘扬科学精神。

3. 纪律教育可规范态度。对于学生在大学期间的学习一定要重视对纪律的强调，要常抓不懈，严格执行，因为今天的松懈就有可能导致学生形成松散的工作态度进而犯下原则性错误。群体如果失去纪律性，人心就会涣散，组织就会瘫痪，就会失去战斗力。未来即将在国际舞台上发挥重要力量的年轻人就需要通过深深根植于内心的纪律观念来约束自己，不做超出规则边界的事情。因此只有在大学中灌输纪律的重要性，才能规范学生态度，保证学生今后的发展。

4. 养成教育可提升素质。新常态下，社会观念和价值取向更加多元，大学需要通过对学生良好行为习惯的反复训练、培养才能使学生内化为自己的行为准则。养成教育包括对学生的基本心理素质、思维方式、道德品质、行为习惯等多方面的培养和教育，能够使学生形成良好的综合素质，增强大学生德行的“免疫力”，让他们学会学习，学会做人，学会做事，同时可以使毕业后的大学生更好地适应现代社会的需要。

5. 审美教育可凝练气质。审美意识与道德意识是相辅并进的，在大学教育中要有意识的对于学生进行艺术修养、审美思维训练方面的教育，使学生凝练气质，形成正确的人生态度，具备高尚的道德情操。高校的审美教育就是根据大学美育的规律对学生进行人格、品行上的教育，让优秀的、积极的事物成为美的代表，教育学生多读书，多体验，对生活的精华进行提炼，通过科学的方法使学生形成正确的人生观、世界观，使学生在美育中得到洗礼和熏陶。

## 三、国际化人才培养德育创新

高校德育教育既要继承和发展，又要改革和创新，既要重视传统的思想政治理论，又要吸收国际化经验，用更加开放的态度，更加多元化的视角开展工作。在信息化手段如此发达的今天，高校对于国际化人才的培养也应与时俱进，扩展新思路，形成体系化的培养模式。

1. 重视新媒体作用，利用信息化手段。随着信息化高速发展，建立在互联网信息平台上的新媒体对高校学生工作产生着越来越重要的影响，学生获取信息的渠道和方式不断拓宽，处于人生观价值观形成时期的大学生们，最易受到先进理念的感染，这就需要我们将日常的德育教育工作与新媒体利用相结合，从现实延伸至网络，结合实际情况加以创新。我们要充分发挥不同种类的新媒体手段，增强对学生的吸引力，把正确的舆论导入学生的日常学习生活中，紧密结合国内外形势的变化，形成积极的舆论引导，将德育教育渗透其中。例如，要充分发挥校园网、微信群、公众账号等新媒体，帮助学生树立正确的人生观和价值观，对大学生进行核心价值的教育。我们需要利用好现代化手段，在新媒体平台上发布信息，通过语言、语音、文字、图片等方式更加清晰、直观、生动地对学生进行教育，抢占舆论重地。发挥新媒体作用，利用好网络的宣传引导功能，对学生的思想加以监管，新媒体时代人人平等，学生更注重自我意见的表达和个性的张扬，大学生不再视老师为绝对权威，因此我们要主动与学生互动，将部分管理者的角色转换为对话者、参与者的角色，改变单向灌输式的教育观念，利用网络资源生动有趣的开展教育，使学生潜移默化中受到熏陶感染。

2. 创新思想政治教育课理念。高校思想政治理论课作为对学生进行德育教育的主渠道，不仅要对学生进行系统的马克思主义理论教育和思想品德教育，还应与时俱进，创新观念，站在新常态这一大的时代背景下，审视传统思想政治教育课的改革。首先应对传统教材进行审核，剔除掉不符合时代发展规律的旧思想旧观念，进行教材的改良，除丰富的理论知识外还应增加学生易于接受的说法和清晰直观的事例。授课教师也应改进教学方法，增强与学生的交流互动，减少灌输式的说教，采用更加丰富多彩的授课形式对学生进行教育。带领学生分析社会热点问题，使课堂远离抽象，贴近时代，使教学内容具有一定的针对性，达到事半功倍的效果。还要利用新媒体手段使课程易于年轻人接受，增强课程的吸引力。体现“一切以学生为中心”的教学理念，构建和谐的师生关系，促进教学相长，激发学生的学习热情和学习潜能，通过创新方法，提高学生的注意力，促进学生的思考和探索，使学生能够自主地融入课堂中来，这样才能使德育培养的目标得以贯彻实现。

3. 利用形式多样的社会实践活动加强对学生的德育培养。注重理论教育的同时还需要让学生亲自投身到社会实践活动中，在实际工作和具体活动中感受思想道德品质的重要性。学生工作各部门应积极配合，完善实践课堂体系，制定相关规定，为学生提供一系列活动。如通过系列讲座或优秀电影展映对学生进行中华民族优秀传统文化教育，培养学生的人文精神和审美意识，使学生在传统文化教育中成长为具有国际视野，兼容并蓄的高素质人才。中华传统文化源远流长，孕育了中华民族诚信友爱、坚韧不拔的品格，在学生中开展学习传统文化的实践活动可以让学生接受传统美德的熏陶，有利于学生提高自身的伦理道德修养，形成优秀的道德品质。另外还应为学生扩展实习基地，让学生真正将所学应用于实际工作中，进而有所学习有所感悟。例如在外语类院校中，可以让学生实际体验外事工作，学校提供平台，多为学生安排具有外语特色的高水平外事活动，增加学生的实战演练机会，让学生参加一系列文化、文体交流活动，使学生在实践中提高政治素质，加强外事纪律，认识到在国家利益面前熟悉政策、掌握立场的重要性；还可以在学生在校就读期间多联系国外对口单位和友好交流学校，为学生增加出国机会，派出优秀学生进行交换学习，在此过程中可对学生进行行前外事纪律教育和安全教育，学生回国后进行总结交流，以此途径，使学生在国际舞台展示风采，拓宽眼界，达到锻炼和德育教育的目的；除此之外，学校还应当定期组织学生和毕业生之间的交流活动，邀请优秀毕业生返校，与在校生交流在实际外事工作中的外事纪律，分享工作心得，探讨实际案例，使学生更多地积累实战经验，通过优秀毕业生的亲身教育和实际带动，提升学生的政治素养。

4. 营造良好的校园文化使学生得到积极影响。校园文化建设体现了高校的理念和氛围，对学生在校期间心智的养成具有潜移默化的作用。健康、和谐的校园文化是国际化人才培养的要求，也是推进德育培养创新的重要途径。应建立各项完备的制度规则，使学生养成严谨的态度，同时使学校各项活动有章可循。高校的校园文化建设还要有正确的政治导向，要有意识的宣传爱国主义教育，使文化的价值取向朝正确的方向发展，从而培养出具有国际竞争力和合作能力的人才。同时要加强对学生的心理健康教育，提高学生的心理素质，在校园文化建设中，要通过心理素质拓展活动、心理辅导等一系列手段，培养学生积极健康的心态，对学生进行专业化辅导，才能使学生在今后工作中保持健康的长效化发展。

当今国际化竞争中的高素质人才所面临的是更加激烈的职场竞争和生存压力，在这种环境下，高校作为培养人才的主要阵地，要注重对学生德育的培养，通过德育教育完善学生的人格，促进个体的发展。高校德育教育需要以国家的战略方针为指导，以健全的机制为保障，以国际化交流为平台，是一项系统而复杂的工程。我们希望通过高校教育良好的导向作用，培养出精通专业、人格健全、同时具有高尚道德情怀的优秀人才。

# “新常态”下国际化人才培养与德育模式创新初探

陶懋炜

2015年是全面推行依法治国、全面深化改革的开局之年，也是国家“新常态”运行之年。“新常态”使中国社会的方方面面都步入了一个新阶段。如何顺应这一变化，在新的社会环境中有效地开展大学生德育工作，是现阶段我们德育工作者应思考的问题。本文拟从目前高校德育工作实际出发，对“新常态”下国际化人才培养德育创新所面临的新情况、新问题进行解析，并提出解决问题的初步设想。

## 一、“新常态”下国际化人才培养德育创新面临的挑战

去年底闭幕的中央经济工作会议，对中国经济发展“新常态”做出了系统性阐述，提出要认识“新常态”，适应“新常态”，引领“新常态”。经济运行和发展，有它的内在规律，而我们学校的教育是直面外交、直面世界的人学，是培养有血有肉、有思想、有情感、有品位、有纪律、有立场的人的事业。这样的关乎人的发展和成长的事业和经济工作一样，也有其内在规律。因此，我们的德育工作更应该树立一种“新常态”意识，体现一种“新常态”思维，要在尊重规律中顺势而为，避免动辄逆行或者过度干预。要寻根求源，主动迎接挑战。这些挑战包括：全球意识的挑战，能否站在全人类的角度思考问题，解决问题，不狭隘，不片面，不拘泥于一个民族、一个地区、一个集体、一小部分人，做到面向全人类；超前意识的挑战，能否站在历史的角度思考问题、解决问题，以发展的眼光看待问题、评价问题，做到全面深远，具有前瞻性；现代意识的挑战，能否站在人类文化的最前沿思考问题、解决问题，不自以为是，对新生事物保持兴趣，做

陶懋炜　外交学院国际经济学院

到与时代同呼吸共命运，直面当代；法制意识的挑战，能否恪守和捍卫公平公正，做到依法办事，不循情枉法，不以身试法，奉公守法，进而做一名公平公正世界的卫士；合作意识的挑战，能否求大同存小异，正确处理人与人之间的关系，为人真诚、文明、礼让，尊老爱幼，追求人际关系的和谐友善。

## 二、传统德育模式存在的问题

### （一）德育工作不适应当下大学生身心发展的特点

德育工作的对象是大学生，它的任务是要将社会意识国家意志转化为学生个体的行为。要完成这个转化必须针对大学生身心发展的特点施教，这样他们才能够接受教育。如果脱离了大学生身心发展的特点及需要施教，他们就不欢迎，不接受，以致影响教育效果。有些老师把社会上的一些意识形态，不经过教育方法的加工，硬灌输给教育对象，由于他们不理解，没有体验，因而他们就感受不到有这种需要，于是他们就不理睬，不接受，影响了德育工作的效果。

### （二）德育工作不适应社会生活的嬗变

当前，我们国家正处于大变革、大发展的时期。社会各方面的发展变化很大，新事物层出不穷。加之互联网 + 的迅速发展，大量不受空间和时间限制的信息充塞着人们的耳目，击撞着人们的心灵。而接受新鲜事物快的青年学生，虽然思想非常活跃，但分析问题和判断是非的能力却不够高，控制能力也不够强。对新鲜事物及矛盾现象难以理解，对一些诱惑难以抗拒，很需要教师的指导、教育和帮助。但当前学校的德育工作还不能很好地根据社会发展变化的实际，根据学生的思想状况和实际需要进行，只是教条、原则地讲一些偏旧的脱离实际的东西，而学生希望解决的东西却得不到回答，因此德育工作不怎么受青年学生青睐，更难达到内化于心、外化于行的效果。

### （三）德育工作不适应强化素质教育的要求

素质教育为了实现教育方针规定的目标，着眼于受教育者群体和社会长远发展的要求，以面向全体学生为根本对象，以注重开发受教育者的潜能，促进其德、智、体、美、劳全面发展为基本特征。而我们高校不同程度地存在轻视德育工作，忽视社会实践，智育至上的问题和倾向，不仅影响了学生道德水平的提高，也影响了学生的身体健康和学习能力及动力的可持续发展，严重影响了素质教育的推进和落实，影响了教育质量的提高。

### （四）德育工作不适应国际化的多元要求

国际化人才必须具备较高的政治思想素质和健康的心理素质，能经受住外界形形色色的物质诱惑和精神腐蚀，能经受住任何时期政治时局瞬息万变的风险挑战和考验，能经受住多元文化的洗礼和冲击，在做国际人的同时不至于丧失中华民族的人格和国格。

## 三、“新常态”下德育创新势在必行

### （一）目标创新

我们要主动迎接“新常态”要求的挑战，改进传统的德育目标。新的目标要能充分体现人、社会、自然和谐发展的新道德观念，以达到“站稳立场、掌握政策、熟悉业务、严守纪律”总体要求。

1．德育工作首先要培养受教育者作为中华民族一员的主体意识

具有强烈的民族自尊心、自信心和深厚的爱国情感；了解国史、熟知国情，自觉继承中华民族优秀文化传统和革命传统；热爱祖国，把个体的人生理想与民族的共同理想联结起来，在为祖国现代化建设事业和中华民族伟大复兴奋斗中实现自身价值；发扬民主、爱国精神，以国家主人翁态度依法履行公民义务、行使公民权利，积极参与国家政治和社会生活，推进民主和法制建设。

2．德育工作要培养受教育者树立人己一体、义利结合、天人合一的伦理观和价值观

自觉遵守社会公德、职业道德、家庭道德、环境道德以及国际通用规则；正确处理自己、他人、集体、国家之间的利益关系，崇尚集体主义和为人民服务，提升精神境界；学会关心，学会合作，学会人际交往和国际交往；热爱大自然，珍爱生命，能对人、社会、自然的和谐统一和可持续发展尽责尽力。

3．德育工作要为受教育者潜能开发和个性发展营造宽松的环境

大力培养他们的创新精神，使之具有开放的国际视野、改革的观念和创新的追求；对已有知识和传统思想道德能进行独立思考、理性批判，敢于突破陈规、挑战权威、探索真理；发展自信开朗、竞争进取、不拘一格、标新立异、富于想象、乐于创造的创新人格；增强适应变化、承受挫折、坚韧不拔的心理素质。

4．德育工作要注重激发受教育者内在的道德需要

培养他们自强不息的精神和自我教育、自我发展的能力；面对纷繁复杂的思想文化影响，能够自主判断、自主选择，吸收有益的营养，抵制腐朽的文化，抗御不良的诱惑；能把进步的道德理想和合理的行为规范自觉地转化为实行自我自

省、自我调控、自我修养；能把自身德性发展、人格完善的需要和愿望脚踏实地、持之以恒地付诸实践，在实践中实现自我。

### （二）内容创新

我们要按照德育的新目标和受教育者思想道德素质发展的规律，把发扬中华民族优良道德传统同借鉴世界先进文明成果结合起来，贴近和关注受教育者的现实生活，敏锐反映经济社会变革和文化创新，形成具有民族特色、体现时代精神的生活化、创新性的道德教育内容系统。

1．要加强对中华民族道德传统的批判继承和创造性转换

要加强对中华民族道德传统的批判继承和创造性转换，并同对世界先进文明成果的借鉴吸收和中国化改造相结合。中国古代伦理道德在数千年的发展中积淀了丰厚的内容，形成了完备的体系，并通过大量经书诗文、生活习俗、人物典范等流传下来，其中有许多虽产生于封建社会，但在一定程度上体现了民族精神的优良传统。要从当今世界和中国发展的背景来分析这些优良传统，使之成为中国特色的现代道德教育内容的重要来源。发扬中华民族优良道德传统，应当包括继承、发展中国近代特别是“五四”以来在社会变革与前进中开创和形成的新思想新道德。德育内容的创新，更需要以此为文化源头。同时，还要注意吸收当代世界各国包括资本主义发达国家的先进文明成果，并根据我国国情加以改造，使之与中华民族优良道德传统融为一体，成为“新常态”下中国道德教育内容的有机组成部分。

2．要突破旧的“课程”框框和“教条”形态，建构生活化的德育内容

德育要贴近受教育者的个体生命和现实生活，把体现社会要求的思想观念、道德规范与人们的日常生活密切联系起来，构成适合不同类型、不同层次受教育者由衷需要、喜闻乐见的具体教育内容系列。德育内容要扎根生活土壤，融入对受教育者个体日常生活、学习生活、交往生活、集体生活等的关心、指导之中，真正发挥对人生的肯定、调节、提升的功能。

3．要增强德育内容的创新性

德育内容要有一个相对稳定的系统，更要向时代和生活学习，不断从经济社会变革和文化创新中吸纳新鲜的思想营养，使教育者和受教育者的个性得到张扬，道德批判和创新能力得到提升，实现道德教育内容的不断创新、充实。

### （三）方法创新

我们要根据德育的新目标新内容，总结历史和现实的道德教育经验，切实贯彻主体性、实践性的基本原则，实行人文教育方式与现代科技手段有机结合，建

立具有中国特色和时代特征的符合规律性、富有实效性的道德教育方法系统。

1．“新常态”下的教育方式应与时俱进

教育方式的转变主要体现在：不应该是强迫，而是引导；不是灌输，而是潜移默化；不是施压，而是导向；不是改造，而是感召。它不是要让大学生们必须成为什么样的人，而是帮助他们成为时代和社会呼唤的那种人。要从受教育者的现实生活和成长实际出发，循循善诱，启发引导，唤起受教育者内在的道德需要和思想自觉，使之积极参与教育过程；优化环境，交流情感，让受教育者在潜移默化的熏陶和动人心弦的共鸣中主动实现思想道德的“内化”。要使受教育者学会自我教育，让他们在开放的情境中锻炼自辨是非善恶、自主正确选择价值和行为的能力；在生活里学会自我修养，在思想道德上不断适应新的客观要求，激励自我、调控自我、完善自我、超越和创新自我。

2．“新常态”下的德育方法应推陈出新

必须克服说教为主和形式主义的弊端，把德育的重心转移到对受教育者实践的指导上来，把受教育者的自觉实践作为德育的出发点和归宿点，作为培养思想道德主体的基本途径。要让德育“动”起来、“活”起来、“亮”起来。要引导受教育者理论联系实际，学以致用。要组织受教育者参加公益劳动、文化建设、社会调查、科技服务、勤工俭学、节日活动等各种社会实践，更要引导他们在日常生活中随时随地自觉地将正确的思想道德认识实实在在地付诸行动，可以根据实际需要相对集中一定时间组织受教育者开展某些实践活动，更要引导他们对做“人”所必需的基本思想道德、文明行为持之以恒的反复实践，养成良好的习惯。“新常态”下的教育，不应再有集中营式的校园。校园应成为大学生真正的学园、花园、家园、乐园。在这里，教育对象不会被定位于工厂流水线上的一件件产品，他们可以有比较充足的时间与人交往，可以自由自在地参与各种社团活动，读自己喜欢的书，做自己喜欢做的事。“新常态”下的大学德育，侧重于积淀学生素养，提升学生素质，因而把学生的品行操守看得比一介分数更重要，把学生的人文素养看得比考试成绩更重要，把育人看得比育才更重要。将不再以“分数”论好坏，以“考”为法宝，以学生踏入社会能否升官发财论成败，而是基于“人”的品质的要求与追问，把培养我们的学生精神独立、人格完整、品德高尚、勇于担当，能够做自立于世界民族之林的合格公民作为己任。

3．“新常态”下的德育应以人为本

以人育人、学会做人的教育，人际交往、情感沟通、言传身教、榜样仿效、经典诵读、考察体悟、躬行实践、修身养性等富有人文特点的教育方式，具有不可替代的重要价值和独特优势，这是德育方法上的优良传统。德育要很好地继承和发展这些行之有效的优良传统。同时，应当关注大众传播媒介、多媒体计算机和网络等现代信息科学技术以及心理测验与咨询等现代心理科学技术给道德教育带来的影响。积极开发、利用这些科技手段为德育服务，发挥其在培养人文素质上的长处，抑制其可能产生的不利于人健康成长的负面效应，同人文教育方式有机结合，提高育人实效，才是德育方式创新的重中之重。“新常态”下的德育，还要求我们这些人类灵魂的工程师把教育当作良心活儿，以身作则，从大学生成长出发，一切着眼于他们当下学习、生活以及未来人生的幸福，而不是仅仅为了大学这几年，而是要涵盖踏入社会的若干年乃至于一生一世。要求我们能够在夹缝中顽强拼搏，遵循教育规律，不计较个人得失，凭着良心、爱心和智慧做德育，决不用压抑和扭曲人性的方式去教学生。我们的德育应该进入这样一种“新常态”，让大学生们在大学校园里快乐学习，快乐生活，健康成长。这不仅仅是为了大学生，为了教育，也是为了国家、民族乃至世界的未来。

# 论国际化人才德育培养如何适应“新常态”

常　荷

## 一、概述

### （一）“新常态”

“新常态”是时下的一个热词。从语义上讲，“新常态”是指“事物发展态势由原来的正常状态，转入到一种新的正常状态”。[①] 从气候变化到政治生态，此概念已经越来越多地出现在各个领域。这里的“新常态”主要指国家经济发展态势。除一些学者的学理判断外，官方也开始正式使用“新常态”的概念，我国经济“新常态”指的是经济增长放缓。2014年5月，习近平在河南考察时指出：“我国发展仍处于重要战略机遇期，我们要增强信心，从我国经济发展的阶段性特征出发，适应“新常态”，保持战略上的平常心态。在战术上要高度重视和防范各种风险，早作谋划，未雨绸缪，及时采取应对措施，尽可能减少其负面影响。”[②] “新常态”为中国各项事业的发展提出新挑战的同时，也带来新的机遇。

### （二）国际化人才

随着世界经济一体化的发展，对国际化人才的解释与要求也不断变化。与过去单纯掌握外语，从事涉外工作相比，今天的国际化人才除了满足之前的一些条件，更应了解国际标准和相关运行规则，具备跨文化交际能力，认同不同国家的文化与价值观。能够在国际交往中有效地进行信息沟通、问题处理等。亚洲大学校长论坛曾提出：“国际化人才应该是能够掌握一门以上的外语，能够利用某种工具或途径进行跨国交流与服务，在某一专业、层次、领域内有一定专门知识或能力，基本通晓国际行业规则的人才。”虽然目前尚未对国际化人才形成一个明确

常　荷　大连外国语大学英语学院

① 文魁：《“新常态”的冷思考》，《前线》，2014年第10期，第35页。

② 文魁：《“新常态”的冷思考》，第35页。

统一的定义，但应具备："较强的跨文化交际能力；独立的国际活动能力；较强的运用和处理信息能力；较高的思想政治素质和健康的心理素质，能经受多元文化的冲击，在做国际人的同时不至于丧失中华民族的人格和国格。"[①]

综上所述，国际化人才可以定义为：能够坚持本土文化，掌握国际先进的科学知识，具有前沿的国际视野和国际意识，专业技能和交往能力达到国际化水准，在全球化竞争中善于把握机会、具有创新能力的高级人才。

## 二、当前国际化人才德育培养的现状与反思

德育培养是研究人类思想的变化和形态与发展的科学，研究对象主要是人。马克思曾警告："如果从观念上来考察，那么一定意识形态的解体足以使整个时代毁灭。"[②] 德育培养归根结底是对人的意识形态的把握与塑造。由于德育培养的对象存在于不同的社会形态，具有一定的主动性和差异性并处于不断变化中。故社会环境和社会关系的状态在一定程度上限制和影响人才思想道德政治素养的形成和发展。

### （一）国际化人才思想道德素养尚不稳定

我国在快速发展，不断打开国门的同时，经济得到长足发展。社会中的各类矛盾也在不断凸显并日益复杂化。国家经济体制在不断调整的过程中，难免会产生各类矛盾，各方利益的不断调整与再分配使人们的道德不断受到金钱、权势利益的诱惑，国家进步，个人发展与社会需求之间的选择等产生的矛盾使人们难以应对。国际化人才因其特殊性，正面临更多矛盾，这些都体现在国际化人才思想的变化中。社会的开放与发展在给国际化人才带来便利的同时，一些人的价值观呈现出多样化、易于变化、困惑迷茫、功利想法突出严重等矛盾。这些都对国际化人才的成长带来新的更加严峻的考验。

### （二）德育培养内容较旧，缺乏创新

传统的德育培养内容和方法虽有一定的转变，但是不能紧跟"新常态"的进程。这与现在的外语、外贸专业迅速发展的状况相比较为落后。德育培养仍更多地停留在课堂教学，校园文化建设以及社区服务等方面的隐性教育不够丰富多样。部分高校的德育培养只是一种形式，忽略了人才的多样性和人才处于不同发

① http://baike.baidu.com/view/1486108.htm，2015年5月12日登录。

② 马克思、恩格斯：《马克思恩格斯全集》，中共中央编译局译，第4卷，北京：人民出版社，1995年版，第470页。

展阶段的现实，学生更多的是被动的单一的接受灌输式的教育，其自主学习与思维的内在动力没有被激发。

### （三）国际化人才网络使用缺乏规范与引导

在网络信息技术爆炸式发展的今天，当代大学生尤其是国际化人才显现出前所未有的接纳性。青年学生由于人生阅历和社会经验有限，在互联网上针对一些现实事件等发表自己想法的过程中缺乏全面的思考能力，面对国际上多种价值观的存在缺乏准确的判断。同时，因其所处的年龄阶段不能始终保持冷静理智的分析问题，使其容易受到网络舆论导向的影响，对德育培养工作者的权威产生质疑，进而产生逆反心理，严重的则误入歧途。因此，在经济全球化发展，网络信息快速更新的今天，德育工作者应与时俱进，对国际化人才进行正确及时的引导，在加强其网络素养的教育培养的同时，利用网络新媒体平台作为德育培养新阵地，加强必要的监管和宣传，帮助国际化人才形成正确积极的网络素养。

## 三、国际化人才德育培养的新举措

### （一）以坚守正确的意识形态为核心，顺应新形势

在全球化视野下，国家面临的环境是“机遇与挑战并存，希望和考验同在”。“新常态”下，我们仍将面对全球化继续加深的趋势。“国家开放地融入国际社会不仅顺应了经济发展趋势，也充分展示了解放思想、与时俱进的开放形象，展现了社会主义制度的优越性”。[①] 对国际化人才的德育培养必须坚持发挥马克思主义的导向功能和动员作用；对其思想、行为进行正确的引导和规范；对偏离目标的思想和行为进行干预和纠正。尤其在我国经济发展步入“新常态”后，经济增长放缓，这势必使一部分年轻的国际化人才对国家发展信心不足。正如习近平同志所说，国人应顺应这一新的发展趋势，坚定信念，坚守社会主义核心价值体系，积极适应新形势。这也是高校德育工作的重中之重。具体来说，培养国际化人才正确的意识形态包括以下几个方面：

首先，国际化人才通过高校德育培养要对当今世界持有正确的认识和理解，对国际上发生的问题与事件能够有客观准确的解释与评述，应具备先进的思想意识与广阔的视野。国际化人才应该学会从宏观的角度分析理解问题，对历史和现实问题有大局认识。国际化人才的德育培养应重视培养人才，学会联系、发展地看待国际问题。在认识到各个国家是一个紧密联系的整体的基础上，全方位、多

① 冯刚：《国际化视野下高校德育的创新发展》，《德育与党建》，2011年第1期，第17页。

角度思考本国家、本民族的发展问题。为提升本国家、本民族的世界地位作出应有的贡献。

其次，国际化人才应具有包容的心态和开放的意识。在国家与民族之间的联系愈发紧密的今天，国际关系在一定程度上制约了国家的发展。包容心和开放意识能够在“新常态”时期更好的支撑本国和本民族的发展，体现民族的包容性。这一方面要求，国际化人才对本国及本国以外的知识、文化保持主动学习的热情和兴趣，取人之长、补己之短，加强竞争力，勇于创新进取。另一方面，还要求国际化人才要学会从更加广阔的视野中摆正自己的位置，明确所面临的机遇和挑战。在实现追求个人价值的同时将个人前途和国家民族命运紧密联系，才能为本国人民以及世界人民的发展作出贡献。国际化人才要立身于本国和本民族的兴亡，从本国战略角度出发，为人类的可持续发展目标而奋斗。

最后，国际化人才应具有包容的心态，对国际关系、世界政治形势保持敏锐的嗅觉，对维护世界各国关系保持公平、公正的态度。作为国际化人才，不仅要维护本国、本民族的利益与尊严，更要对其他国家和民族有基本的尊重。要对其他国家的制度和文明保持理解、认同、包容的心态，拒绝一切对他国制度和文明的蔑视、轻视态度。自觉加深促进国际社会和平、互助、共赢的关系基础。

### （二）注重德育培养内容创新，提高国际交往能力

传统的教育内容越来越无法适应“新常态”下社会和经济发展的需求。我国需要坚持不断完善高校德育培养内容。传统的德育培养大多是根据教育人员自身的经验，单向灌输给学生，忽视了学生的主体地位，缺乏对学生的思想、行为变化的分析。没有及时认识到全球一体化发展过程中，国际化个体因受到多元文化的冲击而产生的变化。德育培养的内容不是一成不变的，而要顺应时代的发展，结合现时国际化人才的特点，不断完善和调整。在经济缓速发展的今天，正确认识和把握德育培养内容显得十分重要。在满足本国需要和时代发展需要的前提下对德育培养内容进行创新。同时，应以基本理论为支持，不失去基本原则，不肆意定制内容，系统化、内容多样地开展德育培养。所制定内容既要注重结合本国的国情，也要注意吸取国外教育经验和先进的思想。

要加强世界文化知识教育。在人类文明发展史上，一国的文明与文化修养是整个国家和谐发展的重要组成部分。国际化人才不仅要非常熟悉本国的传统文化，发扬民族优良传统，更要不断充实世界文化知识，对世界文化保持较强的包容力，尊重他国的文化、风俗与信仰。在国际交往中，如果对其他国家的文化、历史没有足够的了解，极易引起不同价值观的碰撞和不必要的摩擦，影响友好交往，甚至会恶化国际关系。

### （三）坚持德育培养形式创新，善于利用新资源

世界信息化发展，网络应用不可忽视。高校德育培养要充分认识到国际化人才与网络发展的关系，正确认识网络在德育培养中的积极意义，并充分发挥网络的积极影响。持续坚持引导国际化人才正确利用网络媒体学习世界文化知识，提高人才自身修养，保障国际化人才健康、稳步发展。网络媒体学习是对传统书本知识学习的极大扩充，同时高校应谨记营造丰富健康的网络德育培养环境，使德育培养具有鲜明的时代特征。在充分了解国际化人才对网络具有一定的依赖性，习惯通过网络获取信息的基础上，审时度势，广泛运用网络平台营造健康向上的网络学习环境，加强网络管理。在国际化人才德育培养中开创性地使用新媒体资源，如微信平台、微博、网站等多种形式开展国际化人才德育培养。高校要完善校园网络建设，满足国际化人才对网络的需求，合理适度地安排学生登录相关校园网站平台进行学习。与此同时，要提高高校网络舆情引导水平，高效率全方面地为学生提供德育培养。

要利用好国防教育课程，激发国际化人才的爱国热情，促进其思想道德素质的提高。国防教育旨在培养国际化人才的爱国情操、社会主义精神和集体意识，使国际化人才在面对多元文化冲击时，能够以正确的人生观、价值观看待国际形势。在国际化人才的德育培养中开展国防教育是对我国教育事业的平衡发展有着特殊作用的。在对国际化人才的德育培养中占有重要地位。

加强国际化人才的德育培养，要走出教室，走出校园。单一的学校教育在国际化人才的德育培养过程中已不能完全实现德育培养目标。社会应紧密配合高校进行国际化人才培养建设。“大学自身在追求进步和改革的同时，更需要国家政府，相关教育部门给予大力的支持，应当加大高校的开发程度，支持高校扩大校企合作”。[①] 同时也期待政府能够积极实施可行的国际化人才培养与支持计划。

## 四、结语

国际化人才关系到国家发展命运，对国际化人才的德育培养的最终目的在于服务国家建设。这也是为促进“新常态”下国家发展提供的有力保障。国家的发展需要培养相当数量的熟悉国际经济运作，了解各国国情、文化、法律，并能熟练掌握外语、科技的国际化人才。高校的德育培养必须适应“新常态”的发展形

---

① 王瑞婷：《国际化人才培养模式下高校思想政治教育内容研究》，硕士论文，西南石油大学政治学院，2012年6月，第30页。

势，加快培养德才兼备的真正的国际化人才。

虽然高校德育培养的发展问题一直备受各方关注，但碍于经验不足，加之笔者水平有限，在此，只能参考相关领域专家的宝贵观点，再结合一些个人的感受和想法，提出一些简单的建议。在分析问题时，尚不够深入透彻，仍需从理论和实践等方面做进一步研究和探索。

# 高校网络思想政治教育的内容和方法探析

王滨生　刘玉琦　王长元

**摘　要**：随着网络的普及，网络思想政治教育的内容越来越丰富。本文通过对高校网络思想政治教育的内容和方法概念的界定的阐述，分析了高校网络思想政治教育方法的运用方式。

**关键词**：高校网络思想政治教育内容　方法

## 一、网络思想政治教育的内容

网络思想政治教育的内容是联系教育者与受教育者的桥梁。正确的、良好的把握网络思想政治教育内容能使思想政治教育工作达到较好的效果。网络思想政治教育内容十分丰富，包括网络思想教育、网络政治教育、网络道德教育、网络文化教育、媒介素养教育等。

### （一）网络思想教育

高校网络思想教育主要是以互联网为媒介，高校学生为教育对象进行世界观、人生观、价值观等的教育，使学生的主观世界和客观世界相符合。首先，充实和发展网络思想教育内容。学校网络是局域网，高校要充分利用其他网络的有利资源，比如电子期刊、电子报纸、电影等，把有用的相关的资源放在高校网络上，拓宽学生的选择面和接受面。其次，充分利用网络平台，提高思想教育的时效性。现在大多数学生使用 QQ、飞信、微博等网络软件，通过这些软件对学生的思想进行渗透式教育，使他们的思想得以提高。

---

王滨生　刘玉琦　王长元　大连外国语大学软件学院

## （二）网络政治教育

网络政治教育指以互联网为媒介，学生为教育对象进行政治理想、政治立场、政治信念等的教育。首先，密切关注国家政策进行网络政治教育。高校教师应该把国家的政策引入课堂，可以采用小组讨论的方式集思广益、各抒己见。最后由教师点评和解读这些政策，使学生能够更加深入的理解和把握。高校教师应该学会把政策落实到实处，与学生的学习、生活结合起来。例如中央出台了一些关于加强学生思想政治教育的意见，老师可以组织学生集中学习，可以开辟一些网络版块给予学生讨论的空间。对于学校出台的政策，教师要做好解释和沟通工作，使学生能够较好的理解并接受。其次，丰富网络政治教育的表现方式。网络具有互动性、时效性比较强的特点，可以利用文字、声音、动画、图像、视频等生动的形式开展政治教育。这些形式能有效地吸引学生的注意力，使他们在不知不觉中接受政治教育。

## （三）网络道德教育

网络道德教育是在互联网虚拟的情境下进行的。由于网络存在虚拟性，网上的信息丰富多彩，有优良的也有低俗的信息。这给学生如何对信息作出选择提出了更高的要求。在学生群体中，有的浏览不健康的网站甚至沉溺其中，对他们产生了非常不利的影响。他们大多处于无人监督的状态，缺乏强有力的约束。因此，网络不道德行为肆意增长。首先，网上教育与网下教育相结合。网上教育指教育者充分利用互联网技术对学生的人生观、世界观、价值观进行教育。

例如教师可以凭借博客、QQ 等网络互动工具与学生交流，了解他们的想法并针对性地解决问题。网下教育指传统的思想政治教育。老师可以把案例引入课堂，发挥育人的作用。其次，加强网络监督。例如教师可以担任学校网站某一版块的管理员，对其中发表过激言论的学生进行劝说，对不健康的信息进行屏蔽。

## （四）媒介素养教育

在国内，学者们对媒介素养的认识存在着争议。当前，我国高校思想政治教育工作者对互联网、手机媒介等的使用的熟练度有待加强，范围有待拓广。他们或多或少的存在对媒介信息的搜索和使用能力弱以及对媒介的运用效果不佳的问题。因此，高校思想政治教育工作者究竟须具备什么样的媒介素养是十分重要的问题。首先，思想政治教育者要加强媒介信息的意识。思想政治教育者要有意识的跟上时代的步伐，了解一些网络语言，便于在与学生的交流中拉近彼此的关系。思想政治教育者要充分利用网络，拓展思想政治工作的平台，以学生为本，向学生传达正确的思想和观点。其次，思想政治工作者要加强使用媒介的能力。高校思想政治工作者要学会娴熟地使用计算机软件，例如：Office，Excel，IE 浏览器等。此外，思想政治教育者要跟上时代的步伐，熟练地使用网络互动工具，如 QQ、微博、电子邮箱等。

### （五）网络文化培养

积极向上的网络文化有利于学生的成长，也有利于高校思想政治工作的开展。一方面，思想政治工作者要把优秀的、先进的文化放到网上供大家阅读、参考、讨论，培养他们的情操，使他们形成正确的世界观、人生观、价值观。另一方面，要充分运用新媒体进行网络文化建设。他们应通过新媒体发现和挑选先进的信息资源，开展理论研究和思想政治工作，拓展文化交流的平台，使网络文化更有深度和特色，丰富学生的思想和提高学生的思想境界。

## 二、网络思想政治教育方法概念的界定

在已有的研究中，高校网络思想政治教育方法的研究成果较少。只有在刘新庚的《现代思想政治教育方法论》一书中对网络思想政治教育方法做出了定义。他认为："建立在网络平台基础上，为了开展思想政治教育、完成网络思想政治教育的目的和任务而采用的各种途径、手段和方式的总和。"要想界定网络思想政治教育方法，我们首先要了解什么是思想政治教育方法，它的内涵是什么。徐建军在《大学生网络思想政治教育理论与方法》一书中指出："思想政治教育方法是在马克思主义理论指导下，对人们进行思想政治教育时，在塑造人们品格、转变人们思想和提高人们觉悟的过程中所应用的各种手段、办法和途径的总合，是实现教育目的、任务的重要手段和保证。"在学界，学者们对网络思想政治教育有两种认识。第一种认识认为网络思想政治教育是运用互联网技术进行的思想政治教育活动。第二种认识认为网络思想政治教育是在网络环境下的思想政治教育活动。本文是从第一种观点的角度进行阐述的，因此，我们探讨的是怎样利用互联网技术开展思想政治教育活动。思想政治教育方法的内涵是什么呢？

首先，适当的使用思想政治教育方法有利于实现思想政治教育的目的。网络思想政治教育方法要体现思想政治教育规律。只有运用科学、合理的方法才能使网络思想政治教育工作达到事半功倍的效果。其次，网络思想政治教育方法是在传统思想政治教育方法基础上的拓展和延伸。传统思想政治教育主要通过报纸、杂志、广播等传达思想和观点，而网络思想政治教育方法把网下教育搬上了网络，利用网络的优势进行方法创新，使枯燥乏味的理论灌输为生动、形象的讲解

和沟通。最后，网络思想政治教育方法在思想政治教育主体和客体之间起着纽带作用。既要采用与网络思想政治教育发展规律相适合的方法，又要采用与网络背景下人的思想和行为的特征相符合的网络思想政治教育方法，才能有效的实现网络思想政治教育活动。科学、合理的运用网络思想政治教育方法能够使教育客体在虚拟网络中进行沟通、交流，使之形成和谐的关系。

## 三、网络思想政治教育方法的运用方式

### （一）网络教育手段和传统教育方式相结合的方法

传统的思想政治教育方法主要指网下教育，在我国思想政治教育中起着重要的作用。但随着经济、社会的全面发展，人的思想发生了显著的变化。单纯的使用传统思想政治教育方法指导思想政治工作已经不能满足当前的需求。笔者认为网络思想政治教育方法要把网络教育手段和传统教育方式相结合。首先，要构建思想政治教育工作的网络平台，比如建立思想政治教育主体网站或网页。思想政治教育者利用互联网向受教育者传达和交流一些理论、方法等。在网站或网页上，他们可以通过文字、图像、声音、视频、动画等生动地表达出主题思想。其次，开办网络课堂。开办网络课堂进行思想政治教育，要会娴熟地运用互联网技术。传统的思想政治教育方法是运用报纸、广播等，而网络课堂可以集声音、图像、视频等于一身，使受教育者受到多重感官的刺激，激发他们学习的热情和调动他们学习的积极性。最后，建立和丰富校园 BBS。校园 BBS 即校园电子公告板。在校园 BBS 上，学生可以在站点上发表文章，通过站点下的评论可以互相交流观点。当遇到困难时，他们可以在 BBS 上发表文章以获取帮助。思想政治工作者要充分利用校园 BBS 开展思想政治教育工作。在论坛上，难免会有一些消极甚至偏激的言论，这时思想政治教育者要积极地引导受教育者，使他们能够透过现象看到事情的本质，回归正确的立场。

### （二）心理咨询和心理教育方法

随着互联网的普及，学生对网络的使用和依赖性不断增强，其中会有利弊。近年来，我们发现有不少学生沉溺于网吧的报道。他们学习成绩下降、身心俱疲。由于长期沉溺于网络，疏于现实，他们出现了焦虑、抑郁、孤僻等心理问题。面对这些问题，思想政治教育者要运用心理咨询和心理教育方法开展思想政治教育。首先，构建网上心理咨询平台。由于在现实生活中，很多学生羞于将自己的隐私暴露在别人面前，从而不敢进行心理咨询。在网络中，学生可以采用匿名的方式，倾诉自己的困扰，由专门的心理咨询老师会诊，与之进行沟通，帮助

其走出心理困境。其次，建立网上心理测试平台。高校定期推出心理测试题目，指导学生在网上完成测验，当场给出结果，使学生通过测验更加深入地了解自身存在的问题及解决对策，使他们能够更好地认识、评价和把握自我。最后，设置网上心理健康知识普及专栏。通过在网上列举心理健康的标准，让学生自我参照，积极地消除不健康的心理问题，从而形成健康的心理状态。

### （三）网络舆情监控和引导

互联网的开放性，使得网络舆论公开化、自由化。学生在网络中发表见解，他们把网络作为交流的重要场所。同时，网络舆论对大学生的思想和行为产生了重大的影响。因此，对网络舆情的监控和引导成为思想政治工作者的一个极其重要的任务。首先，网络舆情监控与分析。由于网上信息繁多、优劣思想存在于其中，对网络信息的监控十分必要。思想政治工作者要学会加强对信息的审核，利用互联网技术，守护信息入口关。把庸俗、低下的有危害性的信息拦截在信息入口之外。其次，网络舆论引导。如今学生对社会热点或对身边发生的事情的关注度很高，他们会在网络上发表见解，这些见解中难免会有些有失客观、消极甚至偏激的言论，有的会被不怀好心的人利用。这时，思想政治工作者起着非常重要的作用。他们可以及时地更新权威信息，使学生了解事实，调节他们的不良情绪，使他们回归正确的立场。

## 参考书目

[1] 刘新庚:《现代思想政治教育方法论》，北京：人民出版社，2006年版，第205—209页。

[2] 徐建军:《大学生网络思想政治教育理论与方法》，北京：人民出版社，2010年版，第75页。

# 微信公众平台在高校思想政治教育中的应用探究

朱 林 徐铭悦

**摘 要**：随着智能手机的普及和微信这一新媒体平台的横空出世，实时互动的便捷交流方式影响力波及社会的每个角落。而高校思想政治教育工作的开展，也应该采取更生动活泼的形式，本文将对二者的有机结合进行有益的探讨。梳理适应高校思想政治教育工作的微信公众平台运营流程，同时对微信平台的创新运行机制进行评估，为广大思想政治教育工作者抛砖引玉。

**关键词**：高校思想政治教育微信公众平台运转机制创新

随着智能手机的普及，自媒体时代已经到来，而微信这一实时互动式的媒体交流平台自问世以来，用户人数早已超过5亿，特别在学生群体中的使用率，更是接近全面覆盖。高校思想政治教育工作，因其前瞻性和引领作用，同样需要采用新的载体，用更加生动活泼、贴近学生的方式发挥作用，因此，二者的有机结合也就具备了可能，将思想政治教育寓于新的媒体平台，主动占领网络阵地，无疑对高校工作开展产生推动作用。随之而来的问题则是对微信公众平台运行模式的探索。

## 一、对现状的分析

### （一）对高校思想政治教育工作开展情况分析

目前高校思想政治教育工作多是通过形势与政策、就业指导等课堂教学，谈心谈话，发展社团组织等形式开展，活动形式缺乏新意，并受场地、时间限制较多，而内容方面，不够贴近实际，不够贴近生活，有一定的局限性，学生接受程度较低，具有集中化、统一化等特点。随着网络新媒体的产生发展，大量信息同

朱 林 徐铭悦 大连外国语大学英语学院

时冲击学生思想，占据他们大量时间，亦对思想政治教育工作产生了更大的挑战。

### （二）对网络新媒体——微信公众平台的发展现状分析

微信作为一种新媒体，自诞生以来，以其低廉的成本、便捷的操作、内容的丰富、发送的精准性和沟通的高效性，受到青年人的追捧和欢迎，[①] 影响和吸引了大量用户，其中大学生群体占到总数的六成左右。而微信公众平台的出现，能够更好地实现组织对个体的信息群发功能，准确及时达到信息传递的目的，特别是文章在增加图片、视频等内容后，更加提高了可读性，进而服务于关注人群。

## 二、微信公众平台创新运营机制的探究

### （一）前期策划

微信平台有服务号、订阅号，认证与非认证之分。运营者可根据自己的需求进行申请、注册。暂以认证服务号为例。认证服务号既可实现微信文章的推送，又可接入第三方接口，借用已经开发好的软件，与关注者进行互动。前期的策划工作可围绕这两种功能，把内容划分出以下几个模块：学习、活动、互动与娱乐。

首先，微信平台具有的开放性，可实现在“学习”模块下进行的教学资源整合与共享，提供学生关注的考研、就业、讲座等信息，并为校友之间经验分享提供平台；其次，微信平台可实现多媒体联动，且能够推出大量的图文资料。在“活动”模块下，可进行校刊、广播台、新闻宣传栏的多媒体联动，推出校内外的活动信息，并加以宣传；再次，微信平台具有明显的针对性和指向性。特定的受众群体在“互动”模块中可以与高校教师或辅导员进行实时交流。对比之前预约式面对面交流，大大减少了思想政治教育工作的时间、人力成本。最后，微信认证公众号可连接第三方接口。在“互动”模块下，可进行“抽奖”、测试、建立网络社区等活动，充分调动学生接受思想政治教育的积极性。其中，在网络社区内，学生、家长和老师可针对一个问题进行自由发言，老师可从中进行学术或思想上的引导，形成一种良好的氛围，有助于家庭、学校在学生教育成长过程中形成合力，更好地实现教育成效。

### （二）后台运营团队的建立

微信公众平台形式下的思想政治教育，应以教育者把握发展导向为前提，以学生自我教育为基础。因此，微信后台运营团队可由学生构成，并由相应人数的

---

① 杨开一、李妍：《高校共青团微信平台发展的SWOT分析与策略研究》，《理论界》，2014年第2期，第162页。

教师进行监督指导。意义有二。

其一，有利于提高学生对思想政治教育的接受程度。首先，内容的发布者必须完全接受思政教育的核心思想，即社会主义核心价值观，在此基础上进行内容的发布。其次，自我教育有利于给学生留出发展空间。充分调动主观能动性，使之充分发挥思维创造力，培养学习能力，形成高度的责任感，这恰与思想政治教育初衷相符。最后，以学生视角发布的内容更生动具体，更贴近实际生活，能更好地把理论和实际联系起来。

其二，有利于高校教师加强对学生政治思想走向的把握，引领积极健康的舆论导向，宣扬正确向上的价值观。

### （三）微信平台的正式运行及后期反馈与调整

微信平台的运营是交互性过程，推送的稿件可在关注者中进行征集，推送的内容也应根据关注者的反馈进行调整。虽然微信平台具备其他媒体所没有的优势，但仍会出现问题，如：高校学生有随时取消关注的权利，信息是否有足够的吸引力，是他们能否持续关注的关键。为了不减弱学校思想政治教育的影响力，微信平台运营者应随时针对不同类别信息的浏览量进行评估，并做出相应调整。同时，微信平台的信息传播速度快，覆盖面广，且一经发出无法撤回，管理者无法对信息做出二次处理，信息可能会受到一些人的逆向运用，对思想政治教育起到消极效果。因此要求推送的信息务必十分准确，监管责任重大，管理者应当时时对反馈进行研究、分析，阻止此类事件的发生。

总的来说，微信公众平台为思想政治教育工作提供了十分丰富的资源与多样化的载体，思想政治教育工作者更应把握时代脉搏，最大程度上利用新媒体的优势，教育引导学生，对教育模式进行优化与创新，培养更多负责任，有创造力，学习能力强的优秀学生，使之成为国际化的优秀人才。

# 高校外语专业大学生思想政治教育策略分析

李　哲

**摘　要**：外语专业大学生肩负着跨文化交流、推动对外开放，把中国融入到世界大格局中去的历史使命，因此加强外语专业学生思想政治教育成为外语类高校必须重视的问题。本文旨在通过对外语专业大学生课程、思想政治教育等特点的分析，提出相应策略，为该领域思想政治教育发展作出贡献。

**关键词**：思想政治教育　外语专业　大学生

大学生思想政治教育是大学生全面发展，高校实现育人目标的重要着力点和突破点。然而世界范围内思想文化领域的斗争，改革开放带来的思想活动的独立性、选择性、多面性和差异性，都在当代大学生身上有显著的表现，这使得当代大学生的思想政治教育问题存在着重大的挑战，尤其是直接接触西方文化，极容易受西方文化思潮影响和冲击的外语专业大学生。因此，随着思想政治工作的环境、内容、对象的不断变化，如何真正聚焦聚神聚力大学生的关注点与兴趣点，如何逐步改善思想政治教育的针对性和时效性，是对于当代大学生思想政治教育工作的重中之重。

2000年，教育部颁布实施的《高等学校英语专业英语教学大纲》里对英语专业大学生的培养规格也提出了具体要求：“素质教育主要包括思想道德素质、文化素质、业务素质、身体和心理素质。”外语专业的大学生有更多的机会接触西方文化，容易受西方思想和意识形态影响，因此应该更加注重训练学生批判地吸收世界文化精髓和传承弘扬中国传统文化的能力。因此在新时期，准确把握外语专业大学生思想政治教育的方向和实现路径，解决好“培养什么人，如何培养人”的问题，解决好“为了谁，服务谁”的问题，才能进一步加强高校外语专业大学生思想政治教育工作。

---

李　哲　西安外国语大学

外语专业大学生与其他专业的大学生相比较具有特殊性，因此，做好高校外语专业大学生的思想政治教育工作，必须首先充分了解外语专业大学生的特点，把握专业特殊性，因材施教，有的放矢，这样才能提高此工作的针对性和时效性。

## 一、外语专业大学生思想政治教育工作的特点

### （一）外语专业大学生的特点

高校外语专业大学生的专业特性特别强，拿英语专业为例，从开设的课程上来看主要有：英语基础类课程，比如精读、泛读、写作、听力等；专业选修课程，比如外国语言文学、报刊选读、语言学概论、英语国家文学史及文学作品选读、主要英语国家国情等；其他基础必修课：比如二外、体育、思想道德修养与法律基础等。其中基础专业课程以及专业选修课程占到总课程的三分之二。可见，从课程设置上来说外语专业大学生有很多的机会接触到西方文化，再加上专业需要，他们需要了解掌握西方政治、经济、文化，甚至比了解中国还要深刻。除上课之外，高校外语专业的大学生由于其专业特性，基本上每天都要通过各种渠道接触外国文化，说各类外语、写外语单词、读外语课本、唱外文歌曲、看外国电影、背外语文章。

同时，外语专业学生都有外籍教师。外教带给他们的是纯粹地道的外来文化和西方价值观。大多数外教在中国居住的时间并不长，一言一行和兴趣爱好都保留着本国本民族的特点。因此不管是上课还是课后的交流中老师都会有意无意的渗透本国文化，学生就难免受到潜移默化的影响。

再加上这个时期也正是他们思想的不稳定期，极易受西方的一些思想所影响。这也是为什么他们更愿意过西方的节日，更加认同西方的生活方式。相反，由于传统历史课程在初高中时代的缺失，相比外国政治、经济、文化，他们对于中国的历史文化、民族风情、人文精神知之甚少，这样就更加淡化了中国的传统文化及其价值观。

### （二）外语专业大学生思想政治教育的特征

相较于其他专业学生，外语专业的当代大学生具有自身的特殊性，他们思维活跃，接受新生事物能力比较强，因此，在新旧文化更替、中外文化交锋的背景下，外语专业大学生的思想政治教育存在较大的难度。首先，外语专业大学生受到不同的社会文化的影响，不同民族的文化对当前高校外语专业大学生的思想产生了各种冲击，由于外语专业大学生辨别能力还相对较弱，因而很容易受到一些

比如西方的个人主义或者拜金主义等不利于青年价值观形成的西方思想。其次，外语专业大学生在学习的过程中接触的最多的是外语，影响最深的是具有海外留学经验的专业课老师和外教，了解最多的是外国文化，再加上现在大学生普遍对中国政治经济关注度底，对中国传统文化的了解程度往往不及对西方文化的了解。因此在这种环境当中学习生活的外语专业大学生的思想政治教育更有难度。最后，因为学业和就业压力，外语专业大学生通常会比较重视专业课程的学习，认为思想政治理论课是枯燥无味、缺乏实用性的，这就造成了他们观念和认识上的滞后。

## 二、高校外语专业大学生思想政治教育策略分析

### （一）提高外语专业大学生的政治素质

中共中央、国务院颁布的《关于进一步加强和改进大学生思想政治教育的意见》（以下简称《意见》）中明确表明，加强和改善大学生思想政治教育，逐步提高他们的思想政治素质，对于全面实施科教兴国和人才强国战略具有重大而深远的战略意义。大学生政治素养主要包括：接受理想信念教育，正确认识社会发展规律，关心国家前途命运，明晰自己的社会责任，同时不断追求更高目标，树立远大理想，坚定社会主义信念；爱国主义教育，大学生要了解我国基本国情和国内外形势，熟悉中国近现代史，继承中华民族的优秀文化传统，并且使大学生能够在重大政治问题上明辨是非，坚持正确的政治路线；以及公民道德教育和素质教育。

外语专业大学生因为专业特点，因此提高外语专业大学生的政治素质尤为重要。首先要解决思想政治教育淡化、僵化、虚化、形式化、娱乐化的问题，必须是具体的而不是抽象的。可以通过将思想政治教育因势利导地融入生活风俗之中，通过各种社会实践切实加强外语专业大学生对社会的责任，通过实践拓展教育模式。比如利用重大节庆日为载体，挖掘其中蕴藏的丰富教育资源，利用“五四”进行爱国主义教育；利用清明、端午、中秋等进行传统文化教育。使学生在喜闻乐见、寓教于乐中更好地感悟思想政治教育要求的真正内涵。也可通过社会调研、生产劳动、志愿工作、公益活动和勤工俭学等社会实践，把思想政治教育的内容有机地融入到每个具体的实践拓展计划中，引导学生坚定理想信念，激励学生勇于创新创造，锤炼学生的高尚品格。

同时需要外语专业教师在外语课堂教学的过程中渗透政治素质的教育。外语专业大学生思想政治教育的培养需要思想政治教育理论课教师以及外语专业教师齐上阵，在教学过程中渗透政治素质的教育。

此外，随着国际间政治经济文化交流的加大，西方的很多不良思想和价值观也跟着源源不断的传入我国，西方资本主义国家通过各种途径不断的加大了对我国的文化渗透，给当代大学生尤其是接触西方文化最多的外语专业大学生的思想带来了严重的冲击和影响。因此，应该引导外语专业大学生正确认识西方政治文化渗透的目的和本质，不断提高他们的分析能力和辨别能力，引导他们树立自觉抵御文化侵蚀的信念，通过“中国梦”和“社会主义核心价值观”教育树立文化自信，从而克服西方政治文化带来的负面影响。

随着国内外形式的深刻变化和现代信息技术的迅猛发展，因此要跳出传统思维定式，通过创新的手段、有针对性的方法，让思想政治教育在学生群体中可亲、可敬、可爱、可学，避免“生冷硬”、“假大空”，使思想政治教育在潜移默化、润物无声中促进大学生成长成才。可充分利用微信、微博等网络新媒体平台，增强思想政治教育的吸引力和感染力。

### （二）处理好专业教学和思想政治教育的关系

高校外语教师对外语大学生的影响是潜移默化的，对高校外语专业大学生的成长成才有着重要的引导作用。外语专业教师不应该认为思想政治教育工作与自己无关，要肩负起育人责任，应调整教学思路和理念，在遵循语言教学规律的同时，正确处理好专业教学与思想政治教育的关系，把思想政治教育渗透到专业教学中，达到既教书又育人的目的。

教师们应改变传统思维模式里认为外语教师的主要功能是传授外语知识，跟思想政治教育无关的误区。在常规的英语教学中，外语教师一般都偏重于西方价值观的直接输入，很少涉及中国文化价值的渗透，影响了外语专业大学生的文化吸收。因此，外语教师应加强课堂管理，加强“育人”在先，“教书”在后的理念。

外语专业大学生普遍重视专业课知识，外语教师在他们的心目中有着很高的地位，因此，外语教师的文化素养和人格素养在培养他们思想政治素养方面起着不可替代的作用。首先，教师们应该不断加强自身的政治素养和文化修养，通过不断充电和学习思想政治理论，丰富自己的价值理论体系，从而更好的服务学生，让外语专业大学生在学习外语的过程中同时能不断认同自身的民族文化和民族价值观，以便他们在学习西方文化的过程中能够始终保持清醒的头脑。其次，外语教师还要以身作则，在多元文化冲击传统文化面前始终坚定社会主义立场，不但在课堂教学的时候展示自己坚定的社会主义立场，还要在日常生活中通过言传身教和潜移默化来给学生示范。最后，教师们应重视社会实践，引导学生培养文化自信以达到个人的自我发展；引导学生重视社会实践，经常开展以中国传统文化为主题的外语辩论赛等实践，让学生在提高专业实践能力的同时感受中华传统文化，从而不断增加文化认同感。

### （三）有效发挥高校的思想政治教育主体地位

高校肩负立德树人的根本任务。《关于进一步加强和改进大学生思想政治教育的意见》中明确把大学生思想政治教育的职责主体定位为高校。高校是当代大学生思想政治教育的重要阵地，对大学生身心的发展起着不可忽视的作用。外语专业的大学生由于受到西方文化的影响，故他们的思想政治教育更需要借助于高校的外力对他们施加影响。

高校要将思想政治教育纳入大学体制建设完善中。首先，大学生思想政治教育工作具有长期性、系统性、综合性，涉及各个领域、各个方面，需要形成合力，需要坚持不懈。高校要把思想政治教育工作写进学校工作总体规划，贯穿于办学指导思想、中长期发展规划和人才培养全过程，融入高校日常教育管理的各个环节，逐步实现常态化。其次，高校要建立健全工作体制，改变大学生思想政治教育的惯性思维，实现从管理为主导向以服务为主导的转变。提高服务能力，尊重学生主体作用；同时彻底破除行政管理与思想政治教育教学之间的隔阂，充分肯定德育课程教师的工作成绩和所起的重要效果。

## 三、结语

中共中央办公厅、国务院办公厅印发的《关于进一步加强和改进新形势下高校宣传思想工作的意见》明确指出，大学生思想政治教育针对性、实效性需要进一步加强。因此，高校应该适应新形势下的新任务和新要求，不断创新思想政治教育工作理念，积极适应新时期大学生的心智特点，进一步创新工作方式方法。要提高思想政治教育的有效性和针对性，教育者必须根据被教育者的特殊性，因材施教。外语专业大学生由于受专业领域、语言环境和西方文化氛围的影响，更容易被西化，在接受西方的文化和价值观的情况下，教师们要积极探索适合外语专业学生思想政治教育的新模式，提高外语专业大学生的政治素养，才能在学生思想政治教育工作中取得成效，培养出能适应社会发展需求的优秀外语专业人才，让他们为实现中华民族伟大复兴的“中国梦”贡献自己的力量。

### 参考文献

[1] 教育部社政司：《中共中央、国务院关于进一步加强和改进大学生思想政治教育的意见》，2000年发布。

[2] 中共教育部党组:《关于进一步加强高等学校学生思想政治工作队伍建设的若干意见》,2000年发布。

[3] 教育部:《高等学校英语专业英语教学大纲》,2000年修订版。

[4] 左鹏:《用核心价值观引领高校社会思潮关键环节》,《中国高等教育》,2015年第5期。

[5] 杨振斌:《着力增强大学生思想政治教育针对性和实效性》,《中国高等教育》,2015年第3期。

[6] 中共中央办公厅、国务院办公厅:《关于进一步加强和改进新形势下高校宣传思想工作的意见》,2015年发布。

# "新常态"下外语外贸类高校国际化人才培养中的创业教育问题初探

贾　超

**摘　要**：本文在探讨"新常态"下外语外贸类高校国际化人才培养与创业教育二者关系的基础上，分析了当前外语外贸类高校国际化创业人才培养的困境，进而提出应从学生创业意识、创业精神和创业能力培养以及完善创业配套机制四个方面来培养国际化创业人才。

**关键词**："新常态"　国际化　创业教育

当前，我国经济社会发展已步入"新常态"，要素驱动、投资驱动转向创新驱动是大势所趋。创新是社会进步的灵魂，创业是推动经济社会发展、改善民生的重要途径，青年学生富有想象力和创造力，是创新创业的有生力量。外语外贸类高校要主动认识、适应、引领经济发展"新常态"，就要站在国际化人才培养的角度，思考和审视大学生创业教育的困境与应对措施，从学生创业意识、创业精神和创业能力培养以及完善创业配套机制四个方面来培育创业文化，释放大学生创新创业活力，以创业带动就业，进一步推动大众创业、万众创新。

## 一、"新常态"下外语外贸类高校国际化人才培养与创业教育的关系

### （一）国际化人才培养与创业教育的目标本质上是相通的

《国家中长期教育改革和发展规划纲要（2010—2020年）》提出，要"培养大批具有国际视野、通晓国际规则、能够参与国际事务与国际竞争的国际化人才"。国际化人才培养的目标是要求学生具有宽广的国际化视野和强烈的创新意

贾　超　西安外国语大学

识、熟悉掌握本专业的国际化知识、熟悉掌握国际惯例、具有较强的跨文化沟通能力、独立的国际活动能力、较强的运用和处理信息的能力、较高的政治思想素质和健康的心理素质，能经受多元文化的冲击，在从事国际事务的同时不丧失中华民族的人格和国格。而创业教育的目标则是要求学生具备扎实的专业基础知识、较强的创新创造意识、合作精神和团队意识、市场开拓意识以及承受失败的挫折意识等。不难看出，二者对于人才培养的目标本质上是相通的，都是要培养具有创新创造精神、团队合作意识、优秀综合能力、良好心理素质各方面综合发展的学生。

### （二）国际化人才培养与创业教育的形式可以互相配合、互为补充

1. 国际化人才培养可以弥补和优化现有的创业教育体系。我国大学生创业教育目前仍处于初级阶段，多数外语外贸类高校的创业教育只是简单的就业指导或是职业规划，培养的是单学科知识型人才，缺乏国际视野、国际交流能力和国际竞争力。国际化为目前大学生创业教育带来很大的冲击，促使高校摒弃一些不合理的、旧的教育观念，通过越来越多的国际合作和国际交流项目，为学生提供接触和了解国外先进教学理念、教学资源、创业实践、创业案例，以及熟知国际规则的机会，同时引入先进的国际竞争意识和机制，开阔大学生的国际视野和创新思维，为学生毕业后在国际竞争中就业创业和自我实现打下坚实的基础。

2．创业教育可以丰富国际化人才培养的形式和内容。创业教育可以促进学生国际化视野的开阔，学生在进行创新创业实践的过程中，会自觉关注国际经济形势的发展趋势，研究跨国企业的优秀管理实践。创业教育可以为国家积累储备国际化创新人才，创业教育通过对学生创新能力、组织管理能力、决策能力、综合协调能力、人际沟通能力、团队协作意识、诚信守法意识以及良好心理品质的锤炼，可以促进人力资本质量和技术的进步，为国家积累储备各类国际化创新人才。创业教育可以引导学生发现和培育新的经济增长点，“新常态”下，经济发展将从传统经济增长点转向新的经济增长点，而新的经济增长点必须要靠产业化的创新来培育和形成。

## 二、当前外语外贸类高校国际化人才培养中开展创业教育的困境

### （一）从学生层面来看

1. 学生没有认识到创业对于国家发展的重要意义。很多学生没有认识到“新常态”下“大众创业、万众创新”赋予大学生的时代责任。

2. 学生没有认识到创业对于个人发展的重要意义。很多学生认为创业和自己学习生活相距较远，在校期间只需要认真学习书本知识就足够了，对自己未来发展没有益处。

3. 学生没有认识到国际化对于自身未来可能带来的挑战。很多学生不了解也很少关注国际化对于大学生学习和生活的影响，更没有意识到应当提升自己哪些方面的能力，才可以有效应对国际化带来的种种挑战。

4. 学生创业时应具备的创新勇气不够，面对失败的心理承受能力较差。部分学生缺乏创业的自信和勇气，对创业将要面临的挑战感到无助和害怕，缺少艰苦奋斗的精神。

5. 学生的创业能力不足。部分有意愿创业的学生，缺乏专业的指导和帮助，创业能力不足。

### （二）从学校层面来看

1. 学校对学生创业教育的重视程度不够。相当一部分外语外贸类高校并没有深刻认识到国际化背景下大学生创业教育的重要性，甚至认为学生创业教育会在一定程度上冲击学校正常的教学和科研秩序，挤压学生的课堂学习时间。

2. 学校没有形成系统的国际化创业教育体系。很多外语外贸类高校没有建立专业的创业导师队伍，没有设置国际化创业课程，创业讲座举办较少，没有将创新创业教育融入日常思想政治教育中，对学生创业意识、创业精神和创业能力的培养不足。

3. 学校对学生创业工作的资金投入不够。一方面，学校财政对学生创业的资金扶持力度不够；另一方面，学校不善于利用市场化机制，整合政府、企业、社会团体、校友等校外资源，或争取创业小额贷款等扶持措施。

4. 学校针对学生创业工作的配套制度不完善。很多外语外贸类高校没有出台支持学生创业的学籍学分管理制度，没有制定校内导师指导学生创业的激励措施，没有制定学生创业先进典型的宣传和奖励办法，没有建立学生创业作品转化和项目孵化机制。

5. 为学生提供的创业机会和平台不够。如今国家和省市一级的创新创业竞赛逐渐增多，但很多外语外贸类高校却没有组织开展相应的高水平创业竞赛，对各类创业社团协会的重视和指导不够，也没有建立校内创业实践场所和校外创业实践基地。

## 三、“新常态”下外语外贸类高校国际化人才培养中创业教育的具体措施

### （一）培养学生创业意识，引导学生将实现个人“创业梦”自觉融入到实现中华民族伟大复兴的“中国梦”中

1. 转变学生思维观念。“新常态”下，个性化、多元化的需求更加凸显，但个性化、多元化的产品和服务还远远不足，这实际上正是大学生创业的有利时机，与其被动地找一份工作，不如自己创造一番个性化的事业。

2. 将创新创业教育融入日常思想政治教育中。利用团课、团日活动、班会、主题教育活动，教育引导学生正确认识我国经济发展“新常态”，自觉投入到国际化创新创业大潮中，在实现自己“创业梦”的同时助力中华民族伟大复兴“中国梦”的实现。

3. 举办系列创业讲堂。积极邀请具有国际化视野和经历的党政专家、经济学者、企业精英、创业先锋，举办各类创业讲堂，通过宣讲解读国际化背景下的创业形势、讲述传授创业知识、分享交流创业经历等形式，为学生创业释疑解惑，激发学生创业意识和创业热情。

4. 推动开设国际化创业课程。加强国际交流与合作，推动开设一批针对性强、实践性强、趣味性强的国际化创业课程、双语课程，将国际上先进的创业思想、创业方法、创业案例引入课堂，涵盖创业模块培训、创业案例教学和创业实务训练，并纳入学校创业必修或选修课程体系。

5. 寻访选树创业典型。以“五四”评优、大学生年度人物评选、寻访中国大学生自强之星、寻访中国大学生创业榜样等各类评比活动为抓手，及时发现、培养、树立、激励各类大学生创业典型。通过报告会、座谈会、推介会等形式，大力宣传创业典型先进事迹，发挥学生创业典型的引领作用。

### （二）培养学生创业精神，引导学生积极培育和践行社会主义核心价值观

1. 培养学生的爱国精神。培养学生对祖国的忠诚和热爱，帮助学生树立正确的世界观、人生观和价值观，引导学生自觉将个人“创业梦”与中华民族伟大复兴“中国梦”紧密结合，与全面建成小康社会、全面深化改革、坚定走中国特色社会主义道路、加快社会主义现代化建设进程紧密结合。

2. 培养学生的敬业精神。首先要培养学生的创新勇气，自信、认真地面对创业，敢想、敢做、敢闯；其次要培养学生的责任意识，敢于担当和负责；最后要

培养学生良好的心理品质，引导学生正确看待创业过程中的艰难坎坷，勇于承受挫折，坚持不懈，永不言弃。

3. 培养学生的诚信精神。要引导学生牢固树立诚信创业意识，创业策划不弄虚作假，创业宣传客观真实，资金运用规范合法，经营过程诚实守信，产品和服务保质保量。

4. 培养学生的友善精神。创业过程是一个需要团队合作的过程。要引导学生树立共同的创业理念、价值观和创业愿景，通过科学有效的管理方式增强团队的凝聚力和向心力，相互信任，互帮互助，团结有爱，精诚合作，共担责任。

5. 培养学生的法治精神。在全面推进依法治国的背景下，一定要引导学生守法创业。要增强学生法治意识，善于利用国家扶持大学生创业的优惠政策；在创业中合法经营、依法办事，自觉接受法律的约束；当合法权益受到侵犯时，合理利用法律武器维护自己的合法权益。

### （三）培养学生创业能力，让大学生成为“新常态”下“大众创业、万众创新”的主力军和佼佼者

1. 培育各类创业社团协会。注重发挥学生主体作用，指导创业社团协会开展形式多样的活动，广泛吸引凝聚有创业意愿的学生，营造良好的创业氛围，增进学生创业交流，提升学生创业能力。

2. 完善各级创业竞赛体系。以“创青春”全国大学生创业大赛、“挑战杯”全国大学生课外学术科技作品竞赛、国家级大学生创新创业训练计划为龙头，完善学校和学院一级的创业竞赛体系，以赛促创、突出品牌、扩大参与，强化创新创业赛事育人功效，紧密结合外语外贸类高校的学科特点和专业特色，大力推动跨专业跨学科交叉创新创业。

3. 进行模拟企业运营训练。组织学生成立模拟公司，通过角色扮演、撰写商业计划书、模拟谈判、模拟签约、模拟交易、模拟结算等方式，使学生身临其境体会创业和企业运营的过程，训练大学生的市场敏锐性和企业经营能力。

4. 设立校内创业实践场所。利用学校内部资源，充分挖掘和开辟校内创业市场，组织大学生进行微型创业体验。指导学生成立自主管理、自主经营的创业团队，建立翻译公司、电影字幕组、外语文化书亭、家教服务中心、爱心超市、计算机服务中心、校园物流中心等，让学生体验创业实践的全过程。

5. 开发校外创业实践基地。同政府、企业、社会团体、高新技术园等单位联合开发创业实践基地，引导学生到政府部门、街道社区、企事业单位进行志愿服务、勤工助学、挂职锻炼、顶岗实习、产品营销等实际工作，使青年学生将书本知识和实验技能灵活运用到实际课题中，在实践中受教育、增知识、长才干。

### （四）完善创业配套机制，营造良好创业氛围，为学生创新创业提供有力保障

1. 争取创业资金支持。广泛吸纳校友、企业、社会团体等各方面资源，争取政府部门和学校财政支持，推动设立大学生创业基金，通过赛事奖励、专项支持、重点帮扶等方式，加强对学生创业项目的资金扶持；充分利用市场化机制，争取创业小额贷款扶持，重点支持学生初创企业。

2. 组建具有国际视野的创业导师团队。充分发挥校内专家、校友、企业家、经济学者、创业培训师，尤其是有国际化视野和经历的优秀企业家的作用，组建涵盖不同创业阶段、不同行业领域、不同创业需求，具有丰富创业经验、有强烈社会责任感的创业导师团队，组建创业导师资源库，通过建立专业化、常态化的导师辅导机制，为创业学生进行政策、项目、市场、金融等方面的“一条龙”指导。加快推进创业教师队伍国际化进程，加大教师出国进修选派力度，拓展教师国际学术视野，提高追踪创业教育最新成果和前沿动态的能力。

3. 构建国际化导向的政策服务平台。积极把握学生创业诉求，推动出台支持学生创业的学籍学分管理制度；运用手机APP、微信公众号等网络新媒体，建立服务学生创业的“一站式”综合信息服务平台，汇集国际国内关于大学生创业的政策信息和技术信息，为创业学生提供便捷实用的政策咨询、信息查询、智能提醒和沟通协办等服务，努力打通创业公共政策落地的“最后一公里”。

4. 完善作品转化和项目孵化机制。积极寻求学校、政府、企业、社会团体等多方资源支持，重点依托大学科技园、高新技术园、中小企业创业基地、创新型企业孵化器等孵化机构，联合打造一批创业实训、孵化基地，将创业实训、创业指导、创业孵化相结合，建立全方位、阶梯型、专业化的创业孵化服务体系，为解决创业学生办公场地、提供孵化平台、市场对接等方面的需求提供便利。

5. 注重舆论宣传和引导。及时总结推广学生创业的成功做法、典型范例、先进经验，积极扩大社会影响；丰富宣传形式，充分利用广播、电视、报刊、网络、手机等宣传媒体，向广大青年宣传创新创业信息，弘扬企业家精神，做好各类创新创业类活动的线上推广和传播，形成线上线下的良性互动，努力营造良好创业氛围。

### 参考书目

[1] 刘莲香：《关于高校创业文化培育的思考与探索》，《福建省社会主义学院学报》，2013年第5期。

[2] 陈丽:《高校校园创业文化培育机制研究》,《湖北民族学院学报（哲学社会科学版)》,2013年第31期。

[3] 何晔《高校国际化创新型人才培养模式探析》,《浙江海洋学院学报（人文科学版)》,2013年第30期。

# “新常态”下研究生思想政治合力育人机制的构建

白　澍

“新常态”就是不同以往的、相对稳定的状态。首先在经济领域被提出，它的本质就是“提质增效”。研究生思想政治教育也需要适应“新常态”，做到提质增效。研究生教育是我国社会主义现代化建设拔尖创新人才培养的重要渠道。在我国现行研究生教育体制下，导师主要负责研究生学术研究方面的培养，辅导员主要负责研究生思想政治教育。随着研究生规模的逐渐扩大，研究生思想动摇、学术不端、心理危机等问题时有发生，研究生思想政治教育已然成为大学生思想政治教育中相对薄弱的环节。如何发挥各教育主体优势，形成合力，加强和改进研究生思想政治教育，已经成为研究生培养和教育质量提升的重要任务。

## 一、研究生思想政治教育主体的角色定位

### （一）导师在研究生思想政治教育中的首要责任

2010年11月《教育部关于进一步加强和改进研究生思想政治教育的若干意见》(下称《意见》。[①] 对导师提出了明确要求：“导师负有对研究生进行思想政治教育的首要责任。”又明确了对于研究生科学道德和学风建设方面的责任：“要在教学和科研实践中培养研究生良好的学风，严格要求学生遵守学术道德规范”；明确了其“就业指导”的职责。可见，导师除了需要负责专业学术培养，还要全面负责研究生的成长成才。在教育实践中，导师的治学方法与个人修为，渗透德育工作，这样“润物无声”式的教育易于接受，具有间接性、深刻性。

---

白　澍　西安外国语大学研究生部

① 《教育部关于进一步加强和改进研究生思想政治教育的若干意见》，教育部网站，2010年11月17日，http://www.moe.edu.cn/business/htmlfiles/moe/s6875/201210/xxgk_142974.html，2015年2月15日登录。

### （二）辅导员是研究生思想政治教育中的骨干力量

2006年教育部颁布《普通高等学校辅导员队伍建设规定》，① 强调高校辅导员是大学生思想政治教育工作队伍的骨干力量。辅导员应当努力成为学生的人生导师和健康成长的知心朋友。2014年教育部印发《高等学校辅导员职业能力标准（暂行）》，该标准明确辅导员的职业功能包括：思想政治教育、党团和班级建设、学业指导、日常事务管理、心理健康教育与咨询、网络思想政治教育、危机事件应对、职业规划与就业指导、理论和实践研究等内容。辅导员的角色定位则更直接地关注研究生的思想状态、心理动态和实际问题，具有直接性、亲和性。

### （三）研究生在思想政治自我教育中的主体作用

《意见》第四条明确指出：“充分发挥研究生在思想政治教育中的主体作用。”研究生是否能成为思政教育主体，取决于其是否能发挥主观能动性进行自我教育。研究生历经系统的本科思想政治理论学习和第二课堂的实践锻炼。在知识储备上更加丰富，自主意识上更加独立，自我教育能力上更为成熟。通过研究生组织开展丰富多彩的党团活动、班级建设、公益服务等校园文化生活，实现组织育人，活动育人。这种自我教育应当更具有积极性和主动性。

通过比较，三者在研究生思政教育中承担着“共同但有区别”的责任。导师与辅导员共同负责研究生的思政教育、学业指导、就业指导，属于显性责任。此外，导师“全面关心研究生的成长”责任理应包括心理健康教育等隐性责任。而日常事务管理、危机事件应对、理论和实践研究则是辅导员的特有职能，但这些功能的有效发挥都离不开导师的协助。研究生自身也应该通过党团组织、研究生会、研究生社团等团学组织进行全方位全过程的自我教育。

## 二、研究生思想政治教育主体共同责任的困境

### （一）导师责任意识部分缺失

长期以来，我国各高校的研究生导师主要负责学术研究方面的教育，部分高校并未建立起研究生思想政治教育首要责任人的角色认同。部分导师在思政工作中存在误区：认为导师的职责仅限于智育培养、业务培养、专业培养，德育工作属于辅导员的职责范畴。尽管已经有部分高校快人一步，明确出台了相关规定，

① 《普通高等学校辅导员队伍建设规定》，中央政府网，http://www.gov.cn/gongbao/content/2007/content_705523.html，2015年2月15日登录。

确立了导师“首要责任人”的身份定位，也提出了一些促进导师参与德育工作的指导性意见，但在具体落实环节，导师的育人意识亟待进一步加强，育人具体职责有待进一步明确。

### （二）辅导员责任能力相对缺乏

《意见》要求：“充分发挥课堂教学在研究生思想政治教育中的主导作用。”当前我国高校的研究生辅导员主体仍为硕士学位，无开设研究生思政教育公选课资格，在课堂教育这一主要阵地上难以发挥作用。思想政治教育仅仅可以介入的环节包括党团建设、社会实践、心理健康教育、校园学术文化活动、就业指导等第二课堂。另外，多数高校存在辅导员与学生配比不达标；且出现“一人多职”现象，自身除负责思政工作外，可能还兼任其他行政管理事务，如学位管理、学籍管理、就业派遣等。由于所学专业、时间精力所限，势必会降低对研究生进行思政教育的针对性和有效性。

### （三）研究生自身教育主观能动性相对不足

研究生处于成人早期，思想和心理发展相对成熟；人员构成复杂，年龄跨度大，生源类型包括统招生、委培生、自筹生等；因专业方向不同培养计划的差异较大，加之研究生面临的学业、就业、婚恋、生活等现实压力大，使得研究生个性相对复杂，在生活上独立性较强，学习方式较为分散，他们大多早已失去了参与第二课堂开展校园活动的热情，更遑论在校园活动中实现自我教育、自我提高。在自我教育过程中体现出主动性和积极性不足。

### （四）三者协同机制缺乏，育人合力难以发挥

一是缺乏合力育人的共识。导师与辅导员从传统工作目标出发，根据固有思维各行其是，形成了“单兵作战”的局面，甚至出现“共同不负责”现象。当二者个别观念相左时，学生陷于两难，无所适从。研究生班级意识淡薄，党团建设深度广度不足，使得研究生思政自我教育意识较为薄弱。二是缺乏合力育人的机制。文件出台是前提，落实才是关键。部分高校缺失相关配套实施细则，致使教育主体职责没有明确划分，沟通形式内容缺乏顶层设计，最终导致育人主体缺乏合力，不能“协同作战”，进而无法完成“立德树人”总任务。

# 三、构建研究生思想政治教育合力育人机制的必要性

## （一）构建合力育人机制是国家推进研究生教育综合改革的有效途径

随着我国研究生教育的发展，研究生培养模式形成了学术型和应用型硕士研究生双元结构；学习形式包括全日制非定向生、全日制定向生、委培生等；培养层次包括硕士研究生、博士研究生等。为进一步提高研究生教育质量，2013年7月教育部、国家发展改革委、财政部下发《关于深化研究生教育改革的意见》[①]明确提出“拓展思想政治教育的有效途径，……加强中国特色社会主义理论体系教育，把社会主义核心价值体系融入研究生教育全过程，把科学道德和学风教育纳入研究生培养各环节”。只有调动各教育主体全程发力，为改革提供动力，才能将思想政治教育纳入研究生培养全过程，进而推进改革深化。

## （二）构建合力育人机制是高校加强和改进研究生思想政治教育的必然选择

自从2004年中央16号文到2010年《意见》下发，各高校普遍重视加强研究生思政教育工作。部分高校还存在“说起来很重要，做起来不重要”的现象。研究生在高等教育体系中总量虽然相对较少，但是层次高，思想成熟独立，情况复杂，思政工作难度大。“部分高等学校重视不够，领导体制和工作体制尚不健全，缺乏相应的专职工作队伍，条件保障还不完全到位”，致使研究生思想政治教育在大学生思想政治教育中被边缘化，成为薄弱环节。在现行体制下，专职辅导员人数配备无法增加，财力物力投入有限，必然需要发挥导师和研究生力量，形成“三位一体”的育人机制。

## （三）构建合力育人机制符合研究生全面发展的自身需要

马克思主义认为人的全面发展是人的体力和智力的充分、自由、和谐的发展。它是人的基本素质如德、智、体、美等要素协调发展，不可偏废。个体层面是指研究生个人在道德情操、知识储备、科研能力、身心素质、人文素养等全方位的发展；群体层面是指全体研究生在一定时期获得与社会生产力水平相适应的普遍的发展。这项系统性工程，只有导师和辅导员各司其职，加之研究生发挥自身主观能动性，各自驱动，通力合作，方能完成。

---

① 教育部国家发展改革委财政部《关于深化研究生教育改革的意见》，教育部网站，http://www.moe.gov.cn/publicfiles/business/htmlfiles/moe/A22_zcwj/201307/154118.html.，2015年2月15日登录。

## 四、构建研究生思想政治教育合力育人机制的可能性路径

### （一）明确认识，加强沟通，形成合力育人共识是精神动力

首先要明确自身责任。高校一把手需提高认识，领会中央精神，重视合力育人建设；导师、辅导员需要明确各自职能；研究生需认识自身在自我教育中的主体地位。然后再加强交流意识。意识有发展的过程，从无到有，从弱到强。导师在学识和人品上的相对成熟厚重，辅导员在代际交流和朋辈教育中的相对亲和灵动，研究生自身教育具有自发性和主动性，三者优势互补，相互促进。如开展研究生思想政治教育工作学习研讨会，组织相关人员更新思想，凝聚共识。另外，其他各管理服务部门也要转变思路，形成合力育人大格局意识。

### （二）纵横建设，形成矩阵，打造合力育人队伍是人力资源

纵向层面，形成学校、院系—研究生管理部门、导师—辅导员的三级管理队伍。横向层面，形成党政团干部组织协调，导师为首要责任人，专职辅导员为骨干，思想政治理论课和哲学社会科学课教师发挥相应责任的研究生思想政治教育队伍。如校级党委研究生工作部、校团委负责组织协调，引导院（系）党委、团工委开展具体工作，在二级管理体制下的教学院系配备研究生专职辅导员。其他如学位管理、培养管理、就业指导、研究生教学秘书等有关部门，要结合实际，配合做好管理育人、服务育人工作。研究生组织发挥其自我教育优势，通过研究生党支部、研究生会、团工委、学生社团等团学组织开展丰富多样的理论学习、文艺体育、社会实践等活动，实现活动育人、实践育人。横纵交错，避免死角，形成研究生全思政工作矩阵。

### （三）全面规划，顶层设计，构建合力育人机制是制度保障

高校需要切实做好制度设计，将国家政策与自身发展相结合，制定实施细则。首先需用规矩明确职责，使导师、辅导员、研究生明确各自角色与职责，使其有的放矢。其次是构建奖惩机制，联合组织人事财务部门将研究生思政工作实效与职务晋升、职称评审、津贴福利挂钩，如评选“研究生思想政治教育先进标兵”，奖励先进，营造创先争优氛围。最后是要建立起长效机制。不能搞形象工程，只走过场。要结合世情、国情、校情新形势，创新形式内容，搭建工作理论与实务交流平台，如定期开展“研究生导师辅导员思政工作联席会议”交流思想，协同行动。

## 五、结语

虚功实做，久久为功。随着研究生教育全面改革的进一步深化，研究生思想政治教育会越来越得到应有的重视。构建导师、辅导员和研究生自身为主体的合力育人机制，必将使研究生思政工作得到进一步的加强和改进。为完成立德树人总任务保驾护航，终将为实现中国梦输送全面发展的创新拔尖人才。

# 架设中外学生一体化的心理咨询服务

王 颖

心理咨询服务作为现代教育中心理健康教育的要件，已经获得社会、学校以及学生自身的普遍关注与广泛接纳，国内高校以中国学生为主体的心理咨询服务正在变得有体系、有标准，在发达地区的部分高校更向有品质和有特色的方向发展。从学生组成来看，高校中国际学生的数量有增无减，中外学生同堂上课等中外一体化的现象逐渐增多，心理咨询服务需要顺应高校学生的变化进行调整，不仅仅只局限于中国学生，在将服务对象扩展为包括国际学生在内的全员学生。高校提供心理咨询服务的机构大多为心理咨询中心，因为各校具体名称不一，在本文中统称为心理中心。

## 一、高校学生心理咨询服务的现状

国内高校的心理咨询服务经过长期的摸索以及近几年的大力建设，已经形成名校颇具特色、重点学校颇具规模、普通学校形成标准的基本格局，以中国学生为服务对象的工作日臻成熟与完善，各级对中国学生的心理健康状况十分重视。教育部在全国设立多个示范高校、北京市设立多个示范中心，为使心理中心提高服务水平进行推动。然而一直以来，国际学生的心理咨询服务一直不是高校心理工作的重点，这使得高校心理咨询工作与国际学生群体之间没有交集，甚至完全没有关联。具体可以从以下四个方面进行了解。

第一，高校国际学生的数量虽然整体不断增加，但是在总体比例上远远低于中国学生，国际学生的心理健康问题或危机的发生和发现比例也远远低于中国学生。加之心理健康工作并不是高校国际学生管理工作的主要内容，专业的从业人员较少关注到国际学生这一群体，国际学生的心理健康服务基本呈空白的局面。

王 颖 北京语言大学学生心理咨询中心

第二，从体制机构设置来看，国内高校中外学生管理基本处于互相独立的状态，心理中心已有的工作经验大都来自对中国学生的服务，普遍缺少对国际学生的了解，缺乏面向国际学生工作的经验，缺乏基本的工作流程与工作体系。第三，受语言所限，国际学生求助与学校提供服务都存在困难。语言条件是供需双方之间最大的现实障碍，双方语言水平的差异直接影响基本的交流和沟通。特别是对于不能使用英语的国际学生而言，在他们汉语水平还无法达到日常会话的程度时，难以真正使用心理咨询服务。第四，受文化影响，国际学生对中国高校心理咨询的专业服务认同存疑。相对于国外大学，中国高校的教育管理具有鲜明的行政色彩，这也是国际学生对学校机构的刻板印象之一。在这种背景下，国际学生对学校心理中心的独立性和专业性的认同受到影响。

## 二、国际学生的心理咨询服务需求

在全球一体化和中国经济持续发展的大背景下，中国高校的国际学生数量一直保持增长势头。根据全国中长期教育发展规划纲要，教育部提出至2020年全国留学生规模为50万，其中学历留学生15万，发展速度显著高于世界平均水平。国际学生的分布从集中在少数学校到遍布全国高校，已逐渐成为中国高校学生的基本组成部分。由严重心理障碍或心理危机引发的恶性事件，不仅破坏学校的正常教学秩序，对学生正常生活带来干扰，也极大耗费学校的教育管理资源，并且可能对社会和外交产生负面影响。

国际学生对心理咨询服务的需求可以分为两类。一类是解决适应性问题，包括生活适应、学习适应和文化适应，对适应过程提供心理支持。一类是解决康复性问题，他们也像中国学生一样，出现心理健康问题或心理障碍的学生占有一定比例，有些学生存在心理危机的可能性。在跨文化适应的过程中，容易产生文化休克现象，出现各种情绪问题，如孤独和封闭感、急躁和易怒、焦虑和抑郁等。在2007年的一项研究中，胡芳等人通过对两所高校的53名国际学生进行心理健康状况调查，结果发现国际学生在强迫、恐怖、偏执、精神病性等多个因子的得分高于中国学生，心理健康问题普遍存在。[①][②]

适应性需求和康复性需求是从问题严重程度进行分类，还可以根据学生对心理咨询服务的认知进行分类。一般来说，来自发达国家和地区的国际学生受本国教育的影响，对心理咨询服务具有基本的认知，对自身的需求较为敏感。而来自

① 胡芳等:《在华留学生心理健康状况调查》,《临床身心疾病杂志》，2007年。
② 艾忻:《提高在华留学生心理健康状况的对策研究》,《留学生跨文化教育研究》，2007年。

其他国家和地区的国际学生可能对心理咨询服务所知有限，在自己需要心理咨询时，会出现不自知或求助无门的情况。对自身需求的认知存在差异，直接影响他们对心理咨询服务的态度以及心理咨询服务的效果。

从现实需求来看，尽管有一些外资或合资医院以及非政府组织、私人执业机构可以为国际学生提供心理咨询，但是此类机构的数量稀少、价格昂贵，并不是大多数国际学生可以便利选择的求助渠道。

## 三、一体化是心理咨询服务的方向

国内心理咨询服务的发展与国内心理中心的建设都是以欧美发达国家特别是以美国为学习和参考对象，目的是使心理咨询为我所用、服务于自身心理健康。心理咨询作为“舶来品”的渊源决定了它服务于国际学生具有先天条件。而在大多数高校已经基本建立较为完整的心理中心的基础条件下，寻找具有学校特色的发展方向是高校心理中心的普遍趋势。以北京语言大学为例，从每年累计在校学生数量来看，国际学生大于中国学生，更具有开展国际学生心理咨询服务的现实条件。经过2012年以来向国际学生部分开放心理咨询服务的工作积累，已经逐步落实从中国学生转向中外学生正式开展心理咨询服务，架构中外学生一体化的心理咨询服务。

### （一）心理咨询具有普遍性

在众多的心理健康服务内容中，心理咨询是开展国际学生心理健康服务的最好切入点。心理咨询由国外引入，并以西方标准为发展准绳，这一工作方式的可迁移性最佳，不仅可以从对中国学生的工作经验中迁移，也可以从西方成熟的心理咨询工作中迁移。国外高校心理中心每年也接待大量国际学生，心理咨询服务发展至今，也已经形成关于国际学生心理咨询的一些研究成果与研究方法，这些部分都是具有普遍性的工作经验。

另外，心理咨询并不是国际学生需要特别了解和适应的部分，对于有些国家的留学生来说，心理咨询对他们来说是熟悉的，甚至可以作为他们保持与原生文化连接的部分。

### （二）学生需求具有一致性

国际学生在刚入学的一段时期内经常有适应不良的表现，他们对自身心理健康需求的敏感性存在差异，而意识到需要心理咨询服务的学生往往不知如何求助并获得帮助。通过对中国学生的了解，新生在入学时也普遍存在一段时间的适应期。在学生融入高校环境的过程中，心理适应是普遍存在的问题，因此在这一阶段为中外学生提供心理咨询，将为学生融入学校生活提供非常及时的社会支持。

在学生度过心理适应期之后，长期存在心理状况的学生、受心理障碍困扰的学生、出现重大心理危机的学生以及希望通过心理咨询进行自我成长的学生，都是心理咨询工作的对象，在学生在校期间，专业人员的及时干预与支持也非常重要。在这些方面中外学生的情况也是相通的，国内心理中心的咨询服务均可覆盖这些内容。

## 四、一体化的发展现状与趋势

### （一）发展现状

北京语言大学从2012年开始对国际学生开放心理咨询，陆续有国际学生来访，他们为研究高校国际学生的心理咨询提供了个案研究资料，为改善针对国际学生的心理咨询服务提供了重要参考。国际学生的心理咨询也对理解即将出国交换或毕业留学的中国学生心理状态，为中国学生提供相应的心理健康服务提供了有价值的资料。经过对国际学生三年的心理咨询服务，心理中心通过来访的国际学生了解到以下重要事实：

第一，国际学生面临的心理健康困扰与中国学生无本质区别，他们需要心理咨询服务的帮助和支持，验证了中外学生心理咨询一体化具有良好的工作基础；第二，国际学生对心理中心的知晓率特别低，他们需要知道如何向学校寻求专业帮助和支持，说明中外学生心理咨询一体化尚有很大工作空间；第三，国际学生对心理中心的接纳程度存在较大差异，他们需要一段时间了解和信任心理中心，说明中外学生心理咨询一体化需要在文化适应上进行研究；第四，国际学生普遍对隐私保护有较高要求，这对心理中心在硬件上和伦理上的建设提出了更高要求；第五，部分国际学生并不能很好地遵守心理中心的相关规定，增加了心理中心在心理咨询服务成本上的投入；第六，来访的学生对于心理中心同时接待中外学生表示接纳，这有益于心理咨询服务在中外学生中的传播和宣传。

以上情况说明对国际学生开展心理咨询需要在软硬件建设上做更大的投入，需要进一步研究国际学生的实际情况和现实需求，更高的建设标准意味着面向中国学生的心理咨询服务也会同时得到优化。由于学校对国际学生的心理健康工作部署尚未完成，尚未进行统一的大规模宣传，因此来访学生多是通过学院老师介绍，或导师和同学介绍前来，基本属于间接来访。因此扩大宣传范围，增加国际学生的直接来访率，将直接推动心理咨询服务在国际学生中的普及。

### （二）发展趋势

基于上述讨论，中外学生一体化的心理咨询服务在高校具有可行性和可发展性。以中外学生一体化为目标，从心理咨询工作具体切入，为心理中心带来的是更高的专业要求与更优质的服务要求，对心理中心向专业服务和专业研究方向转型提出了机构发展的要求。在达到这些要求的过程中，全体学生是受益主体，他们将获得国际化水准、多元文化兼容的专业服务，为学校展现中外融合的教育面貌，有利于培养学生的国际视野和健康人格。尽管在实践过程中还需要进行不断探索和研究，从以中国学生为主的心理咨询向中外学生心理咨询需要比较长的时间进行衔接和融合，这是值得付出努力的方向。

中国学生与国际学生原本也没有绝对分野，尽管他们来自不同的文化和家庭，成长过程中遇到的具体问题各不相同，需要心理中心帮助和支持的动机千差万别，但是心理咨询的工作原理与基本方法是一致的，心理咨询传达的对学生的尊重、理解、支持和关心是相同的。覆盖全员学生，将中外学生平等对待是学校工作的基本理念，中外学生一体化的心理咨询服务也是一脉相承的。从北京语言大学的实践经验来看，心理中心提供的服务还远远不足以充分满足学生对心理咨询的需求，利用外语外贸类高校国际化的校园文化和语言氛围的优势，在现有工作的基础上进行不断探索，是心理中心的使命。从工作流程上看，未来可在宣传、知情同意、工作方式、信息收集和反馈回访等细节上进行逐步落实。从机构发展上看，可在理论与临床研究上进行更多投入，使心理中心更多向临床实践与研究倾斜。从部门协作上看，则可以通过向学生进行调研、与国际学生管理与教学人员开展工作交流进行校内推动。从行业发展上看，应该加强与国内外同行、专家开展学术交流与合作的范围与力度，进行校外推动。以外语外贸类院校协作为例，充分利用各校优势资源在中外学生一体化的心理咨询服务中探索相互支持、形成合力的模式，也是一个值得尝试的方法。

# 论外语外贸类院校大学生积极民主意识的培养 *

## ——经济新常态下社会主义核心价值观践行研究

孙迎春

从鸦片战争开始，“德先生”民主一词传入中国已有170年之久。五四的火炬，唤醒了民族的觉醒，也使无产阶级民主深入人心。1949年中华人民共和国成立之后，确立了人民代表大会制度是中国人民民主专政的政权组织形式，是中国的根本政治制度，从根本制度的角度把民主也就是人民当家作主确定了下来。

2012年11月，中共十八大报告明确提出“三个倡导”，即“倡导富强、民主、文明、和谐，倡导自由、平等、公正、法治，倡导爱国、敬业、诚信、友善，积极培育社会主义核心价值观”。① 进一步明确了民主在当代中国的地位与重要性。

然而在学生培养过程中，笔者发现，在当代大学生中，大家对民主一词耳熟能详，然而，当被问及民主是什么以及应当如何践行民主之时，同学们却不能很好的给出答案。虽然人民民主的意识已经深入人心，但如何践行民主，维护民主，仍然是需要研究的问题。

## 一、大学生缺乏践行民主的意识和能力

2015年1月30日，两会召开前夕，一则名为“两会无人发言也是一种发言”② 的新闻被各个门户网站大幅报道。新闻内容是说1月27日下午东莞政协会

---

* 本文系北京语言大学党建研究会2014—2015年党建思政课题《高校社会主义核心价值观弘扬路径研究》结项论文。

孙迎春　北京语言大学人文社会科学学部

① 《坚定不移沿着中国特色社会主义道路前进　为全面建成小康社会而奋斗——在中国共产党第十八次全国代表大会上的报告》，新华网，2012年11月8日，http://www.xj.xinhuanet.com/2012-11/19/c_113722546.htm。

② 《两会无人发言也是一种发言》，新华网，2015年1月30日，http://news.xinhuanet.com/comments/2015-01/30/c_1114186081.htm。

议进入分组讨论环节，其中第七组的工商联界委员小组，堪称是16个分组中“含金量”最高的组别。这个有着“豪华阵容”的小组，其中有许多委员都是“富豪榜”上数得着的人物，比如东莞本地大地产商光大集团董事长陈润光、嘉宏集团董事长方桂萍、厚街首富“王氏家族”成员王文城、“龙泉系”掌门人张佛恩等。但该组的会议却没有掀起讨论热潮，整个会场不时陷入无人发言的尴尬冷场。

这一报道一石激起千层浪，引起了社会广泛的关注，媒体、大众、学者开始纷纷分析这一现象的原因。谈代表责任意识缺乏的有之，谈代表政治素养缺乏的有之，谈代表文化素养缺乏的有之。然而仔细分析，不难发现造成这一现象的根本原因，乃是参会代表缺乏践行民主的意识和能力，用新闻报道里的话来说，代表们“不愿讲或者不敢讲”。

笔者通过问卷调查发现，大学生参与公共事务管理与监督的意识也并不高。笔者面向200名学生发放了调查问卷，设置了诸如“你愿意积极主动参加班委的选举么？”“你愿意担当选举人选举学生会主席么？”“你愿意参加学校、学院规章制度的制定么？”等问题。通过问卷调查，笔者发现，非常积极地愿意参加到班委和学生会主席选举中来的同学占比不超过40%，愿意参加到学校、学院规章制度制定中来的同学占比不超过60%，其余学生表示，如非学校强制参加，更愿意花时间进行个人的学习生活的兴趣爱好发展。这一调查结果充分反应了，虽然人民民主已经深入人心，但是如何践行民主，大学生却仍然缺乏积极性和主动性。

## 二、社会主义核心价值观民主之界定

民主，分为积极民主和消极民主。早期的自由主义者认为，民主是公民自己免受政府侵害的工具，他们希望通过民主来实现和形成最广泛的个人自由领域。消极民主希望通过制度的形式来保障民主，从而实现权利与权力的平衡，而不寄希望于公民的充分参与。而积极民主则更关注人类个体和共同体的发展，“政治参与对个人能力的‘最高的和谐的’发展是不可或缺的。”① 卢梭和约翰·密尔是积极民主的早期倡导者。卢梭认为，民主只是人们实现自主和自由的手段，只有公民直接和不断的参与更挑剔的政治生活，他们才是“自由”的。在积极民主或者说参与型民主中，所有公民通过参与做出影响其生活的决定而获得自我发展。发展型民主不仅重视对公民消极自由的保护，更重视对积极自由的培育。

《高等教育法》在总则第一章第四条里明确提出：“高等教育必须贯彻国家的

① [英]赫尔德：《民主的模式》，燕继荣等译，北京：中央编译出版社，1998年版，第145页。

教育方针，为社会主义现代化建设服务，与生产劳动相结合，使受教育者成为德、智、体等方面全面发展的社会主义事业的建设者和接班人。”高校培养的是社会主义事业的建设者和接班人，作为社会主义的建设者和接班人，大学生应该有意识、有义务积极参与到政治、经济、文化、社会、环境发展的各个方面中来。在此意义上讲，民主既是一种权利，民主也是一种责任、义务和使命。

社会主义国家是人民当家作主的国家，选举民主和协商民主是我国人民民主的两种重要形式，我们在培养大学生发展型民主意识的过程中，应当着重培养大学生选举民主和协商民主的意识和能力。这样，大学生在校园之时，可以积极的参加到学校事务的发展与管理中来，实现学生本位；将来，大学生踏上社会之后，可以积极的参加到社会事务的发展和管理中去，践行并维护人民当家作主的权利。

## 三、积极民主的践行路径

如前所论述，应当培养大学生践行积极民主的意识和能力，应当培养大学生参与公共事务和社会事务管理的意识和能力，应该培养大学生选举民主和协商民主的意识和能力。本文将以此为出发点，探讨大学生积极民主的践行与培养路径。

### （一）培养大学生选举民主的意识和能力

选举是民主的重要形式，没有真正的选举，就没有真正的民主。选举是民主的起点，起点的民主，才能实现真正的民主。笔者通过问卷调查发现，大学生还不会行使和维护自己的选举民主权利。这主要体现在两个方面，一是不愿意参加到选举中来，具体表现为既不愿意积极参加竞选，也不愿意作为选举人参加选举；二是选举时，并不充分了解选举人，对于选举经常敷衍了事。

针对以上两种情况，笔者认为可以通过班级选举和学生组织选举等活动培养学生的选举意识和选举能力。

1．班级选举

“班级是一种微观社会系统”，[①] 班级具有社会性、平等性、自治性和管理性。班级具有社会性和平等性，大学班级是由来自五湖四海的学生这一平等主体随机组成的。班级里每一个学生都是独立的。学生之间的关系是平等自主的，班级的运行、建设和发展并没有外在的强制力量和条文规范来推动。在这样的社会

① 吴康宁：《论作为特殊组织的班级》，《教育理论与实践》，1994年第2期。

组织体里，学生有高度的自主自治意识，[①] 希望能够自己管理自己。那么我们就要鼓励更多的大学生在班级里能够自己管理自己的事务，并且愿意自己管理自己的事务。在班委的选举过程中，应该鼓励参选者进行充分的竞选，鼓励班级全员都能够参与到班委选举中来。并且设置规则，引导学生对自己选举出来的班委进行监督。

2．学生组织选举

以学生会为代表，学生组织中学生干部的产生应该广泛的以民主的方式产生。学生会的基本任务是遵循和贯彻党的教育方针，促进同学德、智、体全面发展，团结和引导同学成为热爱祖国、适应有中国特色社会主义现代化建设事业要求的合格人才；发挥作为党和学校联系同学的桥梁和纽带作用，在维护国家和全国人民整体利益的同时，表达和维护同学的具体利益；倡导和组织自我服务、自我管理、自我教育，开展健康有益、丰富多彩的课外活动和社会服务，努力为同学服务。作为这么一个群体，其学生干部自然应该由他所服务和维护的对象通过选举的方式产生。不论是校级学生组织还是院级学生组织，都应该以选举的方式产生。在学院人数不多的情况下，可以采用全院学生全部担任选举人的方式，在学院人数过多的情况下，可以采用以宿舍为单位选举学生代表来选举学生组织干部的方式。这样产生的学生组织干部才能真正的为广大学生服务，接受广大学生的监督。

### （二）培养大学生的协商民主的能力和意识

卢梭，对于选举民主有很深的抵触和恐惧，卢梭反对当时英国式的议会制，他在评价英国议会民主的时候，认为英国人民只有在选举期间是自由的，“议员一旦选出之后，他们就是奴隶，他们就等于零了”。[②] 当然卢梭所提出来的直接选举模型不适用于我国的国情，直接选举模式在很多学校也不适用，但他所提出来的对选举民主的质疑却是不容忽略的。选举民主是民主的起点，大学生要真正的全面践行民主，维护民主，还应该培养协商民主的能力和意识，来保障过程和结果的民主。

民主不是通过举手投票产生的，民主是通过协商产生的。协商民主是社会主义人民民主的重要形式，应该培养大学生践行协商民主的能力和意识。

1．培养学生协商民主的意识

协商民主受古代雅典民主“公众参与”方式的熏染，既关注结果、更重视过

① 吴康宁：《论作为特殊组织的班级》，《教育理论与实践》，1994年第2期。原文为“自主意识可以说是学生的一种近乎天性的社会性要求”。

② ［法］卢梭：《社会契约论》，何兆武译，北京：商务印书馆，2003年版，第121页。

程，既关注多数人的意见、又照顾少数人的利益。社会主义协商民主的精髓集中体现在中共十八大报告的专题论述中。研读十八大报告，可以概括出社会主义协商民主的基本含义：中国共产党“通过国家政权机关、政协组织、党派团体等渠道，就经济社会发展重大问题和涉及群众切身利益的实际问题广泛协商”。协商民主的价值和意义，主要表现在广纳群言、广集民智，增进共识、增强合力，协调关系、汇聚力量，建言献策、服务大局等方面。正如本文所提到的例子，在会议中，很多代表缺少民主协商的意识，不愿讲或者不敢讲。所以我们在培育大学生践行民主的意识和能力之时，不仅要关注选举民主，也要关注协商民主。

培养学生对于公共事务的关心，培养学生对于公共事务发言的意愿和能力，与学生权利与利益有关的事情，召集学生开展协商民主决定。这样才能使学生为社会主义的建设建言献策，从而成为合格的建设者和可靠的接班人。

2．培养学生的协商民主的能力

在高校的学生代表大会中，我们也常常会发现学生不会提问，胡乱提问的现象。有的学生非常积极的行使民主权利，然而却缺乏相应的知识作为支撑。抱怨多于建设，有能力提出问题，却没有能力提出解决问题的方案，等等。这些问题都反应出学生知识方面的欠缺和能力方面的不足。学习是学生的天职，大学生只有好好学习，掌握了更多的知识才能够更好的分析问题、解决问题，从而才能更好的践行民主。

提高大学生的专业知识水平和文化水平，是大学生践行协商民主的必备条件。

## 四、小结

民主，人民当家作主，我们要积极培养大学生的民主意识。作为社会主义的建设者和接班人，大学生所倡导的民主不能仅仅是自己的权利和自由不受他人和社会干涉，大学生所倡导的民主应该是积极参与到公共事务与社会事务的管理中来。高校在大学生的成长过程中，不仅要培养大学生民主的意识，而且应该培养大学生践行民主的能力。选举民主和协商民主是社会主义人民民主的两种重要形式，高校应该通过各种渠道和形式，培养大学生参与选举和协商的意识和能力。

# 浅析就业工作视角下的高校党建工作

## ——以高校毕业生党建工作为例

魏 斌

**摘 要**：高校毕业生党建工作是高校党建工作的重要组成部分，是毕业生党员顺利完成由学校到社会角色转变的组织保障。本文试从就业工作的角度研究高校毕业生党建工作，着重分析毕业生党建现状和问题，并提出对策建议，初步探讨毕业生党建工作和就业工作的联动机制，更好地推进毕业生党建工作和就业工作。

**关键词**：高校党建 毕业生党建 就业工作

高校党建工作是党的建设新的伟大工程的重要组成部分，在整个党的建设中具有特殊而重要的地位；加强和改进高校党的建设，是办好中国特色社会主义大学的根本保证。[①] 毕业生党建工作作为高校党建工作重要组成部分，其重要作用不言而喻。

目前国内高校的毕业生党建工作，由于各种因素的影响，侧重点多数放在党员对非党员毕业生就业示范引导方面，忽视了组织建设和思想建设的内容。加强毕业生党建工作中的组织建设和思想建设，努力构建毕业生党建工作的合理机制，促进毕业生党建和就业工作的良性互动局面，以就业工作的视角积极引导、教育毕业生党员，充分发挥毕业生党员的先锋模范带头作用，增强毕业生党员组织的战斗力，是新时期高校党建工作的必然要求，也是高校就业工作顺利开展的有力保障。

---

魏 斌 国际关系学院学生处

① 信息来源：《习近平就高校党建工作作出重要指示强调“坚持立德树人思想引领加强改进高校党建工作”》，摘自中央人民政府网站，http://www.gov.cn/xinwen/2014-12/29/content_2798452.htm，2015年5月27日登录。

# 一、高校毕业生党建工作的现状与问题

## （一）毕业生党员发展机制不规范

近年来，随着高校毕业生人数的不断增加，社会和经济发展所提供的各类就业机会已经远远不能满足高校毕业生的需求，一些用人单位迫于现实发展的要求，设定了更高的就业门槛，“党员优先”成为应聘主流条件，党员找工作比较“吃香”的现象在党政机关、事业单位和国有企业的应聘过程中显得尤为突出。

面对越来越多用人单位“党员优先”的招聘要求，越来越多的大学生将“入党”纳入“职业生涯规划”，大量学生入党动机不端正、不纯洁；部分党务工作者在就业工作和党建工作双重压力下，甚至促成“为了工作而入党”、“为了入党而入党”的畸形现象，为大批毕业生开绿灯，忽视甚至无视党员发展规定和组织纪律，大量突击发展不符合党员标准和要求的毕业生，严重影响了大学生党员发展的正常工作，势必会造成毕业生党员发展的质量下降，进而影响了大学生党员在社会和工作单位代表的形象，成为阻碍高校毕业生党建和就业工作的可持续发展的因素。

## （二）毕业生党员思想教育体系不健全

1．毕业生党员就业观念的偏失

迫于严峻的就业形势和残酷的现实压力，加之社会主流就业导向以及家庭等各种因素的影响，部分毕业生党员的价值观不同程度地受到了负面影响，理想信念出现了不同程度的动摇，就业择业观念盲目随大流，在处理国家、社会发展的大局与个人发展的小利关系方面迷失了方向，在学校就业工作中无法切实发挥党员的先锋模范带头作用。

2. 党支部活动组织和毕业生党员教育效果不理想

毕业生党员教育的内涵深化、内容丰富，是提高党员的自身党性修养、强化党员意识和党员服务意识的具体要求。但在实际的毕业生就业阶段，毕业生既要完成毕业设计、毕业论文的任务，还要奔波于就业单位的实习和应聘，部分毕业生党员更是提前进入工作岗位，难以安排时间回校参加党组织生活，毕业生党支部管理上偏向松散，党支部活动基本流于形式，甚至处于停滞、停摆状态，给学校对毕业生党员的教育工作带来了困难，加之单一的灌输性教育内容可能并不能引起毕业生党员的兴趣，使得学校的党员教育效果不理想。

## 二、加强和改进高校毕业生党建工作的措施

### （一）严把"入口关"，规范完善毕业生党员发展程序

发展党员工作应当贯彻党的基本理论、基本路线、基本纲领、基本经验、基本要求，按照控制总量、优化结构、提高质量、发挥作用的总要求，坚持党章规定的党员标准，始终把政治标准放在首位；坚持慎重发展、均衡发展，有领导、有计划地进行；坚持入党自愿原则和个别吸收原则，成熟一个，发展一个。禁止突击发展，反对"关门主义"。[①]

在经过长时间考察和培养后，入党积极分子进入毕业学期阶段在思想、学习和工作生活方面都已经比较成熟，是发展党员工作的重要工作对象。因此，毕业生发展党员，应当严格按照党章规定的程序，有计划、有步骤地开展，要注重平时培养考察工作的连贯性，完善考察培养制度，杜绝"搭大学时代入党末班车"、"坐火箭"入党、"为工作入党"的错误认识和投机心理，杜绝突击发展的现象；真正把思想觉悟高、政治素养好、思想品质端正的优秀积极分子培养发展成党员，从"源头"上保证毕业生党员质量。

### （二）加强教育，努力引导毕业生党员树立正确合理的就业观念

面对当前大学生浮躁的就业心态，尤其是毕业生党员的价值观偏失，合理引导其树立正确的价值观和就业观显得尤为重要。

加强党性教育和理想信念教育，要以教育的理念引导毕业生党员树立"先就业、后择业、再创业"的择业观和就业观，寻找合适的职业定位，尽快融入社会，实现自身价值。

要继续加强党的基本理论、基本路线、基本纲领的教育，要强化对毕业生党员的党性教育，使他们踏入社会后真正成为具有共产主义远大理想和中国特色社会主义坚定信念、脚踏实地为实现中国梦而努力奋斗的可靠接班人。

要结合国家和经济社会发展的"新常态"，积极引导和鼓励毕业生党员到西部去、到基层去、到祖国最需要的地方去奉献青春，建功立业。

### （三）加强毕业生党支部组织建设，注重毕业生党员思想再教育

学生党支部是毕业生党员教育的主要阵地，要合理定位毕业生党支部的工作侧重点，在毕业生党建工作中真正起到主导带头作用。党支部要深入了解毕业生

① 《中国共产党发展党员工作细则》第一章第三条。

党员思想状况，特别是就业选择过程中的思想状况，对存在的各种思想问题和矛盾及时教育引导，有针对性地开展符合毕业生党员特色的支部活动，帮助毕业生党员树立坚定的理想信念。

“组织上入党一生一次，思想上入党一生一世”，对毕业生党员的再教育既是对党员发展前一系列工作的巩固和加强，也是培养一名优秀共产党员的开始。毕业生党支部要做好思想再教育工作，加强对毕业生党员的党内监督和群众监督，加强毕业生党员的政治理论学习，提高其理论水平、综合素质、辨别是非的能力，强化党员意识和党性观念，督促毕业生党员不断完善自己，使毕业生党员在踏入社会之前牢固树立全心全意为人民服务的思想，不断提高党性修养，真正起到自觉履行党员义务，主动发挥骨干、带头、桥梁的作用。

## 三、高校毕业生党建工作与就业工作的互动共赢

毕业生就业工作与学校的长远发展息息相关，毕业生的就业状况是高校教育水平的重要体现，毕业生的就业质量是衡量高校办学水平的重要指标。随着高校党建工作的深入开展，学生党员在学校日常管理中发挥十分重要的作用，尤其在毕业生就业工作中，重视并真正发挥毕业生党员的积极作用，将党建工作与就业工作有机结合，可以拓宽毕业生的就业工作途径，为毕业生创造更多元的就业机会和更积极的就业环境，推动就业工作向科学化、系统化方向发展。

### （一）完善党建工作和就业工作沟通与交流机制

根据毕业生工作实际，制定具体实施办法，全面、积极有效地推动毕业生党建和就业工作的结合和开展。把毕业生党建工作作为切入点，建立健全党组织生活制度，促进党建负责部门与就业主管部门的沟通与合作，努力创新工作思路、工作模式和工作机制，将高校毕业生党建与就业工作有机地结合在一起，形成毕业生党建与就业工作相互促进的长效、可持续机制，为毕业生党建工作和就业工作的结合与相互推动搭建新的平台。

### （二）以就业服务为契机，助力毕业生党员先锋工程

为深入贯彻党的十八大、十八届三中、四中全会精神及习近平总书记系列重要讲话精神和对高校党建工作的重要批示精神，学习领会“四个全面”重要思想，落实相关文件要求，全面推进学生基层党组织建设，有效发挥学生基层党组织战斗堡垒作用和学生党员先锋模范作用，高校陆续开展了学生党员服务先锋行动。

作为就业工作的主管部门，可以以此为契机，围绕就业各项窗口服务工作，

开拓创新，开设以“坚定理想信念、争创服务先锋、领航无悔青春”为主题、以“创先锋服务、定‘位’来就业”为主旨的“就业服务先锋志愿岗”，进一步规范、完善就业服务水平，提高毕业生党员参与就业服务的积极性，增强服务就业工作的主动性和责任心，为全体毕业生就业定好位、树好标，提升服务质量的同时充分发挥大学生党员的模范带头和引导作用，促进大学生党员在服务中成长、在实践中成才。

### （三）以就业工作为平台，开创“党建促进就业、就业带动党建”的新局面

1. 创新党建工作理念，拓宽毕业生党员思想教育途径

在毕业生党组织思想建设工作中，应当引入就业工作相关的指导思想，积极融入职业道德观念和价值观的教育；特别是要针对毕业生党员的思想现状，结合国家和经济社会发展的“新常态”、新形势的要求，积极引导、提倡和鼓励毕业生党员响应国家号召，到西部去、到基层去、到祖国最需要的地方去奉献青春，建功立业。

针对毕业生党员外出时间多、集中学习时间少的现状，要积极利用新媒体时代的优势，发挥网络在教育管理的作用，拓宽教育、引导渠道，使互联网平台成为毕业生党组织信息沟通、思想交流、互帮互助的新阵地。

2. 以党建工作为抓手，充分发挥毕业生党员示范作用

在加强对毕业生党员思想教育、积极引导毕业生党员树立正确就业观和价值观的基础上，应当重视毕业生党员的群体示范效应，积极发挥毕业生党员在就业工作中的模范带头作用，以毕业生党员优秀就业个案带动和鼓励全体毕业生就业。

通过定期开展“朋辈辅导”、召开经验座谈会等多种形式的组织活动，积极树立毕业生党员就业优秀典型，展示毕业生党员就业先进风采，在党组织的活动中融入就业元素，分享成功经验，让广大同学切实感受到党组织的先进性，充分发挥毕业生党员示范作用，增强普通同学向党组织靠拢的主动性和积极性，同时增强毕业生党员的荣誉感和使命感，进而提高党组织的向心力和凝聚力，在全体毕业生和在校生中形成良好的就业帮扶氛围，推动改善日益严峻的就业环境。

## 四、结语

高校党建工作是高校学生思想教育工作的重点，肩负着培育合格社会主义建设者和接班人的重任。大学生就业问题充分体现着高校的办学质量，关系着教育

事业的长远发展，关乎国家稳定和社会和谐。

2015年，全国高校毕业生人数将达到749万。[①] 在当前日益严峻的就业形势下，就业作为民生之本，是高校各项工作的重中之重，各高校更要充分明确地认识到高校党建工作与就业工作之间存在的相互促进、协同发展、互利共赢的关系，加快观念转变，不断创新工作方式方法，积极推动党建工作与就业工作的互促互进，积极研究党建工作和就业工作联动的新途径、新载体、新平台，用就业工作机制、平台、理念和方法来加强和改进高校党建工作，在推动大学生党建工作的扎实、有效开展的基础上，努力推进大学生就业工作，力争毕业生就业质量再上新台阶。

① 数据来源：教育部网站，原文引于 http://www.moe.gov.cn/publicfiles/business/htmlfiles/moe/moe_1485/201412/180306.html，2015年5月27日登录。

# "新常态"下对中国国际人才培养的相关思考

## ——以人才培养的新思维、新重点、国际化为例

芮雪源　苗　青

## 一、"新常态"的提出和发展

"新常态"最早是由美国太平洋基金管理公司总裁埃里安在2010年第40届达沃斯世界经济论坛上提出。埃里安认为"世界也许再也无法回到全球金融和经济危机前稳定的'正常'状态，它将面临一个全新的'正常'状态"。之后，"新常态"被西方媒体形容为危机之后经济恢复的缓慢而痛苦的过程。[①] 中央从当前我国经济发展的阶段性特征出发，对其进行了新的定义，意指我国经济发展在新阶段呈现的一种崭新的而且将持续一段时间的发展态势。

至此，"新常态"从气候变化到政治生态，已经越来越多的出现在各个领域。"新常态"如今已成为描摹党和国家事业发展崭新格局的代名词，为我们看待当下中国开启了一扇门，也为理解中国未来走向提供了一把钥匙。[②]

教育作为一项崇高的事业，承担着培养精神独立、人格完整、品德高尚、懂得担当的国之栋梁的责任，如今教育更应树立一种"新常态"意识，体现一种"新常态"思维。在此，笔者想简单谈一下在教育"新常态"中对国际人才培养的一些相关思考。

## 二、人才培养的新思维

"新常态"需要新思维，所谓新思维就是习近平书记讲的"平常心态"。平常

芮雪源　苗　青　国际关系学院外语学院

① 陈启清:《正确理解和适应"新常态"》,《中国国情国力》，2014年10期。

② 徐伟新:《中国"新常态"》，北京：人民出版社，2015年版，第1页。

心态，就是要走出传统教育模式的重负低效和知能脱节，改变物式灌注，主体缺失的教学观，理性、务实的对待教育改革与发展，以对学生最大收获为最高标准。

新思维，必须辩证看待原有的成果，既要看到原有成果的效果，又要看到“新常态”带来新的发展与机遇。教育工作始终与党和政府工作大局紧密相联，与国家经济发展密切相关。经济发展的“新常态”，将对教育改革发展产生深远影响。要正确认识“新常态”，主动适应“新常态”，切实担负起“新常态”下基本实现教育现代化的历史使命。①

随着中国国力的不断增强，中华大地人才蔚起，方兴未艾，国际人才不断涌入中国，中国人才也开始走向世界。这样的新形势呼唤着新思维。所谓新思维，其实一点不新，不过是应有的和基本的常识以及被历史反复证明和演示的通例。这里的新思维仅仅是针对近些年一些违背基本教育规律的举措而言的，实际上是一种返璞归真。培养拔尖创新人才应遵循人才成长的基本规律，学校、教师、学生不越权、不代庖、不相扰、不折腾，各守其份，各司其职，各尽其力，各显其能，彼此相成，教学相长，和谐共进。

### （一）打开人才选拔新思路

千里马常有，而伯乐不常有。中华民族是有智慧的民族，中国从来都不缺乏优秀的人才，缺乏的常常是发现人才、尊重人才、让人才充分发挥作用的伯乐。我国的高校中有很多聪明的学生，也有很多有学术潜质的学生，但中国的高校就是不会或说不太会发现有志于学术职业的拔尖创新人才。这里面的原因很多，出于预期收入的考虑，许多有学术潜质的学生也不愿从事学术工作。于是，我们看到清华、北大的金融专业挤满了各省的高考状元。中国高校里数学、物理、化学、生物等院系每年的招生数在全世界名列前茅，但毕业后真正从事学术工作的又有多少呢？改革开放以来，中国成千上万攻读基础学科的学生到国外留学，但他们中绝大多数到国外后都改学计算机等好找工作的专业，真正从事学术职业者寥寥无几，这对国家、对个人而言都是人才的巨大浪费。要发现拔尖创新的学术人才一定要先研究这类人才的特性，然后通过正确有效的方法选拔和招收这种类型的学生。在大学的本科阶段，学校和教师的一个重要工作就是发现具有学术潜质、真正想献身学术事业、立志要过理智和崇高精神生活的学生。只要发现了这样的学生，培养其实并不是难事。②

---

① 文魁：《“新常态”的冷思考》，《前线》，2014年第10期。

② 叶赋桂、罗燕：《拔尖创新人才培养的新思维》，《复旦教育论坛》，2011年7月20日，2011年第4期。

### （二）赋予人才培养新自由

任何人才的成长归根结底是个体自身的发展，一切外在的努力都只能是为人才的发展创造环境、提供条件、给予支持、加以引导。拔尖创新人才的成长更只能是由个体内在的意志驱动、积极主动自我发展的结果，而不能依靠外界的强制灌输。近些年中国教育教学改革最大的问题就在于，管理者按照学校的意愿和目标规划学生的发展，根本不考虑学生本人的意愿、需要和感受。也就是说，纯粹以管理者为中心，让学生和教师跟着自己转，而不是以学生为中心，使教学和管理为学生服务。中国的顶尖大学要想培养拔尖创新人才，就要真正做到以学生为中心，以学生为主体。为此学校管理者必须转变观念，充分放权，赋予学术自由，把学生和教师应有的学术权力重新还给他们。

拔尖创新人才培养的最基本条件就是学生要有学的自由，即学生可以自我设计人生目标、教育目的，自由地选择专业、课程，自由地选择教师、群体，充分满足自己的学术兴趣、志向等。而教的自由体现在，课程开设、授课方式、学生评价等教师的基本学术权力要回归教师，教师可根据自己的学术专攻和最新的研究前沿决定课程内容和教学模式。中国研究型大学课程设置最大的问题就是同质性太高，而体现不出不同学校的优势和特色，体现不出不同授课教师的专长和个性，研究型大学的研究性教学功能完全没有发挥出来。

### （三）创造人才成长新环境

拔尖创新人才是自主成长的，学校和教师最重要的作用就是创造人才成长的良好环境和制度。对拔尖创新人才成长来说，最核心、最关键的制度和环境就是自由和竞争。拔尖创新人才不能靠钦定，更不能圈养，他们一定要有学的自由、竞争的自由，唯有在自由的竞争、在竞争中学方能健康成长，脱颖而出。其他的还包括舒适和谐的自然、人文和人际环境，浓郁、宽松的学术氛围，以及学术自治、学术评价、专业伦理等制度和规范等。

在学术环境和制度之外，还应大力打造良好的社会环境，以吸引优秀人才以学术为业。政府和社会应提高学者的社会地位，这当然要尊重知识、尊重人才，特别要提升学者的声誉和名望。学者和学校自然也当尽力维护学者的社会形象、声誉和名望；学者不应当过奢华的物质生活，但社会和学校也应保障学者不以物质生活为虑，而能全身心地投入到理智生活。当前，中国青年学者的生存状况令人担忧，住无立锥之地，学无晋升之途，收入不高，干活最多，压力空前。

青年阶段是拔尖创新人才成长最关键的时期。科学家的黄金时代就是青年时期，伟大的科学家大多是在20至30岁之间取得一生中最重大的成果的。因此，中国的高校一定要彻底改变长期以来如此、现在尤其突出的过分倚重学术权威的状况。中国的高校往往把最好的资源都分配给了学术权威。近代德国大学的成功得益于对研究的重视，其后来的衰落则与对青年学者的压制密切相关。

### （四）改进人才培养新机制

我国研究型大学近年来开始大力倡导和探索研究性教学，如新生研讨课、本科生参加科研、学科竞赛等，这应该说是一个正确的方向。但审视这些年我国大学研究性的教学实践，可以说大多还仅停留在形式上，基本上是对国外大学一些课程和教学方法的模仿，并没有对研究性教学的实质有深刻的认识和理解。

新思维就要敢于担当，有所作为，落实习近平总书记的要求，“在战术上要高度重视和防范各种风险，早作谋划，未雨绸缪，及时采取应对措施，尽可能减少其负面影响。”看到问题和风险，不等于丧失自信。我们要牢记，只有不断进行改革，我们才有机会抓住发展的机遇，实现教育领域新发展新进步。

## 三、人才培养的新重点

我们应该着力提升“新常态”下驾驭教育改革发展的能力，适应“新常态”，引领“新常态”，敢于担当，聚力攻坚克难；注重谋划，加强统筹协调；善用法制，着力保驾护航；崇尚实干，狠抓工作落实。

关于培养国际化人才新重点，笔者觉得应从以下几个方面展开。

### （一）抓方向，全面落实立德树人根本任务

深入贯彻习近平总书记系列讲话精神。习近平总书记的系列重要讲话，是我们新时期教育工作的思想武器和基本遵循。加强和改进高校宣传思想工作，牢牢把握党对高校意识形态工作的领导权、管理权和话语权，是高校始终沿着社会主义办学方向前进的根本保证，是新的历史条件下做好意识形态工作的重大要求，是巩固马克思主义在意识形态领域的指导地位、巩固全党全国人民团结奋斗的共同思想基础的坚强保障。高校要在人才培养中突出理想信念引领和价值观塑造，坚持用中国特色社会主义理论体系武装头脑，用社会主义核心价值观凝聚人心，不断增强青年学生的道路自信、理论自信、制度自信，培养出信念坚、基础厚、实践强、创新优、素质高的国际性人才。[①]

① 王柯敏：《在2015年全省（湖南省）教育工作会议上的讲话》，2015年2月15日。

### （二）抓改革，不断增强教育发展活力

当前，教育综合改革已是“箭在弦上”，必须全面统筹推进。深入推进办学体制改革。坚持开门办教育、开放办教育、多元化办教育，积极调动社会各方面的力量和资源来兴办教育。稳步推进考试招生制度改革。去年，国家出台了考试招生制度改革总体方案和配套文件，这项改革牵一发而动全身，必须积极稳妥、坚定审慎地推进实施。着力深化人才培养模式改革，人才培养的根本目标，是促进学生全面发展，而不是培养只会背书考试的机器。各地各校绝不能举素质教育的旗，走应试教育的老路。扩大教育对外开放。坚持以开放促改革、促发展。加强教育国际合作与交流综合改革试验区建设，充分发挥试验区在教育开放合作方面的示范引领作用。

我们一定要站在新的时代高度，按照科学发展观的要求，大力弘扬敢闯敢试的精神，勇于打破框框、走出常规、突破定势，坚定不移地深化改革。

### （三）抓质量，扎实推进教育协调发展

质量是教育的生命线。新形势下，教育要适应“新常态”的要求，顺应人民群众的期盼，就必须在提高质量上下更大的功夫。继续推动义务教育均衡发展。推动高等教育内涵发展。高校要充分发挥人才培养、科技创新、社会服务和文化传承功能，进一步推进内涵发展、转型发展。深入开展高等教育专业综合改革，推动高校建立适应经济社会发展需求的专业设置动态调整机制。深入实施本科教学质量工程，着力加强研究生教育质量保障体系建设。加强重点学科建设，改进管理方式，强化绩效考核，切实发挥重点学科的示范引领作用。大力提升教师队伍素质。抓教育质量，最根本的是抓教师队伍建设。只有一流的教师，才能办出一流的教育。加强师德师风教育，完善考核、监督与奖惩相结合的师德建设长效机制，严肃查处违反职业道德的行为。

## 四、人才培养国际化

新形势呼唤新思维。在全球化的今天，时代更需要新技术人才、创新型人才和复合型人才。我们既以开放的心态欢迎国际人才来到中国，分享和传播更加先进的理念和方法，同时我们鼓励广大中国学子赴异国留学，在取经求学的同时也将中国文化精髓传播到海外。教育“新常态”，要求我们培养具有中国情怀、世界眼光的国际化人才，国际人才具有国际化视野、知识能力与国际接轨，即能根据国际先进经验和最新成果不断更新自己的知识能力，并具有经济全球化所要求

的核心能力的人才。

国际化人才需要具备的具体素质包括：具有国际道德与职业操守；通晓国际惯例和规则；拥有全球视角和战略思维；具有国际专业知识与技能；拥有跨文化环境下沟通、分工、合作和创造性解决问题的实践经验。①

要想培养一个国际化人才，仅凭高校一家之力是不可能完成的，即便是一个高度国际化的高校毕业生，要想成为一个国际化人才，也还需要很长的时间和经验的积累。但当了解了国际化人才需要的素质，以及我们的学生与这些素质要求的差距时，便能有针对性地去构建针对这些素质的培养方案，从而使得我们的教育对社会有更强的实际意义。

21世纪的新形势下，人才成为一种国家战略资源，中国适时提出了人才强国战略。中国作为一个人口大国，要向强国转变还要靠国际化人才的培养。通过把人才作为推进事业发展的关键因素，努力造就数以亿计的高素质劳动者、数以千万计的专门人才和一大批拔尖创新人才，建设规模宏大、结构合理、素质较高的人才队伍，开创人才辈出、人尽其才的新局面。要实施这一战略，就需要坚持以人才资源能力建设为主题，以调整和优化人才结构为主线，以改革创新为动力，以培养国际化人才为发展放行，抓紧做好培养、吸引和用好各方面人才的工作。而“新常态”不仅为中国经济发展提供新机遇，更为中国的教育发展提供了新的发展环境。适应“新常态”，实现在教育方面的“新常态”，要求我们不断推进改革，推动国际化人才的培养工作。我们向国外输送的留学生每年成双位数逐级递增趋势；相关教育辅助产业和服务业的发展也紧跟时代步伐；中国学生在国际上获奖次数和国际事务参与度在不断提高，中国教育模式也开始得到一些国家的认可和借鉴。相信在教育“新常态”引导下，教育工作一定会取得新的进展，实现更大的突破。

教育是民生之基，更是兴国之要。在“新常态”的形势下，在时代的召唤中，加快教育改革，创新办学理念和思路，给予为学者充分的自由，与国际化教育更好接轨，当中国由人口大国转化为人才资源强国，才能更好地提升国家核心竞争力和综合国力，完成全面建设小康社会的历史任务，实现中华民族的伟大复兴。

① 魏华颖：《国际人才培养与高等教育国际化》，《人民论坛》，2013年2月15日，2013年第5期。

# “新常态”下加强大学生爱国主义教育方法探究

贾卫城　余甚蓝　李　平

2013年以来，习总书记先后提出了“一带一路”和“四个全面”等重大战略方针，这标志着中国经济、政治、社会、文化进入“新常态”的同时，也对高校的国际化人才培养提出了更高的要求。然而，高校在目前的人才培养中把重点放在学生的国际化视野以及国际化知识结构的培育上，对国际化人才素质中的政治素质，尤其是爱国主义培养的重视还远远不够。这在很大程度上也造成了学生爱国主义精神的缺失，也间接造成了国家人才资源流失和教育资源的浪费。因此，“新常态”下，加强大学生的爱国主义教育显得尤为重要。

## 一、“新常态”下加强大学生爱国主义教育的重要性和必要性

爱国主义是指个人或集体对祖国的一种积极强烈的向心凝聚力。强大的民族自信心和强烈的民族自尊心是爱国主义的直观特征。爱国主义无处不在，浸润着社会生活的方方面面，并通过道德政治法律宗教艺术等意识形态和上层建筑的隐形渗透，成为影响民族和国家命运的重要因素。[①] 爱国主义是凝聚全国各族人民、维系国家稳定的关键纽带，是中华民族发展强大的精神力量，是引领当代青年奋发学习的主要源泉。大学生爱国主义教育关系到国家“科教兴国”、“人才强国”重要战略的实施，关系到党的伟大事业接班人的可靠性，关系到民族伟大复兴“中国梦”的最终实现。

贾卫城　李　平　国际关系学院学生处
余甚蓝　国际关系学院校团委

① 高星:《中美高校道德教育比较研究》，博士论文，中国地质大学博士学位论文，2014年。

### （一）“新常态”下加强大学生爱国主义教育是抵御西方意识形态渗透的重要举措

经济全球化和教育国际化使当代大学生能够更加频繁、更加近距离地接触西方文化，这为我国大学生学习西方先进知识、培养国际化视野提供宝贵机会的同时，也为西方敌对势力对我国大学生进行思想渗透创造了便利。一些境外非政府组织背景复杂，借助学术研究、公益资助等名义在高校师生中宣传西方的理论和价值观，针对高校的校园传教渗透也日益严重，呈现出频率增加、规模扩大等特点。这些情况说明高校意识形态斗争的形式极为复杂和严峻。[①] 近年来，大学生被策反参与危害国家安全的活动，甚至参加制造恐怖袭击活动的情况愈发说明了加强爱国主义教育、占领思想舆论阵地的紧迫性和必要性。加强大学生爱国主义教育、占领高校思想引领阵地，能够有效防范敌对势力的渗透，营造良好的人才成长氛围，能够使学生在复杂激荡的思想潮流中养成正确的世界观、人生观和价值观，能够保障党的旗帜永不褪色。

### （二）“新常态”下加强大学生爱国主义教育是保障国家人才资源的必然选择

人才是21世纪最稀缺的资源，各国纷纷制定多种优惠政策吸引全世界优秀青年人才。大学生是民族的希望、国家的未来，是国家深化改革、全面建设小康社会的后备力量。目前，随着经济全球化的发展，西方许多学者纷纷鼓吹“新自由主义”和“无政府主义”，意图影响我国青年学生的人生观和价值观。加之国外优越的工作和生活条件，“留学热”和“出国热”已经成为当前中国社会的焦点。一些大学生崇尚西方的“海洋文明”，全盘否定中国的“黄土文明”，削弱了对传统文化的热爱，直接导致了爱国热情的减弱。[②] 大学生为个人利益而放弃为国奉献的理想，一定程度上造成了我国人才资源的流失。如不对大学生进行爱国主义教育，唤起当代青年为国效力的愿望和决心，将严重影响我国的“科教兴国”和“人才强国”战略的实施。

## 二、目前高校爱国主义教育中存在的问题

爱国主义自古以来就是中华民族的优良传统，既有陆游“位卑未敢忘忧国”

① 郑蕚等主编：《新时期搞笑宣传思想工作实用读本》，北京：北京出版社，2014年版，第2页。
② 贺杰：《新时期大学生爱国主义教育面临的挑战与对策》，《河南师范大学学报（哲学社会科学版）》，2008年7月，第221页。

的感慨，又有顾炎武“天下兴亡，匹夫有责”的豪迈。爱国主义教育也是党和国家教育事业的重要内容，从“大庆精神”到“两弹一星精神”，从“航天精神”到“社会主义核心价值观”，都诠释了中华民族的爱国主义精神。但近年来，受到经济全球化、教育国际化的影响，高校的爱国主义教育出现了重视不足、疏于教育以及方法单调、内容枯燥等问题，严重影响了教育的效果，导致了部分学生爱国主义精神的缺失。

### （一）重视不足、疏于教育，大学生爱国主义教育严重缺失

立德树人是教育的根本任务，在教育的进行过程中却往往功利性地一再地将“立德树人”片面化。一是注重立德，但将“德”局限于个人品德。二是忽略“立德”，且将“树人”的“人”等同于成绩优异、能力突出的狭义的“人才”。这两种情况的出现与我国长期形成的“一考定终身”的教育体制息息相关，在小学教育到中学教育的过程中，智育成为了衡量学生的标杆。在教育改革不断进行的新形势下，大学教育率先举起了“立德树人”的旗帜，重视学生综合素质的全面发展。但大学教育在面临学术就业形势险峻的情况下，培养符合社会需求的专业性人才成为了大学育人的基本导向。从“分数导向”到“就业导向”，功利性的教育观让教育过分地强调专业知识的掌握应用能力，而忽视了爱国主义这一基础教育，爱国主义教育成为了不得不谈又不愿多谈的“鸡肋式教育”。

### （二）方法单调，内容枯燥，大学生爱国主义教育流于形式

爱国是社会主义核心价值观24字中，在个人层面的价值准则上提出的第一个词。如何让社会主义核心价值观的践行入脑入心，首先需要实现爱国主义教育的内化于心。当前形势下的爱国主义教育相比以往已有较多突破，但对于大学生来说，爱国主义教育仍与刻板、枯燥、假大空分不开。在日常生活中表达爱国情感的个体还可能成为众矢之的，演员赵雅芝在天安门前用微博发布的爱国文字遭到了网友的攻击和谩骂。重要活动中升旗仪式或奏唱国歌环节，大学生往往心不在焉，重要节点开展的烈士公祭活动在多地出现了扫墓大学生完成任务匆匆离场，对于烈士事迹一无所知的情况。爱国主义教育对于凝聚民族向心力、实现“中国梦”意义重大，它必须通过一定的形式实现，但“形式”不等同于“形式主义”，如果说中小学的爱国主义教育还能暂且以说教的形式进行，大学生作为思想活跃、自主性强的新媒体主力军，说教式的、按照传统规定动作开展的爱国主义教育不但无法实现教育意义，反而容易让大学生产生抵触心理。

## 三、“新常态”下加强大学生爱国主义教育的方法探究

“新常态”下，国家的政治、经济、文化和社会都呈现出新的特点，朝气蓬勃的大学生自然也不例外。因此，大学生的爱国主义教育也应该结合“新常态”下大学生群体的特点，将课堂作为爱国主义教育的主阵地，充分利用新媒体等技术手段优势，发挥党员及学生干部的带头示范作用，占领学校思想舆论阵地，依托丰富多彩的爱国教育活动，以喜闻乐见的方式培养当代大学生的爱国主义精神。

### （一）以了解当今大学生的爱国主义观为前提开展爱国主义教育

当今大学生的爱国主义观呈现出了种种问题，但仍不能简单以“淡漠”来贴标签，2008年汶川地震和奥运会中大学生所体现出的责任与担当是这一点的最好例证。针对大学生开展爱国主义教育，要首先在肯定他们积极关注国家命运、发挥重要作用的前提下进行。大学生爱国主义观在近年来主要存在以下特点：一是日常生活中对于国家发展过程中所呈现的问题容易以自嘲的方式表达不满的情绪；二是在民族陷于危难或有触犯国家利益的事件发生时会迅速集结、凝心聚力；三是在由社会开放性造成的多种思想并存的形势下容易被敌对势力利用；四是新媒体是表达爱国主义情绪的主阵地，情绪夹杂着非理性和偏激。避免大学生将问题一味放大从而丧失对国家的认同、避免大学生被敌对势力利用和引导大学生正确表达爱国主义情绪是大学生爱国主义教育需要重点解决的问题。

### （二）以打造以小见大的认同教育体系为基础开展爱国主义教育

大学生爱国主义教育需要坚定大学生理想信念，使大学生在任何时候对国家和民族都能满怀信心，打造以小见大的认同教育体系是开展爱国主义教育的坚实基础。认同体系包括自我认同、学校认同、国家认同、民族认同四个层面，开展引导学生全面发展的学生活动提升学生的自我认同感，具备自我认同的大学生才能拥有积极正面的思想情绪；挖掘校史校情增强学生对学校的认同，拥有对学校的认同才能积极响应学校教育要求完善自身；以开放的心态引导学生正视各个国家、政党在国家发展过程中出现的问题，同时使得学生充分了解国家的艰辛努力和辉煌进程，培养具备国家认同感的大学生才能在实现“中国梦”的道路上勇往直前；以中华传统文化和革命历史教育的“老话新说”为抓手激发学生的民族认同感，从话剧、微电影等大学生喜闻乐见的形式着手，运用传统文化的精神瑰宝和革命历史的英雄事迹牢固爱国主义教育的阵地。

### （三）以坚定的立场和大国的包容胸怀为准则开展爱国主义教育

学校的思想舆论阵地历来是敌对势力渗透的重点，他们企图在青年学生三观还未形成之际向他们灌输西方价值观、宗教思想，激起同学们对党和政府的不满，甚至还有恐怖分子在大学生群体中传播恐怖主义思想，妄图造成社会的混乱。更有个别大学生因此误入歧途，被敌对势力所利用。这些都对高校的爱国主义及思想政治教育造成了巨大的挑战。从校报、讲座等传统宣传方式到微博、微信等新媒体介质，都是学校要争夺的宣传阵地。这就要求学校完善校园舆情监督引导机制，建立从老师到学生的舆情监督引导队伍，更新舆情引导的形式和内容，保证爱国主义等核心价值观在学生中的宣传，抵御敌对势力对学生的侵蚀。同时，面对思想开放的大学生群体，要引导学生在坚定立场的同时客观看待值得我们借鉴学习的地方，以大国的胸怀进行大学生的爱国主义教育。

### （四）以新媒体应用和学生自主性发挥为方式开展爱国主义教育

随着微博、微信等现代通讯手段的崛起以及手机、平板电脑等移动终端的普及，同学们接受思想观念和外界信息的渠道已经发生了重大变化。大学生对于新媒体技术的青睐要求学校在进行爱国主义教育以及思想政治教育时要借助新媒体手段，这样才能以喜闻乐见的方式让同学们接受爱国主义理想信念。目前，许多高校虽已建立自己的微信平台和官方微博，但还需要学工部门应该与宣传部门合作，通过微信平台和官方微博向在校学生推送党和国家对大学生的优惠政策以及爱党爱国的先进典范，让同学们感受到党和国家的关爱同时树立爱国主义的理想信念。说教式的爱国主义教育应当摒弃，以学生的角度阐释积极而真实的爱国主义却应当积极鼓励，可通过学生“党员讲党课”、学生微电影拍摄、创意演说家比赛等形式向全体同学传递正确的爱国主义观，树立爱国表率，让学生敢于表达理性爱国情绪，以点带面践行爱国主义精神。

爱国主义教育是一个老生常谈又不可回避的问题，爱国主义教育是关系到中华民族伟大复兴的重要根基，爱国主义教育保持不变的应是其不言而喻的重要地位，须始终思考的是如何应对社会新形势和大学生新特点不断创新。

# 国际化人才培养模式下的资助育人工作路径研究

高　健　赵雪松　张　男

**摘　要**：随着经济全球化的深入发展和高等教育国际化的深入推进，培养具有国际化视野、通晓国际规则的复合型人才逐渐成为高等教育人才培养的目标。在立德树人、培育国际化精英人才目标的引领和要求下，高校学生资助体系，作为促进教育公平和社会公正的有效手段，也肩负着推进国际化人才培养的重任。本文将以高校资助育人工作实践为基础，着重研究国际化人才培养模式下如何有效实践资助育人工作，探索资助育人工作国际化的新路径，从而丰富高校资助育人理论体系，推动资助实践机制研究，将资助工作与大学生个人发展紧密结合，真正实现“以人为本、因人施助、励志育人”。

**关键词**：国际化　资助　育人

近年来高校收费制度的改革引发了关于效率和公平的争议，特别是对教育机会均等问题的关注。教育机会的均等是现代教育的基本理念，面对高等教育需求的不断扩大，如何保证高等教育的公平，特别是保障家庭经济困难学生这一相对弱势群体的教育公平是引人关注的问题。1999年以来，我国已初步建立以奖学金、助学贷款、勤工俭学、学费减免、特困生补助、绿色通道制度为主体的多元化大学生资助政策体系。[①] 经过多年的运行和完善，资助范围不断扩大，资助领域不断延伸，资助标准不断提高，在帮助家庭经济困难学生入学、确保每一位贫困大学生顺利完成学业等方面取得了一定成效，基本实现了“不让一名学生因家庭经济困难而失学”的庄严承诺。

与此同时，伴随着经济全球化浪潮的兴起，国际竞争需要一大批具备在国际领域内进行深层交流、对话、沟通和抗衡，具有兼容并包的精神，能够不断学习

---

高　健　赵雪松　张　男　对外经济贸易大学学生工作部

① 蔡艳梅：《高校学生资助方式研究》，硕士论文，云南师范大学教育科学与管理学院，2005年6月，第21、22页。

和吸收先进文化知识的国际化人才。高等教育国际化也随之成为世界各知名院校的办学趋向。我国在《国家中长期教育改革和发展规划纲要(2010—2020年)》中也提出要开展多层次、宽领域的教育与合作，提高我国教育国际化水平，要培养大批具有国际视野、通晓国际规则、能够参与国际事务和国际竞争的国际化人才。① 对于国际化时代的大学而言，大规模的留学生扩招、高密度的国际学术会议、跨国界的科学研究与人才培养、各种区域性和全球性的大学联盟组织并不鲜见，国际化已经渗透到了众多高校的人才培养、学科建设、学生管理和人员交流等各个方面，也不可避免地影响到了学生资助工作。在国际化人才培养模式下，要求资助育人工作要以满足学生深层次、多样化的需求为主，在提供经济资助的同时，全面提高贫困学生综合素质，关注贫困学生的国际化发展需求，为家庭经济困难学生提供更多走出国门、开拓视野的机会，帮助他们提升跨文化交流能力、培养国际素质和世界眼光。然而，目前单纯的奖、贷、助、勤、补、减等资助工作已经不能完全满足国际化人才培养的需要，特别是财经外语类院校在国际合作交流方面占据资源优势，有必要在细化国际化人才内涵的基础上，探索资助育人工作的国际化发展。

## 一、高校学生资助育人工作的局限性

我国高校当前实行的资助育人政策基本是以奖、贷、助、勤、补、减为主体，其核心是帮助贫困生解决经济困难问题，保障贫困生不会因为经济困难辍学。虽然传统高校资助工作在保证教育公平和社会公正方面发挥了较好的作用，但在国际化人才培养模式下，仍存在着以下局限性。

### （一）存在救济式资助观念，育人效果不明显

高校把资助对象主要确定为家庭经济困难学生这一弱势群体，这当然体现了社会公平、教育机会均等。但事实上，完善可行的家庭经济困难学生资助政策应着力解决两个维度的问题：一是在物质层面帮助家庭经济困难学生渡过难关，顺利完成学业；二是在人文关怀层面重点关注，帮助贫困学生在解决物质困难后进一步培养健全人格、综合素质乃至国际视野，也就是所谓的资助与育人相结合。而当前高校资助工作更多基于第一个维度，这种“救济式”的资助方式主要强调经济上的帮困，存在着重“资助”轻“育人”、重“给予”轻“回报”等问题，②

---

① 王雪梅：《全球化、信息化背景下国际化人才的内涵、类型与培养思路——以外语类院校为例》，《外语电化教学》，2014年第1期，第65页。

② 季枫：《对高校贫困生实施发展性资助的思考》，《教育探索》，2013年第1期，第95页。

部分出现了资助金额过剩、资助比例过高、资助范围过宽的问题，让部分家庭经济困难甚至不困难的学生由此产生依赖和等待心理，甚至滋生弄虚作假行为。

### （二）存在事务型资助观念，制约学生的全面发展

对于作为资助政策具体实施方的高校而言，更多的是将资助工作当成一种“工具理性”，即将其作为操作方式和实践途径，[①] 就资助论资助，只是简单地按照相关文件要求进行人员的确定和资金的分配，而缺乏更多的“价值理性”。这种事务型的资助观念，忽视了资助工作的导向性和资助育人工作的系统性，工作创新性不足。不少高校只关注对贫困学生物质经济的基础性支持，而忽视围绕学生的学业发展、能力发展、素质发展、身体发展、情感发展、心理发展和国际化视野发展等构建更高层次的支持系统，没有把资助工作的最高价值归指向学生的全面发展。

### （三）资助工作队伍薄弱，影响全员育人格局的形成

高校资助工作本身具有集中性（工作集中在每学期初）、长期性（每一位贫困生需要长期跟踪联系）、多变性（贫困生家庭情况复杂，不定因素较多）、复杂性（近年来贫困生从家庭状况、地区状况、心理状况都呈现多元化趋势）、多元性（贫困生需求不仅集中在物质方面）等特点，[②] 而目前高校资助工作人员多着重于资助育人政策的落实，资助育人、全员育人的格局尚未形成，学生工作部门唱“独角戏”的情况比较普遍，其他部门较少参与，同时部分教职员工认为资助工作是学生工作部门的事情，与己无关，缺乏共同关心、帮助解决经济困难学生的意识和氛围。甚至有些学校还没有建立专门的资助机构，资助队伍专业化、职业化、科学化水平较低，不少从事学生资助工作的老师自身国际化素质略低，无法对贫困学生的国际化发展需求提出切实可行的应对方法，难以形成资助育人的强大合力。

## 二、资助育人工作的发展方向

现行的学生资助政策体系侧重于学生生存需要，一定程度上忽视了在经济全球化背景下贫困学生的国际化发展需求。为此笔者提出三点资助育人发展的基本方向，以期完善和推动国际化资助育人体系的建设。

---

① 包家官：《发展型资助育人——高校资助工作的发展趋势》，《北京教育学院学报》，2015年第1期，第72页。
② 黄寂然：《高校资助育人工作队伍的管理与考核》，《常州大学学报（社会科学版）》，2013年第4期，第106页。

### （一）推动资助育人主体外延化

高校应打破传统资助育人主体的定位，资助育人的主体除学校资助管理部门外，还应包括各学院、年级辅导员、班主任、学生干部、社团组织等，贫困生自身也是自我教育的主体。要努力构建校党委统一领导，学生资助管理中心、学生处、财务处、就业部门、教务处、校团委等多部门通力配合，全校教师共同参与的全员资助育人工作新格局，统筹协调校内各部门形成合力，充分调动各方资源，为贫困生提供包括经济资助、心理辅导、就业指导、发展规划等多方面全方位的帮助。

### （二）以两线资助为重心

“两线资助”的第一条线是“财力支持”，即帮助学生解决在校读书期间的经济困难问题，使学生顺利完成学业，满足学生现时的表面物质需要，这是资助工作的根本所在。第二条线则是“素质支持”，即加强对贫困家庭学生的教育引导，促进学生全面发展，满足学生长远的深层发展需要，这是资助工作的终极目标。

### （三）创新发展性资助方式

高校应在进一步完善现有的奖学金制度、助学贷款、勤工助学、学费减免、绿色通道等资助政策的同时，依据自身办学特点创新工作理念，探索更多发展性资助育人方式。贫困学生也有拓展国际视野、提高国际素养的需求，要想办法为学生的国际化发展创造条件，最大化满足贫困学生发展要求，实现资助育人的本质目的。

## 三、国际化人才培养模式下资助育人工作的开展建议

### （一）推动“资金性”资助向“发展性”资助的转变

现在高校多以“先资助，后育人”为主要资助模式，即把钱先发给学生，再来进行受助学生的感恩教育、诚信教育等相后续育人活动，往往收效甚微。往往出现学生不知道自己所获助学金的资助人或资助目的，甚至有个别学生完全记不清自己所得资助奖项，难免让人心寒。

因此在国际化人才培养的要求下，各高校应积极打破“先资助，后育人”的传统资助模式，由“资金性”资助向“发展性”资助的方向转变。即受助学生不再直接得到资助款，而是由学校或资助人将资助款以参加海外短期交流项目或公益项目经费支持的形式发放。受助学生通过参加海外交流，在受到资助的同时，

走出国门，拓展国际视野，增强国际竞争力，从而为今后的发展奠定基础。

当然发展性资助要以保障性资助为前提，在确保学生可以顺利完成学业的情况下进行。目前，国家助学金、国家励志奖学金及其他减免政策，可以做到家庭经济困难学生全覆盖，高校在保障国家资助政策有效落实的同时，还可以大力引进各类社会捐赠类奖助学金，建立资助国际化专项资金，促进家庭经济困难学生的国际化发展。

### （二）推动校企合作，开拓资助国际化新平台

推进资助国际化进程，除了做好合理的顶层设计外，还可加强校企合作，充分整合资源，实现优势互补，既有利减轻学校的资助负担，同时能更加专业化、高效、系统的进行国际化项目，对学生的海外安全有了较高的保障，是更为高效的一种方式。

由于我国高校对外开放水平相对较低，尤其是一些财经外语类高校，由于其建校时间短，学科设置较为单一，在国际上知名度较小，与国外名校合作机会较小，如果单单依靠学校自身的力量，难以提高国际化项目的质量。随着社会对国际化视野的需求与发展，涌现出了一批以短期海外交流、实习为主营业务的企业，他们手中有大量海外名校的资源和科学的课程设置体系。因此，高校可以本着“优势互补、互惠互利、长期合作、共同发展”的原则与这类企业开展合作，扩大校企合作范围，保证项目质量，为更多家庭经济困难学生提供交流平台。

### （三）设立专项资金，确保育人延续性

资助国际化项目是一个系统性的工作，要保证项目的延续，其稳定的资金支持是必不可少的。高校应在原有的资助体系上，设立专项资金，专款专用，每年用来资助特定贫困群体的学生赴海外学习、实习或短期交流，以开拓其国际视野和提高其参与国际交流、合作、竞争的能力。每个专项资金所资助的项目可以被赋予不同的主题，在给予学生资助的同时，也成为资助育人的一个较好的平台和抓手。每期受助学生在参加项目后，可以将学生出行的论文、感想择优汇编成集，留存给下一届参加项目的学生，从而保证每个项目精神的延续性和育人的延续性，并打造资助育人的品牌化效应。

### （四）规范项目内容，建立多层次的项目体系

资助国际化项目应进一步规范项目内容，丰富项目形式，建立多层次、全方位的项目体系。根据受资助学生英语水平，分为高中低三种类型：面对英语水平较好的受助学生，资助他们前往境外进行专业知识的学习；对于英语水平一般的

学生，资助他们前往境外进行实习等练习；对于英语水平相对较差的学生，课程设置重点以练习口语、人文考察为主。从人文考察到领导力培养，从学术讲学到名企实习，涵盖各式各样的主题，学生可以根据自身需要和兴趣，选择不同的项目申报，有极大的自主性。此举不仅帮助困难学生克服因资金、渠道缺乏而无法境外交流的困难，而且用另一种方式帮助家庭经济困难学生提高综合竞争力，促进教育公平。

### （五）建立动态追踪评价机制

正如前文所述，目前高校存在“重资助，轻育人”的特点，许多助学金下发给学生之后育人的效果并不理想。为了加强资助育人的连续性、主动性和创新性，资助国际化工作应建立动态追踪评价机制，持续跟进后续育人工作。尤其针对受专项资金资助学生，他们的在校成绩、就业去向、出国留学、服务社会等多方面变化可做为追踪评价的衡量指标，在与受资助前做对比研究后，可清晰看到资助育人的成效，并为进一步健全资助育人体系提供实地数据支持。

总之，在国际化视野下的资助育人工作的实践，应坚持推动资金性资助向“发展性”的转变，完善资助机制，增加资助力度，扩大资助范围，通过经济补助、项目拓展、平台建设，将帮困、助学、国际化有机结合起来，进一步健全资助育人体系，利用资助国际化平台，在提升学生自身的综合素质，维护其自尊心和自信心的同时，充分挖掘困难学生因经济条件所限而没有得到充分开发的潜能，进一步帮助他们全面成长。

# 对于国际化人才培养中德育工作的一点思考

## ——以浙江外国语学院为例

陈　澄

21世纪是经济全球化的时代，在这样的时代特点下，文化多样和教育全球化也日趋发展，国际化已成为了一种日常生活的“新常态”。在这种背景下，国际化教育的快速发展，各高校对外合作与交流的进一步增强，都给如何在国际化教育中加强德育工作带来巨大挑战。此外，如今“90后”的大学生，成长阶段正逢国内各方面都开始走向国际化、各种意识形态多元化并不断发生摩擦与争斗的时期，他们在接受中国传统思想观念的同时，也受到国外文化价值观的影响，其思想行为具有时代的鲜明特征，也使得高校思想政治教育遇到新的挑战。因此，研究以培养国际化人才为特色的高校中的德育教育，是一个充满挑战的课题。本文以浙江外国语学院为例，对国际化人才培养中的德育工作进行探讨。

## 一、浙江外国语学院国际化办学特色

浙江外国语学院是一所以外国语言文学为优势学科，文学、经济学、管理学、教育学、艺术学等多学科协调发展的公立省属普通本科高校。学校以培养国际化应用人才为特色。学校注重外语专业与非外语专业融合，实施外语复语式、外语＋专业、专业＋外语复合型专业人才培养模式，积极推进专业核心课程全外语和双语教学。学生国际视野宽阔，外语优势明显，综合素质高，具有较强的就业竞争力。

学校积极开展国际教育交流与合作，是中国政府优秀本科生国际交流项目、浙江省优秀本科生国际交流项目的项目单位，已与美国、俄罗斯、德国、西班

陈　澄　浙江外国语学院艺术学院

牙、法国、澳大利亚、日本、韩国、智利、墨西哥等20多个国家和地区的30多所高校和机构建立了交流合作关系。通过学分互认、学位联授等国际联合培养模式，年均派出学生150人次，同时招收来自北美、拉美、东欧和西欧等地区的留学生来校进行长短期学习，积极参与汉语国际推广。

学校当前正在大力实施“品牌化、国际化、集群化”三大战略，致力于进一步推进特色发展，努力建成一所外语特色鲜明、教育品质一流的知名高校。[①]

## 二、以人为本、德育为先的必要性

### （一）国际化和多元文化价值观给高校带来的影响

1. 占领思想阵地

随着科技与时代的进步，信息的传播速度大大加快，已经可以达到全球同步的程度。中国的改革开放政策，使得当代大学生的生活方方面面都带有国际化的色彩，从服装到食物，从影视作品到流行歌曲，当代大学生都更倾向于“舶来品”而视“国产货”为不入流。某些外国势力利用商品流通和信息传播等方式灌输西方政治制度和思想方式，妄想从文化认同上瓦解民族整体性，破坏本土民族文化，间接占领我国高校大学生的思想阵地。[②]

对于这样的影响，高校要教育学生辨别外来文化，防止被“洗脑”，方法之一就是进行有效的德育建设，不能任由外来文化侵蚀本土民族文化，使得大学生丧失爱国情怀、民族性情，丢失本土文化。在国际化不断深化的今天，高校思想品德德育工作依然任重而道远。

2. 人才流失

中国改革开放近40年，一直努力在多方面与国际接轨，提出“走出去、引进来”的战略。在国际化的背景下，中国高校被要求培养具有国际化视野、通晓国际法律法规、具有创新思维和人格的多层次、多领域人才。2011年对中国公派留学生数据统计显示，[③] 97%的公派留学生在学业完成后会按时回国，但仍有3%的公派留学生选择留在国外。2011年公派留学生数量为1.2万人，也就意味着那一年有360个高校精英没有回国，这对国家造成了巨大的损失。归根到底，就是因为大学生的思想品德素质不符合一个优秀大学生的标准。

① 《浙江外国语学院学校简介》，浙江外国语学院官网，www.zisu.edu.cn，2015年6月10日登录。
② 张燕：《国际化视野下中国高校德育研究》，《河北广播电视大学学报》，2011年第3期，第101页。
③ 王南：《中国十余年间公派7万留学生仅3%未归国》，《法制晚报》，2008年12月7日。

## （二）当代大学生的思想行为特性

“90”后大学生是中国社会经济腾飞的见证人，他们的成长伴随了信息化时代的发展和经济与文化的国际化，带有鲜明的时代烙印。《中国青年报》在2008年11月12日发表了《全国首份“90后”大学新生调查报告》（以下简称“调查报告”）的统计结果显示，“90后”大学生具有思想活跃、个性独立、早熟务实等显著的思想行为特点。[①] 具体表现在：

1. 思想活跃，能够快速获取时代最前沿的信息和文化趋势，注重外在美，不循规蹈矩，娱乐性支出占比较高，部分偏向奢侈性消费，对未来充满诸多设想。但同时，因为社会发展速度过快，对于未来，“90后”大学生并没有明确的目标，对人生的定位不明确。

2. “90后”大学生大多数为独生子女，倾向于以自我为中心，具有较强的主体意识，较少考虑他人的感受和意见，具有被关注的强烈欲望，乐于展示自己。但是在与人沟通上较为薄弱，尤其是与家人的沟通欠缺，相较于传统的面对面交流或书信交流，“90后”大学生更喜欢电话、短信、微信、QQ等虚拟方式，“人机交互”所占的比例大于人与人之间沟通的比例，导致人性的缺失和对亲情、友情的漠视。

3. “90后”大学生是在网络时代中成长起来的，他们从网络上接受到的海量信息，使得他们的思想较其他时代的同龄人更理智、更早熟。但是，他们在经济独立性方面的意识比较缺乏，自力更生的念头较晚形成，且心理素质偏弱，抗压能力不足。

## （三）以人为本，德育为先

教育国际化给中国高校带来的影响，如果不通过高校正确且有效的德育建设，将造成越来越多本土民族文化的消失和更多优秀精英的人才流失。而当代大学生在新形势下的新的思想行为习惯，也需要高校用合理的德育方式疏导教育。

首先，世界和国家经济发展对高校人才培养要求以人为本，德育为先。全球化使得教育也日趋国际化，高校在人才培养中必须考虑世界经济发展的大背景，培养符合世界和国家发展需求的人才。[②]《国家中长期教育改革和发展规划纲要（2010—2020）》中强调，要加强教育的国际交流与合作。“开展多层次、宽领域的教育交流与合作，提高我国教育国际化水平。借鉴先进的教育理念和教育经

① 戴长澜：《全国首份“90后”大学新生调查报告公布》，《中国青年报》，2008年11月12日，第11—12版。转引自丁秀娇：《国际化视野背景下加强“90后”大学生思政教育的思考》，《科教文汇》，2010年第9期，第17页。

② 刘丽：《在国际化教育中加强德育工作的一点思考》，《科教文汇》，2011年第8期，第14页。

验，促进我国教育改革发展，提升我国教育的国际地位、影响力和竞争力”。[①] 为了适应这一趋势，高校应培养大批具有国际视野、通晓国际规则、并能够参与国际事务与竞争的国际化人才。

其次，由于教育国际化，中国高校的中外合作办学机会不断增多，特别是与西方发达国家的文化交流日益频繁和更加直接，大学生处在社会主义思想和资本主义思想碰撞的前沿，既是中华民族文化的传播者，又是西方文化价值的接收者。高校在培养国际化人才的同时，德育工作面临着来自外来价值观、生活方式、意识形态等方面的挑战，若不重视国际化教育中的德育工作而放之任之，大学生很容易形成西方的人生观和价值观，而造成本土民族认同危机。[②] 笔者现为一名高校思政辅导员，分管模块中就包含学生出国境事务，在平时的工作中，不乏碰到留学回国后意识形态极其西化的学生，或“崇洋媚外”、认为外国的月亮比中国圆的学生。这是高校德育工作的漏洞，需要每一个思政工作者反思。

此外，大学生处于一个成长的特殊时期，生理上虽已成熟，但心理发展尚未稳定，没有树立稳定的价值观，在面对社会时感到不适应，对承担责任感到恐惧，经常忍受各种心理矛盾冲突，若处理不当，很可能造成大学生的心态失衡、心理变态、心理疾病等。近年来我国各高校大学生心理危机事件频发，产生了像马加爵案、药家鑫案等恶性事件。[③] 高校德育建设需要引起全社会的关注，德育为先，培养一个具有健全人格的学生比有才无德的学生更重要。

## 三、在培养国际化人才时如何开展德育工作

德育工作是高校的必修课，在培养国际化人才时更应该始终把德育工作放在重要地位。德育工作的根本任务是“培养什么人”和“如何培养人”。在教育国际化的背景下，要始终积极以社会主义核心价值观为导向，遵循教育的发展规律和人才的培养规律，要把思想政治素质培养贯穿到国际化教育的始终，培养更多的国际化人才。同时，对于处理好中华文化和全球文化的关系方面，国际化教育中的德育教育，有利于大学生在把握社会主义核心价值体系的基础上，吸收他国和其他民族的文化精华，结合中华传统文化，使中华文化不断发展，树立全球文化的价值观。

高校在培养国际化人才的同时，可以从以下几方面开展德育工作：

---

① 《国家中长期教育改革和发展规划纲要（2010—2020）》，中国网，http://www.china.com.cn/policy/txt/2010-03/01/content_19492625_3.htm，2015年6月10日登录。

② 刘丽：《在国际化教育中加强德育工作的一点思考》，第14页。

③ 马建青：《大学生心理危机干预的理论与实务》，杭州：杭州出版社，2011年版，第43页。

## （一）营造教育国际化环境，扩大国际化人才培养平台

近年来，高校的教育国际化水平已有了显著提升，但一般还是局限于国际交流与合作的层面，在培养国际化人才而营造国际化环境方面还相对较弱。以浙江外国语学院（以下简称浙外）为例，浙外以培养国际化应用人才为特色，积极开展多层次的国际教育交流与合作，是中国政府优秀本科生国际交流项目、浙江省优秀本科生国际交流项目的项目单位，年均派出留学生150人次，同时招收来自北美、拉美、东欧和西欧等地区的留学生来校进行长短期学习，积极参与汉语国际推广。[①] 即便如此，在浙外校园内，留学生和本国学生的培养都是单独进行，留学生有单独的管理、学习、生活模式，国内外学生缺乏沟通的渠道和相互融合的环境，“近水楼台”却没有“先得月”，不能不说是一个遗憾。因此，建议高校根据实际情况打通留学生和本国学生的管理模式，以促进各种不同民族文化、思维模式、生活习惯、教育理念等元素的碰撞和融合，使得更多学生开阔全球视野为目标，培养国际化意识。[②]

对于仍处于高等教育国际化初级阶段的中国高校来说，要营造国际化环境，首先应在国际化教育中开展多层次的合作办学、支持出国交流与留学项目、吸引更多的留学生来华学习，构建开放的校园环境，打造高水平的国际化教育平台，使得学生可以在享受国外优质教育资源的同时，拓展国际化视野，增强国际意识。其次，可通过与参考国外学科专业设置、调整留学生管理模式、加大国际教育合作等方面，来营造国际化教学环境。同时，还要注重营造国际化教育的校园文化氛围，如建立中外文化交流角、开展各类跨文化交际活动，让留学生参与到中国高校的校园文化活动中；还要给国内学生更多走出去的机会，例如学分互认出国境交换活动、假期出国境游学项目等，让学生在不同文化环境中学习去包容不同文化中的道德情感、道德规范、道德行为，开拓国际视野，学会国际交流合作。

## （二）改革教育国际化背景下的高校德育模式

传统的说教式育人模式也不再适合国际化的时代，当代大学生活在全球化的新时代，有自己的想法，传统的说教方式只会阻碍学生的创造力，扼杀积极性。高校要在了解学生思想的基础上，不断丰富德育载体和手段，利用大众传媒，如微博、微信等方式，传播先进文化，弘扬社会正气，宣传时代“正能量”事例；

① 《浙江外国语学院学校简介》，浙江外国语学院官网，www.zisu.edu.cn，2015年6月10日登录。

② 刘丽：《在国际化教育中加强德育工作的一点思考》，第14页。

或开展丰富的跨文化教育活动，使处于各类思潮包围下的学生既有国际视野，又有爱国情怀。

此外，面对快速发展的经济全球化和不断涌入高校的西方文化和道德观念，当代大学生渐渐与传统文化和传统美德渐行渐远。对此，高校必须采取必要措施，发扬传统文化，宣扬传统美德。如浙外于2015年6月11日举办“博学雅行·礼敬中华优秀传统文化”2015届优秀毕业生且行且伴国学经典活动，这样的活动既是为深入贯彻落实习近平总书记关于弘扬中华优秀传统文化有关重要讲话精神、大力加强中华优秀传统文化教育而打造的一项校园文化品牌，也是为提醒外语类院校的毕业生更要注重加强对国学经典的阅读与传承。

### （三）国际化教育中德育的功能需要教师的潜移默化

在德育教育中，有一些内容既非课堂教授又非集中灌输，它隐藏在教师的身上、先进的课程设置中、高层次的办学方向里和优良的教育环境之中。教师作为教育的主体，应当在道德教育中起到核心作用，学生通过教师的耳濡目染，在潜移默化的熏陶中，可以端正学习态度、领悟人生的真谛。以美国高校的课程设置为例，不管是文学、艺术还是教育等课程都包含爱国主义教育的内容，在美国人民的日常生活中，如宗教活动、政党活动、社区活动和家庭活动中，爱国主义也都渗透其中。① 因此，国际化教育中的德育工作，需要加强教师良好的师德教育、课程的科学设置和校风学风的积极向上，使学生在无意识中接受正面的道德教育。

总之，当代高校在国际化教育背景下开展德育工作都面临着不同的挑战，德育工作者要坚定不移地以思想德育为先，坚持发挥马克思主义的导向功能，找出适合本校实际情况的德育建设途径，在保证民族传统和文化完整性的前提下，培养出优秀的国际化人才。

① 刘丽：《在国际化教育中加强德育工作的一点思考》，第23页。

# 社会主义核心价值观引领下的高校校园文化建设研究

吴　迪

**摘　要**：社会主义核心价值观引领下的校园文化建设是新时期高校建设务必坚持的重要精神内核。围绕着现状与思考、路径和载体、塑造和内化等方面探讨自媒体时代校园文化建设的新路径，开拓新思路推进校园文化建设。

**关键词**：社会主义核心价值观　校园文化

大学作为思想和言论交汇碰撞的场所，是社会各种思潮的汇集地和散播地，是对大学生人格的形成具有重要影响作用的外在环境，主流意识形态之于大学校园文化的形成具有重要的作用。中共中央印发的《关于培育和践行社会主义核心价值观的意见》指出，培育和践行社会主义核心价值观，是推进中国特色社会主义伟大事业，实现中华民族伟大复兴中国梦的战略任务。如何巩固和加强社会主义核心价值观在高校校园文化建设中的引领作用，是新时期实现高校文化育人的关键问题，是推动人才培养和社会进步的关键环节。

## 一、现状与思考：强化社会主义核心价值观在高校校园文化中地位的必要性

### （一）现状认知

高校校园文化是大学精神的外化表现形式，是一所大学长期以来形成的文化氛围的表现形式。大学精神是以提升软实力为特征的内涵建设的价值核心，它通过一种“柔性”的统摄指向大学中的各种存在，然后再通过个体发自内心的自觉

吴　迪　上海对外经贸大学

而发挥于个体行为。[①]“一个国家、一个民族，没有现代科学，没有先进技术，一打就垮；而一个民族，没有优秀传统，没有人文精神，不打自垮。”[②] 当前，高校校园文化在多种思潮的影响冲击下，表现为精神“虚脱”，对于学生的凝聚力和吸引力不够强。同时，受到市场经济的影响，校园里弥漫着一种浮躁的气息，大学生的行为受到功利主义的影响较为严重。集中表现为人文精神衰微、工具理性与价值理性断裂且紧张，在各种思潮面前显得不知所措，对于事物的判断力不足，容易被各种思潮所影响和左右，如何巩固和强化社会主义核心价值观在高校校园文化的统领地位是值得探讨的问题。

### （二）建设思考

新媒体的迅猛发展尤其是自媒体时代的到来，微信、微博、门户网站等带来了规模空前的资讯，随之而来的是各种思潮奔涌而入。在面对多种社会思潮的冲击，如何进行价值澄清、价值选择是摆在思想政治教育者面前的一个问题。国家核心价值观的宣传和灌输是国民教育的重要内容，古今中外概莫如外。尽管，具体的称谓及采取的形式不同，但是究其本质皆为培养以社会核心价值观武装的青年。从2002年起，英国国家核心价值观教育正式成为中学阶段的法定必修课。英国剑桥大学的戴维·哈格里夫指出：“所有学校都应该开设一种转为多元文化社会制定的共同共鸣教育课。这种社会需要一些基本的共同价值观以产生国家内聚力所必须的黏合剂。”强化核心价值观的主导地位和核心地位是当今世界各国的共同选择，“把价值澄清、人本主义教育和道德两难判断等多种方法与品格教育结合起来，通过学生之间、师生之间、学生与家长之间民主、平等的讨论，形成大多数人认可的核心价值观是有可能的”。[③]

社会主义核心价值观是社会主义核心价值体系的内核，体现社会主义核心价值体系的根本性质和基本特征，反映社会主义核心价值体系的丰富内涵和实践要求，是社会主义核心价值体系的高度凝练和集中表达。在校园文化建设中，必须将社会主义核心价值观置于核心的指导性地位，通过文化氛围的营造渗透式地将国家核心价值观传递给青年并使之内化为他们思想的一部分，实现文化育人的目标。

---

① 储朝晖：《大学精神与大学理念——中西大学的心灵差异》，《清华大学教育研究》，2006年第2期。
② 冯友兰：《论大学教育》，《展望》，1948年第9期。
③ 杨韶刚：《从道德相对主义到核心价值观》，《教育研究》2004年第1期。

## 二、路径与载体：运用多载体实现社会主义核心价值观融入校园文化

### （一）高校校园文化建设的路径分析

实现社会主义核心价值观融入校园文化建设的路径，需要从载体的运用，构建青年话语体系与青年以同一话语体系沟通、主客体之间良性互动以及在综合使用隐性德育的物质资源和精神资源等方面实现多载体、全方位实现社会主义核心价值观的融入。

1. 强化社会主义核心价值观地位

正如前文所述，国家核心价值观地位的认定和巩固，虽然在具体的表现形式、视角方法存在着差异，但是其本质皆然，古今中外概莫能外。强化核心价值观的主导地位和核心地位是当今世界各国的共同选择，“把价值澄清、人本主义教育和道德两难判断等多种方法与品格教育结合起来，通过学生之间、师生之间、学生与家长之间民主、平等的讨论，形成大多数人认可的核心价值观是有可能的”。社会主义核心价值观对于校园文化建设具有方向性和引领性的重要作用。在校园文化建设中，必须将社会主义核心价值观置于核心的指导性地位，通过文化氛围的营造渗透式地将国家核心价值观传递给青年并使之内化为他们思想的一部分，实现文化育人的目标。

2. 构建青年话语体系

新媒体的迅猛发展尤其是自媒体时代的到来，微信、微博、门户网站等带来了规模空前的资讯，随之而来的是各种思潮奔涌而入。在各种思潮面前，青年所面临的是多元价值观的选择，如何在教育的基础上实现正确的引导，从而使之作出正确的选择呢？这是一个摆在当前高校思想政治教育工作者面前的问题。传统“灌输式”的思想政治课课堂教育倾向于表达“正确的是什么”，这无法满足青年对于知识和信息的渴求。青年面对发达的资讯、多样的选择，简单的说教只能够激起逆反心理和反感情绪，所以“授之以鱼，不如授之以渔”，给他们充分的自主选择权，当然前提必须是教会他们如何进行价值澄清、道德两难判断和人本主义的方法，运用自己的理性思维来进行正确的选择。思政课堂教学的方法无法实现，只有充分发挥隐性德育的方法多样性、载体灵活性的特点，构建与青年沟通的话语体系，才能够实现引导青年进行正确的价值观选择的目的。

网络时代青年话语变迁与思想政治教育的话语之间存在着冲突，严重影响了与青年交流思想的实效性，亟待解决这一问题。青年话语体系特点表现为个性化、多元化、世俗化和自主化，如何与青年的话语接轨、为青年所接纳是显性思

想政治教育调试的方面。通过了解青年的话语体系，建立哈贝马斯所主张的“平等对话机制”是实现良好沟通的有效途径。第一，更新思想政治教育的话语体系，与青年话语体系接轨。第二，增加隐性德育的人文关怀内容，切实关心青年、拉近思想政治教育者与青年的距离，实现思想的交流和碰撞。第三，规避“灌输式”思想政治教育过分强烈的说教成分，改为“渗透式”的融入教育，在潜移默化中做到引领青年、教育青年的作用。将社会主义核心价值观融于校园文化的各种平台建设过程中，逐步被青年所接受、所认可，所宣传。

3. 主客体良性互动

校园文化塑造主体为大学教师和学生，他们之间的良性互动是推动大学精神发展的重要力量。大学教师是校园文化的继承者、创造者和传播者，知名大学历来重视大学教师在大学发展中的作用。高校校园文化氛围营造是大学教师肩负着的重要责任，因而师资队伍总体素质状况决定了一所大学的发展前景。大学教师作为大学中相对稳定的群体，经过长期的积淀，对学校的历史和发展形成了稳定的认识和情感，在一定程度上成为校园文化的代表，在切身体验和言传身教的过程中实现校园文化的传播。在充分保护学术自由的氛围中发展校园文化，以教授学者的学识和人文修养，发挥“为人师表”的作用，将德育工作与各学科专业知识结合，实现育人过程的德育渗透式教育。

同时，学生是校园文化的传承者和传播者，以其优秀的表现实现大学精神在社会上的传播以及社会对其的认同。大学生对于自我价值的认知并以此修正自己的实践行为的过程，实际上就是校园文化所承载之大学精神的衍生、外化，并最终实现对于大学精神的传承和传播的过程。教师和学生作为主体，他们之间的互动是必须和必要的。教师在学术自由的环境中，将自己的知识以及承载在知识传授过程中以人文气质传递给学生。一所大学在社会上的声望的实现，是需要通过优秀学子和著名教授的共同努力得以实现的。

4. 物质资源和精神资源并重

隐性德育资源包括物质资源和精神资源两部分，其中物质资源突出变现为校园文化中的建筑物、设施等实体的有形物体；精神资源即为学校长期发展过程中形成的具有大学风格、特点的人文环境，是大多数人共同的价值取向和生活特点。在校园文化建设过程中，我们通常所说的校园物质文化和精神文化，在某种意义而言，即为隐性德育视野下的物质资源和精神资源，两者必须同时并重才能推动积极向上的校园文化氛围形成，涵化和培养优秀的青年。

### （二）高校校园文化建设的载体建设

隐性德育视野下，高校德育平台包括校园硬件环境建设、社会实践平台、校园文化建设新媒体平台等，通过多平台同步建设以合力方式推动校园文化建设。第一，通过学校的建筑设计、校园环境的建设，向师生传递一种井然有序、和谐静美的环境，有助于学生与社会隔离在安静的文化氛围中获取知识。第二，充分利用学校的实践平台，以志愿者活动、勤工助学活动、竞赛申报等，鼓励青年在实践中受到教育，在实践中得到锻炼，在实践中形成正确的价值观和人生观。第三，随着新媒体时代的到来，微信、微博、人人网、QQ 群、易班等新兴的自媒体媒介受到了青年的追捧。调研结果显示，100% 的同学使用一种以上的自媒体，也就是说当代青年没有不使用自媒体的。隐性德育视野下抓住自媒体平台建设是当前各项工作的重中之重，务必提到首要的位置，占领自媒体平台，改变思政教育的传统模式，使用青年喜欢的个性化、主体化、多样化模式建立舒畅的互动交流平台，推动党团组织自媒体平台的发展，提升党团组织的自媒体平台的知名度，在幽默的表达和调侃中把握思想建设的主导方向，以潜移默化的形式教育青年，引导青年，培养青年。

## 三、塑造与内化：以校园文化建设为平台实现社会主义核心价值观的内化

校园文化建设中，强调社会主义核心价值观的统领地位的同时，必须要思考如何强化社会主义核心价值观的地位。实践证明“灌输式”的传统思想政治显性教育是行不通的，而“渗透式”教育在国外教育领域的成功案例再次说明思想政治教育的途径有很多，多平台、多手段的综合利用是必要和可行的。

### （一）以多平台塑造校园文化之“活”文化

校园文化其精髓体现为大学精神，是大学“活”文化。在隐性德育视野下，高校的校园文化平台表现为校园建筑等物质文化体系，将学校的特点体现在建筑物的布局设计上，向学生传达一种学校的精神。社会实践平台是提供给青年展示自我、砥砺成长的舞台，将社会主义核心价值观渗透式的方式传递给青年。此外，新媒体平台是当下极具说服力和互动性的平台，通过开设校园公众号等形式作为平台，以生动有趣的形式首先吸引学生关注，近而以青年话语体系发布青年感兴趣的话题带动青年参与讨论，构建网络青年互动话语体系，将隐性德育的“渗透式”教育模式发挥到极致，形成贯穿于其中的精神内核。

### （二）以隐性德育形式实现社会主义核心价值观内化

社会主义核心价值观的融入和内化，除了上述多平台的使用之外，重要的是培养学生在面对各种思潮时掌握价值澄清和价值判断的正确方法。在校园文化建设中，融入社会主义核心价值观的内容，以“渗透式”的教育方式将价值观的教育贯穿于专业课教学中，以提升教师的政治素质和觉悟为切入点，做好为人师表的言传身教的作用。将专业课的知识讲授与时政教育有机结合，在课堂教学中完成社会主义核心价值观的教育和宣传。

## 四、小结

新媒体时代校园文化的建设重视社会主义核心价值观的地位，需要将物质文化和精神文化有机结合，多种平台综合利用，建构具有青年话语特点的平等沟通对话机制，以灵活多样的形式了解青年思想动态，因势利导进行社会主义核心价值观的教育。多平台、多手段的联动，将社会主义核心价值观融入到校园文化建设的氛围中，从而内化为青年思想的一部分，提升德育教育的实效性。

# 国际化人才培养模式下外语外贸院校思想政治教育工作创新研究

刘晨曦

**摘　要**：随着经济全球化的发展，我国各领域对国际化人才的需求量越来越大。外语外贸院校作为培养国际化人才的“主阵地”，结合工作实际树立明确的人才培养目标，通过学习国内外高校的先进做法，针对现有问题创新性地开展方法和对策研究，构筑国际化人才培养体系下的思想政治教育工作新模式，更好地发挥思想政治教育工作的育人功能，服务于国际化人才培养的需要。

**关键词**：国际化人才　思想政治教育　培养　创新研究

习近平总书记强调，要发展具有中国特色、世界水平的现代教育。这一完整的科学概念，包含着我国教育发展应当具有的中国特色、国际视野、时代特征等深刻内容。《国家中长期教育改革和发展规划纲要（2010—2020年）》指出，要适应国家经济社会对外开放的要求，培养大批具有国际视野、通晓国际规则、能够参与国际事务和国际竞争的国际化人才。国际化，是我国高等教育发展的潮流和趋势。大学生思想政治教育作为我国高等教育的“生命线”，要在教育国际化背景下，体现时代性、把握规律性和赋予创造性。如何面对“国际化”这个课题，外语外贸院校的学生思想政治教育正处在一个关键的“十字路口”，亟需教育工作者认真对待并加以研究。

## 一、国际化人才的概念、标准和培养目标

国际化人才是指具有国际化意识和胸怀以及国际一流的知识结构、视野和能力达到国际化水准，在全球化竞争中善于把握机遇和争取主动的高层次人才。通

刘晨曦　天津外国语大学研究生院

常来讲，国际化人才应具备以下7种素质：宽广的国际化视野和强烈的创新意识；熟悉掌握本专业的国际化知识；熟悉掌握国际惯例；较强的跨文化沟通能力；独立的国际活动能力；较强的运用和处理信息的能力；且必须具备较高的政治思想素质和健康的心理素质，能经受多元文化的冲击，在做国际人的同时不至于丧失中华民族的人格和国格。

人才国际化这个概念由来已久。但事实上，人才国际化在全球已经成为很普遍的现象了。美国等发达国家一直处于人才国际化的最前沿，每年吸引大量的国际化人才，人员往来频繁。根据经济全球化以及加入WTO的实际需要，在借鉴西方发达国家的国际教育理念的基础上，我国高等教育培养国际化人才的目标是在进一步加强爱国主义教育的同时，注重培养学生国际理念、国际竞争与国际合作意识；在继承中国优秀文化传统的同时，注重多元化的吸收，并具备良好的文化“免疫力”，注重综合素质、良好心理素质的培养；鼓励学生掌握一种或多种外语，并善于进行国际间的文化合作、沟通及信息处理；具有创新意识和创造能力。

和很多兄弟院校一样，天津外国语大学立足经济社会发展和高等教育改革实际，秉承“中外求索，德业竞进”的校训，确立了“以人为本，特色发展”的办学理念和“以特色发展带动内涵发展促进和谐发展”的战略方针，制定了“具有自主学习能力和跨文化交际能力”的复合型国际化人才培养目标，致力于建设特色鲜明的高水平外国语大学。

## 二、国际化人才培养背景下创新思想政治教育工作的必要性

在国际化视野下研究大学生思想政治教育的创新发展，一是缘于当前我国的主流意识形态发展需要。人才的国际化首先体现在思想意识和价值观的多元化，西方发达国家也在利用各种途径给大学生灌输自己的价值观和意识形态，妄图削弱中国青年一代的社会主义信仰，这对思想政治教育形成了严峻的冲击，对外语外贸院校大学生进行马克思主义意识形态的信念教育就显得尤为重要。二是培养国际化人才的现实要求。国际化背景下大学生思想政治教育的创新研究，可以在保证专业学习的基础上开阔学生的国际化视野，增强对外界信息的分辨能力，全面提升国际化人才的综合素质，为经济社会发展输送更多优秀的人才。三是适应当代大学生的思想特点和成长需要。现在的大学生基本都是90后，甚至是95后，思维方式和成长环境较之以往发生了很大变化，丰富的网络媒介拉近了与世界的距离，使得他们有机会接触大量信息，其中既有精华，又有糟粕。因此思想政治教育只有契合国际化背景下大学生的精神需求，符合青年学生的思想实际，才能真正起到育人作用。

# 三、国际化人才培养中思想政治教育工作面临的挑战

## （一）不同教育理念和方法的差异给思想政治教育工作带来挑战

我国现阶段的大学教育理念和模式是一个不断改革和发展的过程，它继承了几千年来中华民族传统的儒家教育模式，核心是对施教者的崇拜，强调尊重与服从，更多地体现教育成果对于社会的贡献和价值，忽视其对大学生自身发展的诉求和需要，仅仅把学生当作单纯的接受者，忽视了内心感受，没有建立沟通和反馈体系，无法形成互动。尽管近年来随着教育改革的深入，新的教育方法和理念不断涌现，教育模式有了不小的改观，但是学生的主体地位还没有完全确立，思想政治教育的内容还没有完全与经济社会的快速变迁相匹配，理论创新还需要加强。笔者曾经对思政理论公共课做过一项问卷调查，结果发现学生对课程质量满意的仅占34.1%，有过旷课经历的竟然高达92%，数字背后折射出的问题表明目前我们的课程还以灌输、说教为主，缺少和学生互动，授课形式呆板，自然无法激发学生的兴趣。

国外高校德育教育灵活性强，提倡课外实践，学校与家庭密切合作，充分尊重学生的个性发展，同时与社会需求有机结合，实现了良性循环。外语外贸院校结合国际化人才培养目标，通过聘用外籍教师，使用外文原版教材授课，实行国际化的教育模式和教学方法，间接造成部分学生不适应互动式、开放式的学习方式，大量的专业课和过多的课上发表占据了学生大量的时间，造成较大的学习压力，使得学生无暇顾及自身思想进步，思想政治教育很难深入开展。

## （二）学生群体思想的新变化给思想政治教育工作带来了挑战

当前大学生多属于90后独生子女群体，与80后相比，他们家庭条件较好，接受了系统的教育，情商和智商较高，消费观念超前；但是普遍缺乏吃苦意识和奋斗精神，自理能力较差；处事往往以自我为中心，不太顾及他人的感受，喜欢单打独斗，团队合作意识差。很多学生受父母影响从小接触社会，甚至在国外长大，容易受到各种社会思潮的影响，无视老师的管理，个性突出，思想活跃，喜欢展示自我。以我校2014级英语专业某班为例，32名同学中超过15名家庭条件十分优越，5人拥有汽车，3人有海外生活经历，超过一半的同学入学以来很少找辅导员沟通谈心。

一些学生思想状况与主流思想形态冲突，叛逆性强。调查表明当前学生的思想状况总体良好，健康向上，但也存在一些消极现象，如学生们普遍爱国热情高，但政治意识差；功利意识强，社会责任感弱；具有强烈的求新意识，期望通

过接受国际化教育的培养以及出国镀金深造，拓展视野，增强就业竞争力；但少数学生表现出较强的个人功利主义倾向，崇尚金钱至上，漠视社会公德。有的学生没有明确的学习目标，整天想着考试出国，以拿到国外文凭为荣，期望回国后凭借家庭关系谋职，影响学校正常的学习风气。

### （三）国际化人才培养中的文化差异对思想政治教育工作带来了挑战

大学生的思维异常活跃，尚未完全定型，极易受各种社会思潮的影响，这是思想政治工作者面临的重要问题。国际化人才培养既要“引进来”，又要“走出去”，走国际化办学道路，必然受到西方国家的文化理念、价值观和生活方式的影响，我们很多课程采用的是外文原版教材，外教授课的比例较高，使学生无形中对西方社会有了更广泛的了解。外教授课时也会影响到学生的价值取向和思维方式，对于政治敏感性差、憧憬国外生活、社会阅历尚浅的青年学生来说，很难分辨、判断其中的有害信息，不可避免地会受到西方价值观的影响。外语外贸院校中赴国外留学的学生比例较高，在国外学习期间很容易形成思想政治教育的空白，尽管各个学校采取了一些措施，如建立海外学生党支部等，但身在国外，受到的影响在所难免，使学生产生观念上的差异，甚至被境外反华势力策反、利用，这样的事例屡见不鲜。

### （四）新媒体教育方式的广泛应用给思想政治教育工作带来了挑战

网络的虚拟性弱化了大学生的道德意识和法律意识，增强了思想政治教育的不确定性。目前我国高校学生使用网络者超过95%，网络已经渗透到生活的方方面面，潜移默化地影响着大学生的生活和思维方式。目前大学生更多地利用网络来进行娱乐、交友和购物，很多同学宅在宿舍里刷微博，晒朋友圈，将时间耗费在虚拟的网络空间而无法自拔，用在查找资料、学习知识的学生比例较低。近年来校园里流行的网络语言、每天下课时校园门口的收取快递大军以及学生们在微信中上传的照片多多少少反映了现存的一些问题。

现在网络发达，突发事件会第一时间被曝光，大学生在面对网络突发事件时反应速度奇快，能够及时传播，大部分学生可以对突发事件做出正确的判断和评价；但由于网络信息的复杂性，大学生分辨真假信息的能力还有所欠缺，很容易受到某些不良舆论媒体导向的影响，人云亦云，做出错误的评价，产生过激的言语或者行为。如果得不到及时、正确的引导，会对思想政治教育工作造成不良影响。

## 四、国际化人才培养体系下思想政治工作的创新路径研究

### （一）加强思想政治教育工作队伍自身建设

学校主管领导要高度重视，加大投入完善队伍建设，配备充足人手，建立辅导员、班导师、学生骨干三位一体的管理模式。在工作中要树立国际化的人才培养观念，服务学校中心工作大局，做好各项服务和辅助教学工作，将国际化人才培养置于思想政治教育工作全过程。思政工作队伍要注重自身理论学习，通过交流访问、专题辅导、外出培训等多种方式拓宽国际化视野；创造条件选派优秀辅导员赴国外学习考察发达国家办学理念，丰富国际化学生德育管理经验，积极参加各种实践和学访活动，在实践和交流中不断增强职业素养，逐步提升自身综合素质，注重学生多元化发展，培养学生的国际化意识，更好地满足国际化人才培养需要。要加强思政工作队伍的专业化和职业化建设，搭建平台鼓励辅导员做好科研，多出理论成果，更好地指导工作实践。定期举办工作交流分享会和职业能力大赛，提升竞争意识。

### （二）营造培养国际化人才的校园文化氛围

要重视校园文化的建设和引领，传递“正能量”；学生活动要体现多元化和国际化的办学特色。除了做好常项活动，校园文化建设要丰富活动载体，根据学生专业特点组织富有成效的品牌活动，将思想政治教育贯穿于活动始终，达到“文化育人”的目的，例如定期举办多语种文化节，为不同语言专业学生提供了解不同语言对象国文化风貌的平台，营造良好的校园文化环境，使学生在参与中开拓视野和知识面，提高精神境界，丰富专业知识。邀请国外知名教授、学者来校开展讲座，使学生接触多元文化，了解学科发展趋势，增强国际化竞争意识。此外还可以举办高水平的演讲比赛、歌唱比赛、辩论赛等活动，邀请留学生参与其中，不仅提高学生的外语水平，锻炼了口语表达，更通过和不同民族、不同国家学生的交流中取长补短，汲取先进文化，提升国际化意识。

### （三）拓展大学生思想政治教育渠道

一要充分发挥思想政治理论课的主渠道作用，对大学生进行系统的马克思主义理论教育和思想品德教育，培养学生的思想政治素质，注重课堂教学与学生实践相结合，增加互动，激发学生爱国热情。二要将思想政治教育渗透到专业课程的教学中去，改变专业教学与思政教育互相割裂的现状，全方位地把德育融入课堂教学，在培养学生专业素质的同时也使其思想道德素质得以增强。三要关注学

生心理健康，在思想政治教育中融入心理健康教育的知识和方法，从研究学生主体的需要和心理发展规律出发，针对学生的思想实际和行为特点解决学生的现实问题，尤其关注就业指导和人际交往，培养学生以一种积极向上的精神、乐观的心态去面对生活中纷繁复杂的问题。四要充分发挥学生党建的作用，通过入党教育和党员带头作用加强思想政治教育的影响力。要抓好入党积极分子教育制度，针对不同类型积极分子开展思想教育工作，健全党的组织生活，在制度上保证党内开展思想政治教育的组织形式。

### （四）做好新媒体条件下大学生思想政治教育工作

随着新媒体的广泛应用，国际化人才培养体系下的思想政治教育工作发生了很大变化，我们必须顺应时代发展，努力学习微博、微信、QQ 等各类新媒体，主动掌握网络用语，构建网络交流平台，主动占领网络宣传阵地，建立学生骨干为主的宣传队伍，及时发布学校正能量。通过网络与学生进行心灵对话，解决各类问题，防患于未然。对于出国留学的同学，不要让他们成为鼓励盲区，要随时关心他们的思想动态，传递各种信息，及时解决他们的问题，减少由于地域界限给思政工作带来的困难。让海外学子时刻感受到母校的温情，体会到归属感，以保持思想政治教育工作的延续性和连贯性。

总之，我们应当主动改进和完善现有思想政治教育的方法和手段，认真学习世界先进国家有益的做法，结合外语外贸院校的学生工作实际，认真分析新时期大学生的思想特点和发展轨迹，加强研究，有针对性地开展各项工作，全面提升学生的思想政治素质，为我国经济发展培养出更多的国际化人才。

# “新常态”下创新高校新生入学教育的思考

葛佳佳

**摘　要**：高校新生入学教育是高校思想政治教育工作的重要组成部分，有助于新生顺利完成角色转换、熟悉大学生活、适应新环境，也有利于加强学校与学生的双向了解。然而目前高校新生入学教育普遍存在时间短、内容散、方式单一、全局意识欠缺等问题，因此应该加强和改进教育模式，建立持续时间长、以五育为内容、双向互动、系统全面的新生入学教育体系，同时树立全局观念，增强教育过程中各部门各力量的联合发力，才能最终收到良好的教育效果。

**关键词**：新生入学教育　问题　对策

新生入学教育是高校思想政治教育工作中非常重要的方面，对大学生的健康成长有着重要影响。新生入学教育应从新生的发展需要出发，秉承以人为本的理念，针对新生在学习、生活、思想等方面的特点，有计划、有组织地开展一系列丰富的教育活动，从而使新生初步了解校史校情及所学专业，逐步适应大学生活，调整心态，转变角色。在新的历史阶段，进一步加强和改进高校新生入学教育，从时间上、内容上以及学校及学生二者的互动模式上进行改善和创新，深入研究新生的思想特点，全面细致地做好新生入学教育，对于高校思想政治教育工作具有重要意义。

## 一、高校新生入学教育的重要性

### （一）有助于新生顺利完成角色转换

每个人在漫长的一生中都会经历不同的人生阶段，每个阶段所要扮演的角色不同。大学时期是学生人生成长的重要阶段。迈入大学阶段的他们往往都已经成

葛佳佳　天津外国语大学欧洲语言文化学院

年或者即将年满18周岁，这个时期的他们远离父母，远离熟悉的环境，很多人甚至远离家乡，大学生活对他们而言相当于人生第二个“断乳期”，这个时候的大学生，虽然在生理上逐渐成熟，但是从心理方面而言，他们远未成熟。这一特征表现为，一方面，他们逐渐拥有独立意识，智力成熟，逻辑思维逐渐提高，创新意识增强，身体各方面成长到了一个较为完善的程度。而另一方面，他们刚刚成年，自我意识还不成熟，还没有形成系统的人生观、世界观、价值观等，容易受到外界影响。

大学阶段是大学生在个体社会化过程中的一个特殊的重要时期，因此，新生入学教育对于新生的引导显得尤为重要。内容丰富而且系统的新生入学教育能够帮助新生顺利完成角色转换，从以前依赖父母依赖老师的未成年人的角色转变为独立自主，自己为自己负责的成年人角色。

### （二）有助于新生熟悉大学生活，适应新环境

大部分的新生在长期的应试教育之下，已经习惯了中学时代的灌输式教育以及老师主导的生活模式。然而大学以素质教育为主导，与中学存在明显的差异。学生进入大学后，面临着学习方式、生活环境、人际关系等方面的巨大变化。他们不再是中学简单的教室、食堂两点一线的生活，而是需要面对班级、寝室、社团、课堂等多种多样的学习和生活环境。环境的巨变要求学生能够拥有较强的适应能力和心理调节能力以及自我管理能力，然而刚入大学的学生们往往还不够成熟，当他们的心理状态、思想意志以及自我管理能力无法适应学习和生活的变化时，就容易产生很多问题。

因此，新生入学教育至关重要，通过系统的入学教育能够帮助新生完成心理角色上的转变，帮助他们缩短心理跨度，顺利融入集体生活。通过熟悉校史校情专业情况，合理进行心理引导，组织丰富多彩的校园活动，使新生能够做到：学习上，从单纯依靠老师的讲解到拥有一定的自学能力，学会时间管理，引导他们树立理想；生活上，引导他们从依赖父母到能够独立自主地处理自己的事情。

### （三）有助于加强学生管理，是学校与学生互相了解的重要渠道

新生入学教育是大学生入校以后的重要教育环节，是学校与学生之间互相了解的重要渠道。

首先，新生通过参加一系列的新生入学教育活动，能够快速掌握学校历史传统及发展脉络，有助于新生全面了解校史、校情和学校的特色及优势，特别是学校发展过程中所取得的重大成绩和广阔前景。通过校史校情教育，能够逐步培养和增强学生的爱校意识，引导学生逐步形成对学校的认同感、归属感和自豪感；

新生通过学习学生手册，了解校纪校规，能够掌握学校有关的规章制度，从而加深对学校学习、生活等方面规则的了解，有助于他们更好地规范自己的行为，顺利完成大学四年的学业和生活。

其次，高校通过一系列新生入学教育活动，能够在活动中掌握不同院系不同班级学生的基本情况，从而能够从整体上把握学生的特点，并进一步深入地了解每一个学生的个性、心理素质、成长环境等，有利于辅导员老师针对不同的学生群体有区别地进行个体教育。

## 二、当前高校新生入学教育面临的问题

### （一）时间缺乏持续性

新生入学教育是新生入学的重要课程。目前国内高校对新生入学教育的重视不够，普遍采取的都是一周或两周集中式的培训加军训的模式。这种快速集中的教育方式虽然节省时间，提高了效率但是由于时间短，课程过于集中，很多新生还未来得及理解消化，新生教育便戛然而止，无法起到新生入学教育原有的目的与初衷，实际效果并不理想。因为新生刚入大学，对于一切都还处于懵懂状态，适应能力以及心理素质都还不够成熟，无法在短时间内完成从中学生到大学生，从未成年到成年，从应试教育到素质教育，从集中管理到自我管理模式的转变。他们往往会因为各种不适应而出现各种问题，然而当问题出现时，新生入学教育已经结束，再进行补救式教育已经错过了最佳的教育时机，得不偿失。

### （二）内容缺乏系统性

目前高校的新生入学教育往往缺乏系统性，缺乏长期规划和系统性的构架，因此往往会造成两极化的局面，要么是面面俱到，将大学教育的所有内容都纳入新生入学教育的体系，但是最后又因为时间紧张而浅尝辄止；要么是内容过于集中，涉及面窄，仅仅限于校史校情教育、安全教育、校纪校规教育等，而对于新生普遍需要的心理调适、职业生涯规划等针对如何认识大学和适应大学方面的教育与指导则比较缺乏，教育内容往往难以满足新生的实际需求和心理期待，因此不能给新生们带来多少实质性的影响，往往难以收到预想的效果。

### （三）方式缺乏互动性

情感互动是指教育者与教育对象自身的情感，通过语言、动作以及行为的传递而相互交流、相互碰撞、相互感染和相互激发，从而达到双方感情共鸣和思想

认识趋同的过程。[①] 然而许多高校在进行新生入学教育时，往往采取单向灌输的方式，将新生当作纯粹的教育客体，缺乏与新生的双向互动，难以调动新生参与的积极性主动性。同时，单纯的灌输式教育也不能从新生的所思所想所感出发，对教育内容进行调整和补充，由于缺乏与新生的双向交流，不了解新生的所想、所惑、所缺、所求，因而难以改进教育思路，及时调整和补充教育内容，不利于新生的角色转换。

### （四）教育缺乏联动性

高校新生入学教育是一项系统工程，需要多种教育力量联合发力，形成联动性才能收到良好的效果。然而目前的高校新生入学教育缺乏整体部署，没有将学校、家庭、社会、学生本人纳入到新生入学教育的体系中去，缺乏全盘考虑。新生入学教育往往最后成为了学生管理部门自己的事情，在最后的执行阶段又变成了年级辅导员个人的工作。这样的工作模式不利于资源优化配置，容易造成各部门单兵作战，部门间缺少合理的衔接和配合，难以形成合力。

## 三、加强和改进高校新生入学教育的思考

### （一）加强时间的持续性，构建高校新生入学教育的前移后拓模式

传统的新生入学教育往往在新生开学报到之后才开始进行，而且时间较短，往往集中在开学以后的一周至半个月内。这样短期集中机械化的新生入学教育起不到应有的作用，反而容易让学生产生厌烦心理，从而影响教育效果。

因此，首先应该从时间方面，加强新生入学教育时间的持续性，构建高校新生入学教育的前移后拓模式。

其中前移——时间点的前移，即从录取之日便开始进入新生入学教育阶段。高考录取结果出来以后，学校可随录取通知书一起寄给学生一封关于学校情况、大学生活简单介绍的一封信，并给每个新生留一个有实践意义的作业，比如一份调查报告，一份职业生涯规划，等等，将新生入学教育的号角提前在暑假吹响，不仅能够使学生尽快了解大学，尽快适应大学生活，也能帮助他们合理规划假期，避免时间的荒废。同时暑假期间，在新生入学前，为使新生和家长更系统、更全面地熟悉学院，使新生更好地融入大学生活中，高校各学院可以充分利用新媒体，为新生建立QQ群，并通过贴吧、人人网等多种途径，在暑假便开始提前与各班级学生进行交流，为入学做好各方面的准备。

---

① 王娟：《思想政治教育沟通的人学特质》，《思想政治教育研究》，2006年第4期，第24—25页。

除了做好入学教育的前移以外，也需要做好新生入学教育的后拓工作。后拓——时间点的延长，即将新生入学教育贯穿于整个学期。传统的入学教育往往一周或者两周就结束了。短暂的入学教育效果不明显，往往学生还没有来得及熟悉环境，还存在着对未来的许多疑惑时，入学教育活动已经戛然而止。因此，在进行入学教育时，应当将时间适当延长，将入学教育贯穿在新生入学的整个学期，对其进行系统的入学教育，帮助新生快速适应大学生活，转变角色。

### （二）加强高校新生入学教育内容的系统性

传统的新生入学教育内容较为分散，没有形成体系，这样不利于新生的全面发展。新生入学，面临的最大的问题就是如何找准自己的定位，如何规划自己的未来，如何快速适应大学生活。因此，针对大学新生的现实情况，高校新生入学教育应以“理想教育”为主题，借助新媒体的影响力和覆盖力，全力打造新生入学教育的适应性教育、规范性教育、引导性教育、提升性教育、规划性教育（理想教育）“五育”体系。

适应性教育以校史校情教育以及心理健康教育为主，目的是帮助新生尽快熟悉学校环境，调整心态，尽快适应和融入新环境，这是新生入学教育的首要目的。

规范性教育以校纪校规教育、安全教育为主，是新生入学教育的重要部分，目的在于培养学生的纪律观念，帮助学生了解学校的各项规章制度以及大学期间的各种安全注意事项，帮助学生顺利度过大学生活，培养良好的学习生活习惯和思想道德素质。

引导性教育以专业介绍、学科引导为主，通过各种专业性的讲座、活动、论坛，帮助学生了解所学专业的具体内容、培养目标以及就业去向，帮助学生转变学习观念，树立自主学习的意识，调动学生学习的积极性主动性。

提升性教育以党性教育为主，在新生入学教育中增加时事政治、党性修养方面的教育，着重提高学生的思想政治素质、优良的道德品格以及高度的社会责任感。可以通过红色论坛、与党有关的实践活动以及志愿服务活动等形式，让学生在参与中提升自我道德修养。

规划性教育以职业生涯规划课程、校友专题讲座为主，帮助学生从入学初期开始着手规划自己的大学生活，思考自己未来的职业生涯，从而帮助他们尽快找准自己的定位，有目的地进行学习和管理时间，赢在就业的起跑线之上。

### （三）加强学生的自我教育，增强教育方式的互动性

教育心理学认为，在教育的情景中，互动的情感关系是学生最终取得学业成

功、教师最终实现教学成功的关键。因此应该建立双向互动的新生入学教育模式，真正使学生参与进来，成为教育活动的主体而非简单的客体，让新生在体验中感受，在感受中学习，在学习中成长，真正使大学的教育理念渗透到学生的思想深处。例如对于新生的校史校情教育可以突破以往单纯的讲座模式，而将课堂转移到校史馆、校园中，通过学生的亲身感受来了解学校历史与成就，了解学校的风雨变迁，这种亲身感受式的教育能够起到事半功倍的效果。同时还可以通过组织校友寻访活动，让学生在与校友的交流中了解自身专业发展，提早做好职业规划，也会比单纯的一节职业生涯规划课程要更有效果。双向互动的教育模式有助于将教育目标内化为学生的学习动力，从而将所学所思转化为实际行动，只有将外在的强化教育和内在的自我教育、自我管理相结合，才能真正使教育内容发挥实效。

### （四）加强高校新生入学教育力量的联动性

入学教育是一项系统工程，它在整个大学教育体系中占有重要地位，因此需要在实施的过程中充分动员校内外的多种资源，树立全局观念，做好学校各部门、学院各个老师以及优秀学子、党政干部的综合联动，形成合力。从横向方面来讲，要坚持以学工人员为主体，同时需要各学院内部专业课老师、党政干部以及优秀学子的共同参与，需要新生家长的积极配合和支持。从学校纵向层面来讲，应建立学校统一指挥，学工部门和教务部门牵头，学生处、校团委、教务处、心理咨询部门、保卫处、后勤处等多个部门联合协作的模式。同时，除了学校自身教育力量之外，也可充分利用校友资源与社会资源，如邀请知名校友、校外知名人士举办新生名人大讲堂之类的活动，通过加强高校新生入学教育力量的联动性从而增强教育效果。

# "新常态"下高校班级诚信教育创新研究

俞　森

**摘　要**：高校班级建设和开展诚信教育是"新常态"下人才培养德育创新研究的重要课题。班级是辅导员开展工作的重要平台之一，班级建设是辅导员工作的一项基本内容。在学风建设中，诚信教育是学风建设的一个重要方面。换言之，学风建设是辅导员开展诚信教育的一个重要抓手。但诚信教育是一个复杂而系统的工程，诚信教育的内涵十分丰富，包含许多环节，其系统的建构也包括了诸多要素。辅导员可以围绕思想政治教育的内涵要求并根据辅导员工作内容统筹诚信教育工作，寻找着力点、紧抓关键环节，推动大学生诚信教育工作开展。辅导员在班级中开展诚信教育工作应当注意把握教育抓手，将诚信教育融入日常思想政治教育工作中，融入学生管理和学生服务工作中。同时，辅导员应当开拓思路、主动出击，拓展大学生诚信教育工作的有效途径。

**关键词**："新常态"　高校　辅导员　班级建设　诚信教育

## 一、"新常态"下班级建设的内涵和作用

### （一）班级建设的内涵

中共中央、国务院《关于进一步加强和改进大学生思想政治教育的意见》指出，班级是大学生的基本组织形式，是大学生自我教育、自我管理、自我服务的主要组织载体。[①] 根据文件精神，我们认识到，班级是学生教育管理的基层单位，应当充分沟通两个端点，一个端点是国家、社会、高校对大学生的要求，另一个端点是大学生个人成长期望。因此，班级建设的总体目标应当是整合国家、社会、学校培养目标和个人发展目标，通过组织建设、教育实践、活动开展等形式

---

俞　森　天津外国语大学国际传媒学院

① 冯刚：《高校德育理念的创新与发展》，《学校党建与思想教育》，2006年第2期，第8—11页。

将组织目标与个人目标充分结合，全力促进大学生全面成长，努力促进大学生综合素质的全面提高。班级是学生教育管理的基层单位，是学生活动的基本组织形式，班集体应当形成明确的共同奋斗目标，从而为班级成员提供前进的动力和方向；形成一个团结、有凝聚力的集体，从而为班级成员提供良好的成长环境；形成勤奋钻研的学风和积极进取的班风，使班级成员拥有健康向上的精神风貌；形成一套严格合理的规章制度，并使之成为班级成员共同的行为准则。

### （二）班级建设的作用

第一，班级是学生接受教育的平台，是辅导员开展日常思想政治教育的重要阵地。① 大学生日常思想政治教育是实现社会主义高等院校育人目标的重要内涵，班级是辅导员开展日常思想政治教育最重要的组织平台。辅导员通过课程讲授、活动组织、队伍建设等各种方式引领学生的成长方向、拓展学生发展的路径，最终实现思想政治教育目标。

第二，班级是高校对学生进行日常管理的基本单位，是辅导员进行学生管理的重要阵地。作为高校教育管理的基本单元和基层单位，班级直接面对广大青年学生，通过创造性教育实践将学校的教育理念现实化，将学校的教育方针具体化，同时通过管理性工作完成教育管理任务，落实学校的部署安排。

第三，班级是推动学生社会化发展的有效途径，是辅导员进行生活指导、发挥人生导师作用的重要阵地。社会化是指人从自然人向社会人转化的过程，大学是社会化完成的关键时期，学校教育是促进学生社会化的重要途径。首先，班级是学生学习、生活的共同空间，学生是班级生活中掌握生活技能、培养个性、内化价值观念，从而形成具备自我观念和社会角色的个体；其次，班级引领广大青年学生在实践中学习锻炼，提高综合素质，帮助大学生在实践中培育社会化生活的能力与素养；最后，班级通过思想教育、组织行为规范不断引导大学生成长成熟，政治素养的培育也是学生社会化发展的重要方面。学生在班级的成长过程，需要辅导员的不断指导，辅导员也在生活指导的过程中扮演了大学生的人生导师角色。

## 二、构建高校班级诚信教育有力抓手

### （一）以学风建设为抓手开展诚信教育

学风建设的目的是为了在大学生群体中培育积极向上的学习氛围，倡导刻苦钻研、勤于思考的良好学习风气。但优良学风的培育有一个基本底线，就是学生

① 李志艳：《大学生思想政治教育的有效途径》，《赤峰学院学报》，2008年第10期，第97—98页。

能够遵循学术规范与考试纪律。在学风建设领域开展诚信教育，就是要教导学生遵守学校在考试、作业和课程上的各项要求，坚决杜绝考试作弊、研究论文抄袭等现象。目前，高校学风的主流是积极的、健康的，但是仍然存在部分学生企图通过不正当手段提升成绩的现象。同时现在网络学术资源和实体学术资源都异常丰富，利用得好，会为大学生从事学术研究提供帮助，但是如果不正当利用，抄袭他人学术文章，剽窃他人研究成果，那就会损害学生学术的发展，甚至使其受到相应处分。辅导员在开展学风建设的时候，首先，应当引导学生充分认识到学术规范和学术纪律的重要意义，把握住诚信底线。在学生入学之初就宣传和解读相关校规校纪，在学生中树立良好的学术规范意识。其次，注意把握教育时机，在期中、期末的考试密集期集中开展学风建设宣传教育工作。最后，把握教育方法，校规校纪解读是规范意识建立的手段，在日常教育中还可以充分利用班级主题会、学术规范宣讲会、正面或反面事例教育、主题宣传品宣传等方式开展工作。

### （二）以奖助工作为抓手开展诚信教育

奖助工作是对奖、勤、贷、助、补工作的简称。奖助工作包括几个方面，一是以奖学金评比、优秀学生评比为代表的表彰先进工作；二是以助学贷款、助学金发放为代表的经济资助工作；三是以提供勤工助学岗位的方式实现经济资助的勤工助学工作。辅导员应当注意，诚信教育也是奖助工作中一个重要的层面。例如，在表彰先进工作中，学生能否如实提供相关证明材料、能否如实申报个人情况，事关学生诚信问题，诚信应当是此类评奖评优工作的先决条件，可以实行一票否决制，从而引导学生重视诚信问题，树立规则意识。在经济资助工作中，国家和社会关心爱护大学生成长，提供了大量针对个体学生的经济支持，提供政府贷款和助学金便是重要方式。而在筛选受助对象的过程中，如何让资源匹配真正的目标人群，学生经济状况的认定是关键。此处辅导员除了要求如实申报个人及家庭经济状况、严格遵守学校关于经济状况认定的手续、提供相关证明材料之外，学校应根据自身条件建立复核手段，利用辅导员家访、学生监督等方式保障资助工作的有效落实。在勤工助学工作中，学校往往只为或优先为家庭经济困难学生开放岗位，曾出现学生为了争取到勤工助学机会谎报家庭经济情况的现象，辅导员应当及时引导学生不因对金钱或机会的渴望放弃对做人原则的坚守。

### （三）以就业工作为抓手开展诚信教育

就业工作不仅是学校学生工作的重要内容，更是学生高度关注的、事关学生个人利益与个人发展的重要工作。随着近年来就业形势的变化，学生面临的就业压力日渐加大。激烈的竞争态势能促进学生更加努力地打好个人基础，迎接就业挑战；但同时也使得一部分学生只关注个人利益，忽视了对原则的坚持。辅导员应当从这样几方面关注就业中的诚信问题：首先，是学生在求职过程中应当真实地提供个人信息。简历造假在今天成为一个热点话题，辅导员应当注重在此环节的教育，使学生明白，一份漂亮的简历也许可以帮你叩开工作的大门，但真正成为人生职业生涯之基石的是一个完善的人格。其次，是学生在求职过程中能否守信守约的问题。目前几乎所有高校的就业指导部门都时常要面临一些尴尬的局面，例如面试时间约定好后，多位学生同时无故爽约且事先没有沟通，造成用人单位对该学校学生的不良印象。再如，部分学生在签订就业协议后不顾协议内容单方面不履行协议。其中反映出的是学生规则意识甚至是法律意识的淡薄，学生追求个人利益不应当违反法律法规，不应当以损坏他人利益为代价。同时，在道德层面，辅导员应当引导学生在维护自身利益的同时多从他人角度出发，以沟通交流的方式协调利益冲突，以真诚负责的态度对待求职过程中的矛盾。

## 三、辅导员开展诚信教育的创新研究

### （一）完善制度管理模式，增强诚信工作的指导性

大学生的诚信教育工作以违信惩罚为下策，而以立信引导为上策。制度管理模式的建立就是立信引导的重要方式。依托辅导员开展诚信工作的三个平台抓手，辅导员可以有意识地在班级中建立与诚信教育相关的制度管理体系。例如辅导员可以带领班级细化学校关于考场纪律和考试规范的要求，制定班级考试规范；辅导员可以建立班级贷款申请和偿还的制度，明确贷款申请条件和申请流程；制定助学金发放规定并在助学金发放过程中保持适度透明，以公开促公平，以公开实现群众监督；制定奖学金申请和班级评优推优规定，明确诚信原则在选拔优秀过程中的重要性，必要时实行诚信问题一票否决制度；辅导员可以引导班级同学自觉订立诚信求职公约，号召同学们在求职过程中讲诚实、守信用。

### （二）构建学生信用评价体系，增强诚信工作约束力

学生信用评价体系是一个及时记录学生信用情况并通过反馈实现引导、通过影响学生评价实现约束的工作模式。在高校辅导员工作实践中，学生信用评价体系往往采取建立学生诚信档案的方式进行。建立学生诚信档案有几个要点：首先，是明确档案内容，即哪些学生行为将被纳入档案记录之中，辅导员可以根据诚信工作的三个抓手，将诸如考试纪律、论文规范、评奖申请、资助申请、就业履约情况等相关内容及时记录入档案之中。其次，是明确档案效用，档案记录本身就

能够对学生行为产生影响，但档案使用方向能够产生更大的影响，要充分发挥档案的效力。例如，征信情况是否作为学生评优评奖依据、是否作为班级推优依据、是否纳入学生个人档案。最后，明确档案反馈方式，学生诚信档案不以建立为目的，而是以教育和引导学生为目的，辅导员可以每学期汇总诚信行为记录情况并撰写操行评语，让学生及时了解他人对自身的监督情况和评价情况，有助于鼓励优秀、勉励后进，将客观监督转化为主观监督。

### （三）培育诚信文化，增强班级诚信工作感染力

诚信教育可以依托制度、依托监督反馈进行，诚信教育也应当依托文化力量进行。在班级中培育起健康浓厚的诚信文化将成为辅导员诚信工作的重要的正向力量，通过文化氛围的感染、熏陶来帮助大学生树立正确的诚信观念。首先，辅导员可以整合班级学生骨干力量，设立诚信宣传工作小组。诚信工作蕴含在班级日常事务之中，班级有学习委员负责学习事务工作，但没有诚信委员负责班级诚信建设工作，辅导员可以用项目制的方式或者工作小组的模式，横向整合班级学生骨干力量，开展诚信文化教育工作。其次，辅导员诚信文化建立的方式可以是通过线上线下的宣传，以宣传画、宣传口号、班级倡议书这样的方式开展，在班级学生中撒播“无信不立”的为人理念。最后，辅导员的诚信教育工作也可以通过开展诚信道德楷模评选的活动形式开展，通过榜样示范力量对班级学生产生影响。

# 网络信息多样化对高校团学工作的影响

毛　竹

**摘　要**：随着互联网科技的发展，网络渐渐走入了人们生活的方方面面，人们可以通过网络进行购物、交友、娱乐、学习、工作等。作为最能获取和接受新鲜事物的群体，青年学生也习惯利用网络来表达自己的想法和感情。而要建立符合、适应青年学生群体的高校共青团组织，同样离不开网络信息化的发展，但鉴于网络信息化的发展具有复杂性与多样性，这将为高校共青团团委与学生会工作（下称“高校团学工作”）带来机遇与挑战。因此，在当今社会发展的新时期，高校团学工作应如何抓住机遇，如何迎接挑战，如何积极推进网络信息化便成为重中之重。

**关键词**：网络信息多样化　高校团学工作　影响

## 一、网络信息多样化时代下的高校团学工作

### （一）网络信息多样化时代下高校团学工作的特点

网络信息多样化让网络与信息在校园中得到迅速传播，涉及青年学生学习和生活的方方面面。高校共青团组织的主体已大多为“90后”的青年学生，他们是信息化、网络化的一代，追求多变新潮。青年学生的生活，因为有了网络而向更多样化发展，他们的世界同样因为网络变得渺小，有了网络化信息化的世界，他们可以不出门知天下事，可以在网络上订餐，可以在网络上购物，可以在网络上学习，等等。距离在信息化网络化的今天已经不是问题，青年学生普遍都有电话电脑，虽然相距很远但我们依然可以通过网络信息，听到想听人的声音，也可以看到对方，面对面地交谈。因此，新的发展也赋予了高校团学工作不一样的新特点。与以往的高校团学工作需要面对面、人对人、点对点，更多采取现实方式交

毛　竹　广东外语外贸大学金融学院

流不同，网络信息多样化时代下的高校团学工作应当更加迅速、更加便捷、也更加贴近青年学生生活，更多工作只需要通过一个虚拟的指令，便可以完成以往团学组织不能完成的工作和产生不能达到的效果。

### （二）网络信息多样化时代下高校团学工作的任务

高校团学工作的实质就是要在保证教学教育的基础上，按照党和国家制定的原则方针，通过一系列的组织、培养、教导活动，对青年学生充分开展思想政治教育，最终引导学生形成正确的人生观、价值观及世界观。自新中国成立后，高校团学工作在不同时期存在着不同的任务，现阶段的高校团学工作应当在以高校团学工作实质为基础上，制定符合时代发展的工作。笔者认为，现阶段高校团学工作主要为对当代青年学生进行思想引领和对当代青年学生成长进行服务两方面。要想做好上述任务就应当基于校园文化建设这一基础，而校园文化建设又是以校园活动为载体，因此校园活动是校园文化建设的直接体现。但是新时期随着信息化、网络化的不断深入和发展，传统的德育教育模式及校园活动的形式受到挑战。[①]

### （三）网络信息多样化时代下高校团学工作的方式

随着多种多样的网络信息化平台的出现，不但改变了整个社会，更改变了青年学生思想和活动的基本方式。与此同时，为了符合青年学生的思想和活动方式，也促使团学工作的方式不断改变，只有当团学工作方式不断发展才能够跟上青年学生思想与活动方式的改变，而恰恰只有跟上青年学生思想及活动方式的改变，才能顺利的开展团学工作。因此，在网络信息化不断发展的今天，高校共青团组织必须积极总结、分析和把握青年学生的思想及活动新特点，利用新出现的网路信息化平台及由此衍生的新工具，不断创新和发展工作内容和工作方式，在符合社会发展、符合高校工作、符合青年学生思想和活动的同时，进一步推动团学工作走向网络信息化、高效化。

## 二、网络信息多样化给高校团学工作带来机遇

### （一）新时代下的青年学生积极利用网络信息多样化为高校团学工作带来新变化

青年学生是团学工作的主体和对象，总的来说，他们大多表现热情、积极，

① 桂伟珍、杨帆、李祝捷:《新时期高校团学工作中的新媒体运用》，载《考试(教研版)》,2012年10月1日。

追求上进，对于社会的变化和发展反应灵敏，容易接纳新鲜事物，对新观念、新潮流抱有包容之心。他们勇于突破旧观念的束缚，提出与时俱进的新想法新观念。[①] 青年学生的独特性不仅为高校团学工作的发展创新开创了良好的契机，也为高校团学工作注入了活力。也正是在有广大青年学生参与组织、工作的情况下，高校团学工作不断突破与创新，发展出了多样的工作方式。正如现今广泛在高校团学工作中使用的微博、微信平台，即是打破了传统的工作理念，改变了传统的工作方式，摆脱了时间、空间和地域的限制，建立了一个互动、开放、共享的平台，促进了教师与学生、学生与学生之间的交流。微博、微信平台能够承载主要的活动信息，使得更多的学生能够在这个平台上轻松地了解、掌握各项团学工作的主要内容，创新了团学工作方式，提高了团学工作的灵活性和便捷性，实现了新时期团学工作的多样化发展。这些新兴的网络公众平台的优势是显而易见的，它不仅使信息传播的有效性更高、效率更高，而且可以随时为青年学生提供信息和服务，可持续性更强。

### （二）网络信息多样化为高校团学工作顺利开展提供了有利保证

思想引领和成长服务是高校团学两大主要任务。在思想引领方面，传统的教育方式方法渐渐地已无法吸引新时代青年学生的注意力，而网络信息多样化的发展为改变这一局面提供了渠道。近年来，各级团组织越来越清晰地认识到网络在思想引领中的作用，努力把思想教育领地拓展到网络世界，不断创新团的工作方式方法。其意义，如同在团组织和青年之间开通了一条沟通、交流与互动的新渠道，找到了更易为当代青年接纳的教育方式，又极大地扩展了思想引领工作的覆盖面。[②] 在成长服务方面，网络信息多样化的发展，给学生们提供了良好的环境和有利条件。青年学生可以通过网络第一时间查询到所需要的信息，可以通过资源的共享，开阔视野，而不再局限于书本上的知识，与此同时，网络信息多样化的发展也积极鼓励青年学生勤于思考，自主学习，而网络和信息技术的应用，也在不断的丰富着教学手段和第二课堂，使大学生更好的成长、成才。

## 三、网络信息多样化给高校团学工作带来挑战

### （一）网络信息多样化给高校团学工作的开展提出了更高要求

网络信息化的发展是一把双刃剑，在给高校团学工作带来各种便利的同时，

① 胡晓南：《利用微博平台促进团学工作》，载《知识经济》，2012年3月23日。
② 黄志坚：《新时期共青团思想引领的路径与方法》，载《中国青年研究》，2010年12月5日。

也带来了负面影响。在全球信息大爆炸的今天，各种信息鱼龙混杂，虽然多数青年学生已经成年，但大多还没有独立的经济来源，社会经验和年龄完全不对等，同时，现代网络信息传播速度快、信息量大、手段隐蔽，现阶段我国主要从宏观上控制主流信息的动向，对于较微观的信息则无法做到全方位的把控。因此，针对隐藏的各种“垃圾信息”主要依靠使用者自身的警惕和道德监督。对此，高校团学工作一方面要做到趋利避害，同时亦要紧跟时代的步伐，给青年学子正确的指引，是其面临的巨大挑战。

### （二）网络信息多样化给高校团学工作者本身提出了更高要求

在网络信息技术不断发展下，产生了很多新的更容易被当今青年学生们所接受的沟通交流工具以及团学工作新方式，比如新媒体技术的应用，由于新媒体技术属于新兴的传播方式，如果老师不善于运用这种技术，就会给团学工作的开展带来一定的困难，所以就要统一对师生进行新媒体技术的培训，让他们更加了解这种技术给团学工作带来的方便，从而将团学工作推广出去。[①] 因此，如何改变原有的工作方式、活动形式，创新出让青年学生更接受更喜欢的活动，是需要高校团学工作者不断探索的，而面对纷繁复杂的互联网背景，在积极探索新的工作方式的同时，也应该正确的引导。

## 四、网络信息多样化背景下高校团学工作的应对措施

### （一）利用网络新技术，积极改进工作方法

为顺应时代的发展，高校团学工作也要不断与时俱进，特别是工作方法上，应多学习新的网络信息技术，从而更好的推动团学工作的发展。具体表现在：团学工作要积极发展新的网络平台，在原有的团学工作网站的基础上，积极探索新媒体平台，通过选拔培养微博、微信等校园媒体信息员队伍，以高校共青团干部、辅导员、学生干部、学生党员为骨干，负责整合、编辑面向学生的相关信息，正确引导校园舆论，最大限度的发挥网络新媒体的作用。团学工作者要努力提升网络新媒体的运用能力，提高自身的辨别能力，负责任的传播健康的理念和思想去影响他人的行为和观念，帮助提升大学生的辨别能力，尽可能的避免学生受到垃圾文化的影响，与此同时，应该自觉的学习相关的网络信息技术，服务团学工作的同时服务校园。

---

① 杨光复:《利用新媒体技术推进高校团学工作》，载《兰州教育学院学报》，2013年1月30日。

### （二）努力营造良好的校园网络文化环境

校园网络文化是校园文化利用网络发展自我的一种新型文化形式，它包括了与校园文化和网络有关的方方面面。塑造良好的校园网络文化，离不开高校团学工作的努力。首先，要帮助青年学生认识网络的作用，利用网络来学习科学文化知识，抵制不良信息的影响和沉溺游戏等行为。为了青年学生的健康发展，避免他们受到不良信息的影响。其次，团学工作应注重与时俱进，不断拓展教育背景，努力服务社会，提高高校团学工作的时代特色、文化特色和实践特色。[①]

### （三）探索建立团学网络信息化管理系统

在我国高等教育改革和发展的关键时期，教育管理信息化作为国家确定的六大重点工程之一，也是高等教育管理改革的方向和发展趋势。[②] 随着团学工作的不断发展，传统的青年学生活动管理方式已经无法适应工作中的各类实际问题。在网络信息多样化的背景下，建立一套高效的团学网络信息化管理系统不仅能够顺应时代的发展和信息化的社会要求，也有利于团学工作更规范、更有效、更科学的开展。通过管理系统使团学的管理方式得到提升，同时改善团学网站规划上的不足，提高团学工作在网络信息化道路上的应用和推广。

## 五、结语

高校的团学工作应当在确保工作实质不变的基础上，不断克服发展中存在的挑战，抓住一切有利于青年学生思想和活动进步的机遇，在新时代背景下不断转变思路、开拓创新，推进高校团学工作的发展和进步。这不但需要积极大胆开创新的工作方式，积极探索更好、更行之有效的管理方式，同时亦要制定和开展符合青年学生思想和活动的工作内容，吸引更多的青年学生关注共青团的建设和发展，从而推进高校团学工作的开展，进而促进青年学生的思想和活动的进步。

---

① 林键：《高校团学工作的信息化研究》，硕士论文，福建师范大学，2012年3月28日。

② 鲁渭：《四川建院团学工作管理信息系统设计与实现》，载《电子科技大学》，2012年11月2日。

# 国际化视野下的高校德育创新人才培养模式探索

## ——以北京外国语大学德语系校际交流项目为例

边　超

## 一、前言

随着经济全球化进程的加快，文化多样化发展趋势不断加强，我国对外交往日益增多，作为一种必然的趋势和潮流，国际化已经成为现代社会最主要的特征之一，毋庸置疑也成为高校德育创新模式探索必须直面的当代视野。21世纪初始，世界各国普遍认识到，高等教育的发展十分依赖于自身的开放程度，国际交流与合作既是高等教育国际化的重要特征，也是高校发展的重要因素和推动力。①

高等教育国际化是一种包含多项具体活动的发展趋势，旨在提供一种融入全球化意识环境中的教育体验，培养出具有国际视野的高素质人才。② 国际化交流与合作包含学生、教师、课程及研究四个维度，以学生国际交流的程度最为重要，是高校国际化的重要标志，反映出国际化的规模和程度。通过国际合作、联合项目等培养新一代优秀人才已成为高校教育国际化的新尝试。

## 二、国际化视野下高校德育创新人才培养的路径选择③

面对国际化给高校德育带来的挑战，高校德育需要不断创新，在指导思想、德育目标、德育内容、德育途径与方法等方面进行调整和创新。

---

边　超　北京外国语大学德语系

① 任聪静等：《高等教育国际化人才培养模式的创新探索》，《化工高等教育》，2012年第6期，第4页。

② 同上，第5页。

③ 李辽宁、史君：《国际化视野下高校德育创新发展的思考》，《思想政治教育研究》，2011年2月，第20—21页。

### （一）在指导思想上，强化马克思主义理论教育

越是面临纷繁复杂的情况，越是需要正确的理论指导。在国际化背景下，各种社会思潮纷纷登场，各自展开意识形态话语权的争夺，而大学生正是各种社会思潮争夺的重点群体。此时如果没有正确的理论指导，或者没有坚定的信念，很容易被各种非马克思主义甚至反马克思主义的理论所误导，而错误的指导思想无论对于个人、组织还是国家，都将是灾难性的后果。强化马克思主义理论教育，目的在于掌握正确的理论和思想武器，善于从错综复杂的现象中分辨是非真伪。这不仅是教育内容的问题，更是价值立场、思维方式和方法战略的问题，必须贯穿于德育的全过程。

### （二）在德育目标上，着眼于培养国际化人才

所谓国际化人才，是指具有国际视野，掌握国际先进知识，具有国际理想的胸怀和国际沟通的能力，在全球化竞争中积极主动并善于把握机遇的高层次人才。

国际化人才具有以下特征：一是视野开阔，能够超越本专业和学科的限制，从国际大背景思考和分析问题；二是责任意识强，对世界性问题具有敏感意识，关注人类共同命运；三是具有合作与包容精神，能够正确认识不同国家和人群之间的差异性和多样性，有良好的合作意识和沟通能力，适应能力强；四是知识面广，愿意接受新事物，敢于尝试新思路、新方法，具有很强的创新意识和创新能力；五是熟悉国际通行规则，能够胜任国际交往。因此，国际化人才比普通人才的要求更高，其中在德育方面的要求主要是两方面：对内忠诚，包括对国家、对自己所在的组织、团体都要忠诚，维护国家和集体的利益；对外合作，在通晓规则、认识差异的基础上寻求共识，共谋合作共赢之道。

### （三）在德育内容上，加强跨文化教育

所谓跨文化教育，是指对呈现某一文化的人类群体的受教育者进行相关于其他人类群体的文化教育活动，以引导这些受教育者获得丰富的跨文化知识，养成尊重、宽容、平等、开放的跨文化心态和客观、无偏见的跨文化观念与世界意识，并形成有效的跨文化交往、理解、比较、参照、摄取、舍弃、合作、传播的能力，从而通过教育层面的努力，消解跨文化冲突，建构和谐的跨文化社会，促进整个人类社会的发展。2006年，联合国教科文组织发布了《跨文化教育指南》，系统总结了跨文化教育的主要问题，提出了跨文化教育的准则框架、具体目标和作用，以及实施跨文化教育的主要原则措施。这一指南的发布，标志着在新世

纪跨文化教育将成为热点前沿问题之一。这为各国实施跨文化教育制定了参考框架，也为高校德育培养人才提供了重要参考。

### （四）在德育途径与方法上，加强对外交流与合作

鉴于国际化人才素质的综合性、实践性、前沿性特点，在德育途径和方法上，要打破高校原来的封闭式德育模式，加强对外交流，走合作培养之路。一是加强高校与企业的联系与合作。通过与企业（包括国外企业）的联系与合作，使学生将所学的理论知识在实践中进行检验，加深对理论的理解，加强对社会的认识；二是加强与国内高校的交流与合作。通过高校之间的资源共享、对口支援、共同培养等方式，扩大校际交流，探索人才培养的多种模式；三是加强国际交流与合作。通过互派留学生、联合培养等方式，开展国际交流，增进相互了解，扩大文化认同。

## 三、创新国际化人才培养模式的意义①

北京外国语大学是中国外国语类高等院校中历史悠久、教授语种最多、办学层次齐全的全国重点大学，被誉为“共和国外交官摇篮”。北京外国语大学德语系根据中央和教育部的有关精神，以培养“高素质的复合型德语人才”为办学的指导思想，以改革教学内容和课程体系为深化教学改革的主要任务，在加强和完善基础教学的前提下，不断试用和完善新建的20多门课程（高年级和硕士研究生教学），不断开拓与德语国家地区的校际交流项目，以期完善培养国际化人才发展模式。

### （一）创新国际化人才培养模式是全球化大背景下的必然趋势

校际交流项目是一种国际交流与人才培养模式，在国外发展已较为成熟。通过院校之间、院系之间互派学生，增进校园联系的同时也促进了各国文化的交流。更重要的是，学生可以获得异国学习、生活和工作的宝贵经验。其中，校际联合培养是高校培养国际型人才的重要途径，给学校带来良好社会效应的同时也为学生开辟了广阔的成才之路。

### （二）创新国际化人才培养模式是高校提高整体办学实力的有效推动力

目前，世界各国高校纷纷把教育国际化纳入战略目标，并积极开展校际交流

① 任聪静等：《高等教育国际化人才培养模式的创新探索》，《化工高等教育》，2012年第6期，第5页。

项目，以促进国际化发展。党中央国务院颁布实施的《国家中长期教育改革和发展规划纲要（2010—2020)》强调指出，要“加强国际交流与合作，开展多层次、宽领域的教育交流与合作，提高我国教育国际化水平”。新形势下，加大国际交流与合作，加快国际化人才培养模式创新，可以有效促进高等院校的持续发展，推动教学实力的提升。

### （三）创新国际化人才培养模式是培养具有国际视野人才的重要途径

中国的社会主义现代化建设，需要培养大批具有国际视野、通晓国际规则、能够参与国际事务和国际竞争的高素质应用型人才。早在1978年6月，邓小平同志就指出，要扩大派遣出国留学生的数量。广大学成归国人员带回了先进的科学技术与经验成果，为我国现代化建设作出了巨大贡献。

## 四、校际交流项目国际化人才培养模式的实践探索

### （一）北京外国语大学德语系校际交流项目简介

近年来，北京外国语大学德语系不断积极开展多种形式的对外交流项目，不断探索和推进多种国际化人才培养模式，与国外多所高等院校建立了校际交流项目和联合培养项目，越来越多的国际化交流和人才培养项目促进了我系国际化建设步伐。

北京外国语大学德语系已同德国的3所高校哥廷根大学、海德堡大学、帕绍大学建立了4个校际交流项目，其中包括一个联合人才培养项目即“中德跨文化日耳曼学硕士研究生双学位课程”。

北京外国语大学、南京大学与德国哥廷根大学联合开发的“中德跨文化日耳曼学硕士研究生双学位课程”自2006年开始，得到国家留学基金委的资助和重视，2014年又被获准“创新型人才国际合作培养项目”（留金美[2014]7025号)。我系选拔为“项目生”的学生将于每年10月至次年8月赴德国哥廷根大学公派留学，专业为跨文化交流方向，返校后继续后两年的学业。

北京外国语大学与德国帕绍大学于2013年4月签署了校际谅解备忘录，就进行学生、教师互换以及联合科研初步达成共识。2014 年9月，德国帕绍大学副校长罗特娜教授（Prof. Dr. Ursula Reutner）再次访问北京外国语大学，双方在肯定了既有合作的基础上，决定拓展新的交换学生项目——让德语系本科生在帕绍大学交换一年，全面提高语言文化交际能力，并学习专业知识。帕绍大学为北京外国语大学的交换生专门制定的课程列表中，除常规语言文化类课程，还包含了其最权威的优势学科经济类和法律类课程，如宏观经济学、微观经济学、经济法

等，以及跨学科交叉专业课程，如跨文化交际与文化经济学、经济信息学等。该项目将于2015年9月正式启动。

**表　北京外国语大学德语系校际交流项目一览表**

| 专业方向 | 德国院校 | 出国时间 | 人数 | 交换时间 |
|---|---|---|---|---|
| 德语语言文学 | 哥廷根大学 | 大三 | 15人 | 一年 |
| 德语语言文学 | 帕绍大学 | 大三 | 5人 | 一年 |
| 跨文化日耳曼学 | 哥廷根大学 | 研一 | 5人 | 一年 |
| 德语语言文学经济外交方向 | 海德堡大学 | 研二 | 5—10人 | 一年 |

## （二）德语系建立海外党小组，坚持全程式、即时性的人才培养机制

1. 建立海外党小组人才培养模式的必要性

德语系每年出国交换的学生中，党员所占比例较高，其中本科生的党员比例为30%—40%，研究生为70%—80%，因此，德语系每年成立德语系本科生和研究生赴哥廷根大学党小组和德语系研究生赴海德堡大学党小组，以期出国交换学生能更好地完成学业，并加强德育培养。

2. 不断建立和调整合理、便捷的工作机制

通过我国驻外使馆的教育处、文化处或其他负责机关的同志们管理与国内外结合的“党员负责制”建立海外党小组，将此工作方式结合在一起，可以全面、客观、迅速的完成教育和管理职能，并且遇到问题和困难都能够及时沟通，及时解决。

3. 重视出国学生的德育培养，逐步探求各种适宜的工作形式开展工作

德语系针对不同的对象，采取不同的教育引导方式，运用现在即时通讯工具拉近距离。在新媒体技术不断发展的今天，通过电话、邮件、微信、QQ、微博等现代即时通讯工具，全方位的关心和关注在海外留学的学生们，鼓励他们克服各种困难，适应学习和生活的变化，完成学业，提高水平，同时做好党建的教育、宣传、管理和信息统计等等工作，尤其是考察他们的思想状况，及时掌握他们的想法，疏导情绪，对他们的留学生活予以全面指导。

德语系王建斌主任于每年1月赴哥廷根大学进行为期一个月的翻译课程教授，届时，他与德语系在哥廷根学习的同学进行座谈，亲切慰问学生，使学生能更好地完成海外学习和生活。

4. 重视出国前、过程中和回国后的培训

（1）在出国前，做好各项必要的培训、安全教育、管理规定等准备工作

第一，党总支给准备出国的同学们开好出国前动员会，组织他们学习相关理

论知识，尤其对党员同学提出严格要求。第二，总支给使馆等国外的党组织开出介绍信，要求积极参加活动、定期思想汇报等，并制定评价机制。第三，做好准备出国的同学的电子邮箱等信息整理工作，以便于党支部和负责党员师生与他们在出国后保持畅通的联系。第四，德语系党总支书记李萍和辅导员郭巧玲与即将赴德的同学见面，成立海外党小组。

(2) 对党员出国期间的学习、工作提出要求

第一，利用互联网关注国际、国家大事，通过电子邮件传递爱国之情。第二，积极参与使馆举办的活动，与使馆保持密切联系。第三，积极传播中国文化，维护祖国美好形象，展示中国当代大学生风采，做中外文化交流的使者。第四，保证专业学习，提高专业水平是出国学习的重要目的。

(3) 做好回国后的学习总结，巩固教育成果

对于回国后的同学，党组织及时指派专人与他们谈话，详细了解他们在国外的生活、学习、工作情况，勉励他们再接再厉，要求他们递交一份书面的总结性、回顾性的思想汇报，以进一步巩固教育成果。同时，他们要在全系学生大会上进行专门的留学汇报，展示留学成果，指导低年级同学们的留学计划。

5. 建立海外党小组人才培养模式的意义

海外党小组的建立，让党员同学即使身在海外也无时无刻不心系党和祖国，让同学们有了更强烈的归属感和使命感，也让向往党组织的普通同学有了更多向组织汇报思想和要求进步的机会。

随着德语系对外交往的深入和扩展，预计同哥廷根大学联合培养“双硕士”的模式将扩展到同更多国外大学联合培养“双博士”和“双本科”等领域，当前的哥廷根大学党小组和海德堡大学党小组将为未来海外党小组工作的全面开展积累经验，奠定基础。

## 五、校际交流项目国际化人才培养模式取得的成效

目前，德语系校际交流项目已成功开展多年，赴德学生均反响良好，在学习和生活上获得了很好的体验。

首先，校际交流项目帮助交流学生摆正了心态。在国外留学阶段，德语系学生虽没有太大的语言难题，但在选课、租房等问题上会遇到很多问题，他们通过邮件等形式，及时同国外老师及国内老师沟通，认清问题和形势，端正态度，从而很好地解决问题，并完成学业。

其次，校际交流项目让学生了解新的教育模式和教学习惯。德国的课堂教学更注重研讨和发表，要求学生更多地自主学习，因此交换生需要提高自己独立思

考的能力，学会举一反三，提出问题并解决问题，提高了学生的语言沟通能力，充分挖掘了学生的内在潜力。

最后，校际交流项目的海外党小组人才培养模式加强了交换生的德育培养。交换生在国外学习期间，更多地是体验当地学习和生活文化，通过海外党小组的培养，加强了交换生与使馆和国内师生的联系，以期及时跟进国内学校发展现状，培养学生国际文化认同和国际意识。

## 六、展望

校际交流项目是北京外国语大学的一大特色，如何创新国际化人才培养模式，是德语系也是北京外国语大学必须认真思考的问题。建设一流大学就必须要走向世界，实现国际化，不仅能选派优秀的学生“出去”，同时，更需要吸引优秀的留学生“进来”，打造国内高校教学资源和学位授予的吸引点，更好地提高教学水平，给学生们创造更好地学习和锻炼的平台，制定出更为切实可行、有助于学生们进步的一系列新措施、新机制，更好地探索国际化视野下的高校德育创新人才培养模式。

# 研究生思想政治教育“C+P”型育人模式探索

## ——以北京外国语大学高级翻译学院为例

吴 玫

研究生教育是高等教育人才培养的最高层次，是我国社会主义现代化建设拔尖创新人才培养的重要渠道。[①] 而研究生思想政治教育是研究生教育的重要组成部分，承担着为中国特色社会主义事业培养合格建设者和可靠接班人的重要使命。随着研究生招生规模不断扩大，90后的研究生越来越多，他们在理想信念、学术道德、心理健康等方面更需要培养和关注。但是，在实际工作中，由于研究生的年龄偏大、思想成熟、集体观念淡薄、功利心较强等特点，使得研究生育人工作缺乏有效的模式和载体。探索切实有效的工作模式就成为研究生德育工作者的努力目标。

## 一、“C+P”型育人模式的实践与探索

经过五年的研究比较，北京外国语大学高级翻译学院摸索出了横纵结合的“C+P”型研究生育人模式。“C”即 Class Management(班级管理)，“P”即 Project Management（项目管理）。横向来说，研究生的班级设置力求科学健全，设立班长、团支书、宣传委员、心理委员、生活委员等，将日常工作合理分配，强化研究生的集体意识，提升综合能力。再辅以班导师制，由专业课老师负责日常的思想政治教育工作；纵向来看，在学术、心理、就业、社会实践等方面实施项目化管理，对其内容进行项目设计。形式上打破班级的概念，可以自由组队，有申报、有招标、有评审、有中期测评、有结题，流程完全按照项目化管理的模

吴 玫 北京外国语大学高级翻译学院

① 《教育部关于进一步加强和改进研究生思想政治教育的若干意见》。

式进行。“C+P”型育人模式符合研究生的特点，具有一定的实践意义。

### （一）班级管理实践

1. 北外高翻学院情况介绍

班级是高校育人管理的主要形式，是研究生自我教育、自我管理、自我服务的主要组织载体。北京外国语大学高级翻译学院是专门的研究生培养单位，现有研究生230人，学制两年。从2011年开始，高翻学院开始扩招，每个年级从原来的70多人增至110多人。班级从原来的5个班增至现在的8个班。分班的原则是按照专业进行分班，前四个班为外国语言学及应用语言学专业（同声传译方向），取得文学硕士学位，后四个班为翻译硕士（英语口译）专业，取得专业硕士学位。每个班15人左右，实行小班教学。

2. 班级管理实施情况

相对本科生来说，通常研究生的班级建设不够健全，但是高翻学院在研究生班级建设方面一直做得较为扎实。虽然他们的平均年龄25.7岁，非应届毕业生的比例达到31%，每天需要上课和专业练习的时间达到6小时以上，但是班级活动依然开展得有声有色。高翻学院的一个班通常情况下有15名同学，设置班长、团支书、学习委员、生活委员、宣传委员、心理委员、文艺委员、体育委员、组织委员、党小组长等多个职务，基本覆盖了班内60%以上的学生，再加上学院内学生助理、研究生会干部、学生党支部委员、团总支副书记等，基本上每个同学都会有自己负责的一块工作，有锻炼自己的一片平台，有为集体奉献一份力量的机会。针对高翻学院学生学习负担重、心理压力大、就业目标高等特点，班内专门设置了心理委员和组织委员。其中心理委员会定期参加专业培训，负责了解班内同学的心理情况，及时缓解心理压力，也会负责半年一次的院内心理排查。组织委员则负责社会实践和专业实习的组织工作。由于翻译专业属于实践型专业，平时需要大量的练习和专业实践，所以会有专人负责收集和发送实践信息。班委的确定通常采取竞选和班内推荐的方式，让同学们广泛发表意见，根据每个人的愿望、兴趣、爱好等因素确定班委的构成。这样一来，班内每项工作都有专人负责，分工明确，既能达到育人的效果，又没有太多的压力和负担，使研究生的专业能力和综合素质得到锻炼和提升。

此外，从2012年开始，学院内开始实施班导师制，即由专业课教师兼任班主任。学院会选拔学术过硬，责任心强的教师担任班导师，负责各班学生的日常思想教育和基本的就业指导。学院学生工作领导小组设计了专门的表格，每个月会收集和汇总班导师的工作量和工作情况。每学期会召开一至两次班导师专项工作会或者经验交流会。班导师制的实施，首先在一定程度上分担了学院学生工作教师的工作压力；其次，由于专业课老师的话更让研究生信服，从而增强了研究生思想政治教育的力度和效果；最后，师生之间的互动和交流增多，学院的氛围更加融洽。

## （二）项目管理实践

1. 项目介绍

以高级翻译学院2014年的项目申报及管理为例，一共有六大项目，项目种类一半根据学院需求由学院确定，为招标项目；另一半来自学生团队自主申报，为自发项目。其中三个招标项目为：研究生心理压力缓解、口译大赛举办与推广、高翻创业团队组建；三个自主申报项目为：学术论文写作研究、社会实践成果固化以及职业生涯发展与规划。每个团队均设一名指导教师，负责指导项目的策划、实施和总结。

2. 项目推进

（1）2014年5月—6月，立项和团队组建阶段。通过学院招标和学生申报，最终确定了六项活动的立项。团队组建方面，人员涵盖广泛，高年级学长学姐、低年级学弟学妹、党员、入党积极分子、团员及群众都积极参与。研究生根据自己的兴趣报名组队，每个团队的人数在10—15人。

（2）2014年6月—9月，项目实施阶段。在这个阶段，学院会给每个团队配备一名指导教师，负责带领本团队完成项目任务，实施团队化运作。每个团队的成员也会通过团体辅导等方式进行熟悉和了解，进行任务分配和项目策划书的撰写。在包括暑假的4个月时间内，每个团队都会有计划的进行项目实施。

（3）2014年9月，中期督导阶段。学院要求每个团队按时提交中期总结，并上交相应的辅助材料，例如照片、视频、调查问卷等阶段性成果。邀请专家和学工干部组成评审小组，对于各团队的项目实施情况进行中期评估，并提出一些意见和建议。

（4）2014年10月—11月，成果固化及展示阶段。每个团队根据学院的需求，选取最适合的方式将项目成果进行梳理和展示。比如职业生涯发展与规划团队，撰写了3期关于就业择业的报告刊登在校刊上，并组织了模拟面试锻炼同学们的实战能力。社会实践固化团队组织了“暑期社会实践分享会”，将社会实践的成果进行宣传和整理。

（5）2014年12月，结项总结阶段。每个团队撰写总结报告并提交项目成果。在全院范围内召开总结会，由每个团队的项目负责人向全院同学和专家老师介绍本团队的项目实施情况和成果，评审小组还设计大众评审和答辩环节，在场同学都有打分和提问的权利。最后由大众评审、专业评审进行打分评选出两个优秀项目并给予一定的奖励。

## 二、“C+P”型育人模式的创新性

### （一）育人主体更全面

在育人过程中，受到锻炼最多、能力提升最快、取得效果最好的往往是学生干部，在学生干部轰轰烈烈开展活动或尝试多种途径丰富自己的同时，其他同学可能会因为竞选失利或长久得不到机会而一蹶不振，甚至可能会因为自我效能感的缺失而失去进一步提升自身能力素质的动力。“C+P”型模式的育人覆盖面较大，有近九成学生参与其中，会有更多的同学受益。在研究生班级建设方面，为更多的研究生提供了参与班级组织管理和展示自己才能的机会，有助于研究生班集体建设，也能促进研究生的全面发展。另外，实施项目化管理，研究生们可以根据自己的兴趣爱好在全院范围内自由组队，这样做会有很多研究生因兴趣而结伴，可能他们不是任何学生干部，但是在某个领域同样会有出色的表现。

### （二）育人内容更丰富

就班级管理来说，本科生和研究生并没有什么本质的不同，但是相对来说，研究生的班级管理更松散，很多班级都只有班长和团支书，并没有其他的班委。“C+P”型模式强调班级管理的重要性和班委分工的科学性，每个班委都应该在自己的本职工作中做出一些成绩。例如，文艺委员、体育委员都应各司其职，带动班内的文体氛围，在专项活动中锻炼能力、完善自我。项目制的引入也起到了很好的补充作用：研究生们可以围绕学术研究、志愿服务、自主创业、社会调查等活动，申报自己感兴趣的项目，促进研究生了解国情、接触社会、增长才干、砥砺品格，使育人方式更加丰富。

### （三）育人机制更立体

“C+P”型模式打造了班级内部、班级之间、年级之间、师生之间四重互动的立体式育人机制。对于班级管理来说，班内学生有更多的交流，对熟悉班内成员，增强大家的沟通联系，互相学习，取长补短有较好的效果；项目管理打破了班与班之间的界限，而且年级之间也有更多的互动，不仅可以促进研究生之间的交流、增进友谊，还可以通过朋辈教育的力量获得学习和提升的机会。两种模式均会涉及辅导员、班导师和项目指导教师，所以也给老师和同学搭建了更广阔的对话平台。立体式的网络式的育人机制也会在很大程度上避免思想政治教育工作的死角，达到全员育人、全过程育人、全方位育人的效果。

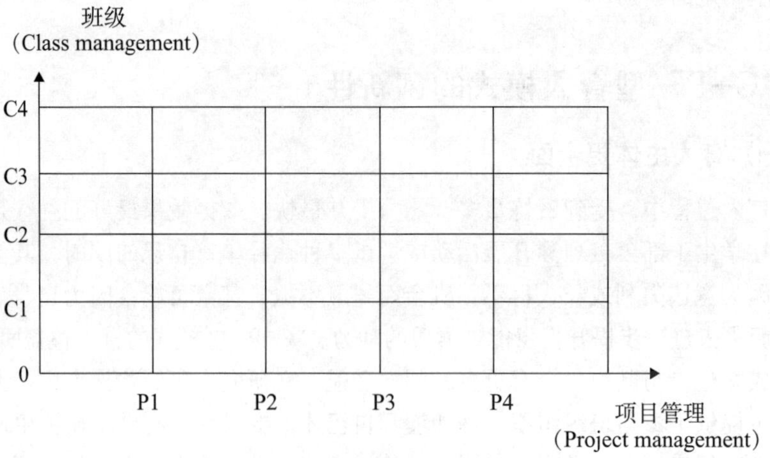


**图1 “C+P”型模式的立体式育人机制**

### （四）育人方式更科学

对于研究生来说，传统的“灌输型”或“说教型”的育人方式较为苍白无力，不容易为研究生所接受，而“C+P”型模式大大提升了研究生的主体性和参与意识。不管是参与班级管理，还是申报团队项目，都更符合研究生的行为习惯和实际需求。此外，这种模式可以大大节省思想政治教育工作者的人力成本。现今，很多高校都存在思政工作专职人员（以辅导员为主）短缺的情况，有些学校的辅导员配备比例甚至可以达到1∶600，导致很多工作都开展得力不从心。“C+P”型模式，都是以群体教育为主，既能通过各个班级全面了解研究生的整体情况，又能通过项目制管理了解一类同学的实际问题，可以通过“点面结合，分类指导”的方法达到更好的育人效果。

## 三、成效及收获

### （一）育人效果突出

“C+P”型模式从探索到发展得较为成熟经历了五年。这五年间，高翻学院的思想政治教育工作效果和学生的状态发生了翻天覆地的变化。之前的高翻学院对北外师生来说是一个非常神秘的学院，北外WIKI对高翻学院的学生有这样一段描述：“北外大家庭的长男，工作狂，和弟弟妹妹关系并不亲密。寡言，平常不爱讲话，但是只要一开始讲话就停不下来。另外，虽然小朋友们都觉得他很神秘，其实真相是他除了工作之外的部分都很呆，甚至到生活不能自理的程度。”这反映出了高翻学院研究生的一些特点，例如：集体观念差，专业能力强但综合素质弱等。经过五年的打造，现在的高翻人已经今非昔比：连续五年就业率100%；积极参与北京市和学校组织的各项活动，例如“十佳班集体”、红色“1+1”等，其中学院连续四年都有两个班级获评学校的十佳班集体，红色“1+1”活动也在2014年取得了北京高校红色“1+1”示范活动优秀奖。高翻学院研究生的身影广泛出现在各种活动和各种比赛中，高翻人勤奋、高素质、富有责任感、具有创新精神的新特点已有目共睹，同学中也广泛流传着一句话：爱生活，更爱高翻。

### （二）分类指导明确

不管是班级管理还是项目管理，都是在尊重学生的价值追求和多样性情况下开展的。所以通过“C+P”型模式，可以较为准确的定位一类学生和某个学生的基本情况，便于开展分类指导工作，同时也拓展了研究生思想政治教育的工作领域，一定程度上弥补了当前教育的不足。“C+P”型模式通过横向或纵向的分析，可以较为准确的了解一类学生的具体信息，比如报名创业团队项目的学生，可能对于创业比较感兴趣，或者较为关注新兴事物和培养自己的创新思维。了解到这些，思想政治教育工作人员在开展德育教育、就业指导等工作时就会更有针对性。此模式如果横向加纵向综合分析（见图2），就能聚焦到某个学生身上，获取他 / 她的价值观、兴趣、性格、特长等信息，可以把握其心理特点、行为规律以及现实需求，能更有效的开展思想政治教育工作。此外，还有一类学生是最需要关注的，就是不在这个体系中的那一小批同学，有可能是因为学习压力过大不能

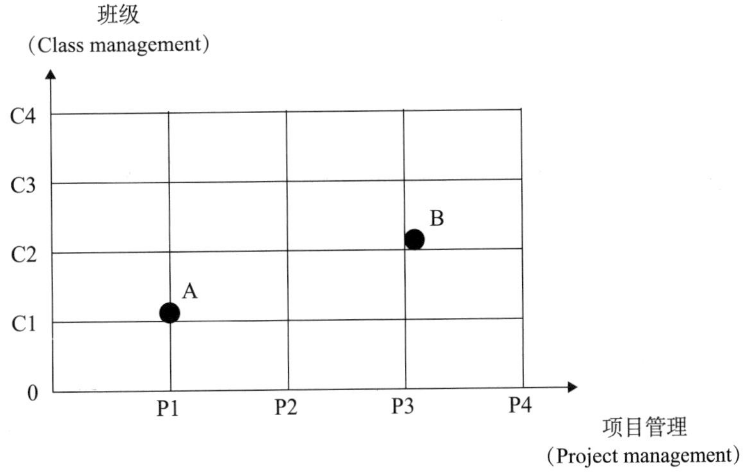


图2 “C+P”型模式定位到个体学生

参与，有可能是同学关系不好不想参与，有可能是性格的关系不愿参与，也有可能是年龄的关系不屑参与。总之，这一类人都需要学院给予密切的关注。“C+P”型模式可以把研究生的情况分类整理，有助于突出重点，便于思想政治教育工作的开展。

### （三）学院氛围融洽

“C+P”型模式的实施可以满足受教育者心理和情感的需要，有助于营造良好的学院氛围，而良好的学院氛围也能起到激励人、引导人、鼓舞人、感召人的作用。以前的研究生经常反映一些问题，比如同学之间的关系淡漠，大家交流很少；宿舍就像是宾馆，除了回来睡觉没有别的用。其实，上大学是一个学习知识的过程，是一个学习做人的过程，也是一个体验集体生活、广交朋友的过程。研究生的学习生活也可以十分丰富多彩；研究生之间的关系也可以亲密融洽。“C+P”型模式的实施，使得班级内部、班级之间、年级之间、师生之间的交流和互动频繁。学生可以充分的和班内同学沟通协作，可以和年级里的伙伴参与项目，可以得到师兄师姐的指点，也可以获得老师们的指导。这样每个研究生都会感觉到自己被关爱、被重视、被需要，从而激发他们对于班级、对于学院、对于学校的认同感和归属感，有助于形成良好的学院氛围，也有助于研究生在良好的环境中全面发展。

# 主体间性视域下的 90后大学生思想政治教育路径探索

梁碧韬

**摘　要**：主体间性问题是近年来教育理论研究的热点，从主体间性维度更有助于全面审视新时代背景下大学生思想政治教育活动的成效。本文分析了90后一代大学生群体呈现出的新特征、新变化，提出主体间性思想政治教育是贯彻“以人为本”教育理念的必然要求，是提升大学生思想政治教育实效性的必然选择，并就主体间性思想政治教育模式的创新探索路径进行了剖析阐述。

**关键词**：主体间性　90后大学生　思想政治教育

## 一、主体间性教育是贯彻“以人为本”教育理念的必然要求

主体间性(intersubjectivity)是指主体与主体之间的相互性与统一性。主体间性大学生思想政治教育是教育者和受教育者共同发挥主体性，具有交互性认识活动属性的教育实践活动。与传统的“主客”二分性教育相比，主体间性教育更加重视教育者和受教育者两个主体间的交互性，其教育过程是一个平等互动的过程。

从教育者的视角看，主体间性思想政治教育改变了在教育实践活动中教育者往往处于权威、中心地位，而受教育者的意见感受容易被忽略的弊端。教育者与受教育者的关系，是主体与主体间的关系，在制订教育计划、选择教育手段和内容与方法中，充分体现交互性，实现主体间的平等对话交流，是一种“我们一起”的教育方式。受教育者是自我教育的主体，其主体性主要体现在积极参与思想政治教育活动、主动接受思想政治教育信息的过程中，实际上也是受教育者发挥主观能动作用的属性。[①] 然而，要使受教育者体现这一主体性，其重要前提和关键

梁碧韬　北京外国语大学学生工作部

① 马万宾：《主体间性思想政治教育的提出及其意义》，《黑龙江高教研究》，2009年第10期，第152—154页。

因素是思想政治教育活动的目的、宗旨紧密契合受教育者的成长成才需求，思想政治教育活动的形式载体符合受教育者的行为习惯。换言之，就是思想政治教育活动必须要贯彻落实“以人为本”理念。能让受教育者在教育过程中不断地提升自身的主体性，在尊重教育者的基础上，积极能动地反馈教育需求信息和相关意见。由互识达到共生共进，最终引领个人主体性走向类主体性。[①] 这不难看出，主体性是主体间性的基础，主体间性是对主体性的超越。[②]

## 二、加快向主体间性教育范式的转变步伐是提升大学生思想政治教育实效性的必然选择

当前，大学生群体以90后一代为主，研究者普遍认为90后大学生在思想行为方面呈现出许多新趋势、新特点，主要有：思想自主性明显增强，缺乏集体观念；获取信息的渠道网络化，人际交往虚拟化；社会参与意识增强，思想表达个性化；专业知识扎实，综合人文素质薄弱；受全球化背景下的思想文化碰撞与冲击较突出等。在我国国情、社情和受教育者群体特征均发生显著变化的背景下，传统的“主—客”二元化教育模式过于强调教育者的主体性，作为教育客体的受教育者处于弱势、被动位置，显然已经不能适应受教育者和教育环境的变化。

加快向主体间性教育范式的转变步伐，是时代的呼唤，是提升大学生思想政治教育实效性的必然选择。我们必须经历一场从主体性到主体间性的范式转换，由主体间性教育的新范式包容和扬弃旧范式，解释主体性教育不能解释或不能合理解释的问题。[③] 在向主体间性教育范式转变的过程中，深刻把握并适应受教育者的新思潮、新特征是一个关键因素。我们要把大学生作为具有自主性、能动性和创造性的教育主体，就要了解、尊重他们的独立人格、价值观念和思想感情。要更加重视学生主观能动性和自觉选择性，以教育者和受教育者的双主体交往为理想目标，以“主体—客体—主体”的交往为主导，适当使用“主体—客体”交往模式。

## 三、实现主体间性思想政治教育模式的路径探索

总体而言，大学生思想政治教育本身是一个“教育—接收—交流反馈—认同”的过程，“双向理解”基础上的交互性是主体间性视域下思想政治教育突出强调

---

① 刘志山、李燕燕：《主体间性思想政治教育新探》，《思想教育研究》，2011年第2期，第19—22页。
② 宫丽艳：《论主体间性视域下的思想政治教育》，《思想教育研究》，2011年第1期，第15—17页。
③ 康伟：《教育研究范式转换：从主体性到主体间性》，《教育科学》，2006年第6期，第1—4页。

的鲜明特点。因此，主体间性教育理论指引下的思想政治教育创新，要根据受教育者接收信息的习惯和特点，构建一个交互式的思想政治教育模式，通过启发、引导其内在的成长成才需求，培育他们的主体意识、自主能力和创造才能，使受教育者将教育内容内化为个人意识，实现从认知、情感到信念的飞跃。落实到具体工作中，要尝试推进刚性管理向刚柔结合转变，单向灌输向双向互动转变，积极探索，不断创新教育平台建设、教育活动形式和教育管理参与模式。

### （一）组织：创新教育活动形式，抓好“三位一体”基层组织建设

在教育活动的组织形式上，传统的“主一客”二元化教育模式以灌输式教育为主，往往是以“命令”或“要求”的形式组织学生参加教育活动。要创新教育活动形式，就要努力唤醒、激活学生的正能量兴趣点，使他们成为自我教育、自我管理，对自己、对社会有责任感的社会主体。开展大学生基层组织建设，既是创新教育活动形式的有效抓手，能充分调动学生参与教育活动的积极性，同时也有助于培育90后大学生普遍缺乏的集体意识，帮助其营造具有正能量的集体成长环境。在各类大学生基层组织中，党支部、团支部和班集体是联系最紧密、组织最严谨的骨干型基层组织。在学校层面，要根据专业学科特点，加强党、团、班三位一体工作机制建设。明确党支部的先锋堡垒作用和模范辐射效应，努力实现党支部对接引领班集体、团支部，用党建带团建，团建班建同步开展的工作模式。在具体工作中，要优化调整活动形式，整合活动资源，将三位一体建设列为各项评选、创建优秀活动的重要考核指标，将“优秀学生党支部”评选、“优秀团支部”评选、“十佳班集体”创建等活动通盘考虑，合理合并，联动实施，避免让学生疲劳应对，甚至产生倦怠感。在具体形式上，少一些“填坑式”摊派任务，多分析学生的行为动机，多发掘学生兴趣点，多着眼于增强集体全体成员的参与度，设计丰富多彩的集体建设活动来团结学生、组织学生、教育学生。

### （二）平台：打造优势互联网宣教平台，不断提升教育针对性

当前，伴随互联网的迅猛发展，互联网已成为影响大学生学习、成长的重要因素。高校思想政治教育工作要把握住互联网发展的契机，走好“指尖上的群众路线”，抓好校内校外两个体系，打造传统PC互联网和移动互联网两个网络的宣教平台建设，搭建符合学生话语体系、方便学生接收教育信息的网络宣教平台。一方面，要充分挖掘利用以“易班”为代表的校园SNS网络社区在信息传递推送的有效性方面的优势。将校园SNS社区建设成为团学组织网络聚集地，为团学组织开展宣传教育活动、组织动员学生搭建优势平台，有效拓展组织建设空间和宣传教育阵地。通过不断更新公共主页、发起网络投票讨论、组织线上活动等方

式，开展针对性宣传教育，做好信息传递服务，积累人气，紧密联系学生群体。另一方面，要重视对移动互联网网络规律的研究，把握好移动互联网迅猛发展的脉搏，利用微信、微博、校园 APP 等新兴媒介平台，开通人人网公共主页、搭建微信公众账号、开发校园 APP 下载等业务，以吸引学生、贴近学生、服务学生为目标，打造集教育、资讯、原创、交流、学习等板块为一体的大学生思想政治教育移动互联网体系，推动网络思想政治教育的“点对点”发展，为学生及时了解学校政策、教育管理工作安排以及校园文化活动等创造便利条件。

### （三）模式：创新教育管理参与模式，开展平等互动交流

伴随社会发展进步，大学生参与社会和学校事务，维护自己权益的需求也日益增强。如何创新学生参与学校教育管理模式，通过网络公共空间来表达大学生群体的普遍话语，激发学生对学校的“主人”意识，建立教育者和受教育者平等交流的基础，对实施主体间性思想政治教育有关键作用。首先，要搭建畅通的互动渠道和开放的讨论平台。扎实做好党务公开和校务公开，保障学生的知情权。发挥好各级各类学生组织的桥梁纽带作用，畅通意见反馈渠道，利用好校园网媒介，主动在网络中征求学生对学校发布的工作文件的建议和意见。教育者要深入到学生习惯的沟通环境中，用好微博、微信、人人网等学生群体聚集的交流媒介，主动去搜寻学生对教育管理活动的反馈意见，积极培育学生参与教育管理活动的主体性。其次，要提供各类平等对话的交流平台。以北京外国语大学为例，学校通过北外 WE 圈微信公众平台、“数字北外”SNS 社区等渠道，发起了“我为北外献一策”，“校园道路与建筑命名征集”网上投票活动，“校长下午茶”现场文字直播等一系列主题活动，获得学生的热烈响应。网络的交流隐去了现实面对面沟通场景下因身份属性带来的话语权威性和不对等性，在一定程度上消除了学生害怕得罪老师的“畏惧”心理，能够让学生更加真实地表达其思想，满足了学生的合理参与需求，更有利于推动学生群体有效参与学校管理建设。

# “新常态”视角下高校德育教育之“心”路径

孟　颖

**摘　要**：本文以“新常态”为教育视角，解读我国高校德育教育内容和形式的开拓，主要从传统德育与“新常态”德育的比较、大学生心理健康教育对德育教育的必要性两方面进行论述，并提出以大学生心理健康教育的完善为路径的高校德育教育“心”路径。

**关键词**：新常态　高校德育教育　“心”路径

## 一、传统德育与“新常态”视角下德育之比较

什么是德育？广义的德育是指所有有目的、有计划地对社会成员在政治、思想与道德等方面施加影响的活动，包括社会德育、社区德育、学校德育和家庭德育等方面。狭义的德育专指学校德育。学校德育是指教育者按照一定的社会或阶级要求，有目的、有计划、有系统地对受教育者施加思想、政治和道德等方面的影响，并通过受教育者积极的认识、体验与践行，以使其形成一定社会与阶级所需要的品德的教育活动，即教育者有目的地培养受教育者品德的活动。[①] 传统德育注重政治理论的传输与教化，注重思想品德的提升。大学生德育通常重视理论的灌输，或对学生日常行为提出一定的规范和要求，基本都是流于空洞的说教形式，引不起学生兴趣，更得不到学生重视。

随着时代与各种环境的变迁，大教育观逐步发展，“新常态”逐渐形成。““新常态””一词自十八大以来成为至今国内最火的经济词汇之一，逐渐成为一个重要的经济概念，并一度超越原有的范畴，被广泛应用于政治、文化、社会、生态、教育等多个领域。大教育观与“新常态”的发展和影响，赋予德育教育新的内容

孟　颖　四川外国语大学国际关系学院

① http://baike.baidu.com/link?url=R1uZPd5vB04EkgCkJeVEk8ZfjuKTwy1xxD70bIa9s0Z31YvI1BZRrA8gBSBuDGAr3CyorGzNn4Gq7qwGM8gkjq.

和意义。德育教育已从传统德育阶段发展到现代德育阶段，或者称为“新常态”下的现代德育阶段——它超越了以往单纯以道德修身、观念养成为主要内容的传统德育观念，涵盖思想教育、政治教育、德育法制教育、心理素质教育等多项内容。通过知识传授、观念养成、性格培养等途径来提高受教育者各方面的素质。

## 二、解读“心”路径

本文所提出的“心”路径是指以心理健康教育为着眼点，从根本上完善德育教育的内容和模式。可以说，没有健康的心理很难形成良好的品格。从这个意义上讲，心理健康教育是德育的基础。在我国高校，大学生心理健康教育是根据大学生生理、心理发展的规律和特点，运用心理学的教育方法和手段，培养大学生良好的心理素质，促进大学生身心全面和谐地发展和整体素质全面提高的教育，是德育的内容之一，也是素质教育的重要组成部分。

目前，高校较少考虑从心理学角度去关注学生的德育教育，较少将学生的心理健康问题作为德育教育开展内容，所以本文尝试从心理健康教育与德育的密切关系出发，通过大学生心理健康教育实施路径的完善，丰富高校德育教育的体系，增强德育教育的针对性、主动性、实效性、情感体验性等。

## 三、加强大学生心理健康教育对高校德育教育的必要性

大学生心理健康教育与德育之间存在着一定区别，又有着必然联系。在教育实施的过程中恰当地处理好两者之间的关系，有助于德育教育的全面开展。近年来，大学生心理健康教育的不断发展，使得德育的教育功能得到更加充分的发挥。

### （一）开展大学生心理健康教育是人类和社会发展到一定程度的需要

当今社会，各方面压力无处不在，人们多多少少都承受着不同程度的心理压力，甚至心理障碍和心理疾病。大学生正处于青少年身心发展的关键时期，时代的变迁、社会的变化、环境的更改，对人才的要求有所提高，需求较以往有所不同，使大学生每成长一步，都会出现一定程度的心理动荡。正是因为大学生悲剧的频频再现，让我们不得不重视大学生的心理健康问题，只有开展心理健康教育，才能更好地解决大学生的心理和行为问题，促进大学生更好地适应社会和学校的生活，健康地成长成才。

### （二）开展大学生心理健康教育是实施高校素质教育和全面可持续发展的需要

良好的心理素质为大学生更好地适应社会生活提供了基本的心理保障。当前我国高校素质教育强调促进学生身心健康、综合素质的提高和全面发展，良好的心理素质是大学生全面综合素质的重要组成部分。

### （三）开展大学生心理健康教育是高校德育课程改革的需要

随着大学生心理健康教育的发展和完善，它不仅补充了德育教育的内容，更赋予德育教育新的时代要求。目前我国青少年以自我为中心、缺乏责任心、自杀、他杀和吸毒等不良心理与行为现象屡见不鲜。社会面临着青少年道德存在的问题，迫切需要大学生健康心理的形成。我们主张大学生心理健康教育要在称赞、鼓励、被爱护、被肯定、被重视的基础上，关注大学生最深处的心灵空间，对学生的灵魂进行洗礼，才能够取得较好的教育效果。不难看出，心理健康教育无论是在内容上、范围上还是形式上，都对德育教育进行有力的拓展和补充。

## 四、大学生心理健康教育实施新路径

大学生心理健康问题的改善与解决，既是一项极为迫切而重要的工作，又是一个复杂的系统工程，需要社会、学校、学生、家庭等各方面的共同参与。

### （一）社会层面：建立一套以社会、学校、家庭三者合一的综合性社会支持体系

社会心理学和精神病学的研究认为，社会支持是个体从其所拥有的社会关系中所获得的精神上和物质上的支持。[①] 20世纪70年代，Raschke（1977）提出社会支持是指人们感受到的来自他人的关心和支持。Cullen（1994）认为社会支持是个体从社区、社会网络或从亲戚朋友获得的物质或精神帮助。还有一些学者对社会支持也提出了自己的观点。但所有学者均认为：社会支持是个体经历被爱、有价值感和他人所需要的一种信息，是一种在社会环境中促进人类发展的力量或因素。社会支持分为两种类型：一种是实际的支持，包括物质上的援助和直接服务；另一种是主观体验到的情感上的支持，是指个体感到在社会中被尊重、被理解的情绪体验和满意程度，与个体的主观感受密切相关。由此可见，社会支持既可以

① 曲宏涛：《大学生心理健康教育中社会支持的探析》，《辽宁经济职业技术学院学报》，2007第3期，第54—55页。

增加正性情绪体验，也可以抑制负性情绪体验，它在缓解个体心理压力，消除个体心理障碍，增进个体心理健康等方面产生重要的影响。良好的社会支持有益于缓解生活压力，有利于增强个体心理抵抗力。

### （二）学校层面：建设大学生全方位心理健康教育大体系

根据教育部网站2011年3月11日公布的《普通高等学校学生心理健康教育工作基本建设标准（试行）》（以下简称《心理健康标准》），我国将从人员配备、设施建设、课程设置等方面对高校学生心理健康教育工作提出“硬指标”。因此，本文提出建设大学生全方位心理健康教育的大体系。

1. 为心理健康教育提供充足的专项经费。“经济基础决定上层建筑”一句话足以说明经费对心理健康教育的重要性。学校要实施心理健康教育，无论是师资引进与培养、课程开发与建设、设备维护与更新、教材的编纂与购买，还是机构的设立与完善，无一例外需要经费的支持。否则一切都是纸上谈兵，或只能流于形式，无法开展实际意义上的心理健康教育。因此，充足的专项经费是大学心理健康教育开展的首要前提。

2. 加大心理普查效度与力度。众所周知，近年来，各大高校针对大一新生，在入学后开展全面的心理状况普查，起到了一定的效果，也取得了相应的成绩。但是心理普查存在两个问题：一是对普查的结果处理草率，效度不高。普查结果不能及时反馈，并给予心理帮助；二是普查只针对大一新生，而大学生中很多心理问题或疾病都是因为学生步入大学后，面对的生活环境、学习方式、人际关系、课程压力等较以往大有不同而造成的，所以，心理普查只在一年级进行一次，显然不够，也就是力度不大。应该分阶段、抓住关键期有计划地进行心理普查，并且及时处理普查结果。只有这样，才能真正体现学生心理健康普查的意义，全面了解学生的心理状况，及时发现问题、解决问题。

3. 提升心理咨询机构的专业性。《心理健康标准》指出，高校应建设一支以专职教师为骨干，专兼结合、相对稳定、素质较高的大学生心理健康教育和心理咨询工作队伍。从事大学生心理健康教育的教师，特别是直接从事心理咨询服务的教师，应具有从事大学生心理健康教育的相关学历和专业资质。专职教师的专业技术职务评聘应纳入大学生思想政治教育教师队伍序列，设有教育学、心理学、医学等教学研究机构的学校，也可纳入相应专业序列。[①] 目前大部分高校都已设立了心理咨询室等相关机构，但各项调查显示，其咨询的效果并不太明显，更多的只是做初步了解，在给予学生建议或意见方面相对较弱，加上现在大学生心理

① 教育部《普通高等学校学生心理健康教育工作基本建设标准（试行）》，2011年3月。

问题种类增多、程度加深，咨询难度也加大，现有可利用的高校专业咨询机构和咨询人员数量不足、质量不高。因此，学校在建立固定的心理咨询机构，定期不定期向大学生开放的同时，应提高咨询人员的专业性。如引进更多教育学、心理学方面的专业人员、外聘心理健康专家学者，甚至医学心理学方面的人才。这些专业的咨询老师对于大学生深感苦恼而自身无力解决的心理问题，具有良好的解答方式和专业的处理技巧，甚至是治愈方法；帮助求询者正确地认识到自身心理问题的根本原因，引导其更为勇敢地面对现实，最终恢复健康的心理。

4. 保障心理健康教育——课堂教学的科学性。课堂教学作为心理健康教育的基本途径，为学生对心理健康的理解、引导、纠正等起着至关重要的作用。因此必须保证课堂教学的科学性、全面性。课堂教学所涉及的主要有教学内容、教学方式、课程模式等方面。

教育内容要广泛、深刻、生活化，可以触及方方面面，以贴近学生的生活；教育模式可由原来的治疗为主的“西医模式”转向以渗透为主的“中医模式”；教学方式可以大班小班互补授课、团体个别交叉辅导；课程形式多样化，必修课、选修课、讲座课、活动课、实践课等相结合；另外还需提高教学反馈与评价效度。

5．倡导校园精神文化建设。倡导校园精神文化建设，加强各种心理健康促进活动和科普宣传，形成良好精神文化氛围。除了通过课程传授心理学知识之外，还可以通过各种活动增加学生的心理体验，如：可举办5 · 25——“我爱我”等活动，激发他们关注自身和他人心理健康的意识，潜移默化地影响学生的心理品质，使学生感到心情舒畅，精神振奋，以达到校园文化熏陶感染、积极引导学生心理健康的作用。因此，学校应加大校园文化建设力度，为大学生提高素质和健康成长创造良好的文化环境，引导学生形成积极的心理品质，增强学生积极的情感体验。

6. 加强大学辅导员的心理健康干预能力。《心理健康标准》要求，高校应按学生数的一定比例配备专职从事大学生心理健康教育的教师，每校配备专职教师的人数不得少于2名。但据调查统计，很多高校尚未达到此比例，专业心理咨询师比例更低。正因此，很多高校辅导员需要兼职承担心理咨询任务。而且在很多学校，辅导员承担了大部分的咨询工作。但是辅导员大都不是心理专业毕业，缺乏专业知识，只是在日常思想政治教育的同时，对大学生进行心理健康教育，并非专业、系统地引导、咨询和干预，对于帮助大学生进行心理咨询还处在自觉的、零散的咨询和辅导中。加强辅导员在大学生心理问题、危机事件中的干预能力和策略研究，提高辅导员心理干预能力，增强心理干预策略实效性，对大学生的成长成才和高校的和谐稳定具有重大意义。

### （三）实施家校联合机制

当代大学生多为独生子女，并且单亲、离异家庭子女数量较以前有所增加。当前大学生心理问题频发和家庭方面的原因不无关系。就家庭而言，父母是孩子的第一任老师，父母的性格和家庭状况很大程度上影响孩子的心理状态。学校是学生学习和生活的地方，辅导员要和家长加强沟通和互动，让家长常和学校联系，常和孩子沟通，以便学校和家庭都能够及时准确掌握学生的思想动态。

### （四）教学生学会积极的自我心理管理

自我心理管理大致包括正确认识自我、积极悦纳自我、主动调适自我三个部分，是大学生心理健康水平发展的源泉和动力。[①] 要教育学生学会心理管理，这部分内容对于教育者来说是最难的，因为学生千差万别，要把握因材施教的灵活性，同时要探索教育途径的多样性。首先要让大学生认识到心理健康的重要性；其次是树立全面的、系统的大学生心理健康教育理念。具体包括：增加学生深入参与和体验自我的机会与平台，加深对自我的认识；培养学生学习、生活的自主性，面对困难时的分析和调整能力；引导学生正常看待自我发展过程中出现的问题；还可以进行情境性案例分析，让学生从中学会审视自我和调整自我，有利于形成客观、积极的自我评价。

自我心理管理、自我心理调适是大学生心理健康教育的根本途径，正所谓“自助者，天助”。引导学生学会自我管理与调适是高校心理健康教育的根本任务，同时这也是高校德育教育的基本要求之一。

在“新常态”大背景下，培养具备良好道德修养的国际化人才是新时期的必然要求，发挥新时期高校德育教育在人才培养中的强大作用已经成为我国高等教育的常态问题之一。我国高校德育教育正处于完善和巩固时期，只有在社会、学校、家庭的共同努力下，才能够探索出适合我国国情的高校德育教育模式，并将其正规化、专业化、多元化、广泛化，为培养出更多优秀的国际化人才打下坚实的基础。

---

① 赵海男：《管理学中的心理学》，北京：清华大学出版社，2011年版，第189页。

# 弘扬中国精神

## ——将人文教育纳入高校军事课体系探析

王 薇

**摘 要**：中国精神，是以爱国主义为核心的民族精神和以改革创新为核心的时代精神。高校军事课承载着重要的德育功能，但目前高校军事课的实际情况是，涵盖了民族和时代精神的人文教育是严重缺失的。本文针对这一现状，分析了高校军事课的人文特征和人文教育的心理、认识、道德审美层面，探讨将人文教育纳入高校军事课体系，从而引导大学生弘扬中国精神的人才培养德育创新机制。

**关键词**：高校 军事课 德育 人文教育

习近平总书记说，实现“中国梦”，必须弘扬中国精神。这里讲的“中国精神”，就是以爱国主义为核心的民族精神和以改革创新为核心的时代精神。高校军事课承载着重要的德育功能，是一门必修课程，分技能训练（军事训练）和课堂理论教学（军事理论课）两个环节。普通高校国防教育“通过军事教学使学生掌握基本军事理论与军事技能，增强国防观念和国家安全意识，强化爱国主义、集体主义观念，加强组织纪律性，促进综合素质的提高，为中国人民解放军训练储备合格后备兵员和培养预备役军官打下坚实基础”。[①]

军事课的开设，使学生掌握了基本军事理论和军事技能，增强大学生的国防观念和国家安全意识、弘扬爱国主义精神，强化集体主义观念，促进大学生综合素质的提高。但同时，也应清醒地看到在实际情况中，军事课中涵盖了民族精神和时代精神的人文教育内容是严重缺失的。

---

王 薇 四川外国语大学中文系

① 教育部：《普通高校军事课教学大纲》，2007年版。

人文教育是指："将人文精神，通过教育活动、环境熏陶等方式和途径，内化为人的品格因素，进而净化和提升人的心理、思想伦理和审美，使人成为有个性的、具有思维能动性的、向善的以及有境界的人，最终实现对人的精神世界的全面塑造。"[①]

# 一、高校军事课的人文特征

在我国高校，人文教育主渠道是人文课程。同时，非人文课程同样具有人文教育功能。根据我国《普通高等学校军事课教学大纲》的规定，我国高校的军事课包括军事理论课和军事技能课，这两门课程都具有很强的人文特征。包括了以政治教育、形势教育、法制教育为核心的思想政治教育，也注重国防理论、国防历史、国防地理、国防文化、国防经济和军事技能等方面内容的学习和训练，把军事课的学习从单纯提高军事技能的"训人"转向面向提高学生素质的"育人"上来。[②] 同时，通过军事课紧密跟踪国际形势，不断调整和充实教学内容，把一些国际热点和相关学术前沿问题传授给学生，激发学生的爱国热情，使军事课充满勃勃生机。

## （一）军事技能课的人文特征

军事技能课是目前中国普通高校进行大学生国防教育的主要途径。简单来说，军事技能课的内容包括三个方面：体质锻炼、军事技能教育和思想意识教育。这三个方面相辅相成。军事技能课的人文特征主要体现在思想意识教育过程中，在军事技能课中，学生可以得到成功的欢乐、失败的痛苦等全方位的情感体验，学生们的情感、态度、意志、兴趣等非智力因素能得到极大的锻炼。

## （二）军事理论课的人文特征

军事理论课的人文特征表现更为突出。首先，军事理论课的教学内容具有鲜明的人文特征。例如，中国国防中的国防历史，战略环境中的战略思想，军事高技术中的科学哲学与战争哲学等，这些内容都是以人文的视角，深层次挖掘教学内容的切入点。其次，军事理论课的教学方式有很强的人文教育特点。军事理论课思想性的一个重要表现，就是教育者要带领学生对人类的各种矛盾冲突进行批判的分析、反思，在反思的基础上，形成学生自己的价值观和历史责任感。最

① 张新颜：《人文教育的含义和基本要求》，《北京青年政治学院学报》，2003年第4期。
② 刘君：《普通高校提升军事课教学质量的思考》，《教育教学论坛》，2013年8月。

后，贯穿军事理论课的爱国主义思想需要深层次的人文解读。高校军事课程的核心思想，就是爱国主义思想。大学阶段的爱国主义教育应该是一种建立在理性基础上的信仰教育，是指大学生牢牢树立对国家和民族的责任感和使命感，并且能积极地履行自己的责任。从人文的角度去解读这个深层次的爱国主义，更容易帮助学生确立对国家和民族的责任意识。

## 二、将人文教育纳入高校军事课体系

正是由于人文教育是如此重要，也由于军事课自身有鲜明的人文特征，因此，将人文教育纳入高校军事课体系是必要的。

人文教育的基本要求包含以下四个方面：“1. 心理层面：要求成为有个性的人。2. 认识层面：要求成为具有思维能动性的人。3. 道德层面：要求成为向善的人。4. 审美层面：要求成为有境界的人。”①

### （一）心理层面：军事课是“使人成为人”的课程

军事课是普通高校公共必修课，承载着重要的德育功能，引导大学生树立正确的世界观、人生观和价值观，是“使人成为人”的课程。军事课为学生提供的心理锻炼、意志品质培养、独立思想的养成都有不可替代的作用。在军事技能课中，通过各种艰苦的训练，磨砺大学生个人品质；在军事理论课中，通过学习军事思想、战略环境，奠定了学生的思想基础。相对而言，各专业课是“使人成为某一种人”的课程，承担的是对学生专业知识传授与专业技能的培养。

在军事课教学中，教师可以将教学内容与学生所学专业结合起来，这样做不仅可以拓宽学生学习的知识面、提高学生的学习兴趣，而且能很好地彰显军事课的育人价值。如在讲解“孙子兵法”时，针对中文、法学、管理、医学等不同专业的学生，教师可以和同学一起探讨其不同的理论意义和时代价值，使不同专业的学生都对军事课产生浓厚的学习兴趣。

### （二）认识层面：军事课培养学生的批判精神，激发爱国主义情感

历史是一部教科书，人类的历史从一定角度讲，就是一部战争史。以史为鉴，学习人类的战争史，不是简单地记住它，而是要学会批判，反思人类历史上的战争。让学生体味到人生之苦、国家之忧患，使学生珍爱生命、尊重他人、肩负起社会责任、承担起历史使命、激发爱国主义。爱国主义是民族凝聚力的核心

① 张新颜：《人文教育的含义和基本要求》，《北京青年政治学院学报》，2003年第4期。

内容和思想基础，是民族前进的动力。在学习理论的过程中培养批判精神，同时运用反思能力进一步加深理论学习，正确认识国际国内环境，养成关心国家大事的良好习惯，激发爱国主义情感。

在军事课教学中，教师可以通过多媒体，生动形象的将残酷的战争场面呈现于学生面前，通过多种感官刺激学生获取信息。另外，还可通过辩论赛、军事电影欣赏、讲座等形式，让学生进行情景创设，让学生通过自己的心灵去感悟观点，体会生死存亡和民族盛衰。

### （三）道德审美层面：军事课是高校信仰教育的平台

军事课和政治课是高校信仰教育最重要的两个平台。军事课的信仰教育功能，能够很好地屏蔽西方意识形态下的个人主义思潮，让大学生真正认识到关于人的存在、精神、价值、意义、情感等“终极性”问题的关键在于人要扮演好自己的社会角色，要对国家和民族担负起历史责任，个人价值的最大意义不是单纯的自我实现，而是在国家和民族的集体里实现个人价值最大化。

在军事课教学中，可以将高校思想政治教育课的内容与之相融。比如，政治课中的“毛泽东思想概论”与军事课中的“毛泽东军事思想”有交叉和重叠部分。军事课中的“战略环境与国家安全”与政治课中的“形势与政策”同样有交叉和重叠，因为无论是国际形势还是国内形势都是由战略环境决定的，而国家安全包括了军事、政治、经济、文化等方面，保障和维护国家安全是制定国家政策的基础和核心。

高校的军事课核心是在进行思想教育，人文教育就是其中之一，人文教育的核心是人文精神的培养。优秀的传统和人文精神是成为一个真正强国的基本潜质。人文精神的培养与爱国主义教育之间有着诸多契合，作为教育者，应该围绕爱国主义这个中心，将人文精神纳入军事课教学，更加有效培养大学生的现代国防意识，弘扬中国精神。

# 新媒体环境下大学生职业指导新工具推介

张丹丹

**摘　要**：大学生就业是社会关注的焦点之一，就业状况的稳定与否直接影响社会和谐发展。目前，微博、微信等新媒体已成为大学生生活和学习的主要工具，大学生作为当今社会高层次、高学历的特殊群体，也以自身独特的个性迅速融入到网络环境中，高校通过新媒体加强学生教育管理十分必要。本文分析了新媒体平台对职业指导的重要性与可行性，探讨在新媒体环境下，有效利用新媒体工具创新大学生职业指导的应用范畴和面临的主要问题。

新媒体是依赖于新的技术支撑而出现的媒体形态，包括专题网站、BBS、博客、微博、微信、手机媒体、聊天工具、数字杂志、数字报纸等。相对于报刊、广播、电视、信件等传统意义上的媒体形式，新媒体在传播速度、范围上有其不可比拟的优势。在大学生的日常生活中，新媒体已经成为大学生获取新知识、新信息的重要渠道。在新媒体环境下，有效利用新媒体工具创新大学生职业指导是亟待研究和解决的课题。

## 一、当前大学生对新媒体的使用情况

近三年，新浪微博、腾讯微信成为社交网络媒体的后起之秀。根据中科院心理所计算网络心理实验室和新浪微博数据中心在2013年8月联合发布的《2013年中国大学生“微博”发展报告》，截至2013年6月底，“微博”大学校园用户数已逾3000万。而微信是腾讯公司于2011年1月推出的一款通过网络快速发送语音短信、视频、图片和文字，支持多人群聊的手机聊天软件，短短四年间，微信用户已发展超过6亿，其中年轻人是主要用户群体。

---

张丹丹　北京第二外国语学院英语学院

据调查，有一半以上的学生每天发送20条左右的微信，除了网络即时通信外，学生们更多的喜欢微信联系，也是时下比较潮流的联络方式之一。大学生热衷于即时通信和网络社区，即时通信、微博、论坛已成为大学生重要也是主要的联系交流和发表见解的工具。微信、微博、QQ空间、人人网是他们传递最新信息、表达个人情感的重要载体。因此，如何有效地借助新媒体技术引导学生拓展其学习、求职，如何借助新媒体技术帮助开展学生职业指导工作，已成为亟待研究的课题。

## 二、新媒体平台对于大学生职业指导的意义

据调查统计，微博和微信的主要用户群中，60%以上的用户具有本科学历，以18—30岁年轻用户为主，其中18—25岁的微博和微信用户占35.2%。由于年轻群体对新事物和先进科技的掌握和应用能力比较强，大学生是微博、微信等新媒体的主要用户群体。大学生使用微博、微信等新媒体体现出较强的个人空间的展示意愿，有较强的个体特征。新媒体也因其开放性、传播便捷的特征，使得大学生能及时、准确地获知各种企业招聘信息，迅速了解企业动向，减少求职的盲目性，大大降低了因信息滞后而做的无用功，提高了求职效率；另外，大学生可以借助微博、微信等平台向相关招聘部门投送简历，而招聘者亦从阅读简历中节省出大量时间，从而提高了求职与招聘效率。

## 三、新媒体环境下的大学生职业指导策略

### （一）利用新媒体平台，完善大学生就业心理教育

网络的开放性和便捷性，为大学生提供了更为广泛的就业信息和多样化就业渠道，与此同时网络对大学生的思想观念、价值取向、思维方式、行为模式、个性心理产生着广泛而深刻的影响，其就业观、就业心理也在网络时代呈现出新的特点。面对当前严峻的就业形势，我国大学生在就业过程中呈现出就业压力过大、“精英情节”严重、就业能力培养意识淡薄、择业攀比情绪浓厚、就业价值观片面化和功利化等就业心理问题。在此背景下，应充分运用网络这一平台完善大学生就业心理教育、促进大学生就业，以更好地引领大学生，自觉把人生追求汇入中华民族伟大复兴的中国梦，是高校网络德育的重要内容。

高校在大学生培养过程中，应开设就业心理辅导课程，并将心理辅导课程潜移默化到各门课程、各项活动中，强化就业心理教育。由于大学生群体相对较为分散，班级概念薄弱，很难将其组织起来统一开展辅导课程，传统的辅导课程同

时容易受到时间和空间的限制，且一定程度上很难做到个性化服务。而网络的便捷性和有效性弥补了传统教育方式的缺陷，高校可通过网络对大学生开设在线心理辅导课程和心理咨询。高校可以将在线就业心理辅导课程纳入学生选修课程内，鼓励学生在学习其他课堂课程之余，加强对心理课程的在线自学，另外，高校应成立专门的心理辅导团队，加强对管理人员及有关教师心理学专业素养的培育，有组织、有秩序的在线对大学生进行心理辅导，引导学生树立正确的就业观，缓解其就业压力、提升其抗压能力，让大学生在就业前便做好相关就业准备、拥有良好就业心态。

### （二）电子信息库、学生电子信息库，以高质量的信息数据保证高质量的职业指导

企业信息库需要职业指导教师长期积累，内容分为固定内容和动态内容。固定内容中应该包含公司概况、运营情况、用人理念等，最重要的要有企业的资质、营业执照等，确保企业的真实性，这块内容可以长期使用，对所有学生开放；动态内容包括每个期间企业对人才的需求情况，即招聘信息，针对学生具体情况开放信息收集方式。QQ 好友、电话、Email 等信息收集作为职业指导教师的日常媒体工具，为了企业信息库维护的便捷性，在 QQ 好友里，建立“企业工作组”是很有必要的。学生信息库，主要是指即将走上实习岗位的学生信息，里面包括学生的个人信息、家庭信息、学习情况、担任社会工作情况、取得职业资格证书情况、获奖情况等，其实就是学生的就业推荐表上的信息。学生信息库，也是指就业推荐表的电子信息库，这个是职业指导教师的常规工作。

### （三）搭建“新媒体职业指导体系”，创新“精细化”就业服务模式

高校以服务就业为目标，以职业指导为导向，做精做细各项工作，搭建“新媒体职业指导体系”。构建“学校就业指导中心—学院就业辅导员（大学生导师）—年级职业规划干部—班级职业规划委员—学生”的上下信息传递模式。学校就业指导中心、学院就业辅导员的官方微博、微信作为就业指导的主体。年级职业规划干部、班级职业规划委员作为信息的传递者需关注相关的学生个体，将信息转发。学生的个人微博、微信只要关注了班级职业规划委员，通过阅读职业规划委员转发的微博、微信内容，即可及时掌握最新资讯。

### （四）利用新媒体的“共情”沟通效应，实施职业指导与帮助

在校学生的职业指导，主要以职业指导教师面对面的方式进行职业生涯规划主题教育，辅以 QQ 好友、QQ 班级群、微信群等新媒体工具对学生进行职业生

涯规划指导，引导学生通过就业网了解相关专业的企业背景和行业背景，了解社会政治经济政策和行规，初步了解职场。在校学生的具有特色的职业指导方式是：结合专业特色，按将来的职业方向采用新媒体工具，提前对学生进行相关职业引导和职业能力的锻炼。

校外实习生的职业指导，主要以新媒体工具为职业指导方式，尤其以QQ好友、QQ班级群、微信群为主要工具。实习期间，行业的特殊性和具体企业的管理模式，限制了职业指导教师跟学生交流的模式。企业的考勤制度限制了学生返校的机会和时间，因此面对面的职业指导减少，一般为开学、期中、期末每个学期三次。很多行业的企业管理模式限制了学生上班时间的电脑上网自由性。另外，工作习惯带来的学习习惯和交流惯性会不同于学校。因此，校外实习生的具有特色的职业指导方式是：结合专业特色、专业教师参与、按职业方向采用新媒体工具贯通三条线。

通过新媒体的互动性和平等性有利于拉近师生之间的距离，通过共同关注的兴趣话题等交流思想，达到“共情”的沟通效应。学生可通过微博老师，或者通过微信直接与老师对话等方式，向老师提出有关职业指导的问题，避免一些担心面对老师会尴尬而导致失去就业指导机会的情形。打破了在现实生活中由于存在心理界限等原因而无法实现平等对话与交流的传统教育模式，实现了真正的平等的交流与对话。特别对于一些因学业困难、家庭困难而导致自卑情绪，且与他人交往较少的学生，可通过这种方式侧面了解，为这样的同学提供学业、就业帮助。

综上所述，在新媒体技术日益丰富的时代，将新媒体技术引入大学生职业指导工作是非常有意义的。辅导员应该以新媒体平台作为工作阵地，紧跟时代步伐，与时俱进，充分发挥新媒体的各种优势，将各种新媒体技术优势相结合。同时，力求与传统的工作模式相协调，全方位、立体式、多渠道的开展职业指导工作。

## 参考文献

[1] 王麒凯、蔡耀龙：《微博：高校生涯教育和就业指导的新载体》，《中国大学生就业》，2012年第4期。

[2] 雷旭斌：《浅析新媒体环境下大学生就业指导的创新》，《中国市场》，2013年第21期。

[3] 黄路明：《新媒体时代促进高校就业工作的策略研究》，《中国人才与就业》，2012年第10期。

[4] 乔丽萍:《3G时代微博平台在高校就业指导工作中的应用探索》,《商界论坛·前沿探索》, 2013年第13期。

[5] 高曙先:《浅谈新媒体视域下的“90后”高校毕业生就业》,《北京教育(高教版)》, 2012年第4期。

# 国际化办学背景下的学生海外管理

## ——以上海外国语大学阿拉伯语专业为例

陈越洋

**摘　要**：随着高等教育国际化办学进程的不断深入与推进，加强国际交流合作、扩大教育开放的步伐日益加快，国际化人才培养模式为在校大学生，尤其是学习小语种的学生提供了越来越多走出国门、赴海外求学的机会。因此学生海外管理成为了摆在教育工作者面前一个亟待探讨的问题。本文从工作实践出发，以上海外国语大学阿拉伯语专业为例，通过数据采集、个别访谈、文献整理等方法梳理了2009年以来阿拉伯语专业本科学生的出国情况，并分析其中存在的问题，继而对国际化办学背景下的学生海外管理，尤其是思想政治教育方面的管理这一课题进行有益探索。

**关键词**：国际化办学　阿拉伯语专业　学生海外管理

随着高等教育国际化办学进程的不断深入与推进，加强国际交流合作、扩大教育开放的步伐日益加快，国际化人才培养模式为在校大学生，尤其是学习小语种的学生提供了越来越多走出国门、赴海外（母语国）求学的机会。然而在实际的操作过程中，这一新生事物的特殊性和不成熟性也渐渐体现与暴露出来，给学生管理工作提出了严峻的挑战。因此，如何让学生在牢固树立爱国思想的基础上，在异域文化的环境中，真正学以致用、服务于祖国，如何有效地加强出国学生的管理这一课题具有十分重要的现实意义。本文从工作实践出发，以上海外国语大学阿拉伯语专业为例，通过数据采集、个别访谈、文献整理等方法梳理了2009年以来阿拉伯语专业本科学生的出国情况，并分析其中存在的问题，继而对国际化办学背景下的学生海外管理这一课题进行有益探索。

---

陈越洋　上海外国语大学东方语学院

# 一、2009年以来阿拉伯语专业学生国际化办学情况

上海外国语大学阿拉伯语专业成立于1960年，在上外国际化办学总体思路的指导下，阿拉伯语专业与埃及开罗大学、亚历山大大学、苏伊士运河大学、摩洛哥穆罕默德五世大学、拉巴特行政学院、摩洛哥哈桑二世大学、阿联酋阿治曼大学、阿联酋大学、叙利亚大马士革大学、约旦大学、沙特国王大学等阿拉伯高校有校际合作关系。这些校际交流协议的签署改变了原先只有国家留学基金委员会公派留学项目的单一局面，拓宽了阿拉伯语专业本科学生的出国路径，也使得阿拉伯语专业国际化办学之路走得更为多元、通畅。

## （一）学生出国情况统计

笔者就收集到的2009年以来阿拉伯语专业学生国际化办学情况做如下梳理。

**表　阿拉伯语专业学生出国情况**

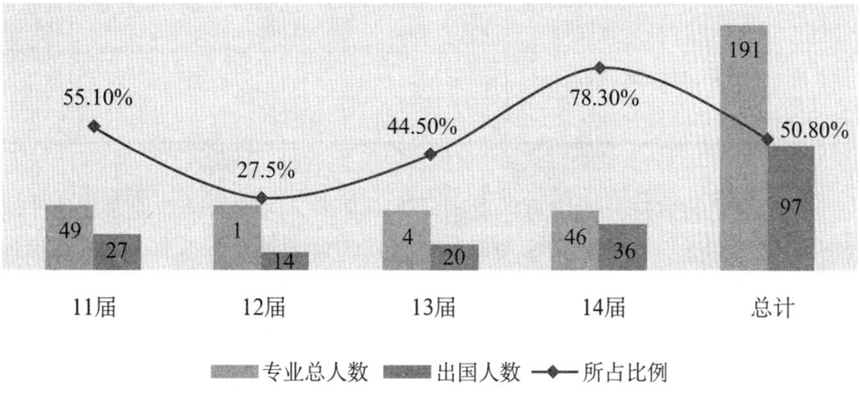


**表2　2009—2013年学生出国情况详表**

| 届次 | 人数 | 国别 | 国家留学基金委员会项目 | 校际交流项目 | 其他游学项目 | 自行申请项目 |
|---|---|---|---|---|---|---|
| 11届 | 1 | 黎巴嫩 | √ | | | |
| | 26 | 埃及 | | √ | | |
| 总计 | 27 | | | | | |
| 12届 | 5 | 埃及 | √ | | | |

续表

| 届次 | 人数 | 国别 | 国家留学基金委员会项目 | 校际交流项目 | 其他游学项目 | 自行申请项目 |
|---|---|---|---|---|---|---|
| | 4 | 叙利亚 | ✓ | | | |
| | 3 | 突尼斯 | ✓ | | | |
| | 2 | 黎巴嫩 | ✓ | | | |
| 总计 | 14 | | | | | |
| 13届 | 10 | 埃及 | | ✓ | | |
| | 5 | 以色列 | | | ✓ | |
| | 3 | 苏丹 | ✓ | | | |
| | 2 | 黎巴嫩 | ✓ | | | |
| 总计 | 20 | | | | | |
| 14届 | 26 | 埃及 | | ✓ | | |
| | 3 | 苏丹 | ✓ | | | |
| | 3 | 埃及 | ✓ | | | |
| | 2 | 黎巴嫩 | ✓ | | | |
| | 2 | 埃及 | | | | ✓ |
| 总计 | 36 | | | | | |

从以上两表的数据分析中可以看出，近四年来，阿拉伯语专业学生的平均出国率达到50%以上，学生的留学项目主要包括国家留学基金委员会“国际区域问题研究与外语高层次人才培养项目”、埃及苏伊士运河大学校际交流项目、其他游学项目及学生自行申请项目。学生的留学国别主要集中在埃及、黎巴嫩、叙利亚、突尼斯、苏丹等国。但自2011年阿拉伯世界发生剧变以来，埃及、叙利亚、突尼斯等国的留学项目纷纷受到不同程度的影响，或缩短留学期限或延迟派出日期，直至2013年初部分国家开始陆续恢复留学生项目。

### （二）学生国外学习情况

众所周知，阿拉伯语是一门比较难于掌握的语言，若要达到听说读写流畅的水平，国内扎实的基础教学与母语国的实践操练都是十分必要的。考虑到一、二年级学生处于基础学习阶段，二年级末学生还必须完成阿拉伯语专业四级的考试，因此阿拉伯语专业学生的留学时间一般安排在三年级这一学年，笔者将近几年来上外阿拉伯语专业学生在国外的学习情况做以下梳理。

1. 埃及苏伊士运河大学

苏伊士运河大学为上外阿拉伯语专业长期的校际交流合作学校，自2009年以来陆续派出三批学生前往。对方为我校学生单独设立一个班级，开设的课程有写作、文学、报刊阅读、听力与对话、语法、文学故事、伊斯兰史等。

2. 黎巴嫩大学

黎巴嫩大学尚未为公派留学生单独开设课程，学生可在该校文学院与其他阿拉伯学生一同听课。文学院提供文学与语法两大方向的课程供学生选修，包括诗韵学、文学流派、贾希利亚时期的文学、贾希利亚时期的文明、语言学入门、词法与句法等。

3. 苏丹喀土穆国际阿拉伯语学院

喀土穆国际阿拉伯语学院是非盟下设致力于培养非母语阿拉伯语教师的机构，学生大多来自非洲以及东南亚国家。该学院为中国公派留学生单独设置一个班，开展形式多样的阿拉伯语听说读写教学活动，开设的主要课程有阿拉伯语语法、阿拉伯语阅读、阿拉伯伊斯兰文化、阿拉伯语技能课等。

4. 突尼斯大学布尔吉巴语言研究学院

公派留学生在完成学校的报到、注册手续后，必须参加学院的阿拉伯语综合能力入学测试，分为口试和笔试两大部分。根据考试结果，学生将被分至六个等级不同的班级进行学习。学院为这些学生开设阿拉伯语语法、阿拉伯语写作、阿拉伯语阅读、阿拉伯语会话等课程。

以上是笔者所搜集到的2009年以来阿拉伯语专业学生出国留学就读课程的情况，部分高校如埃及开罗大学、叙利亚大马士革大学应没有开设固定课程，学生可旁听相应学院的任意课程，在此无法统计。然而在近几年的实践过程中，笔者发现，由于各高校对学生的学习要求不同（选修 / 必修），开设的课程不同，结束学习时开具的成绩证明不同，因此学生在结束留学项目回国后，所修课程无法与国内的课程匹配或国外的课程国内无法承认，在学分转换上遇到各种困难。因此，在专业管理方面，还需综合各学校的情况设计、制订一个可行性方案，使得国际化办学模式更具可操作性和人性化。

## 二、国际化办学背景下学生的思想政治教育与管理

高等教育的国际化业已成为我国高等教育的重要发展趋势，然而培养模式的开放性与多样性在为教育发展带来生机与活力的同时，也给高校的学生思想政治教育带来了挑战。在国际交流过程中，如果不能及时进行正确的方向引导，学生就可能出现思想行为上的偏差，这种结果显然背离国际交流的美好初衷。目前看

来，高校基层党团组织对学生出国交流教育问题既缺乏指导，更谈不上规范，工作大多停留在签字同意或者简单出具思想鉴定的层次，根本谈不上对学生的教育引导。[①] 思政工作者也尚未把这一项管理列入日常工作之中，因此，在国际化办学的背景下如何加强大学生的管理教育，抓好思想政治教育工作，是新时期高校思政工作面临的一项新课题。

### （一）树立学生管理工作国际化的意识

国际化办学是一个新生事物，这就对我们从事学生教育工作的辅导员提出了更高、更新的要求。作为思政工作者要勇于、敢于接受新生事物，不断加强自身素质的建设，不断加强职业道德和情感素质的教育，不断改善自身的知识结构和专业水平。首先要树立学生管理工作国际化的意识，要加强国际化办学专业和管理业务的学习，提高自己的工作热情和工作能力，勤于思考，敢于实践，在工作实践中摸索出一条行之有效的国际化办学学生管理道路。

### （二）预先引导，扎实工作

基层党团组织要事先做好扎实的工作铺垫，对有计划出国学习或已经被选拔为项目候选人的学生，尤其是学生党员进行组织谈话制度，进行爱国主义、民族精神、保守国家机密和宗教礼仪的教育，并对学生在国外的生活、学习进行全面的指导，要求学生在国外活动中注重维护国家尊严，展示中国当代大学生积极向上的风貌。[②]

### （三）组织学习，提高认识

针对出国学生将要面临的普遍问题，组织出国学生集中学习。通过理想信念教育、爱国主义等教育，学生不但可以树立正确的人生观、价值观，而且也能掌握基本政治理论、了解国外政治经济文化教育生活简况及涉外礼仪，切切实实提高学生辨别是非、抗拒诱惑的能力，增强其在各种复杂环境下把握自己、进行正确选择的能力，为学生更好更快地适应国外生活学习奠定了基本的理论基础。同时学习会上也可以邀请上一届留学归来的学长学姐和大家分享留学经历，他们的亲身经历会给即将出行的学生很多有益的借鉴。

① 邹惠：《加强和改进高校出国交流学生的思想教育》，《中国青年政治学院学报》，2012年第3期，第63—64页。
② 范剑秋：《高校出国学生思想教育工作探索》，《华章》，2011年第33期，第117页。

### （四）全程联系，跟踪管理

如今在校的大学生大多数是独生子女，生活自理能力、心理承受能力、人际协调能力等普遍较差，比较固执、任性，而且价值取向多元化、思维方式多样化、自我意识和竞争意识都很强。① 部分出国学生在异国他乡极易遇到诸如生活不适应、安全与健康、宗教信仰（可能会遇上别人向其传教的事件）、人际关系等问题。因此在国内的教师必须利用易班、飞信等网络工具定期掌握其学习、思想及工作动态，积极疏导，加强联系，及时了解，开展针对性的指导，帮助解决其思想上、学习上和生活上的困难，有助于学生在纷繁复杂的国外学习生活中时刻保持清醒的头脑，自觉抵制国外错误思潮的侵蚀，强化自我教育、自我管理的意识。② 同时也能让学生在国外感受到组织和学校的归属感。

## 三、几点建议与对策

根据笔者近几年来在学生思想政治教育和学生出国留学工作方面所积累的实践经验与体会，在这里提出几点具有可操作性的建议供参考，包括出国前、交流过程中和回国后三个阶段的工作方案。

### （一）建立档案

为加强对学生出国情况的全面了解，做好日常的基础性工作。为每一批次出国的学生建立完善的个人详细档案，档案应包括学生及留学的基本信息、紧急联系人信息、家长保证书（主要为避免无理由提前回国等事件的发生）等。

### （二）出国前组织学生行前培训

阿拉伯语专业学生的出国项目期限大多在三个月至八个月期间，于高中时期短期的游学项目相比，绝大多数学生是第一次长时间在海外学习、生活，因此十分有必要组织他们进行全方位的生活教育与行前培训，可以从思想、行为、学业和生活四个方面展开。主要目的有三：其一，对于未知的生活做好预估与充分的准备，尽快适应陌生环境中的学习与生活，学会自我保护；其二，提高经历特殊事件的处理能力，学生在遭遇环境变化、困难挫折时，往往容易因为不能够正确

① 吴峻青、胡宝征、吴鲁智：《中外合作办学模式下学生管理教育工作探究》，《教育与职业》，2011年第32期，第33页。

② 成语、李铁莉、任艳、崔智钢：《高校国际化办学后出国学生党建工作研究》，《教育学研究》，2012年第12期，第93页。

认识和评价自己所碰到的问题对自己的影响，加之自身缺乏有效的应对相关问题的经验，尤其在没有得到家人、朋友或者学校等社会支持系统的及时帮助和引导下，而变得无法应对，从而产生各种问题。[①] 其三，由于阿拉伯国家皆为信仰伊斯兰教的穆斯林国家，尤其需要在出发前对学生进行有关风俗习惯、宗教信仰的提示和日常言行提醒的行为教育，尊重对方习俗，避免不必要的麻烦。

### （三）在海外建立临时学生党团组织

阿拉伯语专业学生的出国项目一般有十几至二十几名来自同一学校或不同学校的学生组成，他们在人数上完全符合在海外建立一个临时的学生党团组织的要求，并可有一至两名学生担任负责人。在学生出国交流期间，国内的老师必须定期和学生负责人保持联系，询问学生们的学习、生活和思想状况，并为学生提供尽可能的帮助与支持。若有一些突发状况的发生，也应通过负责学生及时和当地的使馆负责机构及国内学校联系。学生党团组织的建立，也加强了对学生的管理与约束，他们在留学期间必须参加组织举办的各类学习活动、交流活动，避免个别学生单独行动、玩物丧志的情况出现，每位出国学生定期要向组织汇报自己近阶段的学习与生活情况。

### （四）举办回国交流分享会

每一位完成海外学习项目的学生回国后都应撰写一份留学小结，并参加专业组织的交流分享会。一方面，学生之间的互相交流可以使得大家对照自我进行思考，全面回顾总结自己在海外留学的收获，反思自己的不足之处；另一方面，老师也能在和全体同学的交流中注意发现学生思想、学业、身心的变化和成长，及时疏导学生的思想，解决学生因为出国交流带来的问题或积累相关的经验，以便在今后的工作中不断完善。

在这三个阶段的工作中，第一个教育阶段的重点在于全面了解与预防，并从激励的角度为学生的海外学习生活鼓劲，从引导的角度提醒规避危险与风险；第二个教育阶段的难点在于学生组织建立后的规范度与活跃度以及国内教师对学生关注的长期性与持续性；第三个教育阶段的关键在于敏锐捕捉学生的变化与成长，为今后的工作总结经验。

① 邹惠：《高校辅导员对学生心理问题的及早发现与干预》，《第三届全国高校辅导员工作创新论坛文集》第三辑。

## 四、结语

出国交流学生的海外管理虽是一个新事物，有其特殊性，但从内容上来讲仍然是学生管理工作的范畴。它是一个系统工程，组建全方位立体式管理服务体系——社会、学校、家庭联合培养体系，努力发挥学生、家长、学校、社会四位一体的育人效能。对于学校而言，专业教师、思政工作者应该共同合作，把握青年学生的脉搏，贴近青年学生的个性特点，运用青年学生能够接受的形式，加强对他们的管理与指导。让他们能够真正在海外的学习经历中有所收获，坚定理想信念，扎实专业技能，从而真正全面提高学生的素质，切切实实提高学生辨别是非、抗拒诱惑的能力，增强其在各种复杂环境下把握自己、进行正确选择的能力，[①] 使国际化办学之路走得更远、更稳。

① 邹惠：《高校辅导员对学生心理问题的及早发现与干预》，《第三届全国高校辅导员工作创新论坛文集》第三辑。

# 国际化人才培养视域下的团建工作

## ——以上海外国语大学国际工商管理学院分团委为例

黄　玮

**摘　要**：经济的全球化导致了市场对国际化人才的需求越来越大，这促使高等教育的发展要走国际化之路。当前国际化人才的内涵已经拓展为人才素质国际化、人才构成国际化和人才活动空间国际化。培养大批具有国际意识、国际竞争能力、国际先进管理理念的创新型及跨文化交流能力的人才是高校教育的发展方向。笔者从大学国际化人才教育的背景出发，结合上海外国语大学国际工商管理学院的教育实践，深入探讨国际化人才培养视野下的团建工作的实施与发展。

**关键词**：国际管理英才　团建工作　团员培养

上海外国语大学国际工商管理学院分团委工作中接轨国家战略和社会服务需要，结合自身共青团工作开展实际情况，以“国际管理英才”为团员培养目标，

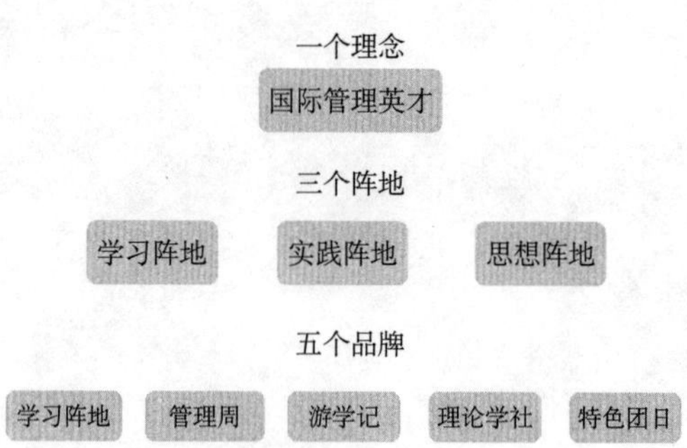


**图1　国际管理英才精育模型**

黄　玮　上海外国语大学国际工商管理学院

完善团建网络，健全领导班子，形成了以学习平台、实践平台、思想平台三大平台为依托的机制保障，通过打造五大品牌主题活动，覆盖延伸带动团支部活动全面进行。

## 一、完善团建网络　深化一个培养理念

### （一）纵横交错团建网络全覆盖

上海外国语大学国际工商管理学院分团委深入贯彻组织思想，以分团委书记为首，下设分团委副书记、分团委书记助理及兼职团干部的领导班子，通过切实有效的管理体系深入到组织管理的各个环节，公平换届选举，保持团委领导班子的威信力和群众信服度。现有基层团支部24个，学生党支部8个，学生理论学社4个，党章学习小组12个，学生社团13个，部门13个。在实现了“横向有支部，纵向有学社”的基础上，逐步构建了“团委部门全覆盖，团员发展阶梯式”的团建工作网络。调查显示，目前共有学生团员近600人，理论学社391人，学生党员136人。创新实践活动实现了团员全覆盖，暑期实践项目团队74支，参与总数为719人次，平均每位同学参与社会实践为1.2次；获得校级以上奖励的团员比例为64.63%，获得市级以上奖励的团员比例为49%，参与国际交流项目的团员比例为30% 以上。

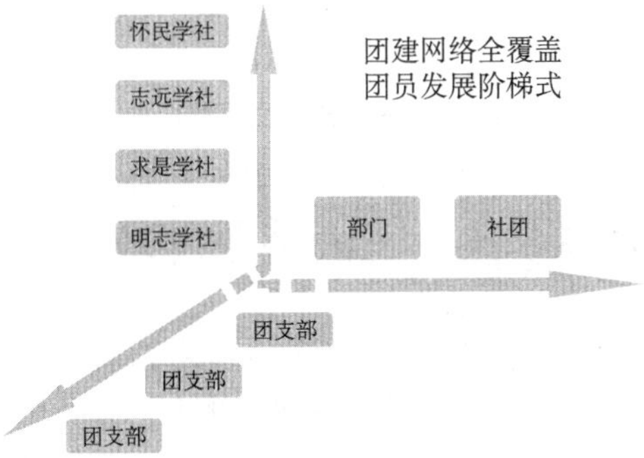


**图2　立体多元团建工作网络**

### （二）立体多元班子制度全保障

结合高校团建工作实际，以提升增强团学班子活力和加强学生干部培养为目标，通过健全沟通制度，完善培训制度以及落实监督制度等方式，实现了立体多元班子制度全保障的工作模式。

健全沟通制度，了解团员心声：开展“书记晚餐”，关心团干部发展；提出

“提案制度”，定期走访同学，深入了解同学需求；开设团委办公室接待日，给团员们表达心声途径。

完善培训制度，增强干部能力：开展联合培训，加强青年团员干事培训、团干部领导力培训和基层团支书培训。课程内容涉及团队建设、工作流程、工作技能等方面，连续9届累计受益人共计1000人次，不断总结实际工作经验，建立层层递进的金字塔形团学干部培训体系。

落实监督制度，提升班子活力：每年团委班子以及团支书进行述职报告，接受满意度测评。通过调查问卷、网络问答等方式进行全院团员民意测评，及时反馈团学班子工作情况。

实践证明，团建工作网络和班子制度的完善与推进，使得团委活力进一步增强，干部能力进一步提升。以2014年对学院团员民意调查为例，49%受访者认为管院分团委代表了管院学生的利益，56%受访者认为分团委的工作成绩优秀或非常优秀。

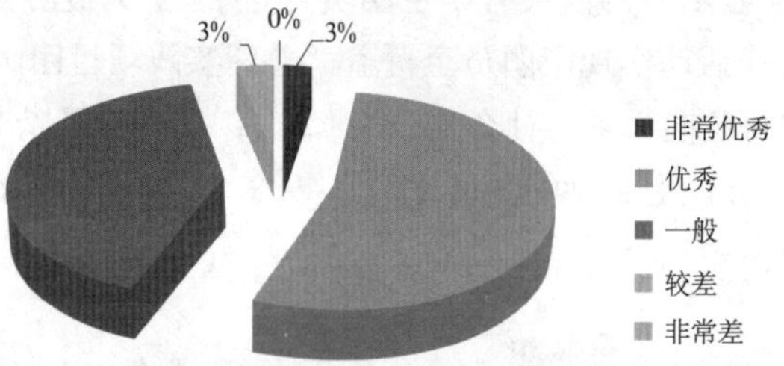


图3　2014团员民意调查结果

## 二、发挥组织优势　建设三大特色阵地

分团委结合专业特色，紧紧围绕学院育人理念，以培养交流层面会外语，业务层面懂专业，合作层面通文化的国际管理英才为目标，建立了学习阵地、实践阵地、思想阵地三大阵地。三大特色阵地围绕一个团员培养目标，相互影响，互为依托。夯实团组织服务青年的基础，形成团组织培养青年、服务青年的传统，努力发挥团组织的磁场作用。

### （一）发挥组织优势　建设学习阵地

提升学生专业能力，深化专业素养，打造学习阵地是发挥团组织培养青年的重要举措。分团委充分利用校友资源举办“CIB 高管论坛”品牌活动，邀请来自各行业企业高管开展讲座，为学生搭建了解企业全景，与业界高管交流的平台。

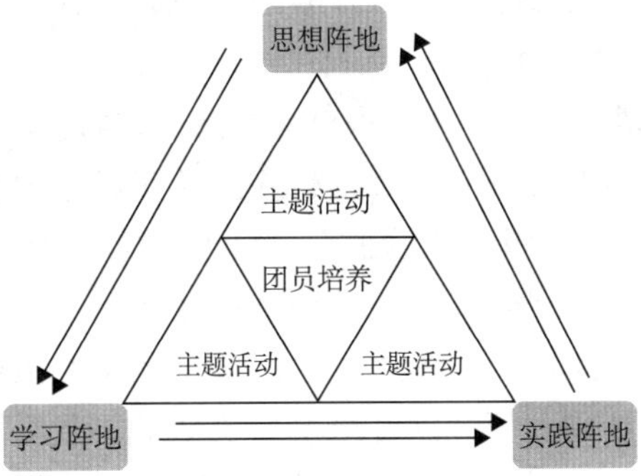


**图4　三大阵地为依托团员培养运作模式**

到目前为止已举办56期，有近5600人次参加该论坛。除此之外，还有英语系列活动“曙光计划之晨读”，培养英语读背习惯；“英语风采大赛”，巩固英语学习成果；“英语短剧比赛”，展示英语风采等。这些品牌活动已成为提升青年团员专业能力，深化专业素养的重要学习阵地。

## （二）发挥专业优势　建设实践阵地

实习基地：高校进企业是发挥大学“智力”优势，建设团的工作阵地的重要举措。分团委充分发挥专业特色和校友资源，与多家企业开展合作，签订实习基地共同建设大学生社会实践平台。搭建社会实践平台，双方就学生实习工作和项目交流等方面达成共识，通过学院分团委下设职业发展中心，定期和实习基地沟通，维护人才库，安排参观，走访交流，推荐实习等相关工作。目前已经和百安居、外经集团、爱建公司、太平洋保险、安利中国等30个单位签署实习基地协议，这些签约实习基地成为青年团员实践、提升实践能力的重要阵地，确保学生暑期社会实践以及专业实习覆盖率达100%。

社会实践：大学生社会实践是青年团员自我教育的重要阵地，学院分团委充分鼓励广大团员青年积极参与各类社会实践以及公益志愿者活动。建立志愿者人才库，覆盖到全院学生，志愿者长期项目共有14个，其中“关爱自闭症儿童项目”获得上海市慈善基金会慈善公益类项目立项；“上海市市南中学智力助残支教项目”获得上海“智力助残”优秀集体奖、特别荣誉奖以及优秀指导奖。分团委以“青春90年，报国永争先”为主题的暑期社会实践活动，共有实践项目团队74支，参与总数为569人次，加上毕业实习人数150人，平均每位同学在暑期参与社会实践为1.2次，团员覆盖率超过100%。参与团队数量、成员人数、实践规模都为历年之最。分团委连续多年获得上海外国语大学暑期社会实践活动“最佳组织奖”。“赴英国文化交流实践团”获上海市大学生暑期社会实践活动优秀项目奖。

学院分团委积极鼓励并组织青年团员参加赛事，提升创新实践能力。为保证各类赛事顺利进行，聘请专业教师以及辅导员成立顾问团，形成有效的鼓励、引导、辅助、激励、反馈的循环互动激励模式。以2014年为例，国家级比赛获奖54人次，市级145人次，校级47人次。获上海市公关专业奖学金18名、第9届市“大学生创业”银奖、市大学生沙盘大赛银奖、联合利华商业精英全国冠军、境外2014中美杰出青年培训1名。专业教师、辅导员16人担任指导教师。2014年获省部级和国家级创新创业训练项目结项12支队伍，立项23支队伍，参与人数128人，在全校名列前茅。从2011—2014年四年累计获奖人数占四届学生总人数的49%，相当于每两名学生中就有一名同学参与并获得了市级及以上大型赛事荣誉。对于文科院校来说，这样的比赛参与率和成绩是非常难能可贵的，这项成绩也得到其他学校的认可。

### （三）发挥引领优势　建设思想阵地

分团委逐渐总结出了以系统性长效团建工作机制为保证，针对性阶梯式培养方案为基础，立体化团建工作网络为渠道，创新性重点式实践活动为载体的全方位团建思想阵地。四大模块工作围绕思想阵地建设的共同愿景，相互影响，互为依托。

四个理论学社，系统性长效工作机制：围绕“党建带团建”的基本工作思路，分团委依照各年级特色设立“明志学社”、“求是学社”、“志远学社”、“怀民学社”四个理论学社。通过理论学习、内部讨论、外出考察等丰富多样的形式，为团员青年提供了一个交流思想、深化理论学习、提升自我的平台。

三个教育阶段，针对性阶梯培养方案：根据团员青年阶段不同，依托党章学习小组、党校、党支部有针对性地阶梯培养。思想先进、作风优秀的团员青年通过学社的学习锻炼，经过三级推优进入党校学习。党校“优秀学员”称号同学占学校13个院系总人数的三分之一以上。在党校开学典礼以及结业典礼上学生均作为“优秀学员”代表发言。学院也因此连续5次获得“优秀学院”称号。

两个宣传载体，立体化宣传工作体系：坚持多渠道、多角度地进行团建工作宣传，将传统宣传渠道和新兴媒体相结合，运用两大宣传载体，建立立体化的团建工作宣传体系。纸媒刊物《志者》秉承“有志者事竟成”的理念，为学生党员和入党积极分子搭建了思想交流的平台。开拓网络媒体和移动通讯手段，引导学生关注社会民生和国家热点问题，促进支部成员以及党章学习小组成员之间沟通和联系。

一个思想平台，创新性重点实践活动：依托理论学社，打造“党员论坛”特色党建品牌活动。此外，积极拓展思想阵地的辐射面，加强学生的创新实践能力，以学生党员为主力军的志愿服务社团——“志远社”，积极参与假期边远地区支教、困难学生送温暖、关心社会民生问题等各类活动中去，使学生在社会实践活动中坚定信念，志存高远。

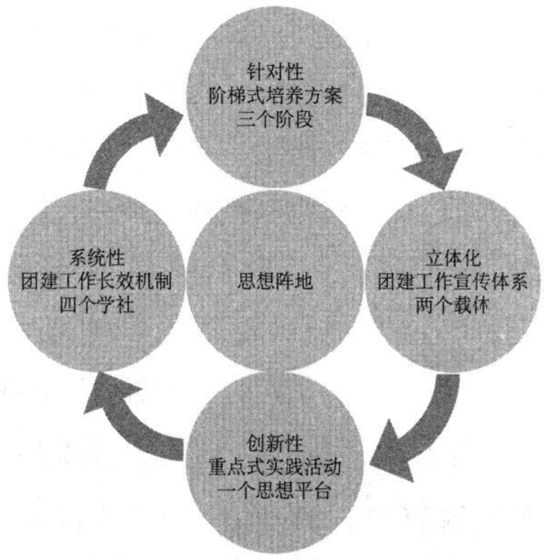


**图表5　思想阵地罗盘运作模式**

通过四个理论学社、三个教育阶段、两个宣传载体、一个思想平台，线上线下双重互动运作模式，带动了整个学院团组织的思想阵地建设。

## 三、引领创新实践　打造五大主题活动

充分发挥团委的引领作用，以“打造品牌”为纲领，依托学习阵地、实践阵地、思想阵地三大阵地打造五个特色品牌。由学院分团委发起并组织策划的品牌特色活动，不仅能充分体现学院团委对基层团组织的引领作用，同时也利用“高管论坛”、“管理周”、“游学季”、“特色团日”、“党员论坛”五大品牌活动契机，密切学院各基层团支部之间的友好合作关系，巩固团委内部建设。

### （一）依托学习阵地，打造“高管论坛”，提升团委组织作用

分团委充分利用校友资源举办“CIB 高管论坛”品牌活动，邀请来自各行业企业高管开展讲座，内容涉及运营管理、市场营销、创业管理、公共关系、职业生涯规划等各领域，为学生搭建了解企业全景，与业界高管交流的平台。到目前为止已举办56期，有近5600人次参加该论坛。

### （二）依托实践阵地，打造“管理周”，增强团委引领优势

分团委依托创新实践平台成才阵地，打造“管理周”品牌主题活动。“管理周”多元整合模式，集中展示学院创新实践成果，是学院多元创新实践平台构筑的灵魂，也是学院分团委建设上的一大亮点。“管理周”到目前为止已历9届。“管理周”基本分为管理讲坛、朋辈交流、表彰奖励和成果发布四个模块。

管理讲坛：特邀知名人士、政府官员、商界精英、学术权威进行讲座或者访谈，让同学们通过这些活动认识“管理创新实践”的内涵和意义。朋辈交流：“创新实践成果交流会”共同分享一年来创新实践给大家带来的收获。表彰奖励：对过去一年创新实践上取得的成绩进行回顾与总结，表彰取得突出成绩的同学，授予“CIB创新实践成就奖”。成果发布：“管理周”的盛大闭幕式，同时也是《管理从身边走向世界——CIB创新实践成果集》出版发行的日子。该书收录了学生各类赛事的获奖成果，这为广大学生提供了学习借鉴的参考范本，也已成为学生创新实践活动的自学习指导性教材。此书从2006年开始编辑，从第一版的20万字扩充至第五版的80万字。近年学生不断发挥其主观能动性，不断拓展新比赛新项目，创新成果数量剧增，该书改为发行年度单行本，目前已经出版2011年版、2012年版、2013年版、2014年版，受到同学们的一致好评。

### （三）依托实践阵地，打造“游学季”，拓展团员国际视野

学院分团委积极鼓励并专业引导学生参加各类国际交流活动，以国际交流聚人脉，不断加深管理创新实践的层次和包容。通过新生家长会对家长进行思想引导，学生创新实践分享会宣传参赛心得，品牌活动“游学季”整合资源集中介绍等多种方式，分层次、有针对、逐步推进国际交流项目，目前项目数量已超过50个，覆盖国家超过20个，以2014年为例，共有71人到全球13个国家和地区进行交流学习。全院本科生学生国际化比例达到38%（其中公关43%、管理39%、信息31%），研究生达到40%，已经率先完成学校国际化要求。学生通过国际交流项目，把握机会尝试国际化学习经历，全面提升学术和文化交流等方面能力。

### （四）依托思想阵地，打造“理论学社”，深化团员创新内涵

分团委依照各年级特色系统性地设立了四个理论学社——“明志学社”、“求是学社”、“志远学社”、“怀民学社”。其中“明志”寓意“明确志向，端正动机”；“求是”寓意“上下求索，追求真理”；“志远”寓意“坚定信念，志存高远”；“怀民”寓意“心怀天下，常思吾民”。每个学社命名含义深刻、寓意长远，依照各年级团建工作重点，各具特色，形象地体现了学院制定的层层递进、阶梯式发展

的思路，亦有效提升了团建工作水平。通过理论学习、内部讨论、外出考察等丰富多样的形式，为团员青年提供了一个交流思想、深化理论学习、提升自我的平台。

依托四个理论学社举办“追寻中共足迹”知识竞赛、“模拟十八大”时政热点论坛、“寻找革命之魂”探访刘长胜故居、“我心中的团支部”茶话会等活动。另外，打造“党员论坛”特色品牌活动，通过邀请优秀教师党员、学生党员分享入党经历以及人生感悟，激发带动广大团员们的入党热情。已经举办20期，受益团员数达2000人次。

### （五）依托思想阵地，打造“特色团日”，增强基层支部活力

分团委以“一团一品”为抓手切实抓好支部建设，各基层团支部自主设计，逐步形成了有特色、有影响的长效品牌活动项目。有些支部以“关爱奉献”形成了志愿者文化，有些支部以“和谐共进”形成了支部文化，凝聚团员青年，增强基层团组织活力。“特色团日”以时政新热点为背景，开展“纪念建校60周年”、“纪念建党90周年”、“迎接十八大召开”主题活动，打造支部品牌活动，进一步激发基层团支部活力。

## 四、结语

国际文化氛围建设是大学生素质教育的重要组成部分，与全球化的大背景相一致。上海外国语大学国际工商管理学院分团委在此领域的一些探索，希望能有助于推动更多的团建工作者对国际化环境下的团员培养的认识。

### 参考文献

[1] 范徵：《培养复合型国际工商管理创新人才——上外国际工商管理学院的办学理念与培养方案》，载范徵、于朝晖主编：《无国界管理　培养复合型国际工商管理创新人才》，上海：上海教育音像出版社，2010年版，第13—37页。

[2] 刘继坤、寇跃灵：《国际化视野下高校人才培养模式的新探索》，《中国成人教育》，2015年第2期。

# 经济"新常态"下大学生社会实践工作初探

朱　磊

**摘　要**：大学生教育与生产劳动和社会实践相结合是党的教育方针的重要内容。实践育人是育人工作的重要环节。党的十八大以来，我国的经济、政治、文化、社会、生态等各领域呈现出全方位的"新常态"，这给高校实践育人工作带来了新的变化。研究经济发展"新常态"下的大学生社会实践工作，对于做好实践育人环节，培养知行合一的合格建设者和可靠接班人具有重要意义。本文从高校实践育人的必要性、紧迫性入手，提出了实践工作面临的"新常态"，并就此提出加强和改进大学生社会实践工作的意见建议。

**关键词**：大学生　社会实践　"新常态"

教育与生产劳动和社会实践相结合是党的教育方针的重要内容。《中共中央、国务院关于进一步加强和改进大学生思想政治教育的意见》（16号文件）强调指出，要坚持政治理论和社会实践相结合，注重引导大学生深入社会，了解社会，服务社会。社会实践是大学生思想政治教育的重要环节，对促进大学生了解社会、了解国情、增长才干、奉献社会、锻炼毅力、培养品格、增强社会责任感具有不可替代的作用。大学生社会实践活动的开展已有很长的历史，这一活动的持续开展对大学生思想政治教育作出了巨大的贡献和有益的探索。实践证明，大学生社会实践是思想政治教育的有效途径和重要载体，有效开展好这项活动，能使青年学生通过社会实践的锻炼和工农群众的教育更加热爱党、热爱社会主义，更加拥护和支持党的路线、方针和政策；能使大学生认识到在中国实现社会主义现代化必须依靠广大工人、农民和知识分子长期的艰苦奋斗和努力，从而认清青年一代肩负的历史责任；正确地认识自己，找准价值取向，努力做到有理想、有道德、有文化、有纪律。因此，围绕这一根本目的，引导大学生向实践学习，向社

朱　磊　四川外国语大学学生处

会学习是非常必要和急需的。

而一段时期以来，我国的经济、政治、文化、社会、生态等各领域呈现出全方位的“新常态”，这给实践育人工作从育人理念、育人环境、育人手段、育“人”自身等方面都带来了新的变化，因此，认识、研究、把握大学生社会实践“新常态”显得尤为重要。

## 一、实践育人工作所面临的“新常态”

### （一）育人理念的“新常态”——德育为先、能力为重、全面发展的教育理念得到普遍认同

“为谁培养人，培养什么人”是高校教育的根本问题。当前，我们面临复杂严峻的国际形势和艰巨繁重的改革发展稳定任务，西方敌对势力通过多种方式干扰、干预、破坏我们和平发展的情况时有发生，与我争夺青年的斗争日益激烈，这进一步加深了高校工作者将立德树人、德育为先必须贯穿教育全过程、全方位、全时空的认识和理解，加深了强化德育和社会主义核心价值观教育的认可和把握。

而同时，优化学生综合评价机制、以学生成长成才为中心的工作认同也逐步加深，不再简单用分数来衡量、用绩点来驱动学生优劣评价，而是建立综合考察和评估学生学习志趣和特点的评价体系，形成更好的挖掘学生发展潜力的机制。

### （二）育人环境的“新常态”——深度开放、矛盾交织、高度竞争的教育环境得到迅速扩张

我国目前正处于增长速度换挡期、结构调整阵痛期和前期刺激政策消化期这三期叠加的状态，经济深入开放，地缘影响加重，社会矛盾交织，这在高校教育发展上的表现显现为学校层面国际化办学进程加快，竞争不仅面临国内院校竞争，更多面临国内外高水平大学的竞争。未来，判断学校好坏的不再是省属还是部属，不再是“985”还是“211”，将由市场选择、由社会评价决定；学生层面，就业竞争压力剧增，就业岗位相对减少，就业需求日益转向对应用型、技术型人才的需求为主。学生就业意愿转向实现更高质量就业。

上述不管是国家、学校，还是学生面临的开放和竞争的环境，都折射出社会对能力的更高要求。

### （三）育人手段的“新常态”——全媒体、多维度、大数据的育人手段得以逐步出现

信息爆炸、全媒体时代的到来，打破了高校“以知识传递为目标、以教师为

主体、以教材为中心、以课堂为阵地”的传统教学范式，新的科技革命引发教育教学观念、内容、方式方法的创新变革，引发人才培养模式的改革突破。慕课就是一个生动的例子，也是一个“新常态”。高校开始全面深化课程改革，改进实践教学环节，育人的针对性、实效性进一步增强。倡导自主、合作、探究的学习方式成为常态；倡导启发、讨论、参与的教学方式成为常态；顺应个性、民主、多维的管理方式成为常态；数据收集、分析、应用的信息化方式成为常态。

### （四）育“人”自身的“新常态”——思维活跃、价值多元、个性突出的教育受众得以加速形成

相比于以往的青年学生，当今的大学生与社会的互动频繁深入，发展日趋个性化，但往往自我选择和判断却固执，且缺乏建设性；思维活跃价值多元，崇尚自我反感束缚，但实际能力却相对不足；人生目标和价值追求更为主动，有一定的理想，但缺乏坚定信念的支撑；他们是家庭的唯一希望，社会关注度颇高，但生存压力显著，心理较为脆弱；具有道德自觉性本质，拥有道德能力水平，但需要良好行为习惯的养成和情感的启迪。

## 二、“新常态”下，大学生社会实践应坚持六个结合

### （一）坚持大学生社会实践与思想政治教育相结合

社会实践是思想政治教育的有效途径。来自社会实践的教育，其深刻性、丰富性、持久性是校园环境所无法替代的。当今社会纷繁复杂，体制深刻变革，经济快速发展、文化相互激荡，社会上充斥着一些不明是非、不辨善恶、不分美丑的论断与现象，这些糟粕日益腐蚀着大学生们的心灵。大学生社会实践引导他们走出校门、走进社会，既可以使大学生进一步认识国情、懂得社会，认清自己对国家和人民的责任，又能使他们在现实中进一步了解党和政府为加快经济建设、促进社会全面进步做出的不懈努力，从而可以更加深刻地领会社会主义核心价值体系的实践基础、科学内涵和精神实质，坚定走中国特色社会主义道路的理想信念，增强历史使命感和社会责任感。

### （二）坚持大学生社会实践与专业课程学习相结合

教学是高校的中心工作，社会实践必须围绕专业课程教学展开。组织社会实践，必须始终以学生的专业素养为核心，把理论教学与社会实践有机结合起来。目前，学校教学方式以课堂讲授和认识教育为主，学生接触的绝大部分都是书本理论知识，接触社会的机会不多，对专业内容缺乏感性认识，动手能力和应用能

力不强，难以适应用人单位的要求，不能迅速进入岗位角色。为此，在组织社会实践活动中，在选择实践项目、内容、方式等方面应结合学生的专业特点，开展专业实践活动，使学生能学以致用，将课本知识应用到实践中，加深对专业理论知识的理解与掌握，为专业能力的提高搭建平台。[①]

### （三）坚持大学生社会实践与职业生涯规划相结合

大学生社会实践是大学生有目的、有计划深入现实社会，参与具体的生产劳动和社会生活，以了解社会、增长知识技能、形成正确的世界观和人生观的活动过程。职业生涯规划是个人根据自身实际和需求，结合社会发展需要，为自己确立职业方向、职业目标，选择职业道路而确定的方案。作为大学生只有参加社会实践，才能制定适合自身志趣和需要，同时又与社会需要基本一致的个人职业规划，二者相辅相成，互为激励。社会实践是大学生正确认识自己和社会的重要方式。大学生应该通过不同的工作环境，不同的工作经历发展清晰的自我形象，找到价值观、兴趣和技能之间的联系，了解社会的需要。只有这样，大学生的自我形象才是清晰、真实、准确的，才能正确的进行职业生涯规划。

### （四）坚持大学生社会实践与就业创业相结合

目前，大学毕业生就业形势越来越严峻，给高校学生培养模式提出了新的挑战。学校可以借助社会实践活动这个平台创造性地开展工作，以提升学生的就业竞争力，为他们的就业打下良好的基础。学校可以在组织开展社会实践工作中，和企事业单位建立良好的关系。也可以按照“双向受益、互惠互利”的原则，与实践单位保持长期的合作关系，使用人单位和学生之间能够有近距离的认识和了解，促进实践单位与学生之间的互动，便于毕业之后直接在该单位工作。创业是毕业生一种更加积极的就业方式，高校要营造良好的学生创业氛围，鼓励学生通过参加实践活动，发现社会需求，提高创业技能。

### （五）坚持大学生社会实践与服务社会相结合

高校是为社会培养专门人才和提供科研成果的地方，具有科技优势。大学生拥有专业知识，在开展社会实践活动时应突出学校和学生的专业特点和自身优势。在西方各国的思想政治课程教学过程中，美国、英国等西方国家将社区义工模式作为思想政治理论课程的社会实践形式，[②] 组织学生充分发挥专业特长，切

① 谢晓青：《创新大学生社会实践的理性思考》，《学校党建与思想教育》，2010年10期，第68—70页。

② 何海翔：《国外社区义工模式对我国思想政治理论课社会实践的启示》，《职业技术教育》，2010年第5期，第88—90页。

实为地方作贡献、办实事，开展大学生科技服务、文化服务、卫生服务等活动。大学生用勤奋和汗水为服务地方经济建设和社会发展作出积极贡献的同时也提高了自身的综合素质。在实践过程中锻炼大学生的社会工作能力，如协调能力、交际能力、写作能力、演讲能力和科学研究能力等，发挥社会实践的育人潜能，提高实践的育人效果。

### （六）坚持大学生社会实践与帮困助学相结合

家庭经济困难学生通过参加社会实践，一方面大学生可以通过这种形式获得劳动报酬来支付日常学习和生活的费用，改善自己的生活；另一方面这些活动也可以磨练学生的意志，使大学生尽早地了解社会，适应社会，懂得如何学习与生活，培养大学生艰苦朴素、勤俭节约的精神，增强他们热爱生活、自立自强的信心和勇气，帮助他们实现“心理脱贫”。

# 应用经济学人才国际化复合型培养模式探析

## ——以上海外国语大学国际金融贸易学院为例

忻炯俊

**摘　要**：中国经济的发展需要大量国际化应用经济学人才，这对高校应用经济学人才的培养提出了更新更高的要求。本文结合上海外国语大学国际金融贸易学院的人才培养实践，总结出应用经济学人才国际化复合型培养的模式，并提炼出了特色，总结出了存在的问题。

**关键词**：国际化人才　复合型　创新实践

## 一、引言

随着中国经济的快速发展和中国对外开放程度的不断深入，经济建设需要大量国际化应用经济学人才，这对高校应用经济学人才的培养提出了更新更高的要求。传统本科应用经济学教学中重视理论学习而轻视实践能力的培养、强调单科的重要性而忽视跨学科的综合学习、侧重课堂教学而忽视课外创新实践、集中在第一课堂而轻视第二、第三课堂的整合，导致学生思维标准化、知识无活力化，知识结构不合理、综合能力较弱，特别是创新实践能力不强、跨文化沟通能力有待提高等局面，都成为新时期国际化应用经济学人才培养工作的瓶颈。

针对以上问题，上海外国语大学国际金融贸易学院依托外语优势，在扎实的复合型经济学人才教育培养工作的基础上进行大胆的探索与创新，在学院施行了新应用经济学人才国际化复合型培养计划。此计划充分整合学院资源，以“课堂内外结合、学校内外互动、国内外补充”三结合为基本思路，以跨学科、交叉性为原则，以体现实用型、国际化为目标，将课堂教学、实验教学和实习、海外交

忻炯俊　上海外国语大学国际金融贸易学院

流进行统一性、整体性构建，旨在实现应用经济学专业人才两大核心能力——国际沟通能力和创新实践能力的培养。

本文将系统总结近年来新应用经济学人才国际化复合型培养计划的实施经验，特别是本科生创新实践、跨文化沟通能力的培养经验、特色及其存在问题。

## 二、经验总结

新应用经济学人才国际化复合型培养计划由两个子计划构成，分别为国际金融贸易学院“国际化商务人才培养计划”和“大学生创新实践能力培养起航计划”。前者通过商科专业课全英语一体化教学的实践培养学生的国际商务沟通能力。后者则通过搭建实践“五平台”，分别培养学生的五种创新素质。

### （一）国际化商务人才培养计划

所谓国际型人才就是指：通晓专业国际惯例、能熟练使用外语和具有较强的不同文化适应能力、具备国际视野，通过一定程度的专业教育、获得专门技能知识和资格的专业人才。随着经济全球化的进程，国际型人才培养已成为世界各国高等教育发展的趋势。对于经历改革开放30年的中国高等教育而言，更具备特殊的紧迫性和现实性，是中国教育发展的主要潮流。我院为更好地培养学生的跨文化沟通能力，从学院现实出发，结合办学的自身特色、学科强势、人才资源优势，积极推进国际型人才培养，在商科专业课全英语一体化教学基础上做了一定的探索和实践，形成了“国际化商务人才培养计划”。

“国际化商务人才培养计划”是以第一课堂为核心，第二课堂为平台和第三课堂为延伸的结合商科学习特色和国际型人才培养要求的一体化教学体系。在这一体系中，中外学生可以系统地学到知识，并且通过第二课堂和第三课堂，将所学知识在实践中运用，全面提高自身的跨文化沟通能力以及国际视野下的专业素养。

本计划主要由课堂教育（第一课堂）和课外实践（第二、第三课堂）两大教学环节组成。第一课堂包括财务管理、人力资源管理、国际商法、计量经济学、管理学、国际商务沟通与谈判等全英语教学专业课程以及宏微观经济学等双语教学课程；第二课堂包括各类型的国际合作办学、交换、访学、游学项目；第三课堂是指各类国际化学术交流实践平台。

1. 课堂教育

（1）授课对象

本计划不仅针对我院在校中国学生，也吸引了外国留学生的参加。不仅人数逐年增加，留学生来源地也呈现多国化。留学生来自加拿大、日本、土耳其、西班牙、法国、荷兰、俄罗斯等各国。

（2）教学内容和方法

由中外学生为授课对象的全英语专业课在教学内容和教学方法上有所创新。在保持原有课程设计知识体系的完整性的基础上，调整课程内容，在课程选择和讲课内容上增加国际知识和外国文化等讲授的比重，注重中外理论和实践的融合。在专业课科目的选择上涉及金融、贸易、管理、法律等相关课程，使学生学完这些课程后，能具有扎实而不狭隘的专业视野。专业理论性与实践应用性较强，同时又涉及多元文化的融合与协调的问题，可培养学生在多元文化环境中的思维方式。

在教学过程中，往往结合我国和世界经济发展的实景，甚至是上海本地的前沿问题、热点问题，理论的实际运用和对时事政策乃至世界经济格局的研读。注重东西方文化的比较与冲突协调，不再简单学习其他国家，而是学习其他国家的文化，并通过理解和尊重其他文化，审视本国文化的优劣，使学生在东西文化的比较中扩大视野，锻炼多元文化情境中解决问题的能力。

在教学方法上亦有突破。首先，工作语言采用全英语教学，包括：原版教材（国际金融、国际经济法、管理学、国际营销、会计原理、公司财务、西方经济学、人力资源管理等课程）、英语 PPT、英语试卷和全英语授课。课堂上师生之间，学生之间的所有交流都用英语进行。授课方法主要采用讲课和讨论相结合，理论与实际相结合，中国与外国相结合。其中案例教学、小组讨论等方法，不仅培养了学生的综合分析能力，也使他们团队合作、协调沟通能力有所提高，还促进了中外学生的融合和相互学习、相互提高。

（3）教学管理

国际型的人才培养需要多元的教学内容，也离不开科学的教学管理。在原有的课程体系上，为了使课程更适合中外学生、确保中外学生都达到教学目的，我们采用了制度管理和细节管理的方法。

A. 制度管理

a. 建立了与交流学校学分互相承认的制度，使我们走出去的学生和海外走进来的留学生不会因为在他校交流而造成修学分的麻烦或拖延。

b. 建立师生沟通制度，从制度上保证中外学生和教师之间的沟通。在排课时尽量使学生和教师有共同的空课时间，便于双方面对面交流。

c. 建立团队教师信息沟通制度和联系人制度，做到团队成员每周碰面会，并且有专人负责与本课程体系有关的国内外部门的联系和沟通，专人负责课堂教学与课外实践衔接贯通，专人负责留学生成绩的登记和邮寄。

B．细节管理

我院制定了“中加学生 Buddy Program”。在学习上，帮助留学生了解并学会使用我校的选课系统，确保每位在我院交换的加拿大留学生在选课等方面得到切实的指导和帮助；在文化上，与留学生有一定时间的课后交流，帮助他们对中国有更深的了解；在生活上，带领留学生熟悉学校的方方面面，包括图书馆、食堂，直至校车时间表与上车地点。这些教学管理措施保证了国外交换生在我校和我院留学期间，在选课、上课、考试和评估方面与他们母校的密切联系和接轨。在生活上亦省去了因不了解中国文化或校园带来的不便。

2. 课外实践

课外实践由第二课堂的各种国际合作办学、交换、访学、游学项目以及第三课堂的各类国际化学术交流实践平台构成。

第二课堂：多年来，我院先后与美国、加拿大和澳大利亚等国的学校建有合作项目。教师和学生都可以通过学院项目出国交流，这为教师和学生语言运用能力的加强、国际化专业意识和能力的提升、对国际高等教育发展的动向和趋势上的把握，都起到了积极作用。同时，这也为回国后的教学改革、创新和实践积累了许多宝贵的实践经历。我院也积极拓展假期游学及海外实习项目，合作的学校遍及中国香港、新加坡、美国、英国等；海外实习项目包括中国香港、德国、印度和美国等国家和地区。学生在海外游学与实习过程中，锻炼了外语能力和沟通能力，学以致用。

第三课堂：学院实施将系统引导和自我规划相结合、专业学习和素质拓展相结合、意识培养和志愿服务相结合的“三结合”原则，搭建创新实践育人工作平台，培育精品项目，为国际化商务人才培养计划提供了较为成熟和广泛的外延平台支持。我院鼓励并指导学生参与各类国际学术实践交流活动，进一步实践第一课堂所学的专业知识，在国际环境中锻炼自身的沟通能力。例如圣加仑国际青年委员会论坛（ISC）、挪威国际学生节（ISFIT）、德国国际学生周（ISWI）、哈佛经济年会、南美经济论坛、哈佛“模拟联合国”、哈佛国际关系年会（HPAIR）、拜耳 ECO-MINDS 青年论坛等。

### （二）大学生创新实践能力培养起航计划

大学生创新素质包含五个要素：创新知识、创新意识、创新思维、创新能力和创新人格。而实践是培养创新素质的最佳渠道。实践包括实践教学、社会调查、专业比赛、社会服务、学习参观、专业实习等形式。创新与实践相辅相成。“起航计划”正是以此为基础，整合内外资源，搭建实践“五平台”，通过不同的实践形式，锻炼不同的创新素养，从而培养学生全面而综合的创新实践能力，进而实现了创新实践教育的“四化”——创新教育全员化、实践平台全面化、广泛参与全体化、梯度育人全程化。我们的工作思路是：以创新要素统领全局，以实践项目支撑平台，以实践平台体现理念，逐层推进、全面建设我院创新实践能力培养教育模式。

我院“起航计划”设立的五大实践平台包括：实践教学、社会调查、专业比赛、社会服务和专业实习。每一实践平台由具体的实践项目支撑，培养相应的创新素质。

1. 平台一：实践教学

实践教学是指以讲授为主的实践教育形式。我院通过组织前沿讲座与高峰论坛等实践教学活动，以两大项目支撑实践教学平台，积极拓展了学生的创新知识。这两大项目分别是：

“商英天下”系列讲座：定期邀请学界、业界精英进入校园，打造商务高峰论坛。如：中央经济智囊团成员、社科院世经所所长张宇燕教授，上海财经大学经济学院院长田国强教授等分析学术前沿；海富通基金总裁田仁灿先生解密行业内幕；友邦保险上海分公司副总裁 Alan Chai 先生分享业界动态；亚龙集团董事长张文荣先生，讲述创业心得，等等。学生扩大了专业视野，积累了创新知识。“商英天下”系列讲座曾获得2009年校园文化优秀项目奖。

“精英”论坛：定期邀请在各行取得一定成绩的杰出校友来学院交流，畅谈学习成长经历和职业规划。业已举办了十余场，行业遍及银行、证券、管理会计、审计、投资银行、咨询等。通过与校友面对面的交流，让学生了解积累创新知识的方法与必要性。

2. 平台二：社会调查

我院坚持社会实践与专业学习相结合的精神，以学术调研和实地考察两大项目支撑社会调查实践平台，让学生在认识问题、解决问题的过程中培养创新意识。

学术调研：为培养学生在专业领域的创新意识，我院鼓励学生学以致用，独立或与专业教师合作承担科研项目，积极参加各类调研比赛，在实践中深化理论知识，在解决理论问题的过程中培育自身的专业创新意识。如国家级大学生创新创业训练计划项目中，我院学生有19个国家级项目获准立项，居全校各院系之首。我院200多名学生在国家“十一五”科研重大项目《国家外语发展战略研究》中承担了专业调研任务；在“‘研’者无疆调研精英挑战赛”、“校谐会调研比赛”等赛事中，我院学生也有出色表现。

“三下乡”社会调查：为培养学生面对社会现实，发现、解决问题的创新意识，学院每年组织学生深入祖国各地开展社会调查与实践，关注弱势群体生存状况，培养了学生的社会责任感，增强了学生探索未知领域的创新意识，学生的足迹遍及南昌、遵义、重庆、墨脱、河南、苏北、安徽等地，多次获得市级社会实践优秀项目奖。

3. 平台三：专业赛事

我院以专业教学实践为创新实践人才培养的切入口，鼓励学生积极参与各类国际论坛和学术比赛，训练学生的学术原创思维能力和在具体环境中的实践创新思维能力。专业比赛平台包括国际学术论坛和专业学术比赛两大项目：

国际学术论坛：每年我院均会定期组织学生向6大国际著名经济学术论坛投稿，组织和发动专业教师和获奖前辈给予指导和帮助，启迪学生学术性原创思维。1999年来已有近50名学生的论文被选中并受邀，学生总数位居全国高校前茅。

专业学术比赛：我院发挥专业优势、积极探索，组织学生参与各类专业学术比赛，培养学生在模拟真实环境中运用创新知识分析、决策，锻炼实践创新综合思维能力。第一，我院首创了三项专业比赛：我院与国际会计师公会 AIA 合办的模拟商务谈判大赛、与理查德毅伟商学院合办的 IVEY 全国商业案例分析大赛，以及2003年首创并孵化成功的上外大学生创业计划大赛，均成为沪上高校经典专业赛事，每年吸引来自各高校的本科生与研究生参与比赛。第二，我院积极引入20余种国际、国内高水平专业比赛，全方位锻炼学生的实践创新思维能力。如 SIFE 全球学生实践成果大赛、JA 中国大学生《全球商业道德》案例分析大赛、AIA 金融案例分析大赛、普华永道会计学优异奖、德勤税务精英挑战赛、欧莱雅全球商业策划大赛、CIMA 商业精英国际挑战赛、达能之道商业游戏 Trust Game 全球赛等国际国内专业学术比赛中，我院学子均取得了骄人的成绩。

4. 平台四：社会服务

学院本着社会实践与服务社会相结合的原则，充分整合社会与校内资源，开辟了以志愿服务项目为支撑的社会服务平台，让学生将理论知识和创新意识应用于社会服务之中，在实践中锻炼自身的创新能力。

大型会议、比赛志愿者项目：学院组织学生参与各种大型会议、比赛的志愿者服务活动，如财富论坛、华交会、工博会、女足世界杯、特奥会、北京奥运会、世博会、世界俄语大会、世界游泳锦标赛等。学生在奉献中锻炼创新能力，展现金贸、上外，乃至上海市的风采。我院于2009年、2010年被评为上海优秀青年志愿服务集体。

社会志愿服务项目：学院创建了四个富有学院特色的社会志服项目：市南中学义务支教、走访阳光之家志愿服务、学院教工党支部牵头组建的“爱心书屋”和“3+E 书店”。“市南支教”为本市黄浦区残疾人家庭的子女辅导英语，项目运作8年来，共有600多人次参与支教，帮助对象也从最初的20多人发展为如今的近500人。“阳光之家”每两周组织志愿者们为豫园街道的阳光之家的残障儿童教授各种技能和知识。我院2006至2009年连续四年被评为“智力助残”优秀集体。“爱心书屋”和“3+E 书店”完全由学生自主经营，运用营销、会计、管理知识，实际动手操作，在资助品学兼优困难同学的同时提供了勤工助学的岗位。

5. 平台五：专业实习

学院从社会实践与择业就业相结合的原则出发，搭建专业实习平台，磨练学生的创新人格。我院专业实习平台包括以下三个项目：

校区共建实践基地：学院已构建起松江、虹口、企业、社区多方联动的实践渠道，形成了黄埔区豫园街道、松江工业园区、联想集团、上汽集团、农行上海分行等多个学生实习实践基地，为学生实习实践提供丰富渠道。

外企实习合作计划：学院与部分外企建立长期合作关系，企业从上外低年级学生中选拔学生进行实习和培养。长期实习合作对象已包括毕马威事务所、安永事务所和德勤会计师事务所，海富通基金，以及皇家加勒比游轮集团等。合作形式覆盖二年级的社会实践，三年级的实习和四年级的优先推荐就业等。

名企参观交流计划：我院与瑞安房产、光大银行、浦东机场等建立长期合作关系，定期组织学生参观名企、走近市场，实地了解公司业务与运作模式，增进对专业的感性认识，在参观学习中培养创新人格。

我院“大学生创新实践能力培养起航计划”自实施以来，取得了良好效果，我院就业率、签约率和就业质量始终名列全校前茅，受到了社会各界的广泛认同。澳洲会计师公会对我院会计专业给予国际认定，特设立了 ACCA 上外卓越表现奖。

## 三、特色提炼

“国际化商务人才培养计划”与“大学生创新实践能力培养起航计划”取得了良好的效果。学院良好的教学质量获得了社会的高度认同：我院各专业生源质量始终保持较好水平，毕业生也以其扎实的语言功底和较高的专业素质广受社会欢迎，毕业生工作以“就业率高、签约率高、起薪高、就业满意率高”在全校始终名列前茅。近年来，学院下属专业毕业生就业形势良好、就业面广，一次就业率始终保持在98% 以上，主要流向国际会计师事务所、律师事务所、咨询公司、各类金融证券机构、跨国企业、大型国际制造业企业、房地产企业、传媒公关、外经贸企业和国际物流等各类企业；也有部分毕业生进入外交部、商务部、贸促会、市外经贸委、市外办等国家和省市各类政府机关和诸如各国使领馆、新闻广电、出版社、科研教育机构等事业单位。国际化复合型经济学人才培养模式的开展为学院毕业生的职业起航提供了人生助跑，也形成了教育的良性循环。培养模式的成功与其特色密不可分：

### （一）人才培养国际化

对国际型专业人才进行科学系统的探索和明确界定，并以此作为人才培养的目标和课程设置、教学计划制订，乃至教学组织与管理的依据，实现教学培养理念、目标、措施的一体化。

### （二）授课对象世界化

我们的授课对象不再局限于中国学生，而是广泛接纳了在我校各院系愿意或必须选择商科专业课的留学生。留学生来自包括加拿大、日本、土耳其、西班牙和法国等多个国家。

### （三）教学内容多元化

将中外经济制度和文化差异在专业课程的内容设计时重点突出。如在人力资源管理课的教学中，重点讲解东西方文化对员工工作选择、工作态度等方面的影响并进行比较，最后，找出最优解决方案。国际经济法课程在介绍国际经贸规则时，结合各国的法统与现实的国家利益，正确理解现实国际经济秩序发展和影响。多元文化的学习，不是简单地学习其他国家而是介绍其他国家的文化，通过案例分析、小组讨论等方法，深入理解其他文化，学会在尊重他国文化的基础上，协调冲突，共同发展。

### （四）教学手段多样化

在第一课堂的教学中，特别注重中外学生的交流，案例分析和小组讨论是常用手段之一。同时，在分组时，尽量将留学生与本校学生混插于不同的讨论小组，使东西方不同思维有机会当面交流，促进中外学生共同提高。课堂小组演讲也是经常使用的手段。它不仅使小组内中外学生有交流，还可以使全班的中外学生通过提问、回答（Q&A）等方式，进行交流。除此之外，还要求中外学生混搭成组，走出校园，结合所学理论，完成与社会实际相结合的作业。作业种类也是多样化的，可以是老师定题目，有时，老师只是给话题，学生自己定题，然后，在课堂内进行交流。

### （五）培养模式的复合化

本培养计划的培养目标之一就是强调学生专业实践能力的提高，特别是国际化能力的提升。因此在课堂教育的同时，还强调第二、第三课堂与第一课堂的互动与一体。目前教学团队已经开发了校内外、国内外各类专业化、国际化实践平台和项目十多个，有组织、有计划的调动学生参与的主动性、积极性，学生综合反应好、参与热情高，参加专业性、国际性活动已经成为学院学生活动的主旋律。

### （六）创新实践全员化

我院在创新实践教育过程中，一直努力实行学生工作、教学、管理的全员化、“无缝隙”管理。具体地说，总支书记整体领导，教学院长组织协调，辅导员队伍实施落实，广大教师专业指导，行政人员后勤保障，做到教学管理和学生管理一盘棋，齐抓共管，形成合力。同时学院还鼓励学生参与教师的研究项目，鼓励教师为搭建新的实践平台提供资源。

### （七）实践平台全面化

经过多年的探索与建设，我院实践平台基本实现了定位全面化，覆盖国贸、会计、金融三个专业；内容全面化，涉及三专业的知识模块、英语甚至公共关系等其他学科知识；形式全面化，讲座、参观、比赛、志愿服务、实习等多平台交叉运作，没有做不到，只有想不到；目标全面化，以创新素质的五个方面为目标，全面瞄准，有的放矢地进行实践锻炼，取得了优良的成果。

### （八）广泛参与全体化

在创新实践教育的过程中，我院设立了“七八九十”指标体系，作为创新实践教育落实的检验指标。“七八九十”是指一、二、三、四年级参与实践平台、锻炼创新能力的学生比例分别应达到70%、80%、90%、100%。各年级辅导员定期汇总、整理学生电子档案，详细记录、统计对应年级学生参加过的实践活动和得奖情况。未达到指标的年级启动“谈话制”，辅导员针对学生个体情况开展细致深入的说服教育和帮助工作，鼓励学生参加实践实习，对于有实际困难的学生统筹学院资源为其创造条件参与实践实习。我院还将实践活动与学生的德育评定结合起来，对于只重学习、不积极从事实践活动、德育评分未达到专业平均水平的同学，实行“一等奖学金降档制度”，保证我院学生参与实践的“全体化”和高质量。

### （九）梯度育人全程化

将创新实践教育分阶段、分年级进行，实现全程化梯度教育。各年级突出重点，形成系统。一年级树立“自立”意识。举办生涯规划启蒙讲座、新老生交流、团学联宣讲等，向新生介绍实践的平台，以优秀学长学姐的事例教育新生，树立初步的创新实践意识。二年级培养“博识”意识。组织“We share”专业知识分享活动、商务谈判大赛等专业类学习、比赛活动，鼓励学生参与志愿服务，在比赛与活动中巩固所学、拓展知识、培养创新思维。三年级锤炼“修身”意识。借助各类实践平台，帮助同学了解社会、了解自己，把握好人生前进的方向。鼓励同学“走出去”，在各类国际赛事、交流活动和专业实习中锻炼自己。四年级引导“启航”意识。面对四年级毕业生就业求职的现实需要，创新实践教育主要通过专业实习这一平台帮助学生走好求职路，走好择业立业的第一步。分阶段、系统性、全程化的创新实践教育让我院学生在大学生涯道路上早适应、早准备、早行动、早成功。

## 四、存在问题与对策建议

在我院应用经济学人才国际化复合型培养工作开展的过程中，也有一些问题值得进一步思索与探寻。第一，如何进一步增大国际化交流的覆盖面，提升项目的质量与数量。目前开展的项目多数需要参与的学生支付一定的项目费用或者交通食宿费用。这对于家庭经济条件不算太好的优秀同学而言，无疑是很大的限制因素。因此下一步努力的方向，应当是在开拓新项目之余，拓宽筹措资金的渠道，设立项目奖学金或助学金，让更多同学不受经济条件的限制，参与到国际化交流中。第二，防止过度职业化与教育功利化倾向。在鼓励学生积极参与实践活动时，要防止过度强调实践活动和职业化的倾向。教师在课堂教学，以及学生工作者都要有意识引导学生重视知识的积累，防止学生出现浮躁，只关注“有用”的知识的现象。

金贸学院在学校“四三二一”发展战略的指导下，在学院全体师生的努力下，积极探索、勇于尝试，经过多年的磨砺，基本形成了一套颇有成效的国际人才的培养模式。它包含“国际化商务人才培养计划”和“大学生创新实践能力培养起航计划”。通过商科专业课全英语一体化教学，通过第一、第二、第三课堂的有机结合，培养学生的国际视野、扎实的专业基础和跨文化商务沟通能力，依托我校传统的语言优势和我院复合专业优势，同时积极开拓国际化交流渠道，通过实践培养学生的创新素质和实践能力，在这三个核心竞争力的支撑下，取得了良好的教学和社会效果。

正如教育部领导所指，建设国际型人才培养创新平台，是上外站在增强我国的国际竞争力、增强我国文化软实力建设的战略高度，深刻认识、把握和应对高等外语教育事业发展改革面临的新挑战新机遇而做出的战略决策。而我院正是贯彻国家政策和学校发展战略的实践中，创造性地形成了具有我院特色的国际化人才的内嵌式培养模式。这一富有创造性的不懈探索过程，为设计并实施应用经济学复合型国际化创新人才培养建设管理体系、为构建具有中国特色的应用经济学专业的全英语教学课程体系，以及为应用经济学国际化拔尖人才的培养都提供了实践指导和借鉴意义。

## 参考文献

[1] 孙建、林洵子、张瑾、忻炯俊、夏霁:《国际型人才培养新模式——商科专业课中外学生合班全英语教学一体化创新实践教学成果总结报告》，2009年12月。

[2] 袁志刚:《应用经济学高层次国际化人才培养模式研究》，上海：复旦大学出版社，2007年版。

[3] 傅维利:《国外高校学生实践能力培养模式研究 A Study on the Patterns of the Development of Students' Practical Intelligence on Foreign Institution》，《教育科学 EDUCATION SCIENCE》，2005年第21卷第1期。

# 高等院校二级学院年级组织运行模式研究

## ——以大连外国语大学英语学院2014级为例

朱　林　张　阳

**摘　要**：年级组织是学校学生基层文化活动的组织者与管理者，年级组织文化建设是年级文化建设的重要内容，承载着开拓传播途径、调动学生活动参与积极性等诸多责任，对于高校学生思想政治教育工作的顺利开展和大学生的健康成长具有重要意义。本文以大连外国语大学英语学院2014级为例，通过分析年级组织运行模式，探索学生思想政治教育工作开展的方法与途径。

**关键词**：高等院校年级组织运行模式

## 一、年级组织的含义与内部结构

### （一）年级组织的含义

年级组织是高校年级文化建设的主力军，年级组织既是大学生进行“自我教育”、“自我管理”和“自我服务”的学生自治组织，也是高校对学生进行思想政治教育的载体和途径。年级组织举办的所有活动都要切实迎合老师和同学们的需求，致力于将年级组织发展成为老师信任、同学信赖的学生自治组织。

### （二）内部结构

1. 主席团：由年级长和副年级长构成。主席团主要负责年级内部各项事务、举办年级各类活动、管理年级组织各部门、帮助英语学院学生会传达信息并且对各班班长工作进行分配。

2. 团总支：由团总支书记、宣传部部长和组织部部长构成。团总支主要配合

朱　林　张　阳　大连外国语大学英语学院

院系分团委工作，面向本年级全体共青团员，与各班级团支书积极配合，策划并组织利于同学思想进步的活动。

3. 各职能部门：英语学院2014级年级组织共设有学习部、秘书处、宣传部、实践部、文艺部、体育部、网络信息部、生活部和微信推送部九大部门。每个部门各司其职，竭尽所能，并且各部门之间相互配合、相互依靠、相互扶持、密切联系。

学习部主要负责年级内部学习兴趣培养和各类学术活动，以提高同学们的学习能力和学习积极性、营造良好的学习氛围为目的，开展各项学术性活动，同时了解同学们的学习需求，在老师和同学间架起沟通的桥梁。秘书处主要负责年级活动的稿件和纪实，对各类活动进行摄影工作，并且与年级组织各部门密切联系，组织协调各项工作和活动，在学期末进行策划和总结工作。宣传部是年级组织各部门中最具活力或与创意的部门，汇集了年级中大量的绘画与写作人才，与各班宣传委员配合，为年级各项活动进行宣传并且手工制作活动展板与海报。宣传部主要负责各项活动中相关用品的采集、年级组织经费的筹集管理以及外联事务。文艺部主要负责所有与文艺演出相关的工作，与各班级文艺委员配合，为年级各项活动提供唱歌、跳舞和乐器弹奏等节目。体育部主要在年级内开展各项体育工作，与各班体育委员配合，组织各类体育活动，带动同学活动参与积极性，并且配合英语学院体育部及年级组织其他部门开展活动。网络信息部主要负责管理年级公共邮箱、年级组织考评以及奖学金评定事宜，并且负责年级各类活动的PPT与视频制作。生活部与各班生活委员积极配合，负责各个活动前后的卫生清扫，检查各班级教室卫生情况，力求为同学们营造一个干净、舒适的学习生活环境。微信推送部作为一个新兴部门，拥有强大的技术团队，主要职能是负责年级组织微信公众平台的管理和信息推送工作，及时更新各类有效信息，准确传达年级各项事务与活动，同时做好对内思想政治教育和对外宣传工作。

年级组织在本年级辅导员指导下开展工作，组织内部主席团、团总支以及各部门部长等主要学生干部通过无领导小组讨论这一面试形式，在全年级公开选拔产生，坚持“公平、公正、公开”原则并且具有说服力。年级组织定期召开各部门会议及年级大会，制定任期内短期与长期工作目标，对各部门工作进行评议，讨论解决工作中出现的各类具体问题，发挥集体智慧，充分调动学生积极性。在学年初制订具体工作计划并在学期末进行工作考核。

## 二、年级组织运行模式特点

### （一）合理性

年级组织内部结构合理，是高校辅导员与学生之间畅通的沟通渠道，辅导员不仅可以通过年级组织充分了解大学生的年龄、心理特点和个性特点以及实际问题的情况，遵循教育规律，而且能够自由选择与学生交流的方式和内容，更好地实现思想政治教育的最终目的。

### （二）时效性

由于年级组织的存在，对于学生管理工作者来说，有力地打破了师生之间的沟通障碍，将辅导员工作深入到学生内部，能够第一时间了解学生需要解决的问题，有利于畅通学生管理渠道，快速了解学生动态。

### （三）积极性

年级组织在辅导员指导下运行，以学生自主管理为主，活动组织者、参与者皆为本年级学生，更加贴近生活，贴近实际，迎合学生需求，极大地调动了本年级学生的活动参与积极性。

## 三、年级组织运行与微信公众平台相结合

新媒体时代促使师生之间、学生之间的交往方式产生了巨大的转变。在校大学生几乎全部使用智能手机、平板电脑以及QQ、微信、微博等新媒体，其中微信的影响力更为深远，它的存在，使得人际交往的过程更加自由、轻松、快捷。当代大学生均为90后，个性张扬的一代，总结起来有以下三个明显特点：一是思想开放，容易接受新鲜事物；二是善于表达，有较强的批判精神；三是行为多样，自我中心意识明显。这些特点与微信所能提供的功能完美匹配，所以，高校年级组织作为服务大学生群体的角色，其良好运行必然对新媒体更加需要和依赖。

年级组织可以利用微信公众平台发布消息，对外宣传，实时互动，不仅有效避免外界干扰，更能提高工作效率。主动占领网络思想阵地的制高点，让正能量发出声音，让学生在充斥各种暴力、浮夸、急功近利和虚幻的网络世界中，受到积极正确价值观的熏陶和引领。此外，高校辅导员可以通过微信与学生建立良好的好友关系，减少了与学生的隔阂，更加受到学生认可，消除沟通的障碍，有利于构建一种新型的良性的师生关系，一旦出现突发情况，能够及时收到学生反馈，进而促进了学生工作的开展，使师生交流更加融洽平等。

## 四、年级组织运行与微信公众平台相结合的优势

### （一）信息传达快速准确

年级组织工作如通知提醒、活动宣传等可以在微信公众平台发布，有疑问的同学可以在年级组织工作与活动开展过程中随时和微信公众平台进行互动和提问，提高了工作效率。

### （二）师生沟通便利

通过年级组织微信公众平台，老师和同学们可以建立良好的微信好友关系，微信公众平台在老师和同学之间建起了一座沟通的桥梁，使师生间的交流更加方便快捷，并且更加融洽平等。

### （三）方便同学日常生活

年级组织微信公众平台中具有“自定义菜单”和“关键词回复”等相关查询功能。通过“自定义菜单”，同学们可以找到所有和专业知识相关的学习资料；通过“关键词回复”，同学们可以查询到公众平台之前的推送内容及热门新闻。

## 五、“新常态”下对高校二级学院年级组织发展的建议

高校二级学院年级组织要切实结合实际，深入探索年级组织在学生工作发展建设过程中如何有效的发挥积极作用，进一步规范和完善年级组织运行模式与建设体系，发挥年级组织在大学生思想领域的引领作用。不断进行发展创新，增强学生参与活动的积极性。

年级组织是由高校辅导员引导、学生自治的组织，充分展示了学生自我教育、自我管理、自我服务的能力，同时，年级组织可以利用微信、微博等新媒体快速准确的掌握并向同学发布信息，构建良性的发展空间。

微信公众平台的推送消息一般为单向传播，消息一旦发出后发现有错误不能收回，而只能删除已发送的消息，所以要求年级组织推送人员对推送内容严格审核并且做到认真仔细。

大学生热情积极但遇事冲动，追求自我但缺乏理性，活跃创新但思辨能力弱，高校年级组织完全依靠学生自己管理还存在些许风险，需要通过高校辅导员引导、教育等手段，促进年级组织的发展。

年级组织运行需要调动学生的活动参与积极性，并且需要各部门之间积极主

动配合，坚持“深入同学生活，贴近同学心声”的工作方针，坚持“认真，细心，踏实，稳重”的工作作风。坚持“人人平等，事事公正”的原则。

在年级组织运行过程中，要大力发展各部门部长、副部长及部员的自身优势，工作过程中扬长避短，取其精华去其糟粕，及时回顾与反思，杜绝形式主义与等级差别待遇的出现。

# 浅析处方式分层教学模式在高校学生干部培训中的运用

杜刚跃

高校学生干部作为高校学生工作队伍及各级团学组织的重要组成部分，是学校教育、管理、服务等各项工作在学生中的组织者、协调者和执行者，是促进学校改革、发展、稳定的一支重要力量，同时也是党的事业得到延续和国家得到发展的核心群体。学生干部素质的优劣和工作能力的强弱事关大学生自我教育、自我管理、自我服务效果和学校人才培养的质量。党和国家历来重视高校学生干部的培养工作，2006年8月团中央和全国学联颁布了《高校学生干部培养规划（2006—2010)》，明确提出要加大学生干部的教育培训力度，并在培训的内容、方式和层次等方面作了指导和要求。而学生干部培训作为学生干部培养工作中最直接、最有效也是最重要的环节，已越来越受到各高校的重视，要想使学生干部培训取得良好效果，就必须在思想认识、队伍建设、培训内容、培训过程和评估反馈等环节上有针对性地开展工作，诊断学生干部和培训工作本身存在的问题，按照学生干部的实际需要，分层次、分阶段地开展培训工作，本文将从处方式分层教学理论的视角下探析如何建立科学合理的学生干部培训体系。

## 一、构建高校学生干部培训体系的意义

### （一）开展高校学生干部培训工作的意义

建立一支素质高、有思想、能力强、作风硬的高素质学生干部队伍是高校思想政治教育工作的重要内容。学生干部队伍建设不仅是学生管理工作的重要内容，更是学生思想政治教育的关键所在，抓好学生干部队伍建设是做好整体学生工作的前提，而学生干部队伍建设离不开科学有效的干部培训。

杜刚跃　西安外国语大学日本文化经济学院

第一，有利于辅导员及时了解学生动态，针对性地开展工作。学生干部来源于学生，与同学年龄相近、生活相仿、阅历相似，易于接近广大同学，了解他们的真实思想状况。充分发挥学生干部的桥梁和纽带作用，能够帮助辅导员及时准确地了解学生的思想动态和现实困难，为日后针对性地开展工作提供借鉴和参考；第二，有利于推进班风、校风建设。总体而言，学生干部大多是在德、智、体等方面表现优秀的学生，自我教育、自我管理、自我服务能力相对较强，是学生当中的佼佼者，具有较高的威信和公众影响力。如果学生干部能够以身作则，积极发挥示范和带头作用，就能形成政治教育和思想引领的示范区和辐射源，达到良好的朋辈教育效果，增强班级凝聚力和集体荣誉感，促进良好班风、校风的塑造和推广。第三，有利于减轻辅导员工作负担，促进学生干部的自我成长和成才。学生干部是学生工作的重要力量和辅导员的得力助手，加强学生干部的培训，提高他们的工作能力和综合素质有利于减轻辅导员的工作负担，让辅导员从琐碎的重复性工作中解放出来、投入更多的时间关注特殊学生群体、集中解决突出问题。同时，加强学习和思考，不断总结学生工作经验，寻找学生工作的共性和规律，深入研究，不断提高科研水平，促进辅导员队伍的专业化和职业化发展。

### （二）构建高校学生干部培训体系的意义

第一，科学的学生干部培训体系为学生干部培训提供了方向指引和制度保障，使得培训工作有章可循；第二，构建科学的学生干部培训体系确保学生干部培训计划周全、系统高效并具有针对性，有效避免培训内容片面、培训时间随意、培训方法单一等问题的出现，确保学生干部培训工作有的放矢、循序渐进、科学发展、系统全面、高质高效；第三，科学的学生干部培训体系有利于打造一支素质高、业务精、懂教学、能科研的学生工作队伍，推进学工队伍产、学、研一体化发展，促进学生工作的良性循环。

## 二、目前高校学生干部培训工作中存在的问题

自《高校学生干部培养规划》颁布实施以来，各地高校越来越重视学生干部的培养工作，在学生干部培训方面进行了许多有益的探索和尝试，取得了一定成效，但仍存在着诸多问题和不足，主要表现在以下几个方面：

### （一）对培训工作重视不够，投入不足

校级层面。学校领导对学生干部的培训工作重视不够，没有形成全校性的学

生干部培训机制，没有组建全校性的学生干部培训队伍，没有划拨学生干部培训专项经费，亦很少有关于学生干部培训的校级红头文件出台，导致学生干部培训难以形成规模，缺乏专业性、系统性和长效性；组织层面。各级学生组织在干部选拔过程中大多重选拔、轻培训，而在实际工作和使用中又重使用、轻教育，忽视了对学生干部的培训和指导；个人层面。部分学生干部对培训的重要性认识不足，未能严肃对待培训学习，缺乏参加培训的自觉性和主动性，使得培训工作流于形式，达不到预期目的和效果。

### （二）培训内容缺乏科学性、系统性和针对性

一方面，缺乏科学的培训理论和体系作为指导，导致培训流于随意、缺少计划。另一方面，培训时间和地点相对分散，有所局限，不成规模，学生参与面小。目前很多学生干部培训都是二级院系自行组织开展的，范围较小、师资匮乏、形式单一。同时，培训内容结构不合理，内容偏理论，实践性较差，很少涉猎实际操作，导致培训枯燥乏味，学生积极性不高，效果欠佳。此外，内容多为通识培训，未能针对岗位和级别进行分层、分级、分类的按需培训，培训与使用脱节，违背了因材施教、以人为本的教育规律，造成学非所用的现象。

### （三）培训方法单一，培训质量不高

目前，高校学生干部培训主要是以思政、党课和大骨班等形式的课堂理论学习为主，缺少操作锻炼、案例分析和实践调研，自主体验学习不足。这种灌输式的培训，抑制了学生干部学习的主动性，操作性不强，致使学生不能很好地将培训所学运用到工作实践中。

综上所述，目前高校学生干部培训工作存在诸多问题，不能真正达到培训干部和培养人才的目的，需加强探索，不断改进。笔者认为，应该在处方式分层教学理论的指导下制订科学的培训方案，分层次、分时段、分岗位、分职能完善培训项目的顶层设计，构建科学合理的培训体系，确保干部培训的效果和质量。

## 二、如何建立科学的高校学生干部培训体系

### （一）培训队伍建设

高校学生组织类型众多，学生干部来源丰富，覆盖面广且层次多样，因此，培训的组织机构应为校级单位。可采取校级单位牵头，院系配合实施的模式，院、校两级分层次建立培训体系，制定培训制度，划拨专项经费，组建培训团队，制订培训计划，优化培训结构，丰富培训形式，既注重学生干部工作的实际

需要，又兼顾学生干部综合素质和能力的全面提升。根据笔者的工作经验，可以由学生处和校团委牵头，经过试讲等环节，从各级部门和院系选拔优秀的思政工作人员担任讲师，组建一支全校性的学生干部培训讲师团，整合全校学生干部培训的资源，形成合力，充分发挥各个讲师的个人优势，分工协作，达到培训效果的最优化。据统计，笔者所在讲师团的18名讲师大多是具有多年学生工作经验的学工干部，均为研究生以上学历；专业涵盖中文，外语，法律，思政，管理，营销等多个方向；学历背景丰富，既有北大、北外、北师大和华东师大等国内名校又有海外留学背景，是一支集实践和研究于一体的学工团队。每位讲师都结合自身优势并根据学生干部工作的实际有针对性选题，认真备课、深入研究、特色鲜明，确保了培训内容的全面性、多样性和实用性。目前已赴各院系开展了近30场培训讲座和工作指导，培训学生干部近2000人次，参训学生干部热情高涨，效果良好，广受好评。

## （二）考证优化培训内容

伟大的教育家孔子很早便提出了“因材施教”的教育理念，而Colarusso也于1987年提出了诊断处方式教学，这与著名心理学家、教育家布鲁姆提出的“掌握学习理论”的某些观点不谋而合，都认为我们应在充分考虑和尊重学生个性差异和实际需求的前提下制定教学内容和教学方法，区别对待不同素质的差异人群，强调措施和目标的对应性，以体现学习者的自我效能感，达到自我实现。我们需根据学生干部分布的层次性为不同的学生干部群体制订相应的培训计划，了解培训对象、分析培训需求、确定培训内容和形式。

学生干部培训的内容大致可分为知识、技能和素质三大板块。知识模块主要涉及规章制度、岗位职责和工作内容等，各个层级新上岗的学生干部都需要进行知识培训。技能板块包括文件起草、电脑操作、新媒体运用、摄影绘画、图片处理、新闻撰写、文字编辑、沟通技巧、语言表达、班级管理、心理健康、宿舍文化建设以及校园文化活动的组织与策划等多个方面，主要是为了提高学生干部的业务熟练程度和实际办公能力。技能培训也是最能体现处方式分层教学特点的地方，需根据学生干部的实际情况分岗位、分职能进行针对性的培训，如果设置和实施得当，培训效果很容易立竿见影。而素质模块则包括思想政治素质、思维能力和领导力等较为抽象的培训，是那些对开发学生干部工作潜能，提高工作效率，对工作绩效间接发挥作用的培训。其目的是培养学生干部正确的价值观、积极的态度、良好的思维习惯及个人的长远目标和自我成长。

总体而言，在综合考虑组织、工作和个人三个方面因素的前提下，高层次的学生干部（主席团成员、各部部长、班长、团支书等）主要偏向于知识培训与素质培训，而一般的学生干部（各部门干事）则倾向于知识培训和技能培训，但最终是由岗位职责和受训者的水平与岗位能力需求之间的差异所决定的。

### （三）完善丰富培训方式和方法

目前高校学生干部培训所采用的方法和形式多为课堂理论教学，缺乏实践性和灵活性。在整个培训过程中应时刻注意培训方式和方法的运用与创新，既要有课堂教学环节又要有实践模拟、素质拓展、团队训练和案例分析等环节，其中课堂教学的内容偏重理论知识的学习，而实践教育和素质拓展的内容则应偏重技能的锻炼和素质的提高。同时，可组织新老干部、组织内部、组织与组织之间、院系与院系之间的学生干部进行交流学习、借鉴经验、取长补短，充分发挥朋辈培养，提升学生干部的整体实力，实现全面发展。

### （四）评估总结培训成果，改进优化培训体系

评估就是依据某些目标，运用科学的方法，获得各种信息来判断某一系统价值的过程。培训的成效评估在培训体系中不可或缺，每次或一系列培训结束后，培训组织者应对培训是否达到预期目标、培训老师的授课情况、受训学生干部的反映情况、培训组织管理过程等进行诊断和评估，得出改进的“处方”，不断优化和完善培训体系，更好地指导下一次的学生干部培训工作。同时，学生干部也应在工作实践中检验培训效果，查找不足，对症下药。而授课教师更应检验培训内容和授课方式的合理性，为今后调整培训内容、完善培训计划提供参考，真正达到“诊断—改进—再诊断—再改进”的良性循环，最终建立学生干部培训的科学体系，形成学生干部培训的长效机制。根据美国著名学者D．L．柯克帕特里克教授于1959年提出的培训效果评估模型，可以从反应、知识、行为与效果四个层级对培训进行评估。用问卷调查等形式考查学生干部对培训的时间安排、培训手段的使用、培训内容的设置以及教师的授课风格等的满意程度；运用考卷或实地操作考查学生对所学知识的掌握程度；通过现实工作表现考查学生干部是否真正掌握了课程内容并运用到工作中去；在学生干部任职期满时考查干部培训与工作成果的直接关联程度，即课程是否达到让学生干部改变工作态度，提高工作成绩的目的等，用于指导新一期干部培训方案的制订与实施。

## 四、结语

总之，作为高校团学工作的重要力量和辅导员的得力助手，学生干部的成长成才事关整个团学工作的质量，事关文明校园的建设和中国特色社会主义事业的

成败。而作为学生干部培养的有效手段，学生干部培训工作是一项长期工程，需要高校结合自身和学生实际，通过诊断、调研和考证，不断完善培训体系，不断规划培训内容，不断创新培训方法，建立学生干部培训的长效机制。只有以此为指引来开展高校学生干部培训工作，才能进一步促进学生干部队伍的建设和文明校园的发展。不过，如何利用科学的学生干部培训体系指导新时期高校团学工作，接受实践的检验，并在实践中不断充实和完善，需要高校同仁们的共同努力和进一步探索。

## 参考书目

[1] 卞松华:《新时期高校学生干部培训体系初探——从人力资源管理的观点构建学生干部的培训体系》,《西北医学教育》，2008年。

[2] 布鲁姆:《掌握学习论文集》，福建教育出版社，1986年版。

[3] 陈淦添、陶柳清:《论高校学生干部培训体系的构建》,《高教高职研究》，2010年。

[4]《共青团中央全国学联高校学生干部培养规划(2006—2010)》，中青联发[2006]45号，2006年8月。

[5] 石国亮:《高校学生干部培训教程》，北京：中国青年出版社，2007年版。

[6] 田甜:《学习型组织理念在学生干部培训中的应用》,《高教高职研究》，2011年。

[7] 王艳、刘小东:《浅谈如何加强高校学生骨干队伍建设》,《西安邮电学院学报》，2007年。

[8] 杨湘:《应用处方式分层教学模式的理论与实践探索》,《成人教育》，2010年。

[9] 中央编译局:《从战略高度加强对青年干部的培养》，2015年。

# 浅谈“新常态”下借助微信平台开展高校网络思想政治教育工作

## ——以“北语学工—中外学生之家”微信平台为例

梅天骄

**摘　要**：微信平台在网络思想政治教育工作中发挥着重要作用，本文以“北语学工—中外学生之家”微信公众平台为切入点，浅析高校德育创新具体做法与实际成效，并简要分析了利用微信平台开展学生工作的局限性与“新常态”下高校学生工作者需要注意的问题。

**关键词**：新媒体　网络思想政治教育　微信平台　高校学生工作　大学生

## 一、“新常态”下德育创新途径——利用微信平台开展大学生思想政治教育工作

创新是一个民族的灵魂，是一个国家兴旺发达的不竭动力。在“新常态”、新背景下，高校的德育工作也应适应时代的节奏，紧跟社会的步伐，在实践中不断创新，探索具有新时代特征的德育途径。

随着网络技术的发展普及，针对当代大学生自我意识较强、善于开拓创新、网络应用水平较高等特点，网络思想政治教育应运而生，成为高校德育工作中的新领域。作为高校思想政治教育的重要组成部分，网络思想政治教育的出现顺应了信息时代的需要，是传统思想政治教育的发展和补充。它以大学生喜闻乐见的形式出现，借助网络技术优势，结合新时代特点，创新思想政治教育的内涵，充实思想政治教育的内容，开拓思想政治教育新空间，及时把握大学生的思想动态，提高高校思想政治教育的实效性。通过把握新媒体时代脉搏，发挥良好的思

梅天骄　北京语言大学党委学工部

想引导作用，促进大学生的全面发展。

新媒体时代微信平台在网络思想政治教育工作中发挥着重要作用。首先，微信平台的发展增强了思想政治教育的自主性和主动性。网络微叙事的发展能够促进大学生思想政治教育的传播，并在教育的过程中体现“以人为本”的思想，突出学生的主体地位。另外，微信平台的发展使大学生思想政治教育方式更加多样化。在运用微信平台开展思想政治教育的过程更加注重师生之间的情感沟通与思想交流。与传统的教育模式相比，微信平台的工作形式更加灵活多变，减少了时间和空间的限制。此外，微信平台作为一种新的网络媒体技术，丰富了大学生思想政治教育的内容，增加了教育的趣味性。网络具有资源丰富、信息量大、传播便捷等特点，其海量的资源与丰富的内容能够为思想政治教育工作者提供实时和丰富的知识素材，可以为高校学生事务工作者提供丰富的思想政治教育典型案例，并助力学生事务工作者将案例运用到日常的教育工作中去。[①]

## 二、北京语言大学利用微信平台开展学生工作的具体做法与实际成效

近年来，我校不断创新德育途径，紧握时代脉搏、结合时代趋势开展大学生思想政治教育。2014年3月20日北京语言大学学生处官方微信平台“北语学工—中外学生之家”正式上线投入使用，主要发布学生处各项服务、活动信息，营造“小联合国”中外学生温馨之家。截至2015年6月11日，共推送97期总计228条微信，内容涵盖通知公告、新闻速递、服务指南、活动预告、温馨提示等学工部

**图1 “北语学工—中外学生之家”微信平台推送内容截图**

① 李雷:《微信平台为大学生思想政治教育工作带来的挑战与机遇》,《中小企业管理与科技》, 2014年第12期。

日常工作的各个方面，并通过微信公众平台加强与学生的交流联系，在常规化的图文消息推送过程中融入社会主义核心价值观教育相关内容，引导学生将社会主义核心价值观内化于心、外化于行，培养兼备开阔的国际视野与深厚的人文情怀的新时代“谦谦君子”。

### （一）创新运用微信公众平台，助力开展军训宣传工作

2014年8月25日至9月7日北京语言大学2013级、2014级学生军训期间，笔者承担了为期半个月的军训宣传工作，主要负责组织开展包括新闻采写、照片采集、晚会筹备、杂志编辑在内的日常宣传工作，并首次利用“北语学工—中外学生之家”微信平台开展军训宣传工作，通过15期共38条微信资讯，深入挖掘军训生活中的各类亮点，借助“精彩瞬间”经典照片集锦、“迷彩印象”军训视频展播、图片手绘、新闻速递等形式全方位展示我校学子及带队指导员老师的军营生活，宣传成效十分显著。

**图2 北京语言大学2014年学生军训微信公众平台推送内容**

由图3、图4的数据统计详表及折线图可以看出，在关注用户人数不到1000人的情况下，8月25日至9月7日军训期间“北语学工—中外学生之家”微信平台推送的图文消息得到了广泛关注，图文页阅读人数平均每天约为730余人，图文页阅读次数则以平均每天约1900余次的阅读量远远超出阅读人数，以上数据说明图文页推送内容有较大吸引力，许多关注用户在一天之中多次查看。其中，8月27日的图文内容以1315人的阅读人数、3195次阅读次数及120次的分享转发量

详细数据

| 时间 | 图文页阅读 人数 | 图文页阅读 次数 | 分享转发 人数 | 分享转发 次数 |
|---|---|---|---|---|
| 2014-08-31 | 691 | 1,886 | 31 | 59 |
| 2014-08-30 | 591 | 1,475 | 32 | 44 |
| 2014-08-29 | 699 | 1,914 | 35 | 68 |
| 2014-08-28 | 505 | 1,130 | 1 | 15 |
| 2014-08-27 | 1,315 | 3,195 | 1 | 120 |
| 2014-08-26 | 1,162 | 2,995 | 39 | 106 |
| 2014-08-25 | 960 | 1,616 | 62 | 82 |

详细数据

| 时间 | 图文页阅读 人数 | 图文页阅读 次数 | 分享转发 人数 | 分享转发 次数 |
|---|---|---|---|---|
| 2014-09-07 | 729 | 2,181 | 36 | 56 |
| 2014-09-06 | 717 | 1,769 | 32 | 52 |
| 2014-09-05 | 311 | 994 | 11 | 12 |
| 2014-09-04 | 502 | 1,791 | 28 | 58 |
| 2014-09-03 | 857 | 1,988 | 46 | 59 |
| 2014-09-02 | 635 | 1,842 | 29 | 46 |
| 2014-09-01 | 601 | 1,966 | 30 | 62 |

**图3　北京语言大学2014年学生军训期间微信平台图文页阅读详细数据**

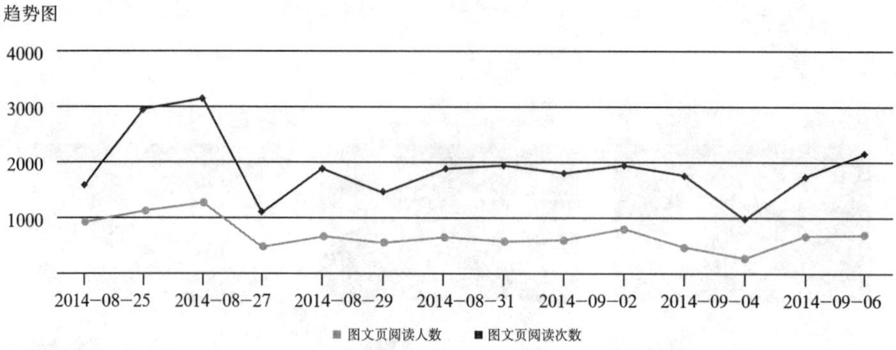


**图4　北京语言大学2014年学生军训图文页阅读人数与阅读次数趋势图**

高居榜首，侧面反映出用户对公众平台的关注度和认可度，军训团宣传工作收效明显。

**表1　截至2015年6月10日图文页阅读人数前25名图文消息**

| 序号 | 图文消息内容 | 图文发送日期 | 送达人数 | 图文页阅读人数 | 转发＋收藏人数 |
|---|---|---|---|---|---|
| 1 | 【快投票吧】关于为我校第九届中国大学生年度人物候选人刘姝然投票的倡议 | 2014-04-15 | 200 | 2998 | 180 |
| 2 | 【青春榜样】寻找北语优秀学子，树立身边青春榜样 | 2014-03-31 | 113 | 1876 | 94 |
| 3 | 【军理课教学】北京语言大学2013级本科生军事理论教学计划 | 2014-07-07 | 361 | 1607 | 241 |

**续表**

| 序号 | 图文消息内容 | 图文发送日期 | 送达人数 | 图文页阅读人数 | 转发+收藏人数 |
|---|---|---|---|---|---|
| 4 | 【军训安排】北京语言大学2013级、2014级中国学生军训日程安排 | 2014-06-30 | 330 | 1361 | 123 |
| 5 | 【军训第一天】精彩瞬间 | 2014-08-25 | 895 | 1185 | 59 |
| 6 | 【学工喜报】我校刘姝然同学位列“第九届中国大学生年度人物”提名奖首位 | 2014-04-28 | 239 | 940 | 32 |
| 7 | 【军训第二天】精彩瞬间 | 2014-08-26 | 919 | 912 | 11 |
| 8 | 【军训最后一天】精彩瞬间 | 2014-09-07 | 1061 | 830 | 36 |
| 9 | 【Welcome to BLCU】大一新生看过来！——校名校徽校训校歌全解读 | 2014-09-26 | 1118 | 753 | 38 |
| 10 | 【喜讯】投笔从戎青春无悔，参军报国无上荣光 | 2014-09-02 | 1019 | 747 | 30 |
| 11 | 【福利来啦！】北语学工邀你免费秋游慕田峪 | 2014-10-08 | 1125 | 744 | 47 |
| 12 | 【转专业公示】关于2014年中国本科生拟转专业名单的公示 | 2014-06-16 | 313 | 742 | 30 |
| 13 | 【萌萌哒】2014年北京语言大学军训团指导员寄语 | 2014-08-27 | 956 | 686 | 4 |
| 14 | 关于APEC，除了放假你还应该知道些什么？ | 2014-11-03 | 1188 | 665 | 41 |
| 15 | 【走出北语，学知天下】欧洲交换留学第一弹，Are You Ready? | 2014-12-08 | 1242 | 648 | 42 |
| 16 | 【军训第十二、十三天】精彩瞬间 | 2014-09-06 | 1044 | 626 | 18 |
| 17 | 【军训第三天】精彩瞬间 | 2014-08-27 | 956 | 614 | 3 |
| 18 | 【军训第四、五天】精彩瞬间 | 2014-08-29 | 979 | 585 | 27 |
| 19 | 寒冬福利，吃货统统看过来 | 2014-12-18 | 1293 | 578 | 45 |
| 20 | 【军训第六天】精彩瞬间 | 2014-08-30 | 986 | 555 | 28 |
| 21 | 【游学 ing】十所高校齐发，Waiting For You! | 2015-03-25 | 1343 | 555 | 39 |
| 22 | 掉皮掉肉不掉队，流血流汗不流泪——带病坚持训练同学专访 | 2014-08-26 | 919 | 552 | 10 |
| 23 | 【手绘】军训必备神器！ | 2014-09-05 | 1040 | 525 | 14 |
| 24 | 关于我校中国本科生开具在读证明的说明 | 2015-05-27 | 1362 | 513 | 69 |
| 25 | 北语学子喜获2014年北京高校国防教育论文报告会决赛总冠军 | 2014-12-10 | 1270 | 499 | 23 |

笔者根据微信平台的图文分析功能统计图文消息阅读数据得出如表1所示结果，自2014年3月20日“北语学工—中外学生之家”投入使用以来至2015年6月

10日，按照图文页阅读人数排序选出最受欢迎的前25条图文信息。其中，军训宣传类消息11条，以44%的高比重占据最受欢迎的25条信息近半壁江山，以上数据一方面反映出军训宣传工作卓有成效，图文信息内容具有较强的吸引力，深受关注用户喜爱，微信公众平台对于军训宣传工作发挥的重要作用和实际意义；另一方面反映出新媒体时代把握时代脉搏跟进时代潮流开展学生工作的重要性，以学生喜爱程度更深、接受范围更广、关注频率更高的形式与媒介，用灵活的手段与方法传递信息已是高校学生工作的整体趋势，作为学生工作者应及时适应尽快掌握并加以利用。除军训宣传类消息外，图文页阅读人数最多的前25条信息中，喜讯类消息3条，占总比例的12%，通知公告类消息8条，占总比例的32%。通过以上数据不难看出，与广大用户在一定程度上有所联系（如同一所学校的学生、老师），且能够传递正能量的消息较受欢迎。此外，与学生日常学习生活密切相关的通知公告类消息（如活动安排、选拔通知、材料办理等）阅读量较大，通过微信平台推送此类信息可以改善传统通知方式受众群体小、覆盖面不够广泛的缺点，同时可以最大程度避免在口耳相传获取通知的方式中可能造成的信息遗漏、信息有误等问题，充分发挥信息传递及时有效的优点，使学生能够第一时间获取最准确的信息。

### （二）开办留学项目专栏，通知宣传便捷高效

我校出国（境）交流学习项目较多，每年约有200余人次通过国家留学基金管理委员会公费项目、校际交流项目、校际合作项目以及“2+2”联合培养项目赴国（境）外公费或自费学习。针对以上数量较多的留学项目，我校学工部在微信公众平台上推出了“走出北语，学知天下”专栏，结合选派国家或地区的不同特点及不同项目的选拔要求，有针对性的策划微信推送内容。目前已推送包括英国、美国、爱尔兰、瑞典、芬兰、法国、荷兰、德国、西班牙、意大利、日本、韩国等15个国家及我国香港、澳门地区的总共近60所高校的交流学习信息，改善了以

图5 “走出北语，学知天下”专栏内容展示

往单一的“学院通知、班长传达”的传统宣传方式，使学生、家长更为清晰直观的了解出国项目选派的各项事宜，使符合选拔条件的学生可以根据选派通知及时向学院提交申请，避免错过项目时间，还未达到选派标准的低年级学生可以根据通知要求提前了解学校的留学项目，选择自己中意的学校并为之尽早做好准备。

通过“走出北语，学知天下”专栏，我校的出国（境）交流学习项目受到了更为广泛的了解与欢迎，达到良好的宣传效果。

## 三、“新常态”下借助微信平台开展高校学生工作的几点思考

### （一）运用微信平台开展高校学生工作具有一定局限性

就“北语学工—中外学生之家”微信公众平台而言，运行至2015年6月仍为微信公众号，还未升级成微信订阅号，因此无法实现通过一级、二级菜单快速查询内容的功能。在表1阅读量排名前25的图文消息中，“[Welcome to BLCU] 大一新生看过来！——校名校徽校训校歌全解读”等介绍校园风貌、学校历史文化内容的图文消息，以及“关于我校中国本科生开具在读证明的说明”及其他常规事务性的材料办理说明可以通过订阅号的子菜单实现，用户在关注微信公众平台后可以随时点击相应内容了解所需信息，因此将普通公众号升级为订阅号是接下来需要完成的工作之一。

除了“北语学工—中外学生之家”公众号自身的局限性外，无论公众号还是订阅号的微信平台每天只能推送一次信息，一天之中若已经发送过一次内容则当天无法二次发送其他内容，这大大局限了微信公众平台作为信息传播媒介的功能，信息推送的灵活性差从一定程度上限制了高校学生工作的开展。另外，微信平台无法在后台修改已发布的消息，若需要对图文消息做出一定的修改则需要删除掉已经发布的消息，删除后平台阅读用户虽点开相应图文消息看不到对应的内容但仍可以看到当天的推送痕迹，无法做到彻底删除干净。若今后微信运营商能够在修改、删除图文消息方面有所完善将会有更好的用户体验。

此外，平台关注用户给后台留言时，信息的有效回复时间只有48小时，超过48小时后台操作者将无法回复用户的留言，这也相应的给微信平台的后台操作者带来一定的困扰，希望今后可以改进留言回复的时间限制，方便用户与平台操作者更好的沟通交流。

### （二）高校学生工作者面临更多挑战

1. 提升自身的适应与学习能力，把握“新常态”下的学生工作发展机遇

当今社会信息发展变化速度飞快，阅读和获取信息的方式也随着日新月异的计算机网络技术发生着革命性的变化，并在潜移默化中影响和改变着我们每个人的生活。大学生作为对新鲜事物接受速度快、适应能力强的群体，具备良好的网络应用能力和水平。微博兴起并被广泛接受和应用以来，各高校纷纷开通官方微博，而当微信公众号以迅雷不及掩耳之势普及开来后，各高校又纷纷开始在微信公众平台上发力，力求尽快跟随时代潮流并适应学生需求。

尽管上述形势看似一片大好，但据有关调查显示，如果出现一种新媒体，仅有15% 的辅导员会选择率先尝试，高达22% 的辅导员选择大家普及了以后才使用，可见，在新媒体的选择上，辅导员群体相对谨慎与保守。另外，高达54% 的辅导员认为自己在媒介掌控力方面的能力稍显不足。而在对新媒体工具重要性的认识方面，仅66% 的人认为辅导员的媒介素养对于开展思想政治教育工作非常重要，34% 的人认为有些帮助。[①] 由上述调查结果可以看出，高校学生工作者在对新媒体的认识、把握和运用方面仍存在很大的提高空间，从一定程度上可以说，学生较高的新媒体应用能力及新媒体信息诉求使得高校学生工作者被动适应现实趋势并开始学习运用学生喜闻乐见的新媒体工具开展学生工作。

针对以上情况，在中国总体社会发展“新常态”背景下，高校学生工作者也应提高对新生事物的适应能力、学习能力、应用能力，在传统高校思想政治教育模式中注重改革创新，同时注重稳步前进，抓住机遇，迎接挑战，变被动接受为主动探索，从而更为有效地开展高校学生工作。

2. 重视提高学生网络素养，正确引导学生网络行为

微信的广泛使用使得大学生又多了一种便捷的信息获取渠道，纷繁复杂的各类信息通过手指在手机屏幕上简单的点击、分享、转发就可以在极短的时间内达到庞大的阅读量。在这种情况下如何引导学生正确的筛选、判断各类信息，培养学生的网络素养，成为学生工作队伍面临的新挑战。

此外，随着网络信息传播技术的日益发达，在微博、微信等媒体平台跟帖评论成为了青年学生表达意见的渠道、互动交流的广场，但其中一些偏激、片面、诽谤等不当言论严重扰乱了信息传播秩序，破坏了网络舆论生态。针对这一现象，高校学生工作者在享受新媒体带来的各种学生工作便利的同时，也应重视由此衍生的各类网络问题，引导学生客观发表自身言论，抵制网络语言暴力，提升网络素养，传播爱与希望的正能量。

① 杨帆：《浅论微信在辅导员工作中的运用》，《青春岁月》，2012年第21期。

# 新形势下中外学生融合管理模式的探索

曾　东

**摘　要**：随着来华留学生人数的日益增长，高校的国际化建设进程不断加快，中外学生融合管理成为发展趋势。如何在跨文化的环境中打破原有管理格局，既符合人才培养的规律，又实现中外学生的交流融合，是亟待解决的问题。本文分析了中外学生融合管理的内涵、现实需要及发展现状，并对中外学生融合管理模式的构建进行了探讨。

**关键词**：中外学生融合　管理模式

随着高等教育全球化的发展，高校外国留学生的规模不断扩大。中国学生与外国留学生虽然同处一所学校，但是由于文化差异及管理制度不同，没有实现真正意义上的融合交流。根据《国家中长期教育改革和发展规划纲要（2010—2020年）》和北京市教委《留学北京行动计划》的相关要求，高校要试点推广中外学生同学习、共生活的服务管理模式，实现中外学生的趋同、融合管理。

## 一、中外学生融合管理的内涵及现实需要

### （一）中外学生融合管理的内涵

笔者认为，所谓中外学生融合管理，是指对外国留学生的学习、生活等趋向与中国学生相同的管理，是比照教育本身的含义和国外对留学生教育所采用的方式而提出的一种中外学生管理模式。通过中外学生融合管理，让外国留学生和中国学生一样得到同等水平的教育质量，融入中国的文化氛围，接受和认同中国的各项制度。在管理中要通过道德品质教育、文化交流活动、帮困助学工作、心理健康教育、职业发展教育等工作，帮助外国留学生与中国学生一起感受生活、体

曾　东　北京语言大学商学院

悟人生、认识自我。

由于留学生来自五湖四海，他们所在国家的政治、经济、文化等诸多方面与中国学生的情况不同，留学生群体内部的文化背景、宗教信仰、风俗习惯、知识水平也大相径庭。高校在中外学生融合管理过程中必须正视这些差异，并在各个环节始终遵循“有分有合、同中有异”的原则，既要将管理中国学生的部分方式复制到留学生管理中，又要根据留学生的情况进行一定的特殊管理，包括制定相应的管理措施和政策，也要鼓励、支持、推动留学生参与各类认识中国、了解中国、接触中国的特色活动。达到中外学生的真正融合是一个长期的过程，需要长时间的摸索、试错和沉淀。

### （二）中外学生融合管理的现实需要

1. 解决多元校园文化的困境

在中外学生共同学习、生活的多元校园文化中，存在着不同的饮食习惯、不同的生活方式、不同的学习态度、不同的传统风俗和文化禁忌、不同的文化价值观和信仰，等等。大部分中国学生都没有与外国人长期真实接触的经历，没有接受“如何处理不同文化背景下的交流与沟通问题”的有关教育。正因为如此，中国学生对真正出现在自己生活中的外国人充满了好奇，希望认识并了解他们，但面对如此多的“不同”，中国学生并没有充分的心理准备和恰当的处理能力。

在外国留学生群体中，这种“不同”带来的心理冲击更为明显。外国留学生在中国的学习和生活过程遵循跨文化适应 U- 曲线模式，有着蜜月期、危机期、复原期和双文化适应期的阶段划分。跨文化适应危机期通常出现在外国留学生到中国以后六个月到一年的时间内，陌生环境带来的新鲜感逐渐褪去，截然不同的文化环境和语言障碍让他们变得不知所措，听不懂老师的授课内容、找不到可以谈心的朋友……这是留学生最难度过的时期。在巨大的文化冲击下，外国留学生会变得脆弱，容易产生心理问题。中外学生融合管理，有利于解决多元文化环境中，中外学生沟通交往的困境，帮助外国留学生减少因文化差异带来的冲击，顺利度过跨文化适应危机期。

2. 提高中国学生的跨文化交际能力

全球化趋势的不断推进，对高等教育的人才培养提出了更高的要求。中国要想在全球化的洪流中站稳脚跟，就必须要培养出能够适应国际竞争形势和多元文化环境、具备国际化素质的高层次人才。这种国际化素质不仅仅指学生要具备世界一流的专业技术能力，更指的是要具备国际化的视野和跨文化交际的能力。21世纪中国高校培养的大学生不能够只会说几门外语这么简单，更需要具有能够正确评价不同国家历史和文化传统，能够在不同文化背景中实现人与人之间的相互理解与合作，共同处理公共事务的跨文化交际能力。要培养这种能力，高校要努力营造中外学生长期、顺畅的交流渠道，从政策、人员、软硬件资源等方面给予大力支持，将提高中国学生的跨文化交际能力上升到人才培养的一项重要目标。

3. 培养真正了解中国的国际友人

来华留学工作是我国发挥大国影响，传播中国文化，构造国际交往友好桥梁的重要途径，是教育改革开放服务于我国教育发展、外交全局、经济建设的重要方面。留学生是文化交流的使者，是增进各国人民友谊的桥梁。我们要培养熟悉中国文化、了解现代中国、“知华、友华”的国际友人。来华留学生教育具有外事属性，培养外国留学生的目标不仅是要能说一口流利的汉语，更重要的目的在于通过中国留学的经历，让更多其他国家的人们了解中国社会的真实状态，减弱5000年文明的神秘色彩和意识形态差异带来的隔阂，培养一批了解真实中国，对中国友好的外国朋友。这个目标的实现需要平等、自由、开放的多元文化交融并存的校园环境作为平台支持，对留学生实行相对独立的管理模式有悖于留学生培养教育的初衷。

## 二、中外学生融合管理的现状及问题

### （一）留学生事务特殊化管理

我国的留学生教育事业起步于特殊的历史时期，受到特定历史时期外交政策和外交关系的影响，留学生事务管理从政策制定到事务实施都具有“特殊化”的倾向，“学习上适当照顾，管理上相对集中”的特点较为明显，形成了相对“封闭”或“半封闭”的管理模式。留学生与中国学生住在不同的宿舍楼，住宿条件差异大。留学生有自己专门的教学区域和专用教室，学校专门指派教师为留学生上课、“开小灶”，甚至是课余生活都安排特定的中国教师或学生对他们进行一对一的引导。在对学习成绩的要求上，高校只能进行一般意义上的管理，很少对成绩不合格的留学生给予处分、留级或退学等处理。在实际工作中，来华留学生一直是被当作“外宾”甚至是“贵宾”来对待。对留学生的教育管理代表了国家的政治形象，基于当时教育为政治服务的出发点，在处理涉及留学生的问题时，特别是涉及非洲留学生的问题，考虑到政治、外交因素，出于对第三世界国家的照顾，无法按照处理学生问题的基本方法来进行，这种带有政治色彩的特殊对待结果却适得其反，不但助长了留学生的不合理要求，而且还在留学生教育管理领域进一步深化了“特殊照顾”的教育管理模式。

### （二）留学生管理存在盲点

由于来华留学生的汉语基础参差不齐，加上留学生管理队伍在人员配备方面有待完善，导致留学生与管理人员沟通有限，而且基本局限于平时的教务、行政等事务上，管理人员几乎无暇顾及留学生的思想教育、心理状况等方面。另外，留学生管理与中国学生管理不同，由于留学生的管理制度相对宽松，加上留学生习惯自由、无拘束的学习、生活氛围，很少受到班级、年级等管理单位的制约，有些留学生还选择在校外居住，管理人员能够联系留学生的方式仅限于手机和电子邮件，经常出现留学生手机关机、邮件不回的情况，不能保证随时联系到学生本人，而且很少能够通过留学生中的学生骨干进行辅助、自律管理，这些问题都导致了留学生管理工作出现了真空和盲点。在留学生因为文化差异、学习困难等情况而出现焦虑、抑郁等心理问题时，如不能及时发现、及时疏导或就医，容易引起不良后果，不利于学生的健康成长和学校的安全稳定。

### （三）缺乏理论指导

中外学生融合管理属于跨文化交际学的理论范畴。多元文化的社会环境中，实现有效的沟通必然要面对跨文化交际带来的挑战。如何处理多元文化的冲突，实现多元文化的和谐共生，实现跨文化交流，成为全球化背景下应运而生的一个新的研究课题。跨文化交际学作为一个新兴的交叉性学科，理论建设尚在不断完善阶段，仍然存在很大的研究空间。在跨文化交际学研究领域，中国学术界的跨文化交际学研究起步晚，研究成果多依据国外已经成型的跨文化交际理论构架来完成，鲜少有密切联系中国国情的深入系统的理论研究。此外，目前跨文化交际学的研究成果主要集中在对外汉语教学、外语教学、文化传播、心理学、管理学与经济学等方面，高等教育视角下的跨文化交际学研究无论是理论研究还是实证研究成果都比较匮乏，并且此方向已经发表的著作论文也大都是从高校对外汉语教学和外语教学的研究着眼，从学生教育管理的角度出发研究高校中外学生融合机制的科研成果寥寥无几。

## 三、中外学生融合管理模式的构建

中外学生融合管理需要在政策、理论、制度上进行探索和创新，循序渐进，既把握融合管理的内涵，又能解决目前工作中的困境和问题。对于中外学生融合管理模式的构建，笔者认为主要把握以下几方面：

### （一）强队伍

中外学生融合管理需要有一支外语好、素质高、具有奉献精神的管理和服务团队。参照中国学生管理中辅导员队伍的建设思路，要选拔一批有活力、有能力的留学生辅导员。由于跨文化教育是一门新兴学科，具备跨文化教育学专业背景的毕业生很少。我们可以在中国学生辅导员队伍中选拔部分外语基础好的骨干进行跨文化教育培训，使其既能运用中国学生辅导员的工作经验对留学生进行教育和管理，又能注意跨文化交流的特点和问题，同时能够在工作中带队伍，培养一批新人逐渐胜任留学生辅导员岗位。

任课教师是中外学生融合管理团队中另一支重要力量。牛津大学、哈佛大学等国外知名高校一直实行任课教师担任本科生导师制度。我们可以将导师制度应用到留学生管理当中，在条件允许的情况下，为每一名留学生配备一位有国外学习或任教经验的教师担任其导师，为其提供专业学习、实践活动的一对一指导。

### （二）速破冰

如何帮助来华留学生迅速适应环境是中外学生融合管理首要考虑的问题。在留学生教育高度发达的英国，为帮助学生加快适应英国“教学文化”，英国国际学生事务委员会委托英国南安普顿大学设计开发了名为“为成功做好准备”的网络学习平台。该平台围绕32个学习主题，通过在线学习与测试，辅之以充分的音频、视频资料，帮助留学生在抵达英国前提高重要的学习技能，如加强批判性思维能力、自主学习能力、时间管理能力、学术写作能力与沟通能力。

我们可以借鉴这一做法，开发具有高校自身特色的留学生入学教育平台，内容涵盖留学生在学校衣食住行方面的详细指导，汉语及专业学习的知识准备，办理签证等相关手续的注意事项，中国政治、历史、地理、文化的介绍等，要充分利用音频视频等多媒体资料，丰富网站内容，并开辟咨询通道及时解答留学生提出的问题，让每位留学生在来到中国之前便对中国和所就读的学校有一定的了解，掌握基本的沟通技能和办事方法，快速、平稳度过入学适应期。

### （三）促融入

在留学生投入日常的学习生活中后，即将面临的挑战是如何真正融入中国的校园文化和社会文化当中。要做好中外学生融合管理，就要帮助留学生在中国文化的环境中建立自己的社交圈，营造一个外国留学生可以轻松融入的校园环境。

第一，成立学院内部留学生同学会。由于学院内部的留学生所学专业类似，加上都是来自五湖四海的外国学生，具有相似的背景和身份，容易拥有共同话题。留学生同学会要以加强各年级留学生之间的联系为目标，在新老留学生之间搭建沟通桥梁，通过经验分享会等形式，让高年级留学生为新加入的留学生传授专业学习、大学生活等方面的经验，逐渐形成新老留学生之间的传帮带机制，不断增强留学生群体的团体性、归属感和对学校文化的认同感。

第二，建立中外学生伙伴制度。外国留学生与中国学生虽然同堂上课，但是缺乏主动联系的平台，留学生在教室里单独坐在相对固定的区域，课堂上与中国学生很少有互动，课下也没有共同的活动区域，二者之间始终隔着无形的屏障。建立中外学生伙伴制度，让一个中国学生宿舍联通一位外国留学生，通过平时的宿舍聚餐、趣味活动、学习讨论等方式，让外国留学生融入中国学生的学习和生活当中，让中外学生逐渐变成生活中的朋友、学习中的伙伴。

### （四）共提高

参与实践活动是学生提高综合素质的有效方式。在中外学生融合管理中，我们要考虑中外学生的共同需求，让留学生从跨文化环境中一个单纯的接受者、经历者转变为参与者、获益者。

目前，中国学生的学生会作为各类活动的组织者，有着自身独有的优势和影响力。我们要充分发挥学生会这类学生自治组织的作用，推动中外学生从活动层面建立常态化的联系，将自发的、零散的、个体的文化交流活动整合到一起，以团队、集体的形式展现出来，将中外学生的跨文化交流规模化、和谐化。首先，可以在学生会内部成立留学生活动部，由语言基础好、沟通能力强的中外学生共同组成，其职能是利用网络、传单等多种形式在留学生群体中进行活动宣传，并组织留学生全程参与其中。例如，可以帮助留学生找到合适的中国学生组成团队参加学术竞赛，组织中外学生参加志愿服务活动等。其次，可以选拔合适的外国留学生担任学生会的部门负责人或主席团成员，扩大留学生的影响力和号召力。

通过实践活动让中外学生相互了解，取长补短，共同提高综合素质，更容易在中外学生之间建立稳定的人际关系，形成一种彼此都能接受的第三文化沟通体系，其跨文化交际的效果远比自发的、个体性的语言伙伴式的交流更为自然、真实、有意义。

### （五）助发展

留学生的心理健康发展和职业生涯发展是目前管理工作中受到较少关注的内容，需要我们主动探索，找到合适的工作方法，帮助留学生在完成学业的同时练就过硬的心理素质，提高就业能力。

留学生的心理适应过程受到多重因素的影响，如：思乡情绪、学业压力、人际关系问题、对中国社会文化的适应困难、就业方面的压力等。做好留学生心理健康教育，要建立课内与课外、咨询与自助紧密结合的教育体系。为留学生开设心理健康教育选修课，使留学生掌握必要的心理健康知识，学会识别和排解心理问题。对留学生入学后进行心理健康测试和动态观察，以早期发现问题。为留学生配备专职、兼职心理健康教育与心理咨询教师，负责留学生的日常心理健康教育与咨询工作。组建一支朋辈心理辅导志愿者队伍，由高年级的留学生或中国硕士研究生组成，便于通过学长学姐的身份进行沟通，及时反馈信息，推动中外学生的互助、关怀，实现“自助式”成长模式。

由于受到国家政策、签证制度的影响，外国留学生毕业生目前不能在中国自由择业。但随着对外开放步伐的加快，留学生在中国就业的难度会逐步降低。我们首先要了解留学生的就业需求，提供相关的就业指导，包括简历制作、求职技巧等方面。另外，我们要通过网络平台，建立留学生就业、实习职位数据库，并尝试举办网络招聘会，为留学生和用人单位建立便捷、高效的沟通渠道。

中外学生融合管理作为新形势下高校学生管理的重要内容，需要在摸索中逐渐完善，应始终遵循教育规律，借鉴国外留学生培养经验，避免跨文化冲突，建立符合我国国情的、科学的中外学生融合管理模式。

## 参考书目

[1] 田美:《英国提升国际学生教育质量的实践与特点》,《外国教育研究》, 2013年第一期。

[2] 彭庆红、李慧琳:《从特殊照顾到趋同管理——高校来华留学生事务管理的回顾与展望》,《河南师范大学学报》, 2012年第9期。

[3] 逄成华:《论留学生校内趋同管理中的“同中有异”原则》,《黑龙江高教研究》, 2011年第12期。

[4] 王剑军:《论间性文化观和趋同管理视域下来华留学生的教育管理》,《教育与职业》, 2011年第2期。

[5] 汪静娜:《构建高校外国留学生心理健康教育体系》,《中医药管理杂志》, 2010年第3期。

# 搭建多种平台，创新我校中外学生融合教育机制

童远鹏　温　倩

**摘　要**：加强中外学生融合教育是目前高校国际化发展过程中建设世界高水平大学的重要内涵，也是深化教育改革，提高人才培养质量的重要举措。论文在分析介绍国内高校留学生教育、管理模式以及北京语言大学“多元文化校园”特色的基础上，结合外国语学院学科专业特点，分析、总结了搭建我校中外学生融合教育从课堂教学、科研创新、友好班级、课外实践等五个平台的机制创新，以期提升我校中外学生融合教育的质量和人才培养水平。

**关键词**：中外学生　融合教育　创新机制　课外实践

## 一、国内高校留学生管理模式

自1950年我国首次接收第一批来自东欧的留学生以来，我国已接收来华留学人员共计98万人次。随着中国经济社会的快速发展，国际影响力的不断提升，世界范围内学习汉语的人数逐年递增，来华留学人数呈现出快速增长的态势，留学生已经成为高校的一个重要而特殊的群体。目前我国共有660所院校和其他科研教学机构接收来华留学生，其中留学生超过500名的院校有140所。

中外学生融合是中华文化与其他民族、地区不同文化的交流与沟通，是共处于高校校园中的中外学生能够彼此适应，并建立有效的社会交际关系的过程。中外学生融合会受到国家政策导向、学校规章制度等因素的直接影响，高校对留学生群体的管理方式直接影响到中外学生的融合度。目前接收外国留学生人数排名前十位（见表）的高校中，北京大学和清华大学的留学生采用大部制模式，将高校所有涉外职能部门整合为一个留学生管理办公室全面管理留学生工作。而复旦大学、华东师范大学等则采用留学生处模式。该模式下，除传统的国交处外，增加

童远鹏　温　倩　北京语言大学外国语学院

一个留学生处专门负责全校外国留学生管理的政策制订与工作协调、留学生的招生与管理。以上几种模式都各有利弊，但就学术研究和校园文化上来说，几种模式下中外学生相互较为独立，总体融合度不高，留学生对学校事务的参与度不够。

**表　2011年我国外国留学生接受人数前10名大学**

| 序号 | 学校 | 留学生数（人） |
|---|---|---|
| 1 | 北京语言大学 | 12015 |
| 2 | 北京大学 | 9594 |
| 3 | 复旦大学 | 7119 |
| 4 | 对外经济贸易大学 | 6605 |
| 5 | 清华大学 | 6355 |
| 6 | 上海交通大学 | 5522 |
| 7 | 华东师范大学 | 4955 |
| 8 | 北京师范大学 | 4701 |
| 9 | 浙江大学 | 4657 |
| 10 | 同济大学 | 4594 |

注：表数据为目前可查询到的最近数据。

## 二、北语多元文化特色情况

北京语言大学（以下简称北语）是国内接受留学生最多的大学。这与北语的办学历史以及形成的特色紧密相关。成立于1962年的北语，是中国唯一一所以汉语国际教育和对来华留学生进行汉语、中华文化教育为主要任务的国际型大学，素有“小联合国”之称，留学生教育在全国范围内享有很高的声誉，留学生结构层次也十分丰富，包括短期生、语言生、预科生和学位生等，其中学位教育纵跨本、硕、博三级，囊括了国内来华留学生教育的全部培养方式。建校50多年来，学校已经为世界上176个国家和地区培养了15万余名懂汉语、熟悉中华文化的外国留学生，北语在国内从事对外汉语和中华文化教育历史最长，规模最大，师资力量最雄厚。同时，北语又是一所以外语教学与研究为特色和优势的外语类高校，面向中国学生的外语专业教育始于1964年，当时设有英语、法语、西班牙语、阿拉伯语等本科专业，经过近50年的发展，外国语学院学科建设、专业设置及人才培养等都取得了长足的发展，学院在拥有英语语言文学二级学科博士点和外国语言文学一级学科硕士点的基础上，2011年，“外国语言文学”又成功增列为博士学位授权一级学科，学院现有本科生1603人，硕士研究生470人，博士研究生24人，学院下设英语系、亚欧语系、日语系、朝鲜语系、法语系和阿拉伯语系。有英语（包括语言、文学、翻译、中西文化交流、英语国家研究等方向）、法语、日语、德语、西班牙语、阿拉伯语、朝鲜语（韩国语方向）、意大利语和葡萄牙语等九个本科专业及同等数量的硕士专业和博士专业。

近年来，每年有来自 170 多个国家的近10000 名留学生来到北语学习汉语和中国文化，同时有近6000 名中国本科生、研究生学习对外汉语、中文、外语、金融和计算机等专业课程。我校特有的多元文化并存和开放自由的交流环境，营造了“多元文化”氛围这一独特优势，中外学生在同一校园学习、生活，为跨文化交流提供了良好的外部环境。学会如何与来自多样化文化背景、价值观异同的人打交道，已经成为北语中外学生一场学习生活的常态。然而我校现有留学生人数众多且文化背景多样的现状，并不等同于“多元文化交融”。多元文化交融是一个动态的概念，不仅表现为不同文化的并存与展现，更贯穿于不同文化的碰撞、融合的过程和发展，并为此搭建交流、融合的平台，建立促进发展的体制和机制。多年来，我校充分利用中外学生同校、“多元文化校园”特色，在中外学生融合教育管理工作上取得了可喜的成绩，面对新形势、新要求，我们要进一步领会、深化“融合教育”的实质内涵，总结经验，找出不足，挖掘潜力，突出特色。如何在课堂教学、课外实践、汉语国际教育等方面做到深度融合、全方位融合？是北语当前深化教育改革工作中，需要从学校层面到职能部门、各学部（院）以及全体中外学生等共同谋划实施的系统工程和中心工作。

## 三、以我院外语专业为平台探索中外学生融合机制

北京语言大学外国语学院始创于1964年，是我校中国学生院系中办学历史最长，力量最雄厚的学院之一。学院现有本硕博中国学生2000多人，港澳台地区及其他国家留学生近80人。学院下设英语系、亚欧语系、日语系、朝鲜语系、法语系和阿拉伯语系，开设英语（包括语言、文学、翻译、中西文化交流、英语国家研究等方向）、法语、日语、德语、西班牙语、阿拉伯语、朝鲜语（韩国语方向）、意大利语和葡萄牙语等九个本科专业和同等数量的研究生专业。

结合外国语学院的专业特点和学校所形成的多元文化氛围，我院可以在以下几个方面搭建中外学生融合教育平台：

### （一）开放资源，为中外学生打造优秀的教学课堂

专业教学是大学教育的核心。只有优秀的课程，优秀的师资，才能更好的吸

引国内外的优秀学子，进而培养高水平的人才。尤其是来华留学生，更希望在北语学到更多的中国语言文化知识。学校可以支持一批校内精品专业课程，发展成为英文授课的专业选修课，例如外国语学院的翻译课程，包括口译、笔译及翻译理论课程，可面向中高级汉语水平的留学生开课。中外学生同堂学习中外语言互译的知识和技巧，还能在课堂上交流语言学习感受，以及文化知识，形成老师—学生、中国学生—留学生的多层次良性互动课堂氛围。以日语系四年级的同声传译课程为例，授课老师会请我校同传专业3名日本籍研究生与3名中国研究生辅助教学，每位研究生负责一个同传箱，学生在同传的同时，研究生在箱外全程跟听，同传结束后对学生进行反馈，指正错误，传授技巧。对于这种教学模式，学生表示收获颇丰。

语言和文化从来一脉相承，我院承办的中国文化英文系列讲座受到广泛好评。如果由此延伸，把中国文化用更多的外语语种向中外学生开放，讲台上不仅是教师，还向学生开放，请对中外文化有兴趣、有一定造诣的中外学生上讲台，以他们的眼光和感受，诠释中国文化。在课堂上，不同文化背景、不同角度思考的中外学生肯定会碰撞出智慧的火花，从而让中国学生开阔眼界，让外国留学生了解中国。这类课程或讲座，不但可以培养学生的人文素养，还能增强学生的跨文化交流能力。

### （二）开拓思路，促进中外学生共同参与科研创新

中外学生融合的前提取决于学校的创新思维、开放思路，包括学校的资源能否最大程度的提供给所有学生，以及留学生有多大程度参与到校园各种活动中。高校在科研方面对留学生的参与度并不是很重视。实际上，在我校留学的不少外国学生是攻读硕、博学位的，有良好的专业知识素养和中外文化知识储备，有较强的科研能力和国际视野，可以在研究上发挥专长。一方面，学校可以在不涉密的科研课题上吸收有能力的留学生参加。另一方面，可以设置中外毕业生论文指导小组，在论文选题、理论研究、语科分析、论证方法等方面共同探讨，共同分享，互相学习，互相帮助，将大大有助于学生提升毕业论文水平。

### （三）利用时机，拓展中外学生交换项目学习活动

外国语学院有英语、法语、德语、西班牙语、日语、韩语等9个语种本科专业，与美国、英国、澳大利亚、德国、法国、西班牙、意大利、葡萄牙、日本、韩国以及埃及、沙特等几十个国家和地区的近百所大学建立了良好的合作关系，开展了许多长、短期交流、交换、“2+2”双学位等学生学习项目。很多学生都将在学习期间获得各种出国学习机会。其中一些专业是整班出国。为了让学生更

好地了解对方国家、对方大学的情况，做好出发前的准备，学长回国后的经验交流是必不可少的。每年2月底，日、韩语系会面即将出国、或打算出国的同学举办"启航"讲座，为同学们答疑解惑。英语系也会在每年的6月份举办出国经验交流会，就出国情况进行详细的解答。其他语种的交流会都以班级或专业组织进行。这类经验交流会可以请留学生参加，作为目的国的学生，对当地的风土人情有更深入的解读，请他们来介绍所在国大学的教学特点和国外生活情况及文化风情，可以更有针对性的解答中国学生的疑问；同时，对来北语交换学习的外国留学生，也可以组织相对应的活动，组织对应语种专业的中国学生介绍学校专业特点、学校周边生活信息、北京风土人情及当代青年关注的热点，让留学生尽快结交朋友，适应环境，增长见识。

### （四）建立友好班级，积极开展内容丰富的共建活动

外国语学院从2008年至今，连续5年组织开展"读书实践·知行合一"班团建设系列活动，以争创团结友爱、共同奋进的学习型班集体为目标，以加强校风、学风建设为宗旨，已成为我院的品牌活动。活动共分为四个阶段：

1. 讨论阶段：围绕"读书实践·知行合一"的主题，学生为班团建设出谋划策、集思广益。

2. 立项阶段：各班结合主题班会讨论结果，撰写班团建设活动策划书，包括"读书沙龙"与"实践活动"两部分，由班主任、辅导员和学生会对各班提交策划进行审核评定并反馈意见。

3. 实践阶段：各班按照制定的计划内容组织开展班级建设活动。

4. 总结阶段：学生工作办公室组织协调召开外国语学院"读书沙龙"及"实践活动"汇报总结大会，并评选院级优秀读者和班团建设奖。

学生在形式多样的读书沙龙活动中拓宽了知识面，提高了学习兴趣，提升了专业素质和人文素养；同时，他们在多姿多彩的班级建设活动中了解了社会，锻炼了实践能力，增强了爱班级、爱学院、爱学校、爱社会的意识。经过几年的班团建设实践，我院班级凝聚力大大提高，学生综合素质也不断提升。

留学生班级相对中国学生班级较为松散，班级凝聚力较弱，留学生归属感较差。因此，中国学生的班级建设活动可以进一步发展，和留学生班级结合，以组建中外学生友好班级的方式共同组织"读书、实践"活动，使中外学生在课堂以外有更多接触的机会。中外学生班级一同开展志愿服务、支教、文化考察以及校内大型主题活动，如暑期社会实践、"国际校外文化节"、"英姿飞扬"、"亚欧风情节"等实践活动。在实践中，中外学生相互了解、相互学习、共同提高，同时为留学生提供最直接的了解中国社会和民生的窗口，为培养知华、友华的国际友

人奠定基础；另一方面以语种专业而建立的友好班级，可以开展中外学生共同参与的“读书沙龙”活动，如以同一题材为主题，中外学生选取自己国家的书目或翻译作品进行品读，或影视作品赏析。随后中外学生分别向大家介绍、分析所选作品。由此产生的对比，会让中外学生对文化差异有更直观、更深刻的了解。也可进行电影赏析，并拓展出相应的翻译比赛、演讲比赛，让大家在丰富多彩的交流活动中增加文化理解。

### （五）发挥孔子学院志愿者作用，培养文化交流使者

随着近年来“汉语热”及海外孔子学院的迅猛发展，目前已覆盖五大洲的120个国家和地区，孔子学院440所，孔子课堂646个，总数超过1000个。每年都有近万名在校大学生作为汉语教师志愿者奔赴世界各地，在孔子学院教授汉语知识，传播中华文化。我校学生以扎实的汉语国际教育知识及流利的外语水平受到国外孔子学院的欢迎，每年都有几十名学生通过选拔赴任。这些学生经过海外1—2年的工作生活，对国外学校的教学方式和学生的学习习惯有着更深入的理解，有更为宏观的国际观察视角，具备了一定的跨文化交际能力，可以称作文化交流使者。当他们回到北语的校园后，应当发挥他们的优势，在留学生管理和中外学生融合机制建设中发挥更大的作用。

我们相信，通过以上教学科研、校园文化、班级建设等五个平台项目的实施，可以进一步深化中外学生融合教育程度，提高融合教育水平。五个方面彼此渗透，相互作用，是一个系统工作，需要中外学生学部（院）共同组织、相互配合，需要学校在项目落实、人员配置及资金支持等方面得到相应保障。我院愿在学校统筹安排、相关部门支持下，具体承办落实，做中外学生融合教育机制建设的先行者和实践者，为学校中外学生融合教育、提高人才培养质量作出自己的贡献。

## 四、不断深化教育改革，提升我校人才培养质量

一年来，我校立足自身优势和特点，以国际化的大视野，大刀阔斧走深化改革之路，已经实施的大部制改革和正在逐步推行的学部制改革，正在彰显其效果和成果。本学期，全校上下积极探索基于存在问题、立足学校未来发展、符合高等教育规律和高校国际化建设趋势的中外学生融合教育、管理模式，具有重要的现实作用和深远的历史意义。本着教育以人为本的思路，积极促进中外学生融合教育，培养中外师生相互包容的精神，通过搭建开设中外学生同堂的课程教学项目和开展丰富多彩的课外实践活动等两大类别的多个立体平台，“国际视野、本

土行动，中外融合、东西贯通”这16个字可以借用为我校促进中外学生融合教育的出发点和目标。

教育理念对教育目标的实现无疑有着直接的指导作用。无论是大学办学目标，还是大学精神文化建设，最终都应落实在学校的人才培养目标和质量上。作为一所国际化特色鲜明的大学，我校必须立足于利用多元文化环境，培养学生的世界意识、全球意识，在校园文化建设中突出“多元文化”的特色，加深不同文化之间的相互认识和了解，培养对多元文化的理解和包容心态，增进对本民族文化的认同感与自豪感，促进中外学生深度融合，成为跨文化交流的主体，成为展现、传播、弘扬本民族文化的使者，不断培养出高素质、全方位的国际化优质人才，这是对党的十八届三中全会对教育深化改革总目标的具体落实，也体现了教育以人为本、以学生为中心的根本理念，是我校实施教育深化改革，不断提升人才培养质量的必由之路。

## 参考文献

[1] 陈治安、李力、刘承宇主编:《跨文化交际学理论与实践》，重庆：重庆大学出版社，2006年版。

[2] 关世杰:《跨文化交流学——提高涉外交流能力的学问》，北京：北京大学出版社，1995年版。

[3] 林宣贤:《从文化冲突看高校留学生管理工作的改进》，《中国电力教育》，2009年。

[4] 强百发:《基于文化差异下的来华留学生管理》，《现代教育管理》，2010年第2期，总第134期。

[5] 中国高教学会外国留学生教育管理分会编:《来华留学教育管理研究》，北京：北京语言大学出版社，2009年版。

[6] 教育部国际合作与交流司编:《2011年来华留学生简明统计，内部资料》，2012年。

[7] 2013年12月7日刘延东在第八届全球孔子学院大会上的主旨演讲。

# 多语言环境建设与财经外语类高校国际化人才培养实践研究
## ——以对外经济贸易大学为例

张杉杉

**摘　要**：国际化人才培养是众多财经外语类高校人才培养的目标，同时，加强多语言环境建设不仅是践行高等教育国际化的具体措施之一，也是推动国际化人才培养不断发展的重要保障。财经外语类高校应该充分发挥学科特点和人才培养特色，通过建设多角度、深层次的校园多语言环境，为国际化人才培养目标服务。

**关键词**：多语言环境建设　财经外语类高校　国际化人才培养

高等教育国际化思潮自20世纪50年代开始兴起，许多国家都将高等教育国际化列入其教育发展的日程当中。中国高等教育近年来也越来越重视并不断勇于实践国际化，其中涉及了广泛的内容，但究其高等教育国际化的核心和本质，是对于国际化人才的培养，其中多语言环境的建设必然成为高等教育国际化人才培养中的重要保障和推进因素，特别是财经外语类高校作为特殊的高校类型，如何发挥多语言环境在国际化人才培养中的作用，应该成为各财经外语类高校探讨和实践的重要课题。同时，如何发挥财经外语类高校学科特色和本土国际化作用，打造具有国际化特色的人才，也应该成为财经外语类高校人才培养的重中之重。

## 一、财经外语类高校国际化人才培养的目标

国家中长期教育改革和发展规划纲要中明确指出："适应国家经济社会对外开

张杉杉　对外经济贸易大学英语学院

放的要求，培养大批具有国际视野，通晓国际规则，能够参与国际事务和国际竞争的国际化人才。”培养国际化人才已成为高等教育国际化发展过程中的重要目标，在全球化、国际化和开放性观念不断加强的引导下，通过国际交流合作，发展和创新人才培养方法和模式，力争培养与国际相接轨综合性人才。

### （一）具备宽广的国际化视野和思维

高等教育国际化背景下的人才培养应当首先培养学生具有全球性的眼光和适应国际竞争的思维模式，抓住世界发展的主流和规律，特别是能够判断和把握本行业和领域在国际发展中的整体情况、最新动态和发展趋势，从而为参与激烈的国际竞争并脱颖而出打下基础。

### （二）具备创新意识和创新能力

创新型人才培养是教育改革和发展的大势所趋，且不能依靠原有的教育理念和灌输式的教学方法实现。除了鼓励学生进入各专业研究的前沿领域，激发创新意识外，更应该着重培养学生独立批判和刻苦坚持的创新精神，并提供大学生参与创新活动的机会和训练，在实践活动中提升创新能力。

### （三）具备良好的跨文化交际能力

财经外语类高校要培养的国际化人才应该能够熟练掌握运用一门或一门以上外语，并对不同文化之间具有较高的敏感度和开放心态，同时能够处理在多国文化交流过程中遇到的问题，培养融语言知识、社会文化语言能力、策略能力和文化素养为一体的高素质、复合型国际化人才。[①]

### （四）具备扎实的专业基础知识

扎实的专业知识是高等教育人才培养的重要目标和学生未来发展的重要基础，作为财经外语类高校，除了培养学生专业基础知识外，更应该根据学科特点，引入国际性的、前沿性的、跨文化的知识和理念，尤其是注重通过国际职业课程的教授，使学生掌握全球化发展下通行的专业知识和专业能力。

### （五）具备深厚的人文素养

在跨文化交往越发频繁的当今国际环境和工作环境中，对于学生人文素养的培养和开发，一方面培养学生对于中华传统文化和优秀成果的认同和传承，另一

① 郝钦海：《国际化人才跨文化交际能力的培养目标》，《首都经济贸易大学学报》，2010年第5期，第121页。

方面培养学生对于全球共享的世界文明和人类文化的欣赏，尤其是对于不同文化间开放的心态和包容的态度，从而形成学生深厚的人文素养。

### （六）具备熟练的社会实践能力

财经外语类高校的学科特点，决定了除了培养学生扎实的专业知识，还应该通过具有学科特点的国际化实践教学活动和校园文化活动，提升学生对于专业知识的技能运用，特别是在全球化发展的进程中，对于前沿问题的洞悉和把握，提升在跨文化交际的背景实践中运用知识处理问题的能力。

### （七）具备世界公民意识

公民意识培养是提升国民素质的关键，世界公民有意识的培养是适应全球化发展和跨文化交流的重要途径。在高等教育人才培养的过程中，培养学生具有健全的民主法治意识和良好的公民道德，有效行使公民权利和履行公民义务，参与社会公共事务管理，特别是增强全球化意识，以平等包容心态对待全世界公民，从而不断适应国际化发展，并为提升国民素养和世界和平发展打下基础。

## 二、高等学校多语言环境建设的挑战与实践

财经外语类高校作为感知全球化程度较高，与高等教育国际化接触最早最多的高校，无疑在高等教育国际化的进程中承担了重要的角色，尤其是多语言环境的建设方面，应该不仅仅停留在多语言教学层面，而且应该通过系统的多语言环境建设，从而形成更浓厚的国际化氛围和环境，为国际化人才培养提供保障。对外经济贸易大学作为众多财经外语类高校之一，在多语言环境建设方面也提供了具体的实践。

### （一）多语言国际化课程设置

课程国际化是财经外语类高校在高等教育发展过程中的趋势，全球化发展也需要培养具有经济全球化视野和国际竞争力的财经外语类人才，应将此作为财经外语类高校课程设置的首要教学目标。同时通过全外语教学或双语教学的方式，利用经典多语言教材，将具有国际前沿的、跨文化的知识和全球化观念融入日常教学过程中。[①]

目前，对外经济贸易大学开设了国际经济学、国际企业管理、营销学原理、

① 邱伟芬：《财经类高校课程国际化策略分析》，《高等教育研究》，2009年3月，第93页。

比较法文献选读等全英教学课程和国际贸易实务、公司金融战略、中国对外贸易法、国际营销学等双语教学课程，并由外语学院承担开设多门小语种课程，大部分课程均使用外文经典教材。多语言国际化课程已经成为对外经贸大学等财经外语类高校进行国际化人才培养的重要手段。

### （二）多语言国际化教学管理

教学管理作为一项系统工作，与教务部门、学院学系、外事部门之间协调合作息息相关。如何开设既具有普遍性又具有国际性的课程，如何鼓励和评估全外语教学和双语教学课程的开设，如何聘请外籍教师担任授课教师，如何更灵活的进行课时和学时调整等都需要具有科学化、国际化理念的教学管理。同时在教师制定的教学计划中，突出多语言教材的使用，根据学科本身国际化特点，在具体教学方法和教学实践活动的过程中，增加多语言和国际化因素。

对外经贸大学采取“暑期学校”、集中学时授课和专题讲座等教学管理安排，并将其纳入选课系统和学分系统，能够提供在校学生自由选择课程和教师的机会，进行多语言国际化课程学习。同时，通过建立个人申报、学院考核和专家评估等方式，对于全外语课程或双语课程的开设进行认定，并通过表彰鼓励等形式，提高国际化教学管理的水平。

### （三）多语言师资配置

教师作为高等教育最直接和最重要的环节，多语言师资配置不仅体现在增强现有教师的外语授课能力和加大引进外籍教师的力度，还在于培养教师具有多语言国际化教学理念，针对学科特点，将传统教学内容和方法通过国际比较和借鉴不断更新和延展，重视在教学中对学生语言能力、跨文化交际能力和对外交往能力的培养。

近年来，对外经贸大学在师资的引进上逐渐重视对于教师外语能力的考察，同时重视对于在职教师外语能力的培训，特别是对于外籍教师和国外知名专家、客座教授的引进上，力度逐渐加大，开设如创业入门基础、国际贸易、理论与实证、全球金融市场中的对冲基金、管理会计、营销学原理等多门课程，提高国内外教师学术交流空间的同时，提供给学生高水平多语言教育机会。

### （四）多语言学生构成

多语言学生是国际化校园主体构建的重要组成部分，高等学校留学生数量不仅代表学校在全球化教育体系中的认可程度，更能够提升校园国际化氛围，提供在校学生跨文化交流平台，对于学生语言运用能力、体察感知不同文化间差异、灵活处理跨文化交际中的问题的能力等都有很大程度的提升。

目前，有来自世界120个国家和地区的3000余名留学生在对外经济贸易大学学习，同时每年还大量接待国外短期进修和访问的团体和学生，对外经济贸易大学多语言学生所占比例一直高居不下，不仅有利于中国语言文化和经济贸易知识的对外传播，更丰富了学校学生构成成分，提升了学校的国际化水平。

### （五）国际化学术交流

高等教育国际化和人才培养的国际化过程中，需要不断丰富教师和学生的国际经历，从而拓展国际视野，增强国际竞争力。一方面，教师层面的出国访学、国际会议、国际科研合作等能够拓宽教师前沿理论知识，吸收先进教学理念和方法。另一方面，推动学生的跨国流动，通过设立交换项目、奖学金支持等方式，通过国际交流的开展，拓宽学生培养方式和渠道。

对外经济贸易大学将国际化学术交流合作纳入人才培养的重要环节，学校和各学院都努力拓展适合自身，且具有鲜明学科特色的对外交流项目，除承办多场国际高端学术会议、利用国家留学基金委项目等鼓励教师出国进修，还开展与哥伦比亚大学、伯克利商学院、加州大学尔湾分校等课程交流项目，与华威大学、伯明翰大学、马里兰大学、巴黎一大等合作办学项目，为在校师生提供了广阔的国际学术交流平台。

### （六）国际化实践活动

培养国际化高层次人才，就要发挥校园文化对学生潜移默化的作用。大学的教育理念、办学思想、学术氛围、人才培养等无不兼容在校园文化中。[①] 在校园活动中，不断提升国际化因素，在实践第一课堂教学的同时，能够利用二三课堂的校园文化实践活动和校外实践活动，营造国际化多语言校园氛围，拓展国际化视野。

以对外经济贸易大学国际文化节为例，自2010年至今，共成功举办六届，先后有70余个国家近150位驻华使节出席了国际文化节活动，集中开展了五洲风情展示、中外学生广场联欢等近30个活动。同时，通过中日学生会议、海外实习、国外巡演、国际志愿服务，特别是参与如欧莱雅全球商业策划设计大赛、中日韩商业创意大赛等国际竞赛实践活动，提高学生参与国际事务的实践能力。

---

① 马化祥、霍晓丹:《国际化视野下的高校校园文化建设——以北京大学建设和谐校园文化为例》,《思想理论教育导刊》, 2011年3月，第109页。

## 三、目前多语言环境建设与国际化人才培养之间的问题

### （一）单纯重视语言学习，忽视跨文化交际能力培养

高等教育国际化不断加强的背景下，在高校教学的过程中，语言教育的重要性被不断强化和提升。扎实的语言基础和灵活的语言应用能力确实是高等教育国际化和人才培养国际化的重要表现之一，也是加强国际交流和跨文化交际的重要基础。但从全面培养跨文化交际能力的角度来看，在重视语言学习的基础上，更应该培养学生对于不同文化和文明的开放态度和敏锐感知，特别是对于不同文化间的差异和跨文化交往实际中可能存在问题的应对，应该成为与语言学习同等重要的培养内容，从而打造具有国际化意识、视野和优秀语言能力，能够处理文化交流中复杂问题的全方位跨文化交际人才。

### （二）单纯重视基础知识学习，忽视知识更新和实践能力培养

财经外语类高校中多数专业设置为专业基础和实践能力并重的专业，尤其是某些课程设置具有不断的空间发展和知识更新。因此，如果只着重学生第一课堂基础专业知识的学习，不注意将传统课程通过国际比较发展和延伸，忽略对于全球化下前沿专业知识的吸收和讲授，会造成知识的僵固化和落后化。通过考察先进教育国家同类专业经验，引入具有国际职业技能教育的课程和国际专业资格认证体系，增强学生专业培养的国际化程度和国际认同度。同时，专业实践能力的培养应与专业知识学习并重，根据学科特点，通过具有国际职业特点的课程培训，利用课堂教学和第二课堂、第三课堂实践，提升专业实践能力和技巧。

### （三）单纯强调全球化，忽视对自身文化的尊重学习

在全球化不断发展和媒体技术不断更新的今天，全球文化交流速度不断加快，接触和吸收其他文化体系的难度越来越小，一方面促进了不同文化间交流和融合，另一方面拓宽了学生的视野。但与此同时，一定程度上可能存在忽略本身文化的学习和认同。透过世界文明和中华文化的对比学习和研究，应当学会从中去伪存真、去糟粕取精华，吸收建立在优秀文化基础上适合自身发展和成长的人文精神和文化精髓，特别是在此基础上能够拓展自身对于民族观和世界观的认识，从而能够对于全球化和多元化日益明显的全球文化有更深刻的认识理解，增加自身文化修养和人文素养。

### （四）某些制度设计不利于国际交流发展

包括教学制度和国际交流制度等制度设计对高校国际化发展和人才培养有深远影响，非弹性学制、学分置换困难、教学评估方法单一化、国际交流项目非针对性等都会阻碍师资和学生的国际交流，影响国际交流的水平和层次。因此，发挥学校办学和管理的自主权，提升高校在国际交流和国际合作上的灵活度和主动性，从教学管理制度、学籍管理制度、质量评价方法等制度执行国际通用标准，在学位、学分、证书互相承认上有所突破，[①] 从而在制度层面解决制约高等学校国际化发展和国际交流的因素。

## 四、模式构建与展望

面对高等教育国际化和国际化人才培养的要求，高等教育学校特别是财经外语类高校，应该从多角度、深层次加强多语言环境建设，进一步整合资源，搭建平台，从而为财经外语类高校国际化人才培养提供条件基础和环境保障。

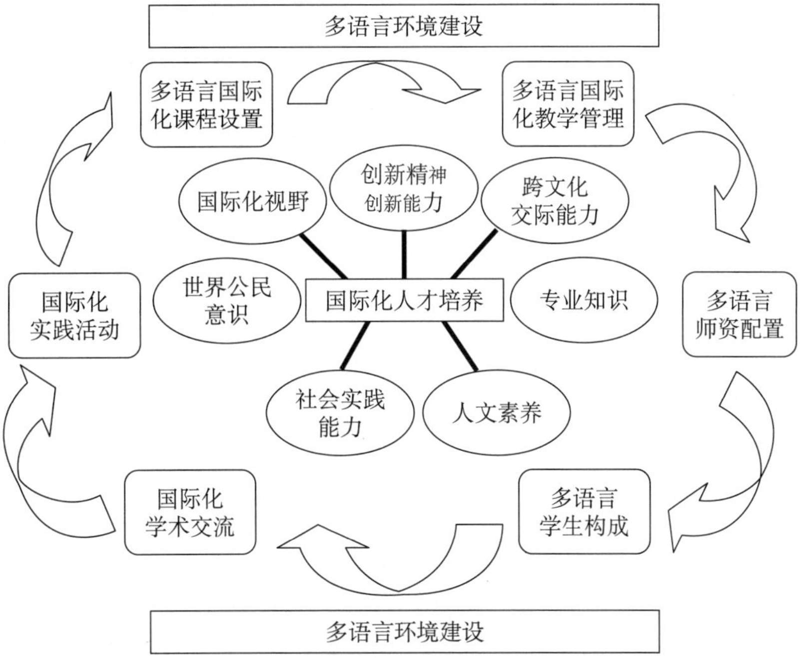


① 裴文英：《高校发展视野中国际化人才培养研究》，《江苏高教》，2007年第6期，第80页。

### （一）形成国际化人才培养目标共识，打造多语言国际化氛围

更新原有传统、保守的理念思想，从世界经济发展和国际交流增强的大环境出发，将高等教育国际化发展提升到学校建设和发展的战略高度，从国际视野去审视人才培养的问题，达成共识，力争培养具有国际化视野、全球意识、专业知识完备、跨文化交往能力和全球竞争力的国际化人才。同时，从课程设置、教学管理、校园文化、国际交流等多方面全方位打造多语言国际化校园氛围，开发利用校本资源，为校园本土国际化创造环境基础。

### （二）人才培养标准和评价体系注重与国际接轨

为培养具有国际竞争力的人才，应当注重吸收和借鉴全球通行的人才培养标准，打造得到全球认可度的国际化人才。除跨文化交往能力外，在学科和专业设置上应当与国际接轨，特别是重视引入培养学生从事国际职业的课程和培养学生获得国际专业资格的课程。对于人才评价体系，也要力争突破传统单一的评价标准，采纳国际通行的评价标准，增强学生在国际人才市场中流动。

### （三）建立信息分析反馈平台，及时调整模式设计

在高等教育国际化和国际化人才培养的发展阶段，要注重分析发展现状和存在问题，特别是注重教师、学生、用人单位和合作院校等反馈，对现有制度设计和模式设计进行客观评估，并根据分析不断调整现有模式，从制度设计层面不断完善，为多语言环境建设和国际化人才培养提供坚实保障。

# "微"视域下大学生思想政治工作的现状与策略

## ——以微信为例

田俊杰

**摘　要**：微信作为一种区别于传统媒体的新媒介，在具有较强学习能力、猎奇心理和不成熟的世界观的大学生群体中广泛运用。微信等新媒体的开放性、个性化、即时性、虚拟性等传播特质，对大学生的道德素养、行为习惯、世界观和价值观等产生了巨大的冲击和影响，也给思政教育带来了挑战和机遇。本文基于微信的自媒体时代背景，梳理微信的特点及带给思政教育的挑战和机遇，探索如何建构一支与时俱进的思政管理队伍，探寻能和传统思政模式相结合的教育模式，充分促进学校管理和学生自主管理的双重良性互动。将不利因素消解和转化，让微信等自媒体发挥教育优势，使其成为高校思想政治工作的重要平台和载体。

**关键词**：微信　思政工作　策略创新

随着时代和技术的不断发展，作为一种区别于传统媒体的新型传播媒介，"微信"作为一个多功能的社交平台，已经在社会各个领域广泛应用，并和人们的生活紧密联系在一起。大学生群体具有对新鲜事物较强的猎奇心理和学习能力，而使得微信在这个群体中迅速的使用和普及。崭新的"微时代"的来临，带来了一系列的"微"事物。对大学生的思想品德、日常习惯、价值观等都带来了新的冲击和影响，也给传统的思政教育提出了新的挑战，同时也带来了新的机遇。目前，如何在"微"视域下把握时代特点，认识其带来的挑战和机遇，并探索新环境下大学生思政教育新路径，已经成为摆在思政工作者面前一个重要的课题。

田俊杰　浙江外国语学院中国语言文化学院

## 一、“微信”在“微时代”下的概念和特点

目前“微博”、“微信”、“微电影”、“微支付”等系列以“微”字为特点的名词陆续出现，并在自媒体时代大范围地占据人们的生活领域。最早关于“微时代”的提法是来自于百度百科，定义为：以微博、微信公众平台作为传播媒介的代表，是新兴网络媒体变革与创新的产物，它以数字化技术为基础，运用图文、音视频等多种方式进行广泛和快捷的传播，以短小精练作为文化传播的时代。“微信”是腾讯公司在2011年1月为智能手机推出的即时通讯服务免费应用程序，用户可以通过手机、电脑等快速发送文字、语音、视频等。用户可以通过摇一摇、搜索号码、扫二维码等方式添加好友，并通过朋友圈分享精彩内容。最初作为一款即时通讯工具使用，在短短几年内发展成为具有众多功能的社交平台，目前拥有超过六亿多的用户并呈不断增长趋势，成为亚洲最大用户群体的移动即时通讯软件，彰显了强大的发展潜力。微信通过手机终端除了创造一种自我表达的平台之外，还把人的视觉、听觉等感应拓展开去，突破自身局限，顺应大众获取信息和交流的方式以及消费心理，创造一种人与人之间交流互动的公共空间，因此成为互联网时代的标志性媒介。“微信”在“微时代”背景下具有以下几个特点：

### （一）传播的开放性与个性化

对于微信用户来说，人人都是掌握话语权的自媒体，“微时代”的到来实现了海量信息更为通畅自由的传播，人们可以在自由的时间和地点，自由的获取和发布信息，这些特点大大激发了普通人发表观点的兴趣。同时作为一种新媒体，它具有高度开放性，完全陌生的群体，由于共同的爱好和价值观而可以在网络频繁社交。同时它可以满足大众个性化的需求，用户可以通过对话、视频、图片、文字等简洁明了的表达方式，编辑自己的感受，可以录制自己的视频、音乐等发布，通过展亍个性化特点，把具有共同爱好的人联系在一起，形成了一种新型的社交关系。

### （二）传播的即时性与交互性

在信息传播的过程中，微信与传统纸质媒介的印刷、发行相比，其通过互联网、手机等接受和发布的时间和空间所受的限制大大缩小。另外，与一对多的传播模式相比，微信可以改变传播格局，同时作为传播和接受者的角色，使互动传播得以实现。与传统的交流方式相比，手机等移动介质便于携带，运用微信，随时随地可以接受和发布信息。可以帮助使用者即时的将信息传达到世界各地。其

复制和信息保存等功能也可以使用户大量节约时间和提高信息传播的效率。同时，人们不再只是置身事外的观望者，他们可以通过关注感兴趣的用户，参与信息发布和评论，也可以转载和分享，大大增强用户之间的信息交流和互动。

### （三）传播的流动性和虚拟性

微信传播可以突破传统媒体单一的传播形式，在"微时代"背景下，以手机为代表的信息传播终端打破了原有的传播信息模式，增强了传播和接收速度，手机的随身携带，打破以往固定电源、网线的限制，使得信息传播具有流动性的特点。同时作为一种新媒体，虚拟性是微信的本质特征，在空间上，与现实活动空间有类似性却有本质区别。在信息发布上，人们可以随心所欲的编辑文字、修改图片和视频，制作虚拟信息。同时在虚拟传播的过程中，性别、昵称、头像等可以自由设置，从而带来交往过程中的虚拟化。

## 二、"微"时代给大学生思想政治工作带来的影响与挑战

微信等自媒体作为新兴的网络媒体，它的瞬时性、交互性、个性化等特点，能满足当代大学生希望自由表达观点，释放个性，得到尊重与肯定的诉求，为他们提供一个表达自我的平台。手机成为当代大学生信息的主要来源，他们的阅读习惯具有移动、互动、自动等特点，并呈现出扁平化和碎片化。他们可以不受时间空间的限制，随时随地表达观点和态度，利益诉求和情绪宣泄。自媒体信息的多元化和个性化，与当代大学生的情感、利益诉求以及个性特点不谋而合，使得微信这种自媒体在大学生群体中广泛使用。由于这种自媒体的不可控性、虚拟性、传播即时性、碎片化和多元化等特点，与当今大学生生活和思维方式相结合，给当今的思想政治工作带来了巨大的影响和挑战。

### （一）对传统思政教育模式的影响与挑战

传统的思政教育模式通过课堂教学、树立典型、宣传引导等面对面交流的方式进行，在新媒体时代到来之前，教师掌握的知识比学生多，因而在思政教育过程中占主体地位。思政教育者作为一种权威性引导，学生在思想和行为上与教育者之间的差距，使得思政教育者在学生心目中处于主动和崇高的地位。换句话说："高校思政工作者通过掌握话语权，即有意识的选择合适材料对教育对象进行持续地、高强度地传播含有特定内容的信息，以促使教育对象的思想、行为发

生转变。”[①] 然而在新媒体时代，互动交流和学生的中心地位越来越明显，学生获取信息渠道多元化、快捷化，大大区别于只能依靠书本和教师传授的知识获取模式。学生能够充分的参与话语权的分享和去中心化，树立起个性化的主体。因而“他们的声音不再是小范围的自娱自乐，也从另一个层面刺激年轻人个性中的精英意识，以及对高校传统思政教育模式下教育者单方把控话语权的不满与抗争，销蚀了传统大学生思政教育的权威性”。[②] 然而微信传播过程中，信息的泛滥和巨大差异，会给学生带来认知的偏差，这与思政教育的目的大相径庭。微信的传播方式和互动方式，容易形成认同，错误的认同会将人生观和世界观没有完全建立的大学生，带进垃圾信息、混淆观念的意见漩涡，这是极其危险的，这些都给传统的思政模式带来巨大的挑战和冲击。大学生是一群追求刺激、喜欢猎奇和追求利益的群体，当置身与微信这样一个缺乏道德约束手段的自由空间里，每一个微信用户都是信息的发布者和接收者，大学生们用大量的时间沉迷于浏览和发布微信，碎片化和扁平化的知识获取方式，占据了大量系统性学习的时间。微信作为新媒体的虚拟性在一定程度上使得用户虚实难辨，从而会出现一些违背法律的行为。

### （二）对大学生思想行为和人际关系的影响与挑战

大学生普遍具有阅历不丰富、心理不成熟、人格不完善等特点，于是在使用过程中出现的撒谎、欺骗比以往更自由。对垃圾信息、腐朽落后文化、色情暴力等内容缺乏辨识和主动接受。微信中传播的类型不同的思想观念、价值取向对社会主义核心价值观的认同也带来挑战，造成大学生认知上的模糊、否定、质疑等，给大学生们的思想行为塑造产生巨大的冲击和挑战。

同时，由于微信使用突破了传统的交流模式，大学生可以在这个虚拟世界里躲避现实交流，疏离现实交往。通过微信朋友圈和公众号就可以足不出户的了解别人的生存状态，可以就热点问题和公众事件开展交流和评论。然而信任危机无法保证陌生人都可信，“附近的人”等功能拉近人们之间的距离的同时也带来安全隐患。由于网络交流的便捷，导致人与人之间直接交流的机会减少，过分依赖网络交流，导致性格孤僻，人际交往能力弱化。很少参加社会活动，缺乏对人和事的关注，从而导致人际关系的疏远和淡漠。在这个虚拟化的空间里，用假的名字、头像，说假的话，传播虚假信息，却无法像现实世界中一样受到道德约束，从而导致人与人之间的信任危机。人际交往的障碍进而会导致许多的心理问题，

① 尹晓敏：《微博兴起背景下大学生思想政治教育的挑战与应对》，《思想教育研究》，2011年第2期，第39页。
② 同上，第40页。

这给思政工作带来巨大的挑战。

### （三）对思政工作者的教育能力和教育方法的影响与挑战

新媒体日新月异。微信的使用越来越普及，还将会推出新的应用，不断满足人们的诉求。大学生对于新生事物的迅速接受，成为新生事物最早的接受者和推广者。他们主动的选择学习内容，然而作为思政教育工作者，面对失去话语权和主动教育者地位的局面，有许多的不适应。他们相对于学生，缺乏对新鲜事物的敏感性和追求的迫切性，对于思政教育存在经验主义的弊病。对于新媒体知识的应用和技术缺乏，以及运用新媒体进行思想政治教育的主动性不强，不能及时地与学生的微信使用行为对接，从而产生沟通上的偏差。因此，微信的普遍使用，获取知识的途径大大增强，对教育工作者的素质提出了巨大的挑战，当教育者的各方面素养不能产生对受教育者的吸引力时，将会被置身于一种尴尬境地。同时微信使用的即时性，传播的迅速性等特点，使得突发性的舆论事件越来越多，思政教育工作者还必须学会对微信使用环境做全面的把握，提高舆论预判的能力，才能在言论自由的时代，把不良后果降到最低。

## 三、微信使用对大学生思想政治工作带来的新机遇与可行性

### （一）为大学生思政教育提供广阔的载体和平台

微信公众平台等的使用和日益成熟，网络虚拟空间越来越大，功能越来越强等特点，都为思政工作提供一个更加广阔的平台。这使得思政教育内容更加全面，更加具有选择性和客观性。思政工作者可以在第一时间，有针对性地选择需要的内容，通过微信公众平台订阅号等发布信息，为学生提供一个学习和交流的平台。从以往的一对一、面对面的交流中解放出来，使得思政教育的效率和受众面大大提升。交流的内容也可以从单一、静态走向多元和动态，使得教育资源更加丰富，共享更加便捷，思政教育更加立体和全面。

### （二）使得思政教育更具有互动性和生活化

传统的思政模式更倾向于单方面的灌输和给予，从某些层面忽视了被教育者的主体地位和接受能力，从而限制了被教育者的主动性和创造性。微信为师生提供了一个自由、平等交流的平台。由于身份的虚拟化大大降低了交流过程中的心理障碍，有利于形成宽松友好的交流氛围和学习环境。思政教育者在制作和发布教育信息的时候，一方面作为学习者在接受知识，一方面作为教育者传递知识，促进了思政工作教育者主动性的发挥和对新媒体的接纳。同时微信信息的发布可

以丰富多彩，有图片、文字、视频等，使得思政教育生动活泼，有利于大学生对于思政教育认知的转变，拉近师生距离的同时增强教育效果。

### （三）使得思政教育更具时效性和创新性

微信各项功能的使用，使得思政教育者可以及时的发布教育理念和信息，也能及时了解受教育者的想法和感受，从而提高教育的针对性和有效性。微信具有传播迅速，参与面广等特点，使得教育者和受教育者可以互相关注，积极参与分享和互动，表达想法和态度。教育者可以及时根据要求，因材施教，受教育者的问题也可以在第一时间给予答复或者解决。这种零距离的模式，大大提高了教育效率和效果，提高思政工作的时效性。微信使用突破时间和空间的限制，使得教育载体从单一和平面走向多元和立体，为思政教育无论是内容还是方式方法的创新性上，都提供了巨大可能。

## 四、微信时代开展大学生思政教育的创新性策略

大学生思政工作关系到高校健康稳定发展和社会主义事业发展。思政教育必须与时俱进，不断应对新形势、新挑战和新机遇，及时把握时代特点，更新理念，提出积极有效的教育策略和方法。

### （一）寻找与传统思政教育模式的结合点，发挥微信的思政教育功能

实行线上和线下的优势互补。在传统的思政工作中引入新媒体等专题课程，提升学生的媒体素养，提升对媒体信息的甄选和鉴别能力。同时发挥思政课堂、广播、报纸等媒体的作用，加强思政教育的线下感染力。传统思政教育模式中，教育者作为主体地位的特点是“信息遴选者”、“信息整合者”和“信息把关者”。转向微信时代，这些功能的优势同样可以利用和发挥。作为在关口的执行者，思政教育者可以通过对信息的甄选和整合，开发自媒体载体，主动利用自媒体，掌握大学生的舆论阵地，将体现社会主流意识的信息，通过生动活泼的形式呈现给受教育者，使得微信等自媒体成为大学传播先进思想的重要载体。

交流模式上，思政教育者可以积极拓展网络话语权，通过教师自己的个性化微信平台等，将有利因素进行整合，把握教育主动权和权威性。通过微信互动、公众平台互动等模式，将传统的一对一引导变成开放式、参与式的引导，在对某一事例的互动中，交流信息的开放性，为众多受教育者观看和学习，从而使更多的人在同一事件中得到教育，形成对传统教育的良好互补。思政工作者还可以网络技术为依托，将传统的思政理论课等通过课堂和线上结合的模式，将课堂内容

在网络上生动呈现，并尽量使语言生动和富有个性特点，创造一种大学生喜闻乐见的思政教育氛围。

丰富课堂内容和话题。“微时代”给学生提供的信息丰富和及时，各种时事热点能够实时被知晓。基于大学生思维活跃，对热点信息乐于关注和评价，并希望有一个平台交流，来展示他们的个性，同时喜欢表现出他们的社会责任感和政治敏感度等特点。思政工作者可以基于这些，创设一种更丰富的课堂教育模式，在内容上增加他们关注的时事热点信息，创设班级微信群、时事政治交流群，开辟时事政治公众平台等，给他们发表见解的机会，并及时对他们的态度和看法给予关注和引导。不仅为学生提供一个展示和交流的平台，更为教师及时掌握学生思想动态，有针对性的开展思政工作提供良好契机。

### （二）注重新媒体环境下思政队伍的建设和创新

新媒体环境下需要丰富思政队伍的人员结构，提升思政管理干部队伍素质，首先是提升这支队伍的媒介素养。思政工作者需要克服观念滞后的不足，对于微信等多媒体交流平台和传播方式及内容增加学习和了解，将新媒体作为思政教育必备的交流互动工具，学会对海量信息分析、处理和传达。面对学生的丰富的专业特点，新媒体的传播特点等，思政队伍的人员构成也应该增加专业的丰富性，增强媒体管理队伍力量，提升思政队伍教师的媒体技术，培养一支思想政治素质和新媒体技术都过硬的干部队伍，紧跟新媒体技术不断进步的时代潮流。加强自媒体开发的团队建设，开发具有时代感和大学生喜闻乐见的微信产品。

其次，需要培养一批政治素质过硬，知识储备和管理能力全面的思政干部，让他们发挥“舆论领袖”的作用。拉扎斯菲尔德的“二级传播”理论告诉我们，在传播过程中，常有少数认识消息和影响的重要来源，这部分人对有关事情的更多了解，他们在一般网民中发表一些信息和表达看法，能影响普通人，这些人就是舆论领袖。[①] 因此，培养一批这样的思政工作者作为引导者，更好地做好舆论引导工作，建立信息快速反应和应急队伍，及时监控和把握突发事件，对新媒体环境下做好思政工作尤为重要。

### （三）加强校园微信公众平台建设，建立大学生微信自我管理团队

校园的微信管理需要首先从规章制度上加强顶层设计，其中包括微信安全维护和应急预警制度、实行学生微信实名原则、加强学院管理人员的培训等。同时，高校校园的校园网络建设要体现出主流性、服务性、特色性等特点。学校的

① 张迈曾：《传播学引论》，西安：西安交通大学出版社，2002年版，第47页。

微信公众平台要与学生的实际发展需求相联系，要使思政教育真正富有成效，必须充分做到以生为本，充分考虑到学生在不同年级和时段的学习、生活、情感、发展、就业诉求，只有在情感基础上的教育才能更好地被接受。因此学校的微信公众平台可以通过微电影、图文并茂的新闻、幽默诙谐的语言等大学生喜闻乐见的形式吸引学生关注，获得一定的关注量是发挥平台作用的基础。发挥优秀教师、思政辅导员、大学生优秀典型的作用，建立和管理好交流平台，搭建师生交流互动桥梁。

同时要注重学生自我管理的微信团队建设。受教育者主观能动性的发挥，是影响思政教育有效性的重要因素。因此在思政教育过程中，仅有教育者的能动性发挥是不够的，而人的主观能动性的发挥很大程度上取决于对需求的满足程度。

因此在微信时代，思想政治工作应该以生为本，关注学生诉求，同时充分激发学生自我管理、自我教育、自我控制的能力。首先是充分尊重大学生的网络话语权，通过加强引导和教育，在学校的系列规定里增加新媒体使用的规范和要求，通过讲座、辩论等学生活动加强对微信等自媒体的了解和相关法律知识的学习。引导和教育一批优秀的学生学会正确认识网络信息，甄选和辨别信息真伪。鼓励和支持优秀学生建立微信自我管理团队，进而建立起与教师平等对话的平台，通过真诚交流的模式，达到思政工作教育者和受教育者共同创设一个平和的对话语境。其次对优秀的学生自由公众平台给予宣传和推送，让典型性发挥作用，使优秀学生团队把握自我管理话语权，与学校媒体环境形成良性互动。

# 核心价值观视域下的高校学生德育教育创新

——基于电影艺术的运用

邱 萍

## 一、高校德育的现实困境与变革需要

党的十八大报告从国家、社会、公民的层面提出要培育社会主义核心价值观，构建中国特色社会主义价值灵魂。同时，习总书记在“五四青年节”和“北京大学生师生座谈会”上明确要求教育系统要切实把培育和践行社会主义核心价值观融入到教育的全过程中。社会主义核心价值观是教育改革发展的基础工程，是推进教育体系现代化的根本。

加强大学生社会主义核心价值观教育，是当前高校教育的一项极其重要的使命和任务。一项针对本科大学生进行的抽样调查结果显示：“90后”大学生的社会主义核心价值观总体上是健康的、积极向上的，对主导性的公德规范大多数也是认同的，但是在“视听文化”、“网络文化”与“商业文化”等消费文化影响下，同时也不否认部分大学生的价值观中存在个人主义、拜金主义、享乐主义等一系列边缘化价值观倾向。只有大力提倡社会主义核心价值观，以此凝聚大学生的共同价值追求，才能真正在大学生中形成巨大的价值共识和思想共鸣，才能保证大学生全面发展的正确方向。

新形势下加强大学生社会主义核心价值观教育要有全新的教育理念，必须具备创新思维和有针对性的思路。传统的思想政治教育方式相对滞后，主要采用思政理论课的课堂教学，教与学出现片面化、单向性，针对性、吸引力和感染力不足，影响着对“视听一代”、“网生代”社会主义核心价值观的教育效果。电影艺术教育正是利用电影这一融合试听的综合艺术进行的教育活动，摆脱传统思政教

邱 萍 浙江外国语学院英语语言文化学院

育“黑板加书本”的强制性灌输式教学，用学生喜闻乐见的形式表达真善美，激发学生对美好事物的向往和追求，在潜移默化中进行社会主义核心价值观教育。

笔者力图将电影艺术与德育教育工作相结合，在高校培育和践行社会主义核心价值观中，有效运用电影艺术教育手段，带动一轮新的价值观资源开发，弥补传统思想道德教育过程中的缺失。

## 二、电影艺术的教育价值与德育契合

第一，电影艺术的媒介特性有利于大学生接受核心价值观。

作为第七艺术的电影具有独特的视听语言系统，它融合了文学的叙事性、音乐的抒情性、绘画的形象性、摄影的真实性、戏剧的参与性，同时还以蒙太奇手法形成自身独特的叙事结构与表意功能，其媒介魅力和传播特性非常符合大学生的认知习惯，已成为大学生文化身份认同和价值观形成的重要资源。

第二，电影艺术能有效弥补思想道德中的缺陷。

“艺术：让人成为人”，浩瀚的中外电影中包含着无穷的真、善、美，它所引发的道德结论不再留于抽象的理论，而是从独特的人物性格、感性的情绪气氛、动态的发展过程、敏锐的细节关照出发，让核心价值观落实到最具体的性情体验中。

第三，电影艺术既是大学生产生价值观困惑的重要源头，也是解决困惑的最佳载体。

“视听一代”、“网生代”大学生在课余时间，通过优酷、爱奇艺、乐视等视频网站在线或下载观看各类电影，已成为当今中国大学生形成价值观的一种强大的、隐性的、主动的、自发的、客观的、现实的重要渠道。他们没有经历过复杂的现实生活，很容易将电影作品中的人生当作现实人生来看待，从而接受其中的价值观念。但这些作品艺术水准参差不齐，所宣扬的价值观也鱼龙混杂，这使很多大学生陷入茫然与困惑。如果没有极强的辨别力和极高的审美品位，很容易走入价值虚无主义和道德相对主义的歧路。因此，如果能通过大学生熟悉并信赖的影视媒介本身，发掘出与主流价值观一致的道德资源，那么说服力将会大大增强。

当前高校开设的与电影艺术相关的课程大致是艺术类的专业教育和全校的影视鉴赏公共课，这类课程偏重电影艺术本身的探讨，懂电影的教师侧重电影文本解读或者电影专业知识讲解，并不注重大学生在观影过程中产生的各类价值观问题。虽然，从事思想道德教育的公共课教师已经在不同程度借用电影手段来丰富教学，但他们对电影本身的理解又较为有限，所选影片的艺术质量难有保证，不免将电影沦为佐证主流价值观的辅助性宣传工具。

## 三、电影艺术资源的挖掘整合与德育策略

社会主义核心价值观教育的意识形态功能很强，而电影作为艺术，其目的是培养健康健全的人，其富有的德育功能和情感价值，能有层次、针对性地激励和启发学生，促进其健康成长和全面发展。在新的经济文化背景下，将电影艺术渗透到社会主义核心价值观的教育中，有利于大学生在活跃、轻松的学习氛围中受到教育、获得启迪，这也是加强社会主义核心价值观教育的理想目标。

可见，高校面临一个新的课题——挖掘电影艺术中的价值观资源，利用电影艺术的感染力和时效性，引导大学生的价值取向融入主流文化及其价值观中。让大学生在欣赏艺术电影的同时，得到高尚的道德品格熏陶，使电影艺术成为潜移默化的道德教育手段。通过分析经典电影的不同价值观，着力提高大学生辨别善恶能力和理性选择能力，找准当代大学生思想的真实状况。通过电影艺术的镜头语言来解读价值观内涵，有效地将主流正面价值观进行重新阐释，达到为学生接受的目的。

第一，挖掘电影艺术的道德资源，发挥其价值观导向作用。

从浩瀚的中外电影篇目中寻找那些具有较高艺术品位和终极人文关怀的电影，不同于纯粹的以搞笑娱乐为目的的商业电影，它包含着创作者对世界和人生的深邃思考。以社会主义核心价值观国家、社会、公民三个层面为纲，选择分析代表性电影作品，充分挖掘影片中的正能量，使学生更深刻理解社会主义核心价值观的内涵。比如社会主义核心价值观中倡导的“富强”、“民主”、“文明”、“和谐”、“自由”、“平等”、“公正”、“法治”、“爱国”、“敬业”、“诚信”、“友善”等抽象的词语，如果只是简单的讲解，学生显然不易接受，但是利用一部优秀的电影作品，不管是台湾电影《赛德克巴莱》、合拍片《钢琴师》对国家、社会层面的关照，还是日本电影《入殓师》、美国电影《阳光小美女》、巴西电影《中央车站》或者中国电影《钢的琴》对个人价值的阐述，或许就能让学生感受到其中的内涵与价值，它使得学生对主流价值观的理解更加立体深入，有利于学生以全新的视角重新审视内在精神。

第二，利用电影艺术的媒介直观性，增强大学生的审美感受力与道德洞察力。

看一部经典的电影，不再是从概念到概念，而是在具体人物和时间发展过程中，逐渐剥离出精神内核。全方位的身体介入代替了单一的大脑参与，立体化的情境体验代替了直线式的逻辑推理。由“我思考，我相信”到“我看见，我相信”

再到“我感觉，我相信”。优秀的电影作品让学生“看见”、“感受”、“懂得”那些人类最基本的价值观到底是如何起作用，哪怕仅仅由于一个怜悯的眼神或一种疯狂的语气，便足以洞悉其中的真与善，美与丑。伊朗电影《一次别离》，讲述的故事关于国家、民族、信仰种种，学生在看完后，感受到的东西显然比一次简单的讲解丰富得多，学生最终“懂得”那些道理，是因为他们“感觉”到了它们的存在。

第三，辨析电影艺术的多重价值观，锤炼大学生的审美趣味与独到的辨别力。

电影艺术大师在作品中创造出一种类似于真实世界的复杂现实，人性的基本面貌显现其中，彼此冲突的价值观、难分伯仲的道德力量交错并存，只有具备较高的艺术敏感度和道德感悟力，才会发现那些最基本的大观念往往以隐性的形式藏于其中。所以，培养学生从复相丛生的艺术世界中分离出经典，从真伪交错的价值体系中辨别出真理，这是审美道德教育中最具难度的工作。类似于《罗拉快跑》（德国）、《被人嫌弃的松子的一生》（日本）、《回归》（西班牙）、《蓝》（法国）这类可以解读、挖掘的影片，需要教师给予充分引导，在欣赏电影过程中进行理性辨析、反思推理，最终使大学生主动趋于核心价值观的认同。

中外电影库浩瀚博大，作为一个有着电影专业学科背景的思想政治辅导员，笔者希望能够更好地站在德育教育和电影艺术的契合点，客观认识和科学把握契合社会主义核心价值观的代表性影片，充分挖掘影片中的价值，使学生更深刻理解社会主义核心价值观的内涵。通过电影艺术，指引大学生成为一个审美的人，在此基础上把他们塑造成一个有道德的人。

# 微信公众号视域下辅导员思想政治教育创新研究

黄 静

**摘 要**：在新媒体环境下，辅导员开设微信公众号具有把握主流意识形态的话语权，重构师生之间的信任关系链，塑造自媒体品牌的现实价值。本文通过分析辅导员微信公众号在满足学生个性化需求、移动式学习、互动式参与、精准化推送中的重要功能，在此基础上提出辅导员微信公众号应从提升信息承载内涵、保障推送时效、强化语言情感渗透、挖掘分析大数据这些方面来加强建设，以促进其在思想政治教育过程中发挥有效性。

**关键词**：微信公众号 辅导员 思想政治教育 创新

随着互联网技术尤其是移动通讯技术的快速发展，自媒体的应用日趋普及。作为自媒体的新产物，微信以其新颖的功能和强烈的互动性，成为大学生群体的手机必备软件，并已经逐渐成为大学生获取信息、展示自我和相互交流的主要方式。微信公众平台是腾讯公司在2012年8月18日推出的新增功能模块，个人或企业可以利用公众号平台进行一对多的媒体性行为活动，实现和特定群体的文字、图片、语音的全方位沟通、互动。微信公众账号被分成订阅号和服务号，由于个人只能申请订阅号，因此本文中所提到的微信公众号特指订阅号。通过调查，发现微信公众号已经被学生广泛使用，这给高校思想政治教育带来了新的挑战，同时也带来了机遇，对促进高校辅导员开拓工作思路、创新工作方法、改进工作模式提供了新的途径与平台。本文将从微信公众号视角，探讨新环境下，辅导员个体如何通过建立微信公众号来提升网络思想政治教育的吸引力、影响力和传播力。

黄 静 上海对外经贸大学商务信息学院

## 一、辅导员开设微信公众号的价值分析

### （一）在网络去中心化的变革中坚守主流话语权

网络时代来临，信息由传统的单一中心传递转变为多中心、无层级、同步快速的传递方式。这种“去中心化”的特征解构了原有的文化社会结构，“中心”的意义被大大弱化，与“中心”相关的媒介权力被进行了再分配。在这样的背景下，学校官方的报道已经不再是学生的唯一选择。媒介权力悄然地还给了每一位学生，每一个人都能成为可以发声并传播声音的自媒体。这种变迁源于好友关系链及其依附在上面的信任，因此，在平权化的环境中，辅导员的话语权遇到了前所未有的挑战。

微信公众号的使用一方面为辅导员走进大学生生活提供了可能。辅导员作为学生在学习生活中接触最多的人之一，当使用公众号时，就已经融合了师生间一定程度上的信任背书，即获得了一定的媒介权力，在了解学生的思想动态方面将发挥一定的作用。另一方面，微信公众号的使用为辅导员提供了更多可利用的教育资源。辅导员在公众号里发布社会事件、时政新闻、理论知识、活动动态等并附上自己的观点和评论，可以与学生进行良性互动，可以拉近师生之间的心理距离，有助于推动学生树立正确的世界观、人生观和价值观。

但同时，辅导员也应当警惕具有更强黏性的微信更容易形成沟通的私密地带。网络上传播的不良价值观念和行为范式，以及宣扬与主流文化相抵触的意识形态会如暗流一样侵蚀相对封闭和独立的学生群或圈。因此，辅导员应主动关注大众传媒和舆论生成空间，及时应对第一时间发生的事件，利用微信公众号用客观公正的信息来先发制人，发挥舆论引导在大学生政治立场和道德观念中的重要作用，抢占思想政治教育的制高点。

### （二）在朋友圈的封闭式传播中重构信任关系链

如今大学生社交圈在无限扩大，主题在不断地丰富、嬗变，彰显了现代大学生对群体文化和实现自我价值的追求。随着社交圈类型的多元化发展趋势，大学生中已经渐渐形成一种“社交圈文化”，由此催生出了一种新型的人际关系。有着相似的兴趣爱好，心理契合度较高的学生形成了具有一定隐蔽性的朋友圈或群，学生对自己圈内人之间高度信任的强关系和对圈外人排斥的弱关系形成了鲜明的对比。实际上，随着“95后”学生自我意识的不断增强，有少部分学生无论在现实中还是网络上，很少主动与辅导员进行沟通，甚至不愿意辅导员加他们的微信号或者QQ号，不愿意让辅导员了解自己真实的生活学习状态。当辅导员微信个

人用户被“朋友圈仅好友才能看到”的规则限制住时，对学生思想状态的了解和影响就会遭遇现实困境。

微信公众号的使用可以让辅导员突破圈文化障碍中的关系链壁垒。公众号的关系链建立主要是通过接受他人订阅来完成，而自身无法主动去邀请和关注个体，随着用户的转发、分享可以将公众号的辐射半径不断扩大。当学生订阅辅导员公众号后，辅导员与学生之间的关系是强关系，当通过公众号发布信息之后，信息可以通过强关系学生的分享、转发而让未订阅的弱关系学生接受到，因为学生与学生之间往往会形成强关系群体或圈，而来自于圈内人的分享信息更容易被自己所接受和信赖。微信公众号之间有着较强的用户黏性，精准的信息推送可以实现数据的送达，而微信好友之间基于信任背书的数据传递，可以让信息接受者的接受度极大提升。因此公众号可以利用这种不同信任程度的关系链有效地突破关系壁垒。

### （三）在媒介素养的提升中塑造品牌自媒体

新媒体环境条件下，由于新事物不断出现，学生的行为方式和思维方式也不断地发生变化，对增强大学生思想政治教育工作吸引力、针对性和实效性也提出了更高的要求。如何利用特色资源，浓缩与整合教育理念、精神内核、教育内容，将其应用于新媒体路径，并打造网络思政的精品，培育品牌，这需要高校辅导员具备较好的媒介素养。因此，高校辅导员应该及时调整自己的思维模式，积极主动地去学习新鲜事物，充分使用新兴媒体，改变自己的教育方法，提高自己在学生中的亲和力和信任度，营造平等对话、和谐互动的网络交流环境，发展自己在学生中的虚拟人际圈，扩大自媒体的品牌效应和影响力。

辅导员提升媒介素养主要应从以下几个方面着手：首先，要敢于接触媒介，会学习。作为新媒体的使用者和受众者，辅导员必须与时俱进地拓宽视野，主动学习了解微信公众号的特质和功能。此外，要能够学习经验和成果。辅导员要在完善建设自身公众号的同时，对其他高校以及思想政治教育领域的公众号也要积极关注，学习借鉴优秀的实践经验和研究成果。其次，要善于解读媒介，会分析。辅导员要能对公众号所发布的信息进行分析、批判、鉴别、筛选，将能够引导大学生主流价值观的信息进行再加工，将其转变为符合学生需求，并用适合学生语境的方式传播出去。最后，要勤于利用媒介，会营销。辅导员要掌握新媒体的使用方法和技术，与时俱进，不断丰富自己的知识架构，能够利用传播学理论，熟练运用新媒体技术开展工作，形成自己的特色，打造自己的公众号品牌，增加工作的影响力和传播力。

## 二、辅导员的微信公众号功能解析

### （一）满足学生咨询的个性化需求

传统思想政治教育过程中，辅导员对学生的辅导和咨询主要通过在固定的时间、地点，以开会、课程、谈话等形式，以纸质材料等有形载体开展工作。这一方式在新媒体环境下，无论是针对性、深入性还是了解问题的及时性都显示出不足之处。微信公众号的使用将可以有效克服以上问题，为辅导员对学生开展个性化咨询辅导提供渠道和平台。主要表现为：一方面，可以增加辅导员与学生咨询互动机会。在微信公众平台上学生随时给辅导员留言提问，并且不局限于文本形式，可以发图片，给辅导员留下语音，提高了信息传输的时效性。另一方面，可以提升辅导员对解决学生咨询问题的针对性。现实中辅导员往往负责几百学生，在进行指导时很难抓住学生个体之间的差异和个性特征。但是在微信平台上，可以对学生进行一对一的深度辅导，这种情感和精神层面的交流，更能保护对话的私密性，使对话的亲密度更高，进而大大提高工作成效。

### （二）培养学生移动化学习的意识

当前网络空间已然成为大学生活里继“居住空间”和“学习工作空间”后的第三空间，因此学习环境应也突破教室、寝室、图书馆等实体限制，延展到大学生生活的每个地方。微信公众号让学生能充分利用碎片化时间，有效进行移动化学习。大学生的学习时间是分散的，课余时间较多，碎片化时间较多。学生只要拥有移动设备，就可以利用碎片化的时间。辅导员可以将文本、音频、视频等多种适合移动学习的材料通过微信公众平台群发给自己的学生，也可以通过相关页面将问题的答案发送给特定的学生。当辅导员微信公众号推送信息符合学生的成长需求，与学生的日常学习生活紧密相关，那么当学生在回家路上，或是在机场车站的等候间歇，都可以打开公众号的平台，自由自在、随时随地进行不同目的、不同方式的学习。由此可见，微信公众号可以帮助辅导员引导学生通过阅读，拓展个人的知识储备，丰富精神世界。

### （三）促进学生便捷的互动式参与

在这个充满着社交红利的时代，任何一个单向媒体都无法满足大众对于信息的渴求。微信与纸质媒体、网站等的一个重要区别就是互动性，每一个微信公众号的社交互动都是基于信任机制。微信公众号不但巩固了师生之间的信任，同时也为学生与辅导员之间的互动提供了灵活便捷的途径。一方面，参与关注流程简易。当学生与辅导员之间的信任关系确立，他只需要通过扫描二维码或者输入微信公众号就可以关注辅导员的公众号，可以随时与辅导员沟通，这一过程不需要获得公众号的身份验证和认可同意，减少了繁杂的操作环节，这对于某些性格内向平时不愿意主动找辅导员面对面沟通的学生极为有效。另一方面，参与互动方式多样。学生对于辅导员的微信公众号可以通过发私信、点赞、评论、查询、分享朋友圈等方式进行互动交流，交流的形式包含文字、语音、图片等，这将有利于拉近人与人之间的距离，使双方沟通交流变得更加轻松，并实现信息的无边界传播。同时，学生还可以通过查阅公众号的历史信息，去回顾了解该号在关注之前所发布的所有的信息。

### （四）帮助辅导员信息的精准化推送

辅导员的工作人多事杂。一个辅导员一般需要负责几百个学生的生活和学习上的各种事情。所以，对辅导员而言，如何迅速、准确地与各个学生进行有效沟通就至关重要。传统的信息传达通常都采用辅导员到学生干部，再到学生的模式。这样不仅会使得准确性降低，而且传播速度慢，更为关键的是辅导员对第二环节无法控制，无法保证信息的达到率。微信公众号则可以有效保证消息传递的及时性和准确性。当辅导员微信公众号推送信息时，每个关注学生都会在同一时间收到同样的信息，这将大大缩短信息的传播时间。此外，辅导员可以将公众号信息转发到班级群或者朋友圈里，这不但可以将信息覆盖到未能及时订阅辅导员微信公众号的学生，同时也便于学生将信息真实准确的转发出去，避免信息传递过程中的丢失与曲解，可以有效地提高辅导员的工作效率。此外，对于某些特定学生人群的信息，如党员、班干部、贫困生等，辅导员可以通过建立相应的群，在群里发布信息，实现信息发送对象的精准化投放。

## 三、提升辅导员微信公众号有效性的对策建议

### （一）重视信息内涵建设，丰富信息承载途径

辅导员建立公众号的目的不是单纯的发布信息，最重要的是为学生提供优质的服务，协助学生解决问题，并将辅导员的服务与教育通过学生喜欢的方式提供出去。因此，辅导员的微信公众号一方面要重视内容创新，另一方面要提升信息传播途径的内涵建设。

在信息内容方面，一个媒体生存能力表现为精彩的内容和实用的信息，这是吸引受众的最大法宝。辅导员公众号发布的内容要切合大学生的学习生活需要，关注校园新闻，关注社会热点，发布的信息要能够在传递社会主义主流价值观的

同时兼具一定的生动性、实用性。

在信息的承载形式方面，辅导员的微信公众号不能仅仅是广播站，而应该是一个可以互动的平台，学生可以通过这个平台进行搜索、查询、交流、评论，可以设置关键词（如出国成绩单），帮助学生可以快速搜索到自己所需要的信息（办理流程、办理地点及联系方式）；可以设置信息指令回复数字（如回复1，奖勤助贷咨询指令；回复2，党团教育咨询指令；回复3，竞赛活动参与指令；回复4，就业指导咨询指令等），实现辅导员一对一解答，同时也提高了学生自我解决问题的能力。还可以设置投票环节，提升吸引力，给予学生参与感和存在感。在这些丰富的承载形式下，信息实际上转变成了一种服务，当然这种服务的接触要简单易行，避免阻断用户的体验。当辅导员的公众号信息对学生的需求满足度越大，承载形式与学生的互动频率越高，学生就会更加乐于浏览每次推送，就会有动力去分享给周围的同学，从而有助于加强师生之间的信任度。

### （二）保障推送更新时效，避免内容过载传递

网络时代，海量而流动的信息中，用户的注意力与视线被严重分散，人们习惯快速浏览，单条信息的生命周期越发短暂。微信公众号可以在后台对用户进行跟踪，查看用户对推送消息的浏览情况。事实上，并不是每一条推送信息都拥有较高的浏览量，这与信息的内容是否能够具有较高的时效性，发送时间是否契合学生的阅读时间和习惯密切相关。因此，辅导员的微信公众号发布的信息首先必须及时准确，否则当学生可以从其他渠道获得时，公众号发布的信息就会因滞后而失去价值和意义。同时，在先入为主的思想影响下，学生还可能因为其他渠道的评论和舆论导向而产生认知上的偏差，这对于后续开展思想政治工作带来了挑战。由此可见，辅导员的公众号要敢于发声，定期更新，为学生提供持续、稳定、优质的内容，充分发挥自媒体的优势。

同时也要注意，微信公众号的更新并不是越频繁越好。信息的过载传递，会导致丢弃它的成本变得很低。虽然学生拥有很多碎片化时间，但是我们并不可能去占据全部。过于频繁海量的信息，不但会加大公众号维护的难度，易于导致信息质量下降，也会促使学生因接受过载信息而用脚投票，最终采取忽视态度。因此，信息发布的频率、推送的时间都需要每个辅导员去思考，既要结合所带学生的现实生活安排，又要考虑学生的作息习惯，来充分提升信息的真实到达率。

### （三）强化语言立体渗透，呈现情感充沛流动

在社交网络中，充沛流动的是信息，更是情绪和情感。思想道德教育是人格的、生命的、完整生活的教育，辅导员如果在网络上继续以传统说教方式来开展

工作，把思想政治从生活中抽离出来，形而上学，将很难得到大多数同学的认同和接受。“95后”大学生个性多元化，他们的个体意识和自我意识更加强烈，因此辅导员的微信公众号所发布的文字图片要能够把握学生青春的脉动，体现对学生的关爱和情感，要让思想政治教育生活化。

首先，语言内容要情感注入。辅导员要在网络语境下让文字不再冰冷，要通过文字语音的温度带给学生心理与情绪上的抚慰，在对学生传达平等、真挚的语言信息的过程中充分尊重学生的个性差异，贴近学生的实际需要与要求，帮助学生解决实际生活中遇到的困难和疑惑，唤起学生的情感共鸣。其次，语言表述要生动有趣。辅导员在微信公众号中的标题、文章中措词要在网络语境下通俗生动、幽默风趣，要善于运用有趣的符号、图片、微视频等娱乐化的形式搭建沟通的平台。此外可以适当结合网络流行语和网络流行体，如“我为价值观代言”、“舌尖上的国庆”等活动名称，使之形成易记忆、可传播、朗朗上口的活动概念。再则，语言要立体渗透。辅导员微信公众平台的内容要尽量涵盖学生立体生活空间，可涉及学习、生活和思想，可包括亲情、爱情、友情；同时要突出信息的可读性，有策略地划分栏目，在版面图片设计上增添时尚元素，体现青春气息，让学生在舒适悠闲的氛围中潜移默化地受到教育。

但是同时需要注意的是辅导员公众号由于其教育功能的引领性及信息发布的不可逆转性，必须在语言使用上做到慎重真实、简洁明了，不能为了博取眼球而哗众取宠，更不能为了追求趣味性而言辞戏谑失范。

### （四）分析后台大数据，挖掘统计结果相关性

微信公众号不同于博客、微博等自媒体平台，它最大的特征是可以通过调用后台数据进行统计分析。正如牛津大学教授维克托·迈尔－舍恩伯格在其所著的《大数据时代》一书中指出，“我们可以分析更多的数据，有时候甚至可以处理和某个特别现象相关的所有数据，而不再依赖于随机采样”。因此，辅导员要善于利用微信公众号这一有价值、有说服力的数据收集途径，了解学生网络思想和行为。

第一，辅导员要培养对数据的敏锐性。辅导员要从这些看似杂乱无章的数据中寻找和发现潜在的规律，并且为我们工作所用。在信息化时代，学生订阅、浏览、搜索、分享辅导员的微信公众号行为都将产生丰富的数据，这些数据都可以纳入收集、挖掘、分析和利用的范畴。第二，辅导员要了解统计模块的功能性。辅导员通过调阅后台统计模块中的用户分析，可以判断公众号的订阅对象是否与目标学生相符，以及对自己所负责学生的影响覆盖程度；通过对图文分析中的传播转化漏斗模型图分析，可以准确了解每条信息的“送达人数”、“图文页阅读人

数”、“原文页阅读人数”、“分享转发人数”，由此可以分析判断公众号所发送内容消息的质量是否符合目标用户的口味。通过对用户消息分析，可以判定学生对辅导员所组织活动的热情和参与度，从而判定我们所策划微信活动的成功与否。第三，辅导员要探究数据结果与日常思政的关联性。辅导员要挖掘数据之间的相关性，而不能仅仅停留于因果性的探索上。比如对微信公众号中关键词搜索功能的数据关注，通过梳理学生经常提及的关键词，从而了解学生在某一阶段的关注重点，后续辅导员可以在网络平台中或者现实生活中针对这些关注重点进行专题信息发布和主题讲解讨论。第四，辅导员要挖掘分享行为与人际关系链的潜在性。辅导员可以通过对公众号信息的分享路径进行跟踪，了解掌握辅导员与学生、学生与学生之间关系链。当学生愿意将辅导员公众号信息分享到自己的朋友圈，说明学生对于公众号品牌有较强的忠诚度和认可度，当学生把公众号内容直接发给某个特定的好友时，说明他觉得这篇文章对好友有价值，那么这个特定的好友可能就是辅导员公众号的潜在目标客户，虽然这个好友与公众号暂时还是弱关系，但是辅导员公众号的影响力仍然可以通过强关系者的转发送达到他，并发挥教育效用。

微信公众号作为信息技术领域的一项新生事物，对高校学生的意识形态、行为方式、生活习惯等产生的影响值得每一个思想政治教育工作者去关注和重视。虽然目前使用微信公众号的辅导员群体并不广泛，辅导员公众号在学生思想政治教育中的功效尚未完全被发掘出来，但作为大学生成长道路上的引路人，辅导员必须顺应新的形势，主动将教育工作阵地拓展至数字网络、移动终端，不断提升媒介素养，通过有效利用各类新型网络工具，创新工作方式方法，及时有效占领新兴舆论阵地，进一步提升工作的科学性和时代性。

## 参考文献

[1] 李华琼：《微信时代大学生思想政治教育创新刍议》，《学校党建与思想教育》，2013年第13期。

[2] 冯志强：《微信公众平台在高校中的应用研究》，《无线互联科技》，2013年9月。

[3] 徐志斌：《社交红利》，北京：北京联合出版公司，2014年版。

[4] 何龙：《新媒体环境下高校辅导员媒介素养提升问题探讨》，《今日中国论坛》，2013年9月。

# 大数据理论应用于大学生网络舆情挖掘与分析的方法论思考

高立军　王　浩　严　晶

**摘　要**：信息技术的变革改变了信息流动和传播的规律，改变了人类对信息的获取方式，从而改变了人对信息的认知和行为规律。大数据致力于通过对数据的研究来预判未来。以大数据为基础方法，研究与分析大学生的网络舆情，很大程度上能够反映出未来社会的发展趋势。而方法论作为大数据理论的哲学基础，是实现大数据理论价值的基础部分，其重要程度不言而喻。文章试图从哲学的视角，重新审视“大数据”理论对大学生网络舆情挖掘与分析的一般性影响和变革力量，对“大数据”理论的基本概念、思维方式、研究的一般方法和理论变革意义等主面进行了深入的探讨，从而为“大数据”理论更好地应用于大学生网络舆情挖掘与分析打下坚实的方法论基础。

**关键词**：大数据　方法论　大学生网络舆情

## 一、引言

每天我们都会迎来一个崭新的世界，探索它不断的变化，是人类社会进步的根本原因。信息技术的变革加速了当代信息的变化，它造就了新媒体，改变了信息流动和传播的规律，最重要的是，它改变了人类对信息的获取方式，从而改变了人对信息的认知和行为规律。大数据——一个崭新的概念，在人们还对云计算和云存储等信息处理技术火热讨论的时候，它已经开始通过对庞大数据的分析和研究来预言未来。以大数据为基础方法，研究与分析大学生的网络舆情，很大程度上能够反映出未来社会的发展趋势。而方法论作为大数据理论的实践基础，是

高立军　天津外国语大学学生处
王　浩　严　晶　天津外国语大学国际商学院

大数据理论价值的基础部分，其重要程度不言而喻。

## 二、大数据研究的内涵与外延

### （一）厘清大数据的概念

大数据的概念在20世纪90年代就已经提出，但由于早期科学技术的限制直到近些年才真正兴起。它是一种新型的数据分析方法，麦肯锡认为大数据即：传统典型的数据库软件所无法采集、整理和分析的庞大的数据集合。而相比明确的定义，大数据其实更像一种方法论。大数据的关键不是“量大”，而是“全面”——用多维手段记录使用者的行为轨迹，通过对信息的交叉比对获得更高价值的信息，从而形成决策。“数据的完整记录和数字化”是大数据时代的核心理念。通过总结和分析，现今对大数据的基本特征普遍概括为4“V”：大量化（Volume）、多样化（Variety）、快速化（Velocity）和大价值（Value）。作为一种及时预测未来相关事件发生趋势的科学手段，对大数据理论的研究和分析已经成为现代化社会一种获取信息、总结经验，并不断创新，从而推动人类进步的重要创新性技术。在信息爆炸的今天，运用大数据理论并不意味着对信息无休止的汲取，而是进行科学性的归纳，对呈指数型增长的数据进行分类，注重对所需的相关领域进行研究和探索，从而获得高价值的信息。

### （二）大数据目前的发展情况

随着互联网和物联网的飞速发展，无所不在的数据终端通过固定或无线的方式随时随地上传和分享各种信息。要处理的数据量越来越大，而且将会以更加快速的方式增长，这对数据处理技术的硬件和软件要求都不断增加；同时竞争压力和人们对信息安全隐患的担忧也导致了传统信息处理媒介的负荷增大；最重要的是以往的数据处理技术已经越来越难以满足对信息时效性和准确性的要求。大数据理论在这种条件下应运而生，并越来越广泛应用于社会生活中的各个领域。对公司和企业而言，利用大数据理论可以优化机器和设备性能、提高和转化业务流程、定位客户，并为客户提供专属服务；在社会公共服务方面，提高医疗和研发水平、改善安全和执法、改进和优化城市甚至国家，大数据能提供的帮助覆盖了生活的方方面面。工业、金融、医疗、教育……每一个领域都能从大数据里受益匪浅。大数据的快速发展，使它成为IT领域的又一大新兴产业。前瞻产业研究院[①]发布的《2014—2018年中国大数据产业发展前景与投资战略规划分析报告》[②]指出，针对目前对数据价值的认可度方面，超过九成的企业都认为数据可能或一定具有极高的研究和利用价值，由此可见大数据已经在全国范围内获得了极大的认可度。而在教育，特别是高等教育方面，大数据起到的作用更是举足轻重的。

### （三）大数据理论及其方法论对大学生网络舆情预测的作用

当代大学生作为社会的新兴力量和之后几十年主导社会格局的中流砥柱，其现在所表达出的观点和想法可以在一定程度上反映出未来社会变革的趋势，甚至可能推动中国未来社会的前进和发展。而网络作为大学生传递观点和信息的主要方式，充分代表了当代青年的人生观、价值观和世界观。利用大数据理论对大学生网络舆情进行挖掘与分析，能够较为全面、准确地发现当代大学生对自我和社会的认知度，预测未来青年一代的思想方向，从而提前有针对性地进行引导，帮助青年人树立正确的“三观”。将大学生思想教育领域的大数据的理论性研究成果应用于实际的教学科研中，不但可以检验理论的有效性，而且可以将实践中得出的理论应用于大学生思想政治教育的管理，验证理论的可靠性，为大数据在思想政治领域的发展试水。这种研究在国内大学思政领域具有开创性。

## 三、“大数据”研究思维方式的结构和特性

### （一）“大数据”研究思维方式的结构

随着新的数据时代的到来，大数据就像一场“风暴”冲击着传统的思维方式，并创造出了新的“大数据思维”。它的发展和应用影响着思维的发散源、接收端、转化工具和传播介质等方面的变革。

1. 思维发散源

思维发散源即思维产生和发散的源头，它是思维着的个体或者群体。思维发散源思维方式的形成会受到其思维观念、意识形态和行为习惯等的影响。传统的信息时代，由于科学技术发展水平的限制，对于某项具体的思维活动，思维源主要以单个个体为主。但随着大数据时代的到来，数据量越来越大，信息提取和处理能力都不断提升，信息容量已用 TB、PB[③]来形容，这就要求思维源不能仅限于个体，而是要群体处理，利用群体的智慧，强调团队协作，创作群体思维，才

① 前瞻产业研究院是伴随着中国细分产业市场不断发展而成长的著名细分产业研究机构，1998年在北京清华园创立。

② 《2014—2018年中国大数据产业发展前景与投资战略规划分析报告》由中研普华大数据行业分析专家领衔撰写。

③ 计算机存储单位，按照进率1024（$2^{10}$）计算：1TB= 1,024 GB ；1 PB = 1,024 TB。

能发现庞大数据群背后的价值。

2. 思维接收端

思维接收端指的是思维发散源的思维活动所能触及的一切对象。在思维活动时，思维发散源必定会与思维接收端产生一定的联系。在思维方式中，思维发散源收集并预处理海量的数据，通过一定的工具获得更高等的信息。在传统的思维方式中，思维的接收端只是一些样本数据和数字，但数字背后的更有价值的信息却无法获得。但在“大数据思维”中，通过相关的工具，我们却能看到更多数据背后的深刻信息。目前为大数据应用提供基础架构平台的是以分布式处理为主要技术理念的云计算，这意味着要通过 MapReduce① 等框架收集来自全球计算机的数据集。

3. 思维转化工具

思维转化，即思维发散反映思维接收的工具。人类思维活动的过程实际上是对信息的加工过程，思维转化则是加工信息的手段和方式。大数据时代的思维转化利用大型计算工具和模型构建工具，通过大数据处理系统将大数据转化为科学化的模型，发现其背后潜藏的高价值信息。通过大数据技术，人类可以将自己的大脑从繁重的程序化运算中解放出来，从而能将更多的精力赋予创造性的思维活动之中，推动人类社会的发展。

4. 思维传播介质

再好的思维方式研究出来的新思维都需要相关的传播介质，否则将成为一纸空谈。相较于传统的媒体，数据化发展的今天，以网络为平台的新媒体的出现帮助思维成果更好地传播到不同客体手中，使更多人了解到新的思维。

### （二）“大数据”研究思维方式的特性

1. 总体性

“大数据”理论研究相较于传统数据研究思维方式的一大特点就是研究对象不是“抽样本”，而是“总体”，是“全样本”。仅研究抽样本可能获得的结论不能表现出结论的一般性，容易受到特殊要素的影响。研究总体（全样本）能够规避可能出现的偏差，获得更加客观和一般性的结论，这样的结论或者信息更有代表性，更加科学可信。

2. 相关性

信息的相关性表示不同方面的信息（非线性信息）在同一条思维线中具有关联。在某一个或某些个具体的思维活动中，看似毫无关联的信息通过大数据的处

① MapReduce 是一个用于大规模数据处理的分布式计算模型，它最初是由 Google 工程师设计并实现的。

理，能够找出它们之间的相关性，帮助做出平时可能忽略的或者可能一般根本无法看出的深刻内涵和结论。有人认为“大数据”理论在数据挖掘时虽然体现了相关性，在检验数据之间的逻辑因果关系方面却比较欠缺。但是实践是检验真理的唯一标准，通过对实际“大数据”理论的应用，我们发现仅单纯相关性的运用就已经为社会带来了巨大的经济价值。现实大数据的因果性难以验证，而且各种因素纠缠在一起既不一定完备又互相影响。抛开康德的因果律是人类理性本质的假设，放弃因果，转投相关。就如同 Google 研究部主任 Norvig 说的，“所有模型都是错误的，愈加地，你能在没有模型的情况下成功”。[①]

3. 模糊性

模糊性是指在大数据的思维方式下得出的结论并不是完整的，它不能预测到某些思维活动的所有结果，而是预测到其中的某些结果，通过这些结果做出事件未来发生的总体趋势。因此，对于大数据不能苛求全面预测，而只能做到部分预测，因为相关性本身就带有明显的“不确定性”因子。

## 四、“大数据”研究的一般方法

大数据研究的方式多种多样，但这些方法的核心部分交叉与联系之后可以获得共有的特性，这些特性归纳起来便获得了大数据研究的一般方法。针对通过大数据对大学生的网络舆情分析，我们可以形象地了解到这些方法。

### （一）要素的归纳与聚类

当代大学生处在社会发展的前沿，懂得利用各种渠道表达自己的想法和观念，因此大学生网络舆情信息搜集的平台从社交网络媒体（如微博、微信）到社会学校等意见处理网络平台（如政府信箱、校长信箱等），可谓庞大而复杂。怎样将如此规模量级的数据群整理好本身就是一个非常具有挑战的任务。大数据能够通过相应的工具和手段将庞大的信息按照不同的分类要求（如使用频率、使用时间、评论方法、关注对象等）类别归纳和聚类，找出不同数据之间的联系，为建立和分析模型打好坚实的基础。

### （二）关系模型的挖掘

大数据第一次整理——聚类与归纳完成之后，下一步就是建立庞大数据源之

① 2008年3月在 O’Reilly 前沿技术会议（O’Reilly Emerging Technology Conference）上，Google 的研究指导 Peter Norvig 所表达的观点。

间的关系，在关系挖掘模型的理论基础上，如何将这个模型应用于本课题中，如何调整模型，如何修改模型，如何准确进行关系的挖掘，这是我们建立大数据模型和研究中至关重要的一步，也是最难的一步。

### （三）行为模型的应用

海量数据的关系模型建立之后，通过有效数据得到基本的维度和方式。但是最终将大数据应用的目的是根据不同情形做出不同预测，基于此，我们需要依据特定的情形要求建立相应的行为模型，得到我们最终需要的结果。

## 五、“大数据”研究的变革意义

“大数据”理论的出现是对传统小数据时代信息处理技术的变革，它让我们从各个领域了解到大学生的网络舆情，预测未来趋势，发现隐性信息。

### （一）变“事后分析”为“事前预测”

与传统数据研究技术不同，大数据的核心就是预测，而预测首要的就是对信息新鲜度的挖掘，越新的信息越能带来对未来愈加准确的预测。区别以往舆情信息的滞后性分析，大数据时代通过网络这个新媒体，能够快速收集网络上的舆情信息，以便进行事前的有效挖掘与预测。

### （二）变“抽样分析”为“全面关联”

因为大数据时代对数据的处理量非常庞大，这也必然能够让我们发现在小数据时代所不能发现的舆情信息。以前，我们通过在学生之间发放调查问卷等方式来获取大家对某一话题的看法，但通过大数据的研究，我们能够对学生在网络上通过各种方式发表的信息进行收集与分析，必然能获得其他方面我们无法获得的关联信息，这对我们预测未来的趋势能够起到更有力的作用。

### （三）变“精确把控”为“模糊预测”

大数据研究能够发现大的趋势性的舆情而不是单个的精确性舆情信息。精确需要有非常专业的数据库，这在以前的小数据量和特定要求的情况下可以做到，但在这个大数据时代，在很多时候，追求精确度已经变得不可行，甚至不受欢迎了。拥有了海量即时的数据就意味着绝对程度上的精准已经不再是我们所要找寻的最终目标。但这并不意味着我们不再追求“精”，只是我们适度忽略对微观层面的精确能够提高我们对宏观层面的认知度。

## 六、结语

大数据已经不是一个完全陌生的概念，但大数据应用于社会科学方面，例如舆情分析、情感分析等，许多理论问题过去没有考虑过，才刚刚开始研究。借助大数据对大学生网络舆情分析的推理，预测出的不能确定为一种指导方向，而是一种参数，由于大数据模糊性的局限，它代表的仅仅是对某些事件的预测，而不能预测所有的未来要发生的事件。但是科学就是这样一步步的前进，在未来大数据理论究竟还能获得多少进步，能为社会作出的贡献有多大，我们不得而知，但我们能确信的是，这确实是一场数据革命，也许我们应该建立一个模型预测一下大数据的未来了。

# 大学生心理健康普查工作模式探讨

## ——以天津外国语大学2014年本科生心理普查工作为例

黄 俊 张 蕾

**摘　要**：大学生健康的心理状态，是其他一切大学学习和生活的基础和保障。针对大学生的心理普查，尤其是针对新生的心理普查，能提前筛查出需要重点关注的学生，方便进一步开展工作，重要性不言而喻。本文以天津外国语大学2014年本科新生心理健康普查工作为例，对大学生心理健康普查工作模式展开讨论，希望能给高校思政工作提供参考。

**关键词**：大学生　心理健康普查　工作模式

心理健康普查包括心理普测和心理约谈两个部分，其中心理普测针对全体新生，而心理约谈是针对筛查异常及未测群体，是心理普测的有效补充。

## 一、心理普查对象及方法

### （一）心理普查对象

本次普查对象为天津外国语大学2014年本科生共2214人，实际测试人数为2211人，测试率达到99.9%。未测的3名同学中，2人因出国学习正在休学中，1人因要出国学习正在办理退学中，此部分同学将在复学后安排测试。对此次未测学生的具体情况，形成《天津外国语大学2014年新生心理普测未测学生情况说明》，进行档案留存。

黄　俊　张　蕾　天津外国语大学学生处

### （二）心理普查方法

本次心理普查借助心海软件中的大学生心理危机干预系统进行网上测试，比起往年使用的学校心理管理系统更加科学和全面。危机干预系统加入了心灵CT、固态因素添加、动态因素添加、评估表添加、高危个体筛查功能，有助于实现整个大学就读过程中的追踪评估。

心理普查采用问卷法（即心理普测）和访谈法（即心理约谈）相结合的方式进行。

1. 问卷法

心理普测问卷采用SCL-90（症状筛查量表）和UPI（大学生人格量表）两个量表。SCL-90内容量大，反映症状丰富，内容涉及感觉、情绪、思维、意识、行为、生活习惯、睡眠等，由10个因子组成，分别是躯体化、强迫、人际关系敏感、抑郁、焦虑、敌对、恐怖、偏执、精神病性等，能较准确地描述个人自觉症状的特点，目前已成为我国高校大学生心理健康调查最常用的量表。

大学生人格量表UPI是由清华大学引进改编的，1966年由参加全日本大学保健管理协会的日本大学心理咨询员和精神科医生集体编制而成，是为了早期发现、早期治疗有心理问题的学生而编制的大学生精神卫生、人格健康调查表。

心理普测以班级为单位，利用新生空课及中午时间，在机房进行统一的网上测试。前期已联手学院进行了学生信息的批量导入和核对工作，联手心海客服进行了新软件系统功能的测试和修正，联系电教和信息化建设办公室进行了机房服务器及网络的测试及检修，在教务处备案借用有空课的机房，召集心理委员及朋辈心理辅导员进行了普测方法的培训，在辅导员培训会上强调了心理普测的重要性，征得了学院心理专员和新生辅导员的积极配合，保证了普测工作的顺利进行。

测试全程大概需要20—30分钟，给每班留出90分钟，以保证所有学生都在宽松的时间条件下完成测试。测试前向学生讲明了普测目的，打消学生疑虑，最大程度上保证测试结果的真实性和有效性。

针对任一心理量表测试结果异常或无效的学生，要求其进一步进行心灵CT以及BDI（贝克抑郁量表）的测试，以更全面地了解学生情况，并在危机干预系统中，形成心理危机等级，方便追踪关注。心灵CT是心海软件公司根据MMPI（明尼苏达多项人格测试）改编而成，共312道测题，包含了学生的人格特点及高危动态因素、固态因素。BDI（贝克抑郁量表）能进一步测查学生的抑郁状态。

2. 访谈法

针对任一心理量表测试结果异常或无效的学生，进行重点约谈。

SCL-90异常筛查标准为：任一因子分大于等于2.5分即被界定为异常，因子分在3分及以上者需特别留意。

UPI异常的筛查标准为：UPI总分在20分以上，或8、16、25、26题中有一题做肯定选择者，辅助题中有一题做肯定选择者，明确提出质询要求者。

SCL-90和UPI的总体检出率达到21.6%。

心理约谈采用与深度辅导相结合的方式进行，并且约谈人全部由具有人力资源与社会保障部认证的心理咨询师（二级）或心理咨询员（三级）资质的学工系统教师担任。约谈人对学生进行心理约谈；新生辅导员对学生进行深度辅导。两种访谈方式的内容侧重点有所不同，新生辅导员对新生进行的深度辅导侧重对新生基本情况的了解，然后将需要重点关注的学生情况（如家庭变故、重大疾病等）反馈给约谈人，约谈人在心理约谈时对这部分同学更加重点地关注，保证了工作的经济性和全面性。

对于在约谈中发现的高危固态因素、动态因素，要求约谈人及时在系统中添加。对于每位约谈对象，约谈人与新生辅导员都要分别在系统中添加建议。

### （三）数据分析方法

数据分析采用系统自动分析与人工分析相结合的方式。

1. 大学生心理危机干预系统自动进行高危个体的筛查

大学生心理危机干预系统会结合心灵CT和BDI量表的回答结果，对学生的心理状态进行等级划分，危险程度从低到高依次是“正常、关注、追踪、高危、警戒”。

要求新生辅导员随时关注高危个体筛查中达到“警戒、高危、追踪、关注”级别的同学。对达“警戒、高危”的个体，新生辅导员及时联系约谈人及心理健康教育指导中心指导教师进行讨论，制订干预方案。

2. 人工数据分析

采用SPSS16.0，对大学生心理危机干预系统的导出数据进行数据分析。

## 二、心理普查结果与分析

### （一）心理危机干预系统对高危个体的筛查结果

截至约谈工作结束后，无人达到“警戒”级别，达到“高危”级别的同学共N位。鉴于心理发展特点、危机线索存在和事件的动态发展，心理中心均建议相关学院积极关注，增添至分类指导数据库，心理中心可随时提供咨询疏导服务。

## （二）SCL—90的人工分析结果

采用独立样本的T检验，分析男女生在各个因子得分以及项目均分、阳性项目均分上的差异，结果如表1。

**表1 男女生在SCL—90各因子分及项目均分、阳性项目均分上的差异检验**

| 因子 | 男生X±SD | 女生X±SD | t | 平均分差异 |
|---|---|---|---|---|
| 躯体化 | 1.32±0.35 | 1.34±0.36 | −0.090 | −0.018 |
| 强迫症状 | 1.83±0.54 | 1.83±0.50 | −0.052 | −0.001 |
| 人际关系敏感 | 1.65±0.53 | 1.67±0.52 | −0.729 | −0.021 |
| 抑郁 | 1.45±0.46 | 1.50±0.46 | −2.248 | −0.057 |
| 焦虑 | 1.51±0.45 | 1.56±0.45 | −1.953 | −0.049 |
| 敌对 | 1.44±0.47 | 1.41±0.43 | 0.890* | 0.021 |
| 恐怖 | 1.28±0.38 | 1.38±0.40 | −4.443* | −0.098 |
| 偏执 | 1.54±0.52 | 1.49±0.44 | 1.664** | 0.042 |
| 精神病性 | 1.47±0.45 | 1.45±0.40 | 0.798** | 0.018 |
| 附加项目 | 1.45±0.44 | 1.43±0.40 | 1.101** | 0.025 |
| 项目均分 | 1.50±0.39 | 1.51±0.37 | −0.864 | −0.018 |
| 阳性项目均分 | 2.25±0.46 | 2.21±0.32 | 1.561** | 0.030 |

*sig.<0.05 ，**sig.<0.01

在敌对、恐怖、偏执、精神病性、附加项目五个因子得分以及阳性项目均分上，男女生存在显著差异，其中敌对、偏执、精神病性、附加项目因子得分以及阳性项目均分上，男生得分显著高于女生；恐怖因子得分上，女生显著高于男生。

## （三）UPI的人工分析结果

1. 总分的性别差异

男生UPI得分平均分为17.27，女生为18.58。采用独立样本的t检验，Sig.为0.28>0.05，表明男女生在UPI量表得分上的差异不显著。

2. 关键题目的性别差异

经过卡方检验，男女生在关键项目上做肯定回答的人数不具有显著差异。

其中16题“常常失眠”和25题“想轻生”被公认为是重要项目。它可能反映神经症状及自杀倾向。所测2014年新生中16题回答“常常失眠”的占6.4%，

表2　关键题目答题情况

| 关键题目 | 男生做肯定回答人数 | 女生做肯定回答人数 | 做肯定回答的总人数 | 做肯定回答人数的百分率 |
|---|---|---|---|---|
| 8. 自已的过去和家庭是不幸的 | 43 | 181 | 224 | 10.1% |
| 16. 常常失眠 | 25 | 118 | 143 | 6.4% |
| 25. 想轻生 | 11 | 43 | 54 | 2.4% |
| 26. 对任何事都没兴趣 | 21 | 96 | 117 | 5.3% |

男女生差异不显著；25题回答“想轻生”的占2.4 %，男女生差异不显著。

## 三、对心理普查工作的反思

### （一）创新

第一，新生入学即开展心理适应专题讲座，在心理普查工作开展前，陆续开展了覆盖所有新生班级的新生团体辅导活动。一方面填补了新生入学到心理普查的空档，及时发现突出问题，另一方面让所有新生都与心理健康教育指导中心进行了直接接触，使得新生在今后的大学生活中遇到问题能够想到心理中心这条求助途径。

第二，本次约谈人由具有人力资源与社会保障部认证的心理咨询师（二级）或心理咨询员（三级）资质的学工系统教师担任，专兼职心理教师全部投入，以师资力量的最大化使用确保约谈过程更加专业。

第三，将约谈工作与深度辅导相结合。对于新生辅导员提出了一个月内对新生辨识率达到100%，心理中心在前期统筹时，明确了新生辅导员与约谈教师必须沟通信息等细节，如此一来，对学生心理状态的判断更加科学、准确，利于高效、全面、客观地了解学生情况和提早发现、解决问题。

### （二）不足及展望

首先，此次普测是要求两个筛查量表异常的同学做心灵CT，鉴于心灵CT是根据精神卫生中心普遍使用的测查量表MMPI（明尼苏达多项人格测试）改编，并且包含一些对学生固态、动态因素的采集，能更全面地测查学生情况，明年普测计划让所有学生都进行心灵CT的测试。

其次，结合天津市心理健康标准化建设，学校新购置了创新思维、职业能力、房树人等心理软件，今后的心理网上服务平台会更加丰富，新配备的服务器，将有效提高学生网上访问、测试通道的通畅，待心理危机干预系统与学工系统对接后，可实现顶层数据共享、“一站”式门户访问。

### （三）给学院的建议

因新生在心理普查后，还可能会遇到新的生活事件，如家庭变故、学业困难、失恋等，也可能会遭遇新的重大疾病，这些都可能会影响到学生的心理健康状态，甚至有些同学会直接流露出自杀意向，这些都需要辅导员老师积极落实分类指导工作，注重与学生经常交流，了解动态信息。如发现学生遭遇了新的生活事件，需要在心理危机干预系统中及时进行动态因素添加，这样便于最大限度地发挥此网络管理系统的使用价值，让它变成我们高效开展工作的又一双眼和手，及时筛查出高危个体，并进行危机干预。

# 公正世界信念与大学生心理健康的关系研究

周雅颂

**摘　要**：采用个人公正世界信念问卷、症状自评量表对93名大一学生集中施测，以探索公正世界信念与大学生心理健康的关系。结果表明，公正世界信念与躯体化等9个因子均呈显著的负相关，且公正世界信念对心理健康具有显著的预测作用，即个体认为社会对自己越公正，其公正世界信念越高，抑郁等心理不适感越少，心理健康水平越高。公正世界信念对个体发展有着重要作用，应重视对学生的公正教育。

**关键词**：公正世界信念　心理健康　大学生

## 一、问题提出

在社会不断发展的今天，心理健康越来越受到人们的重视。而在心理学领域，公正一直是心理学长期关注的课题之一。美国心理学家Lerner于1965年首次提出了公正世界信念的概念。公正世界信念，即人们需要相信他们所处的世界是一个公正有序的世界。在这样一个世界里，人们得其所应得，并且所得即所应得。无论人们做什么事情，都会得到他们应得的报偿，善有善报、恶有恶报。

公正世界信念对个体的发展和社会适应有着积极影响。这是因为公正世界信念使个体相信自己会被别人公正对待，对他人信任感更强，促使个体公正行事；而当个体遭遇不公正时，公正世界信念的同化功能帮助个体以有意义的方式来解释生活中的不公正事件，维护心理健康（毛金凤，2010）。多项跨文化的青少年研究表明，相比公正世界信念低的个体，公正世界信念高的个体表现出更好的学业成绩，能更公正地评价老师和同龄人的行为，可以更好地处理生活中的负性事件，体验到较少的消极情绪，对生活满意度更高，在校感到的悲伤、苦恼就更少

周雅颂　广东外语外贸大学

(Dalbert 等，2004；Dalbert 等，2005；Correia 等，2007)。这种认为世界是公正的信念，可使个体相信他们所处的物理和社会环境是稳定有序的，从而提供个体一种对周围环境的可控制感，这样会更加有利于个体适应环境，维护心理健康。如果这种信念缺失，个体对环境充满不信任，难以遵守社会规范，不利于其身心发展。因此，探索公正世界信念与大学生心理健康的关系十分必要，这有利于通过对大学生的公正观教育，让其树立正确的公正观，保持心理健康。

Dalbert（1999）根据公正世界信念的指向不同，将公正世界信念分为个人公正世界信念（指个体认为发生于自身的事物是否公正）和一般公正世界信念（指个体认为所处的世界是否公正）。由于个体的身心发展受直接的生活事件影响较大，而个人公正世界信念是个体对于直接发生在自身的事物公正与否的感知，因此本研究中关于公正世界信念的研究将选用个人公正世界信念。

## 二、研究方法

### （一）研究对象

被试为广东外语外贸大学2013级本科学生，共计93人，其中男生21人，女生70人，2人信息缺失，年龄为17—20岁。

### （二）研究工具

1. 个人公正世界信念量表

该量表由 Dalbert（1999）编制，包括七个项目，用于评价个体相信个人受到公正对待的程度。采用6点 Likert 量表记分，“1”代表“非常不同意”，“6”代表“非常同意”，从1到6表示同意所陈述项目的程度依次增加。个人公正世界信念的得分为各项目上的得分相加求总分，得分越高，表示公正感越高。本次测量的 Cronbach a 系数为0.91。

2. 症状自评量表（SCL-90）

症状自评量表（SCL-90），是当前使用最为广泛的精神障碍和心理疾病门诊检查量表，由德若伽提斯于1975年编制。该量表共有90个项目，从感觉、情感、思维、意识、行为直至生活习惯、人际关系、饮食睡眠等，均有涉及，并采用10个因子分别反映10个方面的心理症状情况。本研究对被试心理健康水平的评估，采用心理健康症状自评量表中除饮食睡眠外的9个分量表，即躯体化、强迫症状、人际关系敏感、抑郁、焦虑、敌对、恐怖、偏执和精神病性。每一个项目均采用5级评分制，“1= 没有，2= 很轻，3= 中度，4= 偏重，5= 严重”，得分越高，代表其在各因子上程度越严重。本次测量的 Cronbach a 系数为0.75—0.90。

### （三）问卷施测

由辅导员老师组织，召集全体被试集中施测。测试采用统一的指导语，学生自愿选择填答问卷。作答完毕后现场收回问卷，时间约为15分钟。

### （四）统计处理

采用SPSS 18.0软件进行，主要包括描述统计、相关分析和回归分析。

## 三、结果

### （一）描述统计

各变量的均值和标准差如表1所示，个人公正世界信念处于中等偏上水平，说明样本大学生的个人公正世界信念较高。心理健康的九个因子，除强迫症状外，躯体化、人际关系敏感、抑郁、焦虑、敌对、恐怖、偏执、精神病性等因子均分都未达到2分的阳性水平，说明从总体上看，大学生的心理健康状况较好。

**表1　描述统计**

| | M | SD |
|---|---|---|
| 个人公正世界信念 | 4.31 | 0.98 |
| 躯体化 | 1.50 | 0.47 |
| 强迫症状 | 2.11 | 0.56 |
| 人际关系敏感 | 1.92 | 0.58 |
| 抑郁 | 1.80 | 0.63 |
| 焦虑 | 1.77 | 0.52 |
| 敌对 | 1.63 | 0.51 |
| 恐怖 | 1.58 | 0.51 |
| 偏执 | 1.66 | 0.51 |
| 精神病性 | 1.67 | 0.46 |
| *N* | 93 | |

### （二）相关分析

公正世界信念与心理健康的各因子相关分析如表2所示。个人公正世界信念与心理健康的各因子均呈显著的负相关，即个体的个人公正世界信念越高，其躯体不适感越轻，强迫症状越少，人际关系敏感、抑郁、焦虑、敌对、恐惧、偏执、精神病性等方面程度越不明显，个体的心理健康水平越高。

**表2　公正世界信念与各变量的相关**

| | 躯体化 | 强迫 | 人际关系敏感 | 抑郁 | 焦虑 | 敌对 | 恐怖 | 偏执 | 精神病性 |
|---|---|---|---|---|---|---|---|---|---|
| 个人公正世界信念 | −0.28** | −0.33** | −0.37*** | −0.41*** | −0.35** | −0.32** | −.296*** | −0.36*** | −0.39*** |

注：*$p$<0.05,**$p$<0.01,***$p$<0.001。

## （三）回归分析

在控制了性别和年龄后，以个人公正世界信念为预测变量，心理健康的9个因子分别为因变量进行回归分析，以探索个人公正世界信念对心理健康的预测作用。由表3可知，个人公正世界信念对心理健康的9个因子，均有着显著的负向预测作用，即个体的个人公正世界信念越高，其心理不适感越少，心理健康水平越高。其对躯体化、强迫症状、人际关系敏感、抑郁、焦虑、敌对、恐怖、偏执和精神病性的预测度分别为9%、14%、16%、19%、17%、14%、12%、13%、17%。

**表3　个人公正世界信念对心理健康的预测作用检验**

| | 因变量 | $R^2$ | $F$ | $B$ | $SE$ | $\beta$ | t |
|---|---|---|---|---|---|---|---|
| 模型一 | 躯体化 | 0.09 | 2.94* | −0.13 | 0.05 | −0.28 | −2.734** |
| 模型二 | 强迫症状 | 0.14 | 4.60** | −0.20 | 0.06 | −0.34 | −3.438*** |
| 模型三 | 人际关系敏感 | 0.16 | 5.72*** | −0.22 | 0.06 | −0.38 | −3.88*** |
| 模型四 | 抑郁 | 0.19 | 6.86*** | −0.26 | 0.06 | −0.41 | −4.28*** |
| 模型五 | 焦虑 | 0.17 | 6.16*** | −0.19 | 0.05 | −0.37 | −3.762*** |
| 模型六 | 敌对 | 0.14 | 4.84** | −0.17 | 0.05 | −0.33 | −3.364** |
| 模型七 | 恐怖 | 0.12 | 3.90* | −0.16 | 0.05 | −0.31 | −3.068** |
| 模型八 | 偏执 | 0.13 | 4.60** | −0.19 | 0.05 | −0.36 | −3.65*** |
| 模型九 | 精神病性 | 0.17 | 6.09*** | −0.18 | 0.045 | −0.39 | −4.05*** |

注：*$p$<0.05,**$p$<0.01,***$p$<0.001。

# 四、讨论

## （一）公正世界信念与心理健康的关系

研究表明，公正世界信念与躯体化、强迫症状、人际关系敏感、抑郁、焦虑、敌对、恐怖、偏执和精神病性等心理不适均呈显著负相关，即个体的公正世界信念越低，其躯体化、强迫症状越明显，人际关系更敏感，其抑郁、焦虑、敌对、恐惧等负性情绪更多，其心理健康水平越低；反之亦然。这与国外研究及我们的预期一致。另外，公正世界信念对躯体化、强迫症状、人际关系敏感、抑郁、焦虑、敌对、恐怖、偏执和精神病性等有负向预测相关，尤其是对焦虑、抑郁等情绪性内化问题的预测作用尤为显著。

这是因为个体的公正世界信念越低，公正世界信念帮助个体发展和适应环境的积极功能无法对个体产生积极影响，个体更易感知不公正，产生负性情绪，难以适应环境；而个体对环境的不适应，易造成人际关系敏感，使个体缺乏社会支持，加重负性情绪的不良影响，影响个体的心理健康。反之，高公正世界信念的个体认为自己能被公正的对待，只有通过自己的努力才能获得成就，遭遇不公正时也能归因于自我努力程度不够方面，由此产生的负性情绪较少，心理健康水平更高。因此，公正世界信念对个体的心理健康有着重要的影响作用。

### （二）教育启示

1. 对学生德育工作的启示

研究结果表明，公正世界信念对大学生心理健康有着重要影响。这提示我们可以通过公正观教育，加强学生对自身和世界的正确认识，树立良好的公正观，提高公正世界信念，进而维护心理健康。但现今社会中，不公正事件屡有发生（如河北大批考生去内蒙古高考、公交纵火等）。加之，当今新媒体的发展，信息传播速度加快，大学生可以快速有效的获取社会信息。这些不公正信息在一定程度上可能对大学生的认知造成影响，对其公正观造成一定冲击。因此，公正观教育愈显必要。在学生工作中，我们应针对社会热点时事及不公正事件给予学生正确的引导，让学生能够公正全面客观地看待社会和社会中的不公正事件；同时，也可以利用新媒体平台，传播社会正能量事件，构建公正和谐的校园文化氛围；最后，作为教师应该公正公平地对待每一个学生，公正行事。

2. 加强对贫困生的心理关注

笔者还用各变量在贫困与否维度上进行了差异检验，结果表明，贫困生的公正世界信念显著低于非贫困生，其心理健康各方面表现更差，特别是表现出更高的躯体化和抑郁程度。这也与已有的多项研究一致，即贫困往往导致青少年身心发展不利。这是因为贫困生因为可获取资源的匮乏，并因此在生活学习中更易遇到挫折和不公正的对待。因此，我们在济困助学工作中除了物质支持，还应更多地关注贫困生的心理发展，及时给予他们力所能及的帮助，帮助他们构筑公正世界信念，促进他们的身心发展，维护心理健康。

# 五、结论

公正世界信念与躯体化、强迫症状、人际关系敏感、抑郁、焦虑、敌对、恐怖、偏执和精神病性均呈显著负相关，且可以负向预测上述9个因子。因重视公正世界信念对学生心理健康的影响作用。

## 参考文献

[1] Correia, L., Dalbert, C. (2007), Belief in a just world, justice concerns, and well-being at Portuguese schools, *European Journal of Psychology of Education*, 12(4), pp. 421-437.

[2] Dalbert, C. (2002), Maes, J., Belief in a just world as a personal resource in school, In M Ross, D T Miller eds., *The justice motive in everyday life*, Cambridge Cambridge University Press.

[3] Dzuka.J., & Dalbert, C. (2002), Mental health and personality of Slovak unemployed adolescents: The impact of belief in a just world, *Journal of Applied Social Psychology*, 32 (4), pp. 732-757.

[4] Matthews, K.A, &Gallo, L.C. (2011), Psychological perspectives on pathways linking socioeconomic status and physical health, *Annual Review of Psychology*, 62, 4, 1-4, 30.

[5] Zuckernam, M. (1975), Belief in a just world and altruistic behavior, *Journal of Personality and Social Psychology*, 31, pp. 972-976.

[6] 杜建政、祝振兵：《公正世界信念：概念、测量及研究热点·心理科学进展》，2007年版，第273—278页。

[7] 毛金凤：《初中生公正世界信念现状与感戴关系研究》，河南大学硕士毕业论文，2010年。

[8] 张莉、申继亮、黄瑞铭、罗曼楠：《不同留守时间下儿童公正感的特点及其与主观幸福感的关系》，《心理发展与教育》，2011年。

[9] 张莉、申继亮：《农村留守儿童主观幸福感与公正世界信念的关系研究》，《中国特殊教育》，2011年第6期（总第132期）。

[10] 祝振兵、张帆：《公正世界信念与心理健康的关系综述》，《医学心理学》，2010年。

# 国际化办学理念下探索传统文化与校园文化活动的结合
## ——以广外“中国文化节”为例

曾超文

**摘　要**：中国传统文化对在国际化趋势下的中国高校建设有着十分重要的意义，对校园文化活动的开展也具有显著的作用。它不仅符合了建设文化强国的国家战略，对国际化办学理念的深入与构建和谐校园有帮助，而且有利于充分实现校园文化育人的目标，对增强校园文化活动的底蕴以及丰富活动形式，扩大吸引力和影响力有一定的作用。广外的“中国文化节”正是在这种理念下，立足传统文化的一种实践探索。

**关键字**：国际化　传统文化　校园文化活动

近年来，国际化办学理念已经成为当前诸多高校教育发展的全球趋势。中国大学承担着将中国传统文化向世界传播的使命，国际化办学理念下的中国高校更是有着无可替代的优势和责任。校园文化活动作为校园文化和高校育人过程的重要组成部分，它的开展理所当然要顺应学校的办学理念和大学的育人目标。所以，在国际化办学理念下的高校，如何通过校园文化活动这个平台来传播、传承中国优秀传统文化具有极其深远的影响。

## 一、传统文化在高校国际化办学理念中的意义

### （一）符合我国建设文化强国的重要战略

改革开放以来，我国各方面得到了十分迅速的发展。随着经济实力和政治地

曾超文　广东外语外贸大学中国语言文化学院

位的不断提升，我国在十七届六中全会中首次提出了建设“文化强国”的重要战略。全会通过的《中共中央关于深化文化体制改革推动社会主义文化大发展大繁荣若干重大问题的决定》指出：“优秀传统文化凝聚着中华民族自强不息的精神追求和历久弥新的精神财富，是发展社会主义先进文化的深厚基础，是建设中华民族共有精神家园的重要支撑。”该决定高度肯定了优秀传统文化在“文化强国”战略中的基础性地位。

党中央在十八大上，进一步强调要扎实推进社会主义文化强国建设。报告中指出，我们要“建设优秀传统文化传承体系，弘扬中华优秀传统文化”。文化强国，就意味着我们要在我国现有的丰富的优秀传统文化基础上，创造一个与时俱进的，有传统又有现代文明色彩的，无论是国内还是国外都有强盛的生命力、感召力、凝聚力的，极其丰富的文化世界。

由此可见，现阶段我国提出建设文化强国战略下，传统文化理应成为我们文化的“根源”，是我们实施国家文化走出去战略的“基石”。中国高校作为文化传播与传承的重要基地，更应加以注重，积极响应并贯彻相关精神。

### （二）有利于学校国际化办学理念的进一步深入

广东外语外贸大学是一所具有鲜明国际化特色的广东省属重点大学，践行“明德尚行，学贯中西”的校训，以培养全球化高素质公民为使命，着力推进专业教学与外语教学的深度融合，培养“双高”（思想素质高、专业水平高）、“两强”（跨文化交际能力强、实践创新能力强），具有国际视野，通晓国际规则，能直接参与国际合作与竞争，有社会责任感的国际化人才。

所谓“学贯中西”和“跨文化交际能力”，正是说明了在国际化办学理念下，中国传统文化的重要性。没有中国传统文化的教育和感染，就谈不上学生的学贯中西，也就没有学生的跨文化交际能力。我们需要大力加强对学生中国传统文化的教育，弘扬民族精神。不能顾此失彼，只有这样才能实现真正的国际化。

截至2012年10月，广外已经与34个国家和地区的225所大学和学术文化机构建立了合作交流关系，并开办了3所海外孔子学院。2011年，学校招收留学生人数达1286人。[①] 对外国学生而言，中国传统文化的教育和感染，对他们而言意义重大。这关乎到跨文化交际能力的实现，否则也无法实现外国学生的国际化。

### （三）有利于和谐校园的建设

学校的发展和办学理念的实现离不开一个和谐安定的校园环境。通过开展一

① 仲伟合：《探索国际化办学之路 打造南方教育高地》，《广东调研》，2012年第12期，第42页。

些师生喜闻乐见的校园文化活动，运用中国传统文化深入进行“三观”教育，有利于我们和谐校园的建设。

和谐校园是以校园文化为纽带，以内和外顺、同舟共济、诚信友爱、稳定有序、协调发展为主要特征，以学生发展、教师发展、学校发展为宗旨。和谐校园需要先进的校园文化支撑。[①]优秀传统文化中蕴含着丰富的和谐思想和理念，如“仁者，爱人”“和为贵”“修身立德”“明礼知耻”等，对于和谐校园建设具有积极的借鉴意义。[②]

## 二、传统文化在校园文化活动中的作用

### （一）弘扬主旋律，实现校园文化活动的目的

高校校园文化活动在高校人才培养上发挥着重要作用。丰富多彩的校园文化活动是课堂教育的延伸和补充，是高校办校理念和服务师生的重要体现。充分发挥校园文化活动的育人功能，对实现高校人才培养目标有着不可替代的促进作用。我们应该弘扬主旋律，弘扬民族精神，促进校园文化活动与活动育人紧密结合。

2007年，胡锦涛总书记在党的十七大报告中明确指出：“中华文化是中华民族生生不息、团结奋进的不竭动力……加强中华优秀文化传统教育，运用现代科技手段开发利用民族文化丰厚资源。”因此，汲取和弘扬我国优秀传统文化，与学校的国际化办学理念和专业体色结合起来，融入在校园文化活动当中，借此进行德育的渗透和张扬，以达到陶冶情操、愉悦心情、提高审美、树立志向、塑造品质的多种效果，紧紧围绕学校的办学理念和人才培养目标培养人、塑造人。

### （二）增强底蕴，提高活动层次

大学，是培养高素质人才的摇篮，是传承人类文明、传播先进文化、推进思想文化创新的重要阵地。校园文化活动的实施主体和接受主体都是学生，反映的应是当代大学生的精神状态、思想水平、审美取向、学习生活的一个侧面，也是校园核心文化的具体化。

中国传统文化，是思维方式、价值观念、行为准则和风俗习惯世代相传而留存下来的精髓，它有着悠久的历史底蕴。在校园文化活动里渗透一些优秀传统文化元素，可以使学生了解和学习中华民族兼容并包、博大精深的优秀传统文化，

---

① 许国彬：《加强校园文化建设 努力构建和谐校园》，《高教探索》，2006年第3期，第45页。

② 郑 鹏：《传统文化对构建和谐校园的借鉴作用》，《高教探索》，2007年第3期，第35页。

仁义礼智信等传统美德和勤劳善良勇敢等优秀民族精神，有利于学生丰富阅历、以史为鉴、全面发展，有利于学生形成科学、发展的人生观、价值观、世界观。这也对增强校园文化底蕴和提升校园文化活动的层次有极大的帮助。

### （三）创新形式，扩大吸引力和影响力

目前看来，高校校园文化活动存在一些问题，在内容形式上不够开阔。整体来看，娱乐型的内容偏多，启迪型、思考型的内容相对较少。重娱乐、轻人文现象比较突出，形式不够贴近学生心灵深处，对学生的教育和启迪作用有限，缺乏感染力。

传统文化经过数千年的传承，已经在我们身上烙下深刻的印记，我们或多或少都保留着一份崇敬之情。在校园文化活动中融入一些传统文化元素，诸如：武术、汉服、经典著作、中国书法、本土事物等，可以使得我们的活动变得贴近人们感情，丰富活动形式，集娱乐性与启迪性、思考性、教育性为一体，也可抓住各种传统节日和重要历史人物、历史事件的纪念日的有利时机，开展生动、具体、形象的教育活动，可以扩大活动的吸引力和影响力。

## 三、在校园文化活动中传承传统文化的实践探索

“中国文化节”是广外中文学院凤鸣云山系列活动中的品牌活动。其作为校园文化活动的代表，承载了多元、雅致、灵动的校园文化特色和昂扬向上的精神面貌。“中国文化节”结合广外国际化办学理念和传统文化特色，通过民间艺术、传统工艺、美食、书法等展示方式，让学生更好地了解到蕴藏其中的文化精髓。有利于学生认知中国优秀文化，提升学生的人文素质，弘扬并培育民族精神，激发学生的爱国热情。其实施过程与方法如下：

### （一）开幕式表演与摊位展示相结合

“中国文化节”采用开幕式表演与摊位展示相结合的方式，通过学生自主竞标与班级自行摆摊的形式，将文化传播寓于实践，让更多的同学参与进来，从而自觉成为中华文化传播者。首先通过开幕式精彩纷呈的表演引出本届文化节的大主题，吸引观众的注意力，为展示环节预热。紧接着通过各班级、校外民间艺人等对传统美食、传统服饰、器乐、民间工艺等方面的精彩展示，体现博大精深的中华传统文化的魅力，加深学生对优秀传统文化的理解，引导学生树立正确的世界观、人生观和价值观。

### （二）学院团委、学生会主办与班级承办相结合

“中国文化节”充分发挥学院团委、学生会在活动中的协调作用，鼓励团支部、班级等基层组织参与到活动的举办当中，加强与班级同学之间的沟通与联系。每届摊位的主题在文化节大主题定位的前提下，由各班同学自主发挥。如在2012年4月举办的第二届文化节中，大主题定为“岭南记忆”，各班级可以在组委会设置的潮汕、客家和广府三个小主题中任选一个主题来组织摊位。

### （三）立足特色，从点到线，由线到面，弘扬传统文化

作为涉外型高校中的中文学院，理应成为弘扬中华民族优秀传统文化的排头兵，在打造传统文化品牌活动、提升优秀传统文化地位、向外国友人展示中国文化魅力等方面作出积极贡献。中国传统文化包罗万象，这也决定了“中国文化节”的形式和内容可以全方位多角度开展，可以在其中融入某一传统文化元素，也可以确定某一主题或地域来集中开展。从文化的内涵例如美食、服饰、民俗、工艺等方面着手，形式多样，内容丰富。

### （四）广泛宣传，提高师生参与度，扩大影响

活动前期通过多方位的宣传，有传统的海报、横幅，还有微博、校园网、QQ群等方式广泛宣传活动的内容、形式和意义，吸引学生主动参与。活动中联系校内外媒体对活动开展的情况及时进行宣传报道，在社会上形成一定影响。活动后则采取一定的激励措施，评选优秀摊位等。加强学生与老师之间、学生与社会之间的沟通与交流，进一步扩大影响力。

## 四、结语

中国传统文化是中华民族宝贵的财富，其中也蕴含着极其丰富的资源。在国际化视野下的中国高校要充分发挥其职能，继承和传播传统文化中的优秀成果，这是我们不可推卸的责任。要将传统文化与校园文化活动相结合，以培养出更多的、更全面的深刻理解民族文化精髓的国际化优秀人才。

# 试论国际化视野下的学生公寓文化建设

## ——基于广州大学城的实证研究

刘 军

**摘 要**：大学城公寓文化建设是校园文化建设的组成部分，也是加强学生思想政治教育的重要载体。因此，通过问卷调查的方式，对大学城公寓文化建设的现状进行调查研究，从而提出有针对性的改进对策，是全面实施大学生思想政治教育的有效途径。

**关键词**：校园文化 公寓文化 调查分析 改进对策

国内大学城是借鉴国外大学城的做法，在政府、高校、社会等多种力量的参与下，使若干所大学在某一地或某些地域聚集，并达到一定规模，形成有机整体的高校集合体。与传统的办学模式相比，大学城在资源共享的理念下，不但改善了高等教育环境，而且极大地推动了社会经济的发展和城市化进程，是我国实现高等教育跨越式发展的有效途径。基于此，我们根据国外大学城的做法，选取广州大学城学生公寓文化建设作为大学城校园文化建设的一个组成部分，在广州大学城开展了学生公寓文化建设工作情况问卷调查，共发出问卷1000份，回收有效问卷968份，回收率为96.8%。

## 一、大学城文化校园文化及公寓文化

### （一）国外大学城情况及文化特点

大学城是一种具有鲜明特点的社区。社区通常指以一定地理区域为基础的社会群体，它至少具有以下特征：有一定的地理区域，有一定数量的人口，居民之

刘 军 广东外语外贸大学学生处

间有共同的意识和利益，并有着较密切的社会交往。美国学者G.A.希莱里认为社区包括地域、共同的纽带以及社会交往等三个必不可少的要素。大学城社区文化是在特定地域范围内以大学为主体形成的文化现象。相对于社会主流文化而言，大学城文化从其空间布局和人群构成看，必然是一种多层面、多主体的多元文化，是校园文化、社区文化、企业文化和商业文化等在物质、制度、组织、精神四个层面融合而成的一种多元文化，是在长期历史发展过程中积淀而成的。它经高度的整合、抽象之后，往往被浓缩到主流文化之中，成为支撑社区发展的文化基础。大学城是相对独立的文化社区，大学城有自己独特的社区文化和价值观念，甚至每个大学城都可以找出不同之处，大学城的文化与其所在的主体学校一致，大学城的文化应该是多元化的。例如位于威斯康星州的麦迪逊大学城，有居民20万人，其中威斯康星大学在校生有4万多人，大学城内有来自不同国家的学生，形成多元的文化融合，因为这里环境优美、山丘起伏，形成别具特色的“滑雪”文化；另外大学城内有一个被称为“Museum Mile”的区域内有麦迪逊儿童博物馆、麦迪逊艺术中心等6个博物馆，成为大学城的文化中心。正因如此，大学城文化具有地域性、开放性、共享性和渗透性。

### （二）校园文化的概念及其范畴

关于校园文化，中外学者有很多种定义，朱颜杰认为：“校园文化是一所学校内部所形成的为其成员所共同遵守并得到同化的价值体系、行为准则和共同的思想作用的总和。”[①] 美国学者将校园文化定义为“学校的历史、使命、物质环境、标准、传统、价值观、办学实践、信仰、假说等诸多因素综合起来相互影响而成的，指导高校学生个体或团体行为以及理解校园内外一些事件、行为提供参考框架的一种模式”。[②] 也有研究者认为，高校校园文化表现为多层次的立体结构。在文化质态上，可分为观念文化、制度文化、物质文化和形态文化；在文化主体形态上，可分为干部文化、教师文化、学生文化；在文化时间形态上，可分为传统文化、现代文化；在文化职能形态上，可分为决策管理文化、教学学术文化、生活娱乐文化。蔡立斌认为，“校园文化是以大学生特有的思想观念、心理素质、价值取向、思维方式等为核心的，具有校园特色的人际关系、生活方式、行为方式以及由大学生参与创办的文化活动和各类文化设施为表征的精神环境与文化氛围。它包括物质文化、精神文化和制度文化。物质文化是基础，是校园之形；精神文化是核心，是学校之魂；制度文化是校园文化之规，是学校之魂”。[③]

---

① 朱颜杰：《学校管理论》，辽宁教育出版社，1990年版，第129—133页。
② 杨晓江：《美国学者视野中的校园文化》，人大复印资料，2001年第3期。
③ 蔡立彬：《大学城高校校园文化建设初探》，《中国高等教育》，2005年第6期。

### （三）公寓文化的概念及其范畴

公寓文化是指附于公寓这个载体来反映和传播的各种文化现象，包括物质文化、制度文化、行为文化和思想文化，也包括师生的价值观念、群体心态、校园舆论等。[①] 而公寓文化则是以大学生公寓生活为基础所形成的大学生学习、生活、娱乐和人际交往活动过程及其氛围。它是公寓成员的价值追求，是公寓成员的价值理念在公寓环境与行为中的体现，是存在于公寓之中的共同观念系统。公寓文化是以学生为主体，以公寓为主要活动空间，以学习、生活、娱乐和人际交往活动为主要内容，以校园精神为主要特征的一种群体文化。[②] 因此，也有研究者指出，“公寓文化决不仅仅只是公寓中的几项学生活动，它是一个具有多元素、多层次的有机复合体，它甚至包括从整个公寓楼到每个房间内的整体布局、卫生状况、人际关系、道德水准、审美情趣、学识职能、行为方式、语言风格、生活习俗等方面。因此，开展公寓文化建设既要注重物质文化和精神文化建设，又要注重行为文化和制度文化建设”。[③]

公寓文化其实就是校园文化的一个分支，就二者的关系而言，校园文化与公寓文化是“主文化”与“亚文化”，“母文化”与“子文化”之间的关系，两者具有一脉相承的共性。正因如此，中共中央16号文件在校园文化部分明确指出：“要高度重视大学生生活社区、学生公寓、网络虚拟群体等新型大学生组织的思想政治教育工作，选拔大学生骨干参与学生公寓、网络的教育管理，发挥大学生自身的积极性和主动性，增强教育效果。”有研究者指出，“高校宿舍文化是校园文化的折射，家庭文化的变异，社会文化的缩影，其建设状况将会潜移默化地影响到大学生世界观、人生观、价值观的形成和发展，从而也将直接影响到高校德育工作的效果”。[④]

## 二、大学城学生公寓文化建设的现状

### （一）公寓配套建设缺乏人性化

大学城公寓建设有一味追求高速度、大规模趋势，这样会忽视了学生的实际需求，造成资源分配不合理，结构布局缺少人性化，最终会影响学生正常的学习。据调查，只有5.3%的受访者对自己所居住的公寓环境比较满意，而更多的学

① 周鸿刚：《新型学生公寓的学生工作研究》，上海：华东理工大学出版社，2003年版。
② 方小年、曹根记：《高校德育与校园文化关系的理性思考》，《学校党建与思想教育》(高教版)，2003年第11期。
③ 高洁：《大学生公寓文化建设的思考》，《高校后勤研究》，2007年第2期。
④ 陈德静：《论大学生宿舍文化建设》，《江苏高教》，2004年第1期。

生认为宿舍应该在公寓内的设施等方面进行改善。因此，公寓的建设应以学生的实际需求为导向，建设出整洁舒适、文明典雅的公寓。

一直以来大学生公寓建设只注重其内部环境的建设而忽视了外部环境的建设，大学生不可避免的要与社会接触，而大学生爱好广泛、好奇心强的特点也决定了其非常渴望，也必须与社会接触。而我们看到了一种现象：如今大学城各高校周边环境并不乐观，卫生环境较差、绿化面积较少、治安环境恶劣、周边商业设施不完备。由于这些原因大学生的生命和财产安全受到了威胁，大学生的休闲空间受到侵害。

以往学校一手包办了学生的后勤服务，造成命令式的管理代替了真正意义上的服务，这种管理往往脱离学生的实际需求，严重影响学生的正常生活。现在多数高校后勤服务已从学校中分离出来，实现了后勤服务的社会化——学校搭台、管理公司唱戏的新模式，从而使服务更加贴近学生需求，然而物业管理公司服务质量参差不齐。在后勤服务机构的管理和服务质量上，据调查46% 认为比较好，40.9% 认为马马虎虎。63% 学生认为物业管理人员素质较低是一个普遍问题。

### （二）非主流文化占据学生公寓文化

据调查，大学生除正常上课外，约有三分之二的时间是在学生公寓度过的。同学们提出老师不仅要在课上育人，课下也要育人，特别是在公寓，老师要到学生身边，与学生交流，了解其思想变化，从其思想变化中寻找正确的方法，从而指导学生形成正确的价值观与人生观。61.3% 的受调查者非常渴望思想政治教育工作者应经常到学生宿舍倾听学生的声音，并对学生公寓文体活动进行指导；95% 的同学认为课后需要专业教师的指导。但是囿于配套设施的不足，不少教师无心常驻大学城，对学生的指导相当有限。

大学生正处于价值观和人生观可塑性最强的阶段，其思想活跃、感情丰富，喜欢参加各种活动，但思想单纯、容易激动，容易受到其他人的影响，缺少判断力和自制力。如现今大学生常把一些不良现象冠以公寓文化的美名，想借此掩饰自己的不良行为，把边吃边聊、谈天说地、乱发牢骚称为“侃文化”；把打牌取乐美称为“拖文化”；把上网游戏称为“机文化”；把饲养宠物称为“宠文化”。这虽然是对公寓文化的调侃之言，但是反映了学生对公寓文化建设的不满。此外据调查，有33.6% 学生认为在宿舍感受不到高校独特的人文氛围。

网络作为一把双刃剑，既带给了大学生非常多的便利，也使得一部分学生迷失了自我。据调查，48.9% 的在校学生认为网络产生了积极的影响，使自己的学习生活更加便利了，但仍有38.9% 的受访者认为产生了消极的影响，比如网络游戏盛行、网上聊天泛滥，有些学生天天上网至半夜三更，不仅使自己不能集中精神学习，而且影响他人，从而引发宿舍内部矛盾冲突，破坏了宿舍和谐的文化氛围。

### （三）学生公寓的管理措施滞后

传统的高校学生公寓的管理制度一般由学校制定，学生需要严格遵守规定。这样制定出来的制度可以说是体现了学校的管理理念，也能在短时间内起到一定效果，但这种制度较缺乏人性化，且有些制度明显滞后，甚至还保留着20世纪的学生宿舍管理规定，在保障学生的人身安全方面也是空白，管理规定原则化，可操作性不强。这样脱离了学生的实际，最终学生可能只是迫于学校的威严不去违反，并不是真正去接受它。据调查，在同学们对学校的公寓管理制度（包括来访登记、熄灯制度、用电安全等方面）的问题上，有37.9%的认为不是很好，47.3%的认为一般。

2004年中共中央16号文件《教育部关于切实加强高校学生住宿管理的通知》明确指出，高校应“坚持教育与管理相结合。把思想政治教育融于学校管理之中，建立长效工作机制，使自律与他律、激励与约束有机地结合起来，有效地引导大学生的思想和行为”。据此，大学城高校多数成立了学生公寓自律委员会，让学生自己管理自己，以期达到自我教育、自我管理、自我服务的目标。有些学校还制定了《学生公寓自律委员会章程》，写进学生手册。同时，学生自律委员会组织根据章程开展具有公寓特色的文体活动。调查结果显示，53%认为这个机构有作用，但作用不明显，32.2%则认为没有作用。

为加强思政工作进公寓的力度，16号配套文件教社政〔2004〕6号文件要求“要坚决落实学生公寓思想政治工作队伍建设的有关要求，切实选派足够数量的政治素质高，思想作风好，具有较强组织管理能力，善于做学生工作的辅导员进驻学生公寓，做到‘同住、知情、关心、引导’。即与学生同住学生公寓；了解学生思想动态；关心学生思想、生活；引导学生正确处理各种问题，开展经常性的思想政治工作”。目前大学城各高校也普遍推行着这项工作，从调查结果看，40.3%的同学认为辅导员在公寓文化建设中能起到指导作用，36.1%的同学认为作用不大，可有可无。

## 三、美国大学城学生公寓文化建设的启示

### （一）物质层面：基础设施建设内容的丰富化

首先我们可以看看美国高校学生宿舍的基础设施。美国高校的学生宿舍楼一般1—2层有学生活动室，有的大楼设有图书阅览室、学生自修室。宾夕法尼亚

大学的几幢学生宿舍大楼设有大型的弹子房、乒乓球房、咖啡室、学习用的计算机房、自修教室。此外还有电视室、小型健身房、棋类室。宿舍管理委员会经常或定期组织本楼学生开展各种文体活动，有时还组织楼与楼之间的体育比赛、舞会，增强学生之间的团结与凝聚力，增加学生之间的交流。这些设施使得学生宿舍不仅仅是单一的住宿点，甚至成为学生的文化活动家园。

目前国内高校随着高校后勤社会化改革的逐步深化，完全学分制的逐步推行及学生追求思想和行为个性化的发展，传统意义上的班集体概念和功能正趋淡化，班级作为思想政治教育基层组织和主要工作渠道的作用正在弱化，学生公寓的思想政治工作阵地越来越突出，开展思政工作所需的相应的活动场所，场所的设置项目必须与学生的实际需求相符；由于党团组织进社区，配备相应的办公室和办公设施亦是必要的，为凸显并巩固文化阵地，学生公寓应建立文化室、文体活动室、电视室，使其成为学生公寓开展文化建设的有效阵地；学生公寓也要突出思想政治教育的特色，因此学生公寓应建立德育室或是辅导员工作室，安排辅导员轮流值班，直接接受学生的相关咨询，解决学生存在的实际问题。在公寓内或公寓区环境的布置上要突出文化氛围和育人功能，要与校园环境相协调，符合本校精神和大学生文化内涵，对于网吧、酒吧、卡拉OK等诱导高消费、影响学生学习和生活的设施应不设或少设。

### （二）精神基础：公寓文化建设载体的多样化

其次我们还可以看看美国高校的学生宿舍管理模式。威斯康星大学戴维斯分校是一所学生宿舍管理较有特色的学校，该校有一支高层次的专职管理队伍。该校设宿舍部，学生工作以宿舍为单位。部长是一位硕士毕业生，副部长是心理学博士，4名部长助理是硕士毕业生。宿舍部工作由学生生活、财务、设备三方面组成。学生生活由1位副部长和两位部长助理负责。学生宿舍聘请12位宿舍管理员。他们被委派到12幢楼栋分别担任宿舍管理员（简称HD），负责管理每幢楼平均300名左右的学生。这些HD的主要职责是管理、教育、服务，指导宿舍内学生管理委员会的学生职员的工作，对学生的思想、行为、学习和生活等进行引导和咨询，提供和组织各种教育和文体活动项目。HD住在学生宿舍，在学生宿舍设有办公室，吃也在学生食堂，和学生职工一起工作，参加学生的各种会议和活动，在宿舍与学生谈话，非常类似中国大学的辅导员和宿管员。每个HD每年必须交4份工作报告，接收宿舍部长每年两次考核，发现问题及时谈话要求改正，如态度不好，未及时整改，就可能被解雇。因此他们工作辛苦，责任重大，但有较为优厚的待遇，一般高于同年毕业在大学工作的教师。HD都从全国各地招聘而来，聘期一般3—4年。

根据中央16号文件的要求，我国高校要求思想政治教育工作者坚持与学生“三同”，即同吃、同住、同学习；制定《公寓思想政治教育工作者职责条例》，建立思想政治教育工作者进公寓的责任制和激励机制；要求思想政治教育工作者做到准确掌握学生思想动态，主动找学生谈心，及时发现、解决学生中的矛盾和思想问题。结合美国高校的做法，结合我国高校实际情况，学生党团组织要进到学生公寓。在公寓中，应成立共青团工作委员会，并以活动为载体，以公寓楼活动室和校园文化场所为舞台，利用公寓的文化、教育资源，充分发挥团员青年的作用。应把党支部建在公寓，成立公寓学生党支部，实现党员属地化管理，从而发挥党员的示范作用。要把校园文化建设成果有计划地向学生公寓移植。校园文化对学生的成长成才具有不可替代的作用。高校学生工作部门应考虑到学生公寓的特殊性，特别是大学城的学生公寓，在公寓文化建设上应加强领导，提供更多的人力、物力和政策支持，把校园文化建设中的好做法、好形式和内容有针对性地向公寓移植。此外，创建大学城精品网站，巩固主流阵地，开展丰富多彩的学生公寓网络文化活动也是必不可少的。公寓与网络文化是属于公寓文化的一个新的分支，它以网络为载体，以公寓为上网地点，形成了特有的大学生群体文化。开放的网络平台只能在交流互动的环境下工作，在这样的条件下思想政治工作只能是引导为主，目前，许多网站各具风格、参差不齐，我们应当从中挑选出优秀网站重点加以扶持，最终树立品牌网站，从而形成一种良性循环的激励机制，把广大学生团结在学校加强舆论导向的网站周围，达到网络中主流声音入耳入脑的目的。

### （三）组织基础：制度建设条例的规范化

最后，我们再看看美国高校的制度建设及学生参与管理。美国的大学生都具有一定的文明修养，但是美国大学的学生宿舍管理部门还是制定了一套严格的规章制度。综合哈佛、斯坦福、宾夕法尼亚、威斯康星、佛列诺华德国大学的规章制度，起码有作息制度、会客留宿制度、清洁制度、家具及电器管理制度、吸烟制度、禁毒禁赌制度、安全撤离制度、饮酒制度、安全制度等极其具体细致的制度，而且严格按规章制度办事。为加强学生参与学生宿舍的管理，每幢学生宿舍楼一般都建立管理委员会，有的是专职宿管员任主任，有的是学生任主任，工作任务是组织学生开展各种有益的活动、处理学生的违纪事件、仲裁学生之间的纠纷、同学生谈心等。可见美国的制度建设在于注重实效，学生参与管理在于服务。

结合美国的做法，中国高校在制度建设方面应注重学生参与和顶层设计，同时注意学生参与管理的自律性。关于制度建设可以在基本原则不变的前提下，让学生参与到制度的制定和设计，充分发扬学生公寓管理的民主氛围，制定出符合实际、体现学生公寓的整体利益、确保公寓管理有章可循的规章制度，如大学生公寓文明自律公约等。在此基础上，根据实际情况不断变化而不断健全和完善，做到公开化、科学化，调动学生参与宿舍管理的积极性和自觉性，从而促进学生养成遵守校纪校规的良好习惯，同时促进校园文化的建设。学生干部队伍是一支不可忽视的力量，应建设一支代表性广和参与性强的能发挥助手和生力军作用的学生干部队伍。继续完善并推进学生公寓自律委员会组织管理制度，主管部门应加强对学生公寓自律委员会组织和干部的指导力度；同时进一步强化自律委员会干部的考核评优，制定切实可行的奖惩制度，建立良好的激励机制。同时，在组织完备的基础上，应广泛征求学生意见，制定或修订相应的自律委员会章程，使得各项工作有章可循，有制可依，逐渐使学生自律委员会组织如同团委、学生会等正规学生组织，向制度化、规范化方向发展。

# 日本大学奖学金制度及其借鉴

贺泉源　吴　桐

**摘　要**：本文主要研究日本战后学生资助制度的确立以及日本高校学生资助制度的现状。在参考已有文献的基础上，实地对日本大学进行考察，对比中日两国的学生资助制度，通过借鉴日本教育发展过程中面临的问题及解决方案，探索如何完善当下中国高校的学生资助制度，如何通过更好地运作学生资助机制以保证高质量的人才培养。

**关键词**：奖学金　学生资助　日本育英会　日本学生支援机构　中日借鉴

## 一、引言

教育乃国之大计，高校作为培养专门人才以服务社会的教育机构，其运作机制具有重要研究意义。其中学生资助制度着力扶植困难学生、避免人才流失、促进教育机会平等，是保证高等教育质量的重要一环。研究学生资助制度，关系着高等教育体系的完善，对解决教育事业发展中的资源配置、财政经费问题有借鉴意义。

在学生资助制度方面，日本较中国有着更长的历史经验，中国当下面临的诸多问题在战后日本的学生资助制度发展史中可以找到类似现象，本课题将通过文献研究以及实地考察相结合的研究方法，总结日本学生资助制度的形成与体系的确立，为中国高校的学生资助工作提供借鉴。

贺泉源　北京外国语大学学生处
吴　桐　北京外国语大学日语系

## 二、日本学生资助制度的发展

### （一）育英会的创建

日本近代的学生资助制度最早可追溯到1943年日本育英会的创建。育英会创建的宗旨是“建立真正为国民所用的奖学金制度”。初期，奖学金金额的设定标准是在不考虑其他任何援助的情况下，能够保障家庭经济困难学生顺利完成大学学业。当时800日元一年的奖学金金额相当于大学毕业生第一年的平均年薪。最初奖学金制度的设想是，学生通过向政府的财务部门（大藏省）申请借入一定额度奖学金，完成学业后再全额返还，来实现奖学金的“永久循环”。

这种有助于推动教育机会均等化的奖学金制度立刻受到社会广泛关注，对育英会宗旨持赞赏立场的各界人士和财团纷纷捐款声援，越来越多的学生表示出对奖学金的需求，育英会的奖学金制度也随之向着多样化的方向发展。

其中最突出的一点是资助人群的扩大，并设置了针对一部分特殊人群的资助项目。例如在20世纪50年代，为迎合当时日本国内的发展需要，特别设置了如医学实地研究奖学金、信息技术教育奖学金等。对硕士研究生的资助也是从这时开始的。此外，奖学金的全额返还机制亦有所调整，一部分学生（毕业后从事教职类工作或教育研究工作的）可以享受减免还款的待遇，而对于硕士研究生和教育相关专业的学生，则更倾向于直接给付定额奖学金。

值得一提的是，与此同时“特别借贷奖学金”（得到更多的奖学金却只需返还一半奖学金的金额）的设置，催生了对申请学生进行考查的评估制度的产生。育英会成立“特别借贷奖学金学生审议会”，对学生的人格、健康、成绩和素质、家庭条件等方面进行评估。按照当时的规定，得到校长推荐、全科目平均成绩顶尖、家庭条件极为困难的学生可以享受该项奖学金。虽然初期的评估制度尚不完善，出现了诸如家庭条件伪报、忽视偏科优异学生、校长推荐的片面性等问题，但是为学生资助制度的评估机制的形成和完善奠定了基础，为日后逐渐细分评估标准指明了方向。

### （二）有息贷款形式的导入

育英会奖学金制度的建立，是追求教育公平的表现，通过借款或全额资助的方式，一定程度解决了贫困生难以接受高等教育的社会问题。但由此带来的政府财政支出的增加渐渐使日本政府感到吃力，20世纪80年代初期，日本统辖国家财政和金融行政的中央行政机关大藏省就发表了“全面实施奖学金的有息化”的提议，引起了社会的广泛讨论。当时的大藏省大臣大平正芳曾在接受采访时表示，面对20万人次的奖学金申请要求，能够满足的也只有两万人次左右。言下之意，面对供不应求的情况，必须通过有息贷款的形式来缓解资金困难的状况。

对于政府的这一制度改革，多数反对派认为教育经费的支出不应当仅考虑对大学这一机构的建设，更应该落实到学生个体，对其进行直接的资助，真正应该着手解决的是学费过高的现状。面对反对的声音，1983年8月号的《育英会报》曾刊文指出："我国的奖学金现状相比其他先进国家仍有逊色，由于财政因素暂时导入有息贷款是不得已之举，愿尽可能早日回归无息贷款制度……"

但事实是，有息贷款形式从此成为日本学生资助制度的主流并被确定下来。下图是根据日本育英会和日本学生支援机构的历年统计作出的奖学金相关数据统计图，日本奖学金贷款的支出总额呈逐年上升趋势，特别是90年代后期以来，随着日本财政投融资事业的扩张，奖学金事业的规模也急速扩大，至2009年，贷款奖学金的学生共计116万人次，占学生总数的34.1%，也就是说，有三分之一以上的日本学生依靠奖学金制度完成学业。奖学金的贷款总额也逐年增加，其中有息贷款金额在1998至2009年间，增加至11.6倍之多。

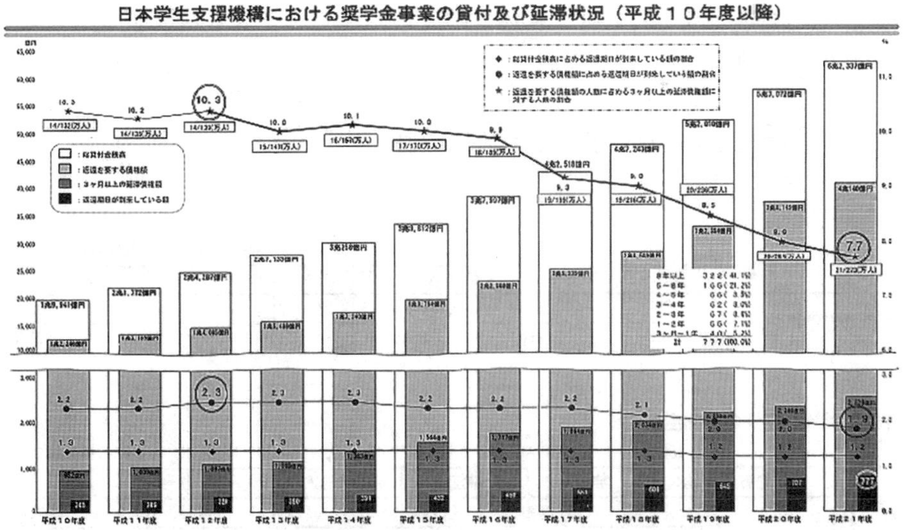


（出处：《大学与学生》，第60页，奖学金的现状与课题，2010年8月，前文科省教育局学生·留学生科科长 下间康行）

不过问题也随之而来，在导入有息贷款之后，拖欠或不予还款的学生数也随之增加，成为学生资助事业最棘手的问题。育英会的贷款奖学金制度的返还金额根据借款总额而定，毕业后每年返还一定的金额。同时，作为辅助条款，拖欠金和奖励金政策也得以出台。例如，若超过六个月未汇款至相应账户，需缴纳每年还款定额的5% 作为拖欠所产生的罚款。而与此相对，若在规定的还款期限的四年前返还全部贷款，则提前归还的那部分金额的10% 会作为奖励金奖给贷款人。

此外，针对确实有还款困难的学生还提供了申请延期和免还款的制度。严重的疾病和自然灾害等不可抗因素都详细在列，手续方面也进行了细致的规定。不过，即使是有完善的制度支持和对有能力却未能按规定履行还款者的严厉惩罚，拖欠还款率还是居高不下，未收回的贷款愈积愈多，至今仍是奖学金工作的一大难题。

## 三、当下日本学生资助现状

2004年，日本育英会与日本国际教育协会、海内外学生中心、国际学友会、关西国际学友会合并，成立日本学生支援机构（以下简称“机构”）。日本文部科学省将机构定义为“我国唯一的国家级学生资助中心，与国家政策密切衔接，综合负责奖学金给付及贷款事宜、留学生资助事宜、学生生活支援工作”。其中对奖学金事业的说明是“为促进教育机会均等所实施的对学费及其他学生完成学业所需费用的援助”。

根据所能掌握的该机构最近一次（2010年）举行的全国调查，我们可以对目前日本奖学金制度的实施情况有个大致的了解。

**(1)実施団体数**

(単位:団体) ( )内は構成比(%)

| 区分 | 地方公共団体 | 学校 | 公益法人 | 営利法人 | 個人·その他 | 計 |
|---|---|---|---|---|---|---|
| 実施団体数 | (24.6%) | (58.2%) | (15.0%) | (0.2%) | (2.0%) | (100.0%) |
| | 1,050 | 2,486 | 642 | 10 | 87 | 4,275 |

**(2)給付貸与等別の奨学生数**

(単位:人) ( )内は構成比(%)

| 区分 | 地方公共団体 | 学校 | 公益法人 | 営利法人 | 個人·その他 | 計 |
|---|---|---|---|---|---|---|
| 給付 | (25.5%) | (81.7%) | (14.8%) | (61.3%) | (18.7%) | (39.1%) |
| | 36,713 | 124,112 | 26,534 | 57 | 1,557 | 188,973 |
| 貸与 | (74.1%) | (17.8%) | (84.6%) | (34.4%) | (80.7%) | (60.4%) |
| | 106,927 | 27,100 | 151,380 | 32 | 6,725 | 292,164 |
| 併用 | (0.4%) | (0.5%) | (0.6%) | (4.3%) | (0.6%) | (0.5%) |
| | 592 | 774 | 1,056 | 4 | 52 | 2,478 |
| 計 | (100.0%) | (100.0%) | (100.0%) | (100.0%) | (100.0%) | (100.0%) |
| | 144,232 | 151,986 | 178,970 | 93 | 8,334 | 483,615 |

（出处:《平成22年度关于奖学金事业的现状调查》——日本学生支援机构）

从参与奖学金政策落实的团体来看，学校虽然占比达58.2%，但地方公共团体和一些民间团体（公益法人）对奖学金事业的参与也不容忽视，当然，公益法人及地方公共团体一般还是依托学校开展对申请资助学生的选拔及手续办理等工作。

需要指明的是，在遵循机构运行法规的前提下，不同团体对奖学金资助事宜的不同规定大大丰富了学生的选择。以日本第一国立大学东京大学为例，根据2013年的统计数据，与学校缔结协定以奖学金形式对学生进行资助的团体共有43个，根据各个团体的不同性质，对资助对象的年级、专业、学制等都进行了不同要求。如“冲绳县国际交流 · 人才育成财团奖学金”的资助对象就要求学生的家庭住址必须在冲绳县内；公益法人“艺备协会”创立伊始是为了帮助广岛核爆孤儿，因此其资助对象即限定为广岛县出身。另一方面，学校在与社会各团体签订协约时也会综合考虑尽量照顾到各类学生，尽可能使更多的学生可以通过奖学金制度受益，促进教育公平。

从奖学金制度的利用人数来看，地方公共团体、学校、公益法人的利用率都在30% 以上，相差不大。但在资助方式上，学校方面的奖学金以给付为主，而地方公共团体和公益法人通常是提供有息助学贷款。总体情况如上文所述，有息贷款占学生资助方式的主流地位，从资金量上看是无息贷款的三倍。

日本当下的奖学金制度也存在一些问题。旧育英会时代留下的拖欠贷款至今仍在诉诸法律形式向毕业生追回，新一代拖欠奖学金贷款的人数也居高不下。究其原因，当下日本经济的不稳定导致就业困难、非正式工的增加，都使得还款率大打折扣。而大学的学费却年年见涨（下图所示），高额的学费以及对拖欠者的苛刻罚款，使很多不得不申请奖学金完成学业的学子，在毕业后很多年内反受奖学金所苦，在日本产生新的社会问题：“奖学金被害”。而日本学生支援机构2010年

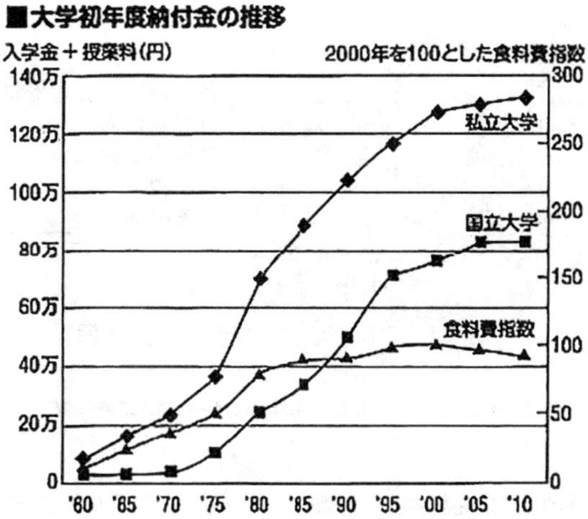

的收入显示，奖学金利息收入为232亿日元，拖欠罚款的收入为37亿日元。日本社会有批判声音指出，原本作为无息助学贷款的辅助制度导入的有息贷款制度，如今使学生支援机构完全成为了金融事业机构，违背了奖学金制度建立的初衷。

## 四、对国内的启示

纵观70年来日本学生资助制度的确立和发展，经历了很多摸索和改革，虽然至今仍有问题存在，但是可以从中有所启迪、有所警示。

### （一）坚持政府在学生资助体系中的主导地位

下图是2007年奖学金支出总额的分布情况，其中日本学生支援机构出资占了绝大多数，比重达到87.6%。回顾日本70年来奖学金制度的发展史，虽然其他社会团体在学生资助事业上也贡献了不可忽视的力量，但仍然是政府发挥了绝对力量。由政府财源作保障的前提下，以完善的奖学金制度作支撑，再加上大学、企业及公共团体的积极参与，是日本学生资助事业一直以来发展的目标。日本文科省对奖学金事业的定义为：由政府担当责任，积极且切实实施的一大重要教育政策。日本学生支援机构作为官方的学生资助机构，与政府和各大学之间形成良好的合作关系，三位一体，推进奖学金事业发展。并且，日本学生支援机构的资助和国家的教育贷款以及银行的教育类贷款项目是有所区分的，机构的贷款直接从政府预算中出资，贷款者为学生本人，采用无担保制，有息贷款的利率控制在较低水准，2010年的还款率固定利率为1.22%。而无论是国家的教育类贷款还是银行的贷款都是借助金融机构中介，贷款者一般是学生的直系亲属，且对家庭收入

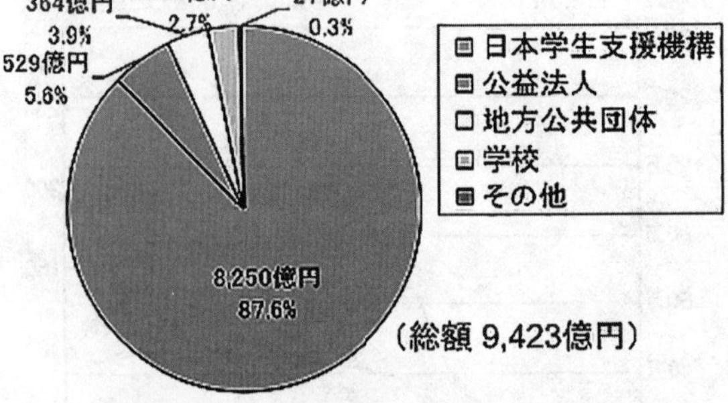


(独)日本学生支援機構「平成19年度奨学事業に関する実態調査」を基に作成

（出处：（独）日本学生支援机构（JASSO）奖学金贷款事业概要——文部科学省）

有着严格的审核，利率通常也高过日本学生支援机构发放的贷款，同样是2010年的数据，国家教育贷款利率为2.55%，而三菱东京UFJ银行的金融类教育贷款产品的利率达到2.775%。学生支援机构以政府财源和强有力的执行力做后盾，下放奖学金，使学生资助体系能够稳定运作。

我国的奖学金制度也是以政府为主体，近年来委托银行进行的助学贷款制度也逐渐完善，但仍存在政府和银行间职责与利益关系难以协调的问题。奖助学金作为一项准公益事业，应该着眼于促进社会的教育公平，而不是盈利，但在现代市场经济社会，银行作为金融机构又有着自身无可厚非的利益追求。政府通过强硬的政策来过度依靠银行完成助学贷款事业的运行，有责任转嫁之嫌，而除国家助学金外的奖学金评选制度，又不以家庭经济条件为主要依据，对于促进教育公平意义不大。日本不同贷款形式间明确的责任主体制使整个教育贷款体系的功能效率达到较高水平，值得借鉴。

### （二）通过吸纳民间力量充实学生资助，更进一步解决教育公平问题

日本的奖学金制度使用率达到30%以上，三人中便有一人借助奖学金制度完成学业，这说明奖学金制度已经深入到学生之中，加之奖学金种类多选择范围广，只要是有接受高等教育意愿的学生，基本上都可以申请到奖学金，在高校学习期间不必为完成学业所需的资金担忧烦恼。2012年日本学生支援机构进行的调查显示，对于日本的学生资助制度，六成以上的学生都选择了满意或是比较满意，在缓解教育公平方面，日本的奖学金制度还是卓有成效的。

【大学の学生支援体制への満足度】

| | 満足 | やや満足 | やや不満 | 不満 |
|---|---|---|---|---|
| 学習支援 | 23.9% | 53.2% | 18.2% | 4.7% |
| 経済支援 | 19.7% | 47.7% | 25.6% | 7.0% |
| 就職支援 | 23.3% | 51.3% | 20.5% | 4.9% |
| 生活支援 | 17.9% | 55.1% | 22.0% | 5.0% |

（出处：平成24年度学生生活调查——日本学生支援机构）

在我国，一般高等院校中家庭经济困难的学生约占10%—30%，是不可忽视的一批人群，政府虽然建立起了包括国家助学贷款、国家助学金、国家奖学金、师范生免费教育、退役士兵教育资助、基层就业学费补代偿等在内的比较完善的国家资助体系，但来自企业、民间团体的力量显然较小，也未形成完整、成熟的体系。学生资助政策的未来发展，需要充分考量吸纳民间力量加入到学生资助工作中来，要更加鼓励企业和社会团体加入到奖学金事业中来，提供多种的奖助项

目，使学生的选择更加多样化。

## （三）以贷款（有息）为主的学生资助制度的完善

如上文所述，日本的贷款奖学金制度是整个资助体系的主要形式，通过还款来培养学生的自立与自强意识，培养责任感，培养学生积极为社会服务、回报社会的意识，也是贷款制度目的之一。我国自1999年开始实行由银行提供资金的助学贷款制度，确实提高了整个资助制度的受益面，不过贷款利息与市场利息相同，虽然在校期间由政府补贴利息，但毕业后对学生还款负担的缓解作用还有待提高，这也是很多贫困生申请贷款的积极性并不高的原因之一。

此外相应的辅助制度建设还不完善，可以借鉴日本做法，对还款期间产生的各种情况进行科学的数据分析，设立合理的奖惩制度，能够人性化考虑学生在贷款期间可能会出现的各种困难并且提供切实的对策，学生资助制度将会拥有更高的效率。在这方面，还需要学校和政府共同努力，结合实际情况商讨出更健全的制度。

## （四）奖助分离

在奖学金评选上，我国大多数高校很大一部分奖助学金用于奖励成绩优异的同学，在实际运作上，几乎把成绩作为奖学金评选的唯一标准。对家庭贫困而又极有学习意愿的学生不够重视，导致公平失衡。下表是2010年度日本学生支援机构对各奖学金事业团体的评选标准所做的统计，综合来看在重视学习成绩的同时，家庭经济条件也在申请条件中受到足够重视。

（単位：制度）（ ）内は構成比(%)

| 区分 | 地方公共団体 | 学校 | 公益法人 | 営利法人 | 個人·その他 | 計 |
|---|---|---|---|---|---|---|
| 学力·人物を重視 | (4.6%) | (44.8%) | (17.9%) | (40.0%) | (12.2%) | (35.3%) |
| | 60 | 2,852 | 149 | 4 | 12 | 3,077 |
| 家計状況を重視 | (34.4%) | (20.2%) | (17.7%) | (0.0%) | (29.6%) | (22.2%) |
| | 446 | 1,288 | 148 | 0 | 29 | 1,311 |
| 学力·人物と家計を同程度に重視 | (59.4%) | (31.1%) | (60.9%) | (60.0%) | (54.1%) | (38.5%) |
| | 771 | 1,977 | 508 | 6 | 53 | 3,315 |
| その他 | (1.6%) | (3.9%) | (3.5%) | (0.0%) | (4.1%) | (3.5%) |
| | 21 | 246 | 29 | 0 | 4 | 300 |
| 制度数計 | (100.0%) | (100.0%) | (100.0%) | (100.0%) | (100.0%) | (100.0%) |
| | 1,298 | 6,363 | 834 | 10 | 98 | 8,503 |

（出处：《平成22年度关于奖学金事业的现状调查》——日本学生支援机构）

积极利用奖学金制度给予贫困学生更多的关怀，为更多学生创造更好的受教育条件，是今后奖学金制度改革和实施过程中的大势所趋。在政府的直接拨款上，如何把握对校园硬件设施的建设和对困难学生的资助之间的平衡，助学金额度是否真的能保障困难学生完成学业而又不养懒人，也是高校资助工作值得深思的地方。

## 参考文献

[1] [ 日 ] 日本育英会労働組合：《教育費が危ない・奨学金制度の灯は消せない》，創林社，1984。

[2] [ 日 ] 下间康行：《大学と学生》，日本学生支援機構，2010。

[3] [ 日 ]《奨学金はこれでいいのか》，奨学金問題対策全国会議編，2013，あけび書房。

[4] [ 日 ]《教育機会均等への挑戦》，小林雅之，2012，東信堂。

[5] [ 日 ]《(独) 日本学生支援机构 (JASSO) 奖学金贷款事业概要》，文部科学省。

[6] [ 日 ] 日本学生支援機構 HP：http://www.jasso.go.jp/

# 高校辅导员文化育人能力提升探析

吴维均

**摘　要**：通过对高校辅导员文化育人能力提升的时代背景解读，明确文化育人能力提升的内涵、特征及内容，进一步明确高提升的现实意义。在此基础上，认为高校辅导员提升文化育人能力应在三个方面着力：内外结合、项目实践、学习科研。

**关键词**：高校辅导员　文化育人　能力提升

经济“新常态”下，“大众创业、万众创新”战略的提出，新媒体环境的冲击，高校辅导员工作面临新的机遇和挑战。在这样的大形势、大战略、大背景下，高校辅导员育人功能的发挥，尤其要重视文化育人能力的提升，这是文化“化人”与思想政治教育“育德”的内在统一，是时代发展赋予高校辅导员含量更重的“文化”要求。因此，充分挖掘高校辅导员文化育人内涵，实现能力提升，认识到提升的价值和意义，找寻提升之策，显得较为重要和迫切。

## 一、高校辅导员文化育人能力提升的解读

### （一）时代背景

文化“化人”与思想政治教育“育德”的内在统一，提升“文化育人能力”是思想政治教育的题中应有之义。一方面，文化内在蕴含着思想政治教育功能，文化育人是思想政治教育的重要内容，“文化自身就包含有思想政治教育信息”，[①]“文化是思想的载体，人们是通过文化的交流进行思想政治的宣传和教育的”。[②] 另一方面，思想政治教育内在蕴含着文化的本性。“思想政治教育是特定

---

吴维均　四川外国语大学英语学院

① 邵献平、张耀灿：《论思想政治教育信息传输动力》，《中共济南市委党校学报》，2006年第1期。

② 袁贵仁：《在2002年全国高校思想政治工作暑期研讨班上的讲话》，《思想理论教育导刊》，2002年第8期。

阶级或集团用特定的文化的价值和意义对人们进行文化建构的过程和活动”。[①] 文化内在蕴含着思想政治教育功能，思想政治教育内在蕴含着文化的本性，两者双向建构、内在统一。“思想政治教育与文化具有关联性和互动性”，[②]“中国共产党历来重视文化建设，并把文化建设同对党员和人民群众的思想政治教育结合起来”。[③] 高校辅导员作为大学生思想政治教育骨干力量，肩负着对大学生“育德”的重任，必然兼顾思想政治教育的“政治性”和“文化性”，尤其在思想政治教育面临价值合理性的怀疑和质询时，要体现思想政治教育的价值关怀和人文观照。

辅导员工作的现时代要求，有赖于增加育人的“文化”含量。历史上，高校辅导员文化育人能力发挥极大作用，在当下，更需要辅导员发挥文化育人作用，不断提升文化育人能力。从根本上看，高校辅导员工作对文化育人能力有较高要求：开展好这项工作需要知识、技能的支撑，更需要高超的文化艺术修养，因此，辅导员工作内容、工作方式上讲究文化性，具有文化品味，是这项育人工作赋予辅导员的一贯要求。随着时代的发展变迁，如今网络新媒体大行其道，给传统的思想政治教育带来极大冲击，如何在新的网络空间、网络平台发挥高校辅导员的作用，是摆在大学生思想政治教育工作者面前的一个时代命题。破解这一时代命题，寻求根本上的突破，还得从大学文化建设开始，从提升辅导员文化育人能力入手。

### （二）高校辅导员文化育人能力的内涵

高校辅导员文化育人能力，是指高校辅导员在开展对大学生的思想政治教育、管理、服务工作中，发挥思想政治教育育人特性，以社会主义核心价值观为指引，合理汲取文化资源，时时处处事事打上文化烙印，发挥文化“化人”的功能，体现文化育人的渗透性、潜在性、长效性的特点，实现立德树人根本任务。

高校辅导员文化育人能力特征。1. 基本取向的政治性：思想政治教育是一种文化现象，又是一种政治现象。“以政治需要来规导育人规格，以文化教化来实现政治目的”，[④] 辅导员在运用文化的方式开展育人的过程中，要以政治取向为指引，去汲取优秀的文化资源，这是由思想政治教育的政治和文化属性所决定的。2. 作用方式的渗透性：润物无声的方式，常常具有隐蔽的特点，符合当下思想政治教育的新要求，对提高工作的实效性大有帮助。3. 发挥影响的长效性：通过潜移默化的方式进入头脑，对大学生将产生长期甚至终生的影响。文化的影响往往

① 赵志业：《建国以来思想政治教育文化育人思想及育人模式探究》，《未来与发展》，2015年第4期。
② 周琪：《思想政治教育文化视域研究述评》，《思想理论教育》，2007年第4期。
③ 陈建斌：《思想政治教育的文化本性与文化选择》，《湘潭大学社会科学学报》，2002年第3期。
④ 沈壮海：《关注思想政治教育的文化性》，《思想理论教育》，2008年第3期。

具有长期性、持久性的特点。习近平指出，中华文明绵延数千年，有其独特的价值体系，中华优秀传统文化已经成为中华民族的基因，植根在中国人内心，潜移默化影响着中国人的思想方式和行为方式。

高校辅导员文化育人能力的内容。1. 文化理解能力。没有理解，无从选择。文化理解能力，是跨文化交流背景下高校辅导员必须具备的能力，不仅是对中国传统文化，要熟悉掌握，对多姿多彩的世界文明也要知道了解，这就要求辅导员具备学习能力，学术研究能力，以便具备更高的文化理解与育人能力。2. 文化选择能力。文化的选择，要以政治为取向。多元文化背景下，不同文化激荡，沉浸其中的大学生，需要人生导师辅导员为其选择、解读不同文化。文化的最深层次是价值观，打着“普适价值”旗号的不同文化形态，一刻不停地冲击着大学生的头脑。文化选择、过滤，是辅导员育人能力发挥的重要方面。3. 文化渗透能力。重视开展隐性思想政治教育。以文化润物无声的方式，对大学生开展潜移默化的影响，让所从事的大学生思想政治教育更加有渗透力，是辅导员开展工作的艺术。这份本事，只能加强不能削弱，在新的历史条件下，为使思想政治教育更加有实效，辅导员文化渗透能力显得尤为重要。4. 文化氛围营造能力。发挥熏陶浸润的作用，诚如有高校提出思想政治教育的“泡菜缸”理论，十分重视环境氛围的营造。高校辅导员在大学文化而言，是较为特殊的主体，是大学精神的传播者，是大学理念的孕育者，是大学生育德的中坚力量，是校园物质文化、行为文化的参与者，要有氛围营造的能力。

## 二、高校辅导员文化育人能力提升的意义

### （一）是辅导员开展价值观教育的需要

列宁指出，“应当不断宣传这样一种思想：政治教育务必要能提高文化水平”。[①] 高校辅导员提升文化育人能力，是践行社会主义核心价值观的需要。高校辅导员是高校培育和践行社会主义核心价值观的生力军，是大学生世界观、人生观、价值观塑造的人生导师。开展社会主义核心价值观教育，维护社会一元化的价值取向，培养大学生的多元文化意识、道德判断能力、形成核心价值观，让大学生在多元文化价值冲击时不迷失，能够做出自主、理性选择和判断，是高校辅导员必须承担的责任。此外，高校辅导员从事的教育、管理、服务育人工作，说到底是文化育人工作。开展社会主义核心价值观教育，是体现高校辅导员工作政治性的必然的内在规定性，要求高校辅导员在培育和贯彻社会主义核心价值观过程中，在融入

① 《列宁选集》，第4卷，北京：人民出版社，1995年版。

方面下功夫，以文化的方式落实在教育、管理、服务工作的方方面面。

高校辅导员提升文化育人能力，也是抵制外来文化侵蚀的需要。文化的最深层次是价值观，[①] 各种不同的文化，最终体现出来的是价值观的差异。在抵御西方文化入侵过程中，高校辅导员发挥着至关重要的作用，对同学们所思所想，所接触的网络信息、影视文化作品，要增强辨别力，对渗透其中的文化价值观要有免疫力，需要高校辅导员加强引导，给同学们构筑一道防护的安全网，免受消极腐朽的思想文化冲击影响。

### （二）是辅导员实现自身发展的需要

高校辅导员文化育人能力的提升，是自身专业发展的需要。高校辅导员的职业化发展、专业化培养，是辅导员队伍发展的主线，高校辅导员群体的专业化、个体的专业发展，是以辅导员职业能力的增强为核心推进力的。“辅导员的工作内容主要就是运用文化资源作为教育内容和手段，对学生施加影响，从而实现育人目标。相对其他具体的能力来说，文化育人能力实际上是更为综合、全面的能力，文化育人能力在辅导员能力体系中具有统领作用。”[②] 辅导员通过提升文化育人能力，进而增强职业能力，最终获得专业发展的理路，是对当前教育主管部门唱响的队伍建设科学化主旋律的最好回应。2014年教育部颁布的《高等学校辅导员职业能力标准(暂行)》，成为推进队伍专业化发展的纲领性文件，其中规定了辅导员八个方面的职业功能。这八个方面的职业功能的实现，要以高校辅导员文化育人能力为统领，发挥文化的基础性作用。

高校辅导员文化育人能力提升，是实现自身价值，获得职业幸福感的需要。高校辅导员工作价值的实现，实现育人目标，获得工作成就感，得到与专业任课老师对等的尊重，是实现队伍职业认同、专业发展的重要前提。而实现辅导员工作价值，需要辅导员自身加强人文素养、通过德性修养的提升和人格魅力的增强，通过育人专业化水平的提高，体现出辅导员“师者”风范，让辅导员获得职业成就感，进而获取职业幸福感。从这个意义上讲，高校辅导员要不断提升自身文化素养，提升文化育人能力，尤其要通过学位提升、加大学术科研力度，实现自身实力的精进，实现育人能力的提高，也为自己的事业追求奠定基础。

### （三）是辅导员工作适应网络育人、培养创新人才的时代需要

高校辅导员提升文化育人能力，是当前新媒体环境下网络育人的新要求。高

---

① 袁贵仁:《关于价值与文化问题》,《河北学刊》，2005年第1期。
② 古志华:《试论高校辅导员的文化育人能力》,《中国电力教育》，2013（17）。

校辅导员开展思想政治教育工作的阵地发挥转移，不断向网络平台进军，传统意义上的“到办公室里来一下”、深入教室宿舍谈心谈话的思想政治教育方式与方法呈弱化之势。尤其是大学生普遍成为手机网民的事实，自媒体终端的全天候存在，高校辅导员开展思想政治教育的传统阵地从原来的办公室、教室、宿舍进入网络空间，在这个呼唤交往主体平等的平台里，大学生主体意识增强，相比以往单一主体的灌输、说教，显得办不从心。如果辅导员不能有效占据网络空间，不能通过自己搭建的极富吸引力的微博、微信平台，与同学开展平等的心理交流、思想对话，对学生的心理状态、思想动向，就难以准确及时地把握。特别是网络环境的瞬息万变，学生思想意识变化快，辅导员要跟上节奏，必须有“笼络”住自己学生的能力。网络平台要有特色、要有辅导员个性，要有吸引力，笔者以为，极为重要的是如何提升文化品位，摒弃标语口号式的说教，借由文化潜移默化的作用，逐渐传递、渗透需要的信息、价值观等。这对高校辅导员提出了更高要求，如何把自己的空间、平台建设得更有文化内涵，让学生们愿意来、留得住、有收获，一方面要增强辅导员自身文化能力，这是增强网络平台吸引力的基础，辅导员自身必须加强对文化的倚重；另一方面，从学校层面要加强资源整合，推进辅导员间的协同创新，这是受“网络技术壁垒”和“网络教育耗时耗力”两方面因素制约所提出的必然要求。通过这两方面共同努力，发挥协同育人优势，尤其发挥与大学生直接、广泛接触的辅导员文化育人能力，是大学生思想政治教育提高实效的关键，必须更加倚重“文化育人”，增加文化育人的含量，以便适应当下思想政治教育更加鲜明的潜在性、渗透性特点，更加符合当下教育对象差异性带来的个体需求的多样化。

当前经济“新常态”下创新人才培养的新需求。经济“新常态”背景下，国家提出“大众创业、万众创新”的时代战略，以期实现经济平稳健康发展的同时，以创新驱动中国、以大众创业带动就业。这为高校辅导员提出时代课题，在“双创”潮流中，辅导员何为？在大学生中开展创业教育，其实质是创新教育，辅导员如何在传承中创新，在创新中求发展，实现大学生的创新意识提高和创业能力的提升？胡锦涛在清华大学百年校庆讲话中指出，全面提高高等教育质量，必须大力推进文化传承创新，要积极发挥文化育人作用。辅导员要通过文化育人能力的提升，致力于大学文化传承与创新，在推进文化传承与创新过程中，不断探索拔尖创新人才的培养思路，文化之于创新、创业，必然发挥原动力、推进剂的作用。因此，新的历史条件下，提升高校辅导员文化育人能力，是在当前经济“新常态”背景下，适应国家提出的“大众创业、万众创新”新战略的重要时代命题。

## 三、新形势下高校辅导员文化育人能力提升的策略

### （一）增进内外结合

对高校辅导员这个内在而言，要增强文化自觉意识，化被动为主动，自觉自为。要有对自己传统文化的自觉，要有世界文化吸收借鉴的自觉，更要有自觉提升文化育人能力的自觉。增强自觉意识，一方面要增强文化自觉，这需要高校辅导员加深对文化的理解与认识，具有理解与选择的能力，在文化面前，做自觉熟悉文化、运用文化的执行者；另一方面，辅导员自身要认清文化育人能力提升的意义价值，这对于自觉把文化浸润于工作的方方面面，有着非常重要的意义。

对高校管理者这个外在而言，要积极营造良好的氛围和环境，培育良好的辅导员文化。认识到高校辅导员在大学文化建设、立德树人方面的作用和价值，并从根本上重视这支文化育人的生力军，认识到这支队伍不仅是高校改革发展稳定的维护者，更是大学文化培育者和执行者，只有站在这样的高度，才能给辅导员队伍发挥文化育人作用提供相应的文化准备、相应的资源配置。

### （二）推进实践项目

职业教育的经验表明，职业能力的提升，最好的方法是实践，最好的途径是项目。高校辅导员提升职业能力，包括文化育人能力在内的能力提升，不仅需要以理论知识为基础，更应在实践中锻炼成长，积累鲜活的经验、丰富实用的诀窍知识。能力是学不好，也教不会的，只有靠自身通过实践，实现从知识到能力的迁移转化。对于每个个体在工作实践中积累的诀窍知识，可以通过经验交流会、头脑风暴形式分享获得。

能力提升最好的途径是项目，通过学生工作项目，尤其是校园文化项目，在项目实践中提升职业能力，是实现高校辅导员文化育人能力提升的关键。校园文化活动项目，如果策划到位，往往具有系统性、科学性的特点，辅导员可以通过项目策划、项目立项、项目培育、项目结题等系列工作，从项目中总结得失，获取经验，理论升华，最终实现通过项目提升能力。

### （三）加强学习研究

加强学习，增强文化涵养。文化自觉、文化意识、文化选择，增强文化育人能力，学习很重要。重视对中国传统文化知识的学习，重视对一切世界优秀文明成果的学习借鉴。高校辅导员要能积极弘扬中国传统文化精华，认真防范西方文化中的消极因素。只有具备深厚的文化底蕴，厚实的文化涵养，才会在实际工作

中收放自如，才会有真正意义上的能力提升，否则，成了无本之木、无源之水。

学术科研，增强专业能力。为求进一步提升，只有学习、实践是不够的。在学习、工作中不断思考、总结，进行理论升华，才是高校辅导员文化育人能力提升的关键点。高校辅导员专业化进程的不断推进，提高工作专业性、提升职业能力已经是时代的主题。在这样时代背景下，高校辅导员实现个体的专业发展，成为研究者，开展学术研究，具备较高理论水平，是提升育人能力的必然要求。为此，高校辅导员要通过学历提升、积极申报科研立项，通过夯实理论基础，全面参与科学研究，掌握科学思维方法的途径，才能在大学生思想政治教育工作实践中，提高育人的实效性和针对性，也只有具备科学的、系统的文化育人能力，才能最大限度地提高育人水平。

# 心理契约视角：高校思想政治辅导员职业发展“新常态”研究*

邹　蕾

**摘　要**：对530名高校辅导员的心理契约进行问卷调查，研究表明：工作前三年是辅导员出现心理契约违背感和离职倾向的高峰期；男性较女性对物质激励违背更敏感；已婚者在“受尊重信任”、“业绩被认可”、“领导支持”方面的违背感较未婚者强烈。学校相关部门可试通过以下途径引导与激励辅导员的职业发展：提高辅导员对组织积极履行义务的感知；注重辅导员入职初期的引导；挖掘辅导员发展空间，缓解职业倦怠；虚实结合，提升辅导员工作成就感；薪酬激励提升辅导员工作绩效。

**关键词**：心理契约　离职倾向　辅导员

## 一、引言

我国目前正处在社会转型时期，巨大的社会、经济变革带来了雇佣体制与用人机制的变革，同时也深刻地改变着组织和辅导员之间的心理契约。心理契约是指，在组织与员工的相互关系中，员工所感知到的彼此为对方承担的责任。它包括两个方面的内容：“组织责任”和“辅导员责任”Rousseau, 1989)。传统心理契约的核心内容是：员工努力工作并对组织忠诚，组织提供长久的工作保障。而新的心理契约中增加了灵活性、公正性、自我依赖性、工作丰富化的要求。[①] 据调查显示，员工的离职倾向、工作满意度、组织归属感与心理契约违背感的积累有关，心理契约的建立与维护以及心理契约违背后的人力资源管理补偿措施，对于

* 本文系浙江省教育科学规划课题《基于心理契约的高校思政辅导员激励机制研究》(2014SCG093) 成果。

邹　蕾　浙江外国语学院学生处

① Sims, R. ,Human Resource Management’ s Role in Clarifying the New Psychological Contract, Human Resource Management,1994,33(3):373-382.

员工的离职倾向和其他消极行为消除具有积极意义。[①] 雇用双方在相互责任的理解上出现的差异、分歧和矛盾，正是组织在认识员工方面存在的问题，也是有待改进的地方。辅导员的心理契约多次经历了EAR循环，即建立（establishing）、调整 (adjusting) 和实现 (realization) 的过程。在这个过程中，辅导员的心理契约违背感往往引发离职倾向。国内外对于心理契约违背与离职意愿之间相关性的研究已经开展了很多年，绝大多数的研究集中于某种职业的人群，如对医生、护士、研发人员等。本文以高校辅导员为研究对象，选用性别、婚姻状况、学历、年龄、现单位工龄等指标将样本分类，探讨不同人口特征、职业特征下高校辅导员心理契约违背感和离职倾向的差异，以期为组织制定基于心理契约视角的高校辅导员激励对策研究提供参考。

## 二、研究对象与方法

### （一）研究对象

按照分层随机抽样和整群抽样相结合的原则，从浙江大学、浙江外国语学院、浙江财经大学、浙江工业大学、宁波诺丁汉大学、绍兴文理学院、温州医科大学、绍兴越秀外国语学院等国内19所全日制高校中抽取600名辅导员作为样本。此次调查共发放问卷600份，回收552份，其中有效问卷530份，有效回收率83.33%。样本分布见表1。

**表1　样本的人数分布（N＝530）**

| 分类指标 | 类别 | 人数 | 百分比 |
|---|---|---|---|
| 性别 | 男 | 186 | 35.09 |
| | 女 | 344 | 64.91 |
| 婚姻状况 | 未婚 | 280 | 52.83 |
| | 已婚 | 250 | 47.17 |
| 学历 | 大专 | 30 | 5.66 |
| | 本科 | 121 | 22.83 |
| | 硕士研究生 | 311 | 58.68 |
| | 博士研究生 | 68 | 12.83 |

① 王双龙、周海华:《基于心理契约的辅导员离职原因分析及对策》,《企业经济》,2007年第10期，第15—17页。

续表

| 分类指标 | 类别 | 人数 | 百分比 |
| --- | --- | --- | --- |
| 年龄 | 25岁以下 | 76 | 14.34 |
| | 25—30岁 | 358 | 67.55 |
| | 30岁以上 | 96 | 18.11 |
| 现单位工龄 | 1年以内 | 150 | 39.35 |
| | 1—3年 | 182 | 42.13 |
| | 3—5年 | 167 | 31.51 |
| | 5年以上 | 31 | 5.85 |

### （二）研究工具

对心理契约违背感的测量，基本参照了朱晓妹、王重鸣提出来的中国背景下辅导员心理契约结构的三个维度：[①] 发展机会违背感（包括工作富有挑战性、晋升机会等共9个题项）、物质激励违背感（包括报酬公平、报酬富有行业内竞争力等共4个题项）、环境支持违背感（包括业绩认可、分工明确等10个题项）。同时结合对样本的访谈了解，将问卷调查内容扩充为七部分：辅导员心理契约违背感、离职倾向、离职成本、工作满意度、组织归属感、择业价值观、个人基本资料。个人基本资料以外的度量均以李克特量表五点尺度加以评价。

本研究采用 Cronbach α 系数来分析项目的内部一致性。问卷总体的 α 系数为0.786；各因素的 α 系数均不小于0.747。模型的心理契约违背感各维度和离职倾向的KMO值均大于0.700，Bartlett 球体检验显著（$p<0.001$），数据也具有相关性，适合做因子分析。取特征值大于1的主成分为作为因子。

数据分析主要采用 SPSS13.0进行描述性统计、单因素方差分析、相关分析、多元线性回归。

## 三、结果与分析

### （一）辅导员对物质激励的满意度欠佳

整体看来，高校辅导员的组织归属感良好，均值为3.56；对组织提供的发展机会比较满意，均值为3.26；离职倾向不高，均值为1.98。但是，辅导员对物质激励的满意度欠佳，仅为2.70。

① 朱晓妹、王重鸣：《中国背景下知识型员工的心理契约结构研究》，《科学学研究》，2005年第23期，第118—122页。

表2　辅导员的职业发展现状统计数据（N＝530）

| 指标 | 均值 | 方差 | 最小值 | 最大值 |
|---|---|---|---|---|
| 工作满意度 | 2.94 | 0.52 | 1.61 | 4.39 |
| 离职成本 | 3.13 | 0.47 | 2.00 | 4.00 |
| 离职倾向 | 1.98 | 0.42 | 1.20 | 3.40 |
| 组织归属感 | 3.56 | 0.46 | 2.20 | 4.60 |
| 物质激励满意度 | 2.70 | 0.70 | 1.00 | 4.00 |
| 环境支持满意度 | 2.78 | 0.46 | 1.50 | 3.80 |
| 发展机会满意度 | 3.26 | 0.75 | 1.67 | 4.78 |

## （二）辅导员对工作氛围较为满意

表3　辅导员对学校的评价（N＝530）

| 指标 | 均值 | 方差 | 最小值 | 最大值 |
|---|---|---|---|---|
| 学校为您提供的工作具有一定的挑战性 | 3.40 | 0.96 | 1.00 | 5.00 |
| 学校为您提供施展才能的舞台 | 3.06 | 0.94 | 1.00 | 4.00 |
| 学校给予您工作自主性 | 3.29 | 0.91 | 1.00 | 4.00 |
| 学校为您提供晋升机会 | 2.63 | 0.66 | 1.00 | 4.00 |
| 学校为您提供明确的努力目标 | 3.22 | 0.79 | 2.00 | 5.00 |
| 学校为您提供较多的学习和培训机会 | 3.96 | 4.43 | 2.00 | 34.00 |
| 学校公平对待您 | 3.31 | 0.87 | 1.00 | 4.00 |
| 招聘过程中，学校向您真实传达关于职位和组织信息 | 3.51 | 0.74 | 2.00 | 5.00 |
| 学校明白您应聘的真实期望、兴趣、专业技能 | 3.08 | 0.86 | 1.00 | 4.00 |
| 学校为您提供的报酬与您付出的代价基本相符 | 2.63 | 1.03 | 1.00 | 4.00 |
| 学校为您提供的报酬与您付出的代价和同事相比公平 | 3.17 | 1.01 | 1.00 | 5.00 |
| 学校为您提供的报酬与同行业相比具有竞争力 | 2.50 | 0.77 | 1.00 | 4.00 |
| 学校为您提供理想的福利待遇 | 2.51 | 0.82 | 1.00 | 4.00 |
| 学校发展前景良好，您的工作稳定 | 3.20 | 0.76 | 2.00 | 4.00 |
| 学校关心您的生活和思想状况 | 3.04 | 0.97 | 1.00 | 4.00 |
| 同事们与您合作愉快，沟通顺畅 | 3.78 | 0.58 | 2.00 | 5.00 |
| 上级信任和尊重您 | 3.76 | 0.63 | 2.00 | 5.00 |

续表

| 指标 | 均值 | 方差 | 最小值 | 最大值 |
|---|---|---|---|---|
| 学校认可您的业绩 | 3.57 | 0.67 | 2.00 | 5.00 |
| 领导支持您的工作 | 3.71 | 0.64 | 2.00 | 5.00 |
| 学校为您提供较充分的工作资源 | 3.08 | 0.88 | 1.00 | 5.00 |
| 学校有您认同的企业文化和价值观 | 3.20 | 0.73 | 2.00 | 4.00 |
| 学校布置给您的任务分工明确 | 3.84 | 0.55 | 2.00 | 5.00 |
| 学校布置给您的工作不超负荷 | 3.43 | 0.97 | 1.00 | 5.00 |

辅导员对学校评价较高的有“学校为您提供较多的学习和培训机会”、“学校布置给您的任务分工明确”、“同事们与您合作愉快，沟通顺畅”、“上级信任和尊重您”、“领导支持您的工作”；不太满意的则为“学校为您提供的报酬与同行业相比具有竞争力”、“学校为您提供理想的福利待遇”、“学校为您提供晋升机会”、“学校为您提供的报酬与您付出的代价基本相符”。即辅导员对工作环境氛围较为满意，但是对物质激励和发展机会不太乐观，特别是对报酬的竞争力不太满意。

## （三）离职是职业发展遇到阻碍，不得已而为之

**表4　辅导员的离职倾向统计数据（N＝530）**

| 指标 | 均值 | 方差 | 最小值 | 最大值 |
|---|---|---|---|---|
| 我对工作渐渐失去了兴趣和热情 | 3.27 | 0.88 | 1.00 | 4.00 |
| 我经常想辞去目前的工作 | 3.33 | 0.85 | 1.00 | 5.00 |
| 假如我继续待在现单位，我的前景不会好 | 1.90 | 0.74 | 1.00 | 4.00 |
| 离职对我来说是迟早的事情 | 3.00 | 0.54 | 2.00 | 5.00 |
| 离职是对自身职业生涯的修正与完善 | 2.69 | 0.87 | 1.00 | 4.00 |
| 离职是职业生涯发展遇到阻碍，不得已而为之 | 3.71 | 0.57 | 2.00 | 5.00 |
| 我现在正在积极寻找新的工作 | 2.31 | 0.87 | 1.00 | 5.00 |
| 我所在的工作团队有集体辞职的意向 | 2.65 | 0.95 | 1.00 | 5.00 |
| 一旦有些事情发生（如考取公务员、配偶工作变动），就离职 | 3.77 | 0.69 | 2.00 | 5.00 |

调查显示辅导员的心理契约违背感、离职倾向与是否赞同“先就业，后择业”的择业态度有关。第一，辅导员大都具有研究生学历，他们当初应聘高校更希望能从事专业教学岗位，为了能在竞争激励的环境下在高校“先就业”，于是选择

了思想政治辅导员的岗位。第二，有的辅导员对于物质激励的不满或者转专业教师岗位不成功萌发了转行、考公务员或到其他单位应聘教师岗位的念头。由于辅导员工作的特殊性，工作内容跨度大，上下班时间模糊，使得一部分辅导员对工作渐渐失去了兴趣和热情，说明一部分辅导员进入了职业倦怠期。但是大部分辅导员还是不愿意离职，认为“离职是职业生涯发展遇到阻碍，不得已而为之”。

## （四）离职考虑违约金、工作等显性成本和人际资源等隐形成本

表5　辅导员的离职成本统计数据（N＝530）

| 指标 | 均值 | 方差 | 最小值 | 最大值 |
|---|---|---|---|---|
| 即使换了工作，职位和收入也可能没有明显改善 | 2.71 | 0.79 | 1.00 | 5.00 |
| 鉴于违约金、工资、人际资源等成本，难以离职 | 3.27 | 0.73 | 2.00 | 5.00 |
| 离职将带来经济压力 | 2.96 | 0.88 | 1.00 | 4.00 |
| 辞职前找新工作有风险和压力 | 2.38 | 0.84 | 1.00 | 5.00 |
| 若是熟人介绍的工作，离职时顾忌面子与人情 | 2.43 | 0.90 | 1.00 | 5.00 |

离职倾向不一定导致离职行为，辅导员在离职时主要考虑到违约金、工作等显性成本和人际资源等隐形成本。

## （五）工作较为尽心，对学校有着深厚的感情

表6　辅导员的工作满意倾向与组织归属感统计数据（N＝530）

| 指标 | 均值 | 方差 | 最小值 | 最大值 |
|---|---|---|---|---|
| 我对现在的工作状态较满意 | 3.04 | 1.14 | 1.00 | 5.00 |
| 我计划在学校做长期的发展 | 2.31 | 0.87 | 1.00 | 4.00 |
| 纵然有另一家单位要我去，我也会拒绝的 | 2.81 | 0.92 | 1.00 | 5.00 |
| 我愿意为学校尽力做事 | 3.10 | 0.77 | 1.00 | 5.00 |
| 我觉得我的学校有恩于我 | 2.71 | 0.91 | 1.00 | 5.00 |
| 对学校的人和事，我都有深厚的感情 | 3.35 | 0.92 | 2.00 | 5.00 |
| 我为学校付出很多心力 | 3.49 | 0.79 | 2.00 | 5.00 |

表6显示，大部分辅导员为学校的工作付出了很多心力，对学校的人和事都有了深厚的感情。愿意为学校尽力做事。

此外，自变量选择方法采用stepwise进行回归分析，显著性水平设定为0.05。进入的变量是：晋升机会，学习和培训机会，组织公平，得到的报酬与付出的代价基本符合，对单位福利满意。说明辅导员在职业发展中比较看重上述因素。

### （六）工作前三年是辅导员出现心理契约违背感和离职倾向的高峰期，也是职业探索生涯规划的重要时期

与时间有关的特征变量（年龄、工龄）对辅导员的离职倾向有明显影响。辅导员对物质激励的满足程度与工作时间成反比。不同工龄的辅导员在心理契约违背感、发展机会违背感、物质激励违背感、离职倾向上都存在显著差异。不同工龄者在发展机会的下列细化指标的违背感上存在显著差异：工作挑战性（$p=0.003$）、晋升机会（$p=0.005$）、目标明确（$p=0.013$）、培训机会（$p=0.010$）。采用多重比较和多元回归分析进一步发现以下现象。

第一，工龄一至两年者心理契约违背感、离职倾向均较高，相对不看好在现单位的工作前景；较赞同“先就业后择业”的择业观，认为离职是对自身职业生涯规划的修正与完善；离职念头上升。这在一定程度上提示组织管理者：工作前三年是职业探索的重要时期。自身的定位、对组织的忠诚度往往在此时形成。工龄一至三年者对组织提供的发展机会感到较明显的不满，对工作目标不明确的感知也更强烈。第二，工龄一年以内者对“工作挑战性”的满意度高于其他工龄年数者。这说明，在工作初期，辅导员对工作感到新鲜，有激情。随着业务知识的熟悉与精通，工作新鲜感明显下降。工作一年后职业倦怠开始上升。一般的，在工作的第一年辅导员逐渐熟悉工作流程，在不断学习新事物的过程中保持一定的热情和兴趣。随着工作重复次数的增加，辅导员的工作激情有所下降。第三，工龄一年以上者对“培训机会”违背感的感知较工龄不足一年者高。这在一定程度上说明辅导员希望得到更多的学习、培训机会，而不仅仅是入职培训。第四，辅导员对“物质激励违背感”的感知逐年递增。一般在工作的前三年，辅导员职称和职务较低，收入较低。这可能反应了辅导员的普遍感知：“薪水涨得太慢”。特别是男性承担的经济压力更大。在职业发展中更加看重物质收益。

### （七）男性较女性对物质激励违背更敏感

单因素方差分析发现，不同性别的辅导员在离职倾向（$p=0.791$）和心理契约违背感（$p=0.807$）上没有显著差别。回归分析发现对于男性辅导员，“离职倾向”与“环境支持违背感”显著正相关（$p<0.001$），回归系数0.421；与“发展机会违背感”和“物质激励违背感”的关系不显著。对于女性辅导员，心理契约违背感

对离职倾向产生影响主要是通过“环境支持违背感”（$p<0.001$）和“发展机会违背感”（$p=0.003$）起作用，回归系数分别为0.286、0.171。

### （八）已婚者在“受尊重信任”、“业绩被认可”、“领导支持”方面的违背感较未婚者强烈

已婚者与未婚者在“发展机会违背”（$p=0.014$）与“物质激励违背”（$p=0.013$）上存在显著差异。此外，未婚者与已婚者对“环境支持违背感”中的细化指标之“尊重信任”（$p=0.013$）、“业绩被认可”（$p=0.011$）、“领导支持”（$p=0.029$）上存在显著差异。未婚者在这些细化指标上的心理契约违背感均低于已婚者，即未婚者更容易感知到被尊重信任、受支持，感知业绩被认可。已婚者的生活重心常常由“工作”单重心转向“家庭—工作”型。由于结婚、生产、育儿、入住学生寝室、工作与休息时间界限模糊等原因造成的“生活—工作冲突（life-work conflict）”或“工作—生活冲突（work-life conflict）”在所难免，这在一定程度上影响了已婚者工作业绩的被认可度。而未婚者一般较年轻，处于工作经验积累期与人际关系投资期，可以把较多的精力集中在工作上，甚至牺牲休息时间加班。更倾向于表现“吃苦耐劳”、“付出不计回报”、“高投入”的一面，证明自己对组织责任的兑现高于组织对其的期许。这在一定程度上有利于得到领导更多的支持与信任。领导往往倾向于将需要投入大量精力、工作时间界线模糊的任务分配给未婚者。未婚者可以将更多精力集中于工作，而已婚者则需抽出一定时间经营家庭。面对同样的工作量，已婚者更容易感到“分身乏术”、“时间不够”。

## 四、几点建议

### （一）提高辅导员对组织积极履行义务的感知

有研究显示，影响员工对组织履行义务的满意度的最大因素不是组织实际履行义务的“实际情况”；而是员工对组织履行义务的“感知”。因此，组织有必要适时与员工沟通，告知其组织为履行义务所做的努力。充分沟通，构建信任，注重绩效反馈与归因管理。辅导员感到心理契约违背感的产生有一部分原因来自于理解歧义。即辅导员与学校之间针对各方责任、义务、权利的理解存在分歧。有的学校在招聘时为了吸引优秀人才的加盟，在发展机会等方面承诺较多。而辅导员工作发展或晋升受挫时，容易感到心理契约被违背，进而出现各种消极的态度和行为表现。有时原有的心理契约被打破是不可避免的，但接下来未必是破坏性的情绪反应。学校和辅导员可以双向对于契约未履行进行归因（对原因提供解释），达成员工对组织双向的谅解。尤其当不可控的外因导致契约难以履行时，

学校和辅导员可以通过真诚而充分的解释确保对方认识到这一点。对组织的信任不仅可以降低员工的心理契约被破坏的知觉，还可以减缓心理契约违背所带来的种种负面效应。同时，信任在归因管理过程中也扮演着重要角色。如果员工信任组织，相信组织不会做出损害他们利益的行为，则更倾向于把契约未履行归因为不可控的外因或相互误解。因此，充分沟通，建立组织和员工之间的信任关系，是形成和维持良好心理契约的重要环节。①

### （二）注重辅导员入职初期的引导

新员工进入公司之初都不可能清晰地了解组织的各项要求，完全适应组织的文化。组织为员工提供入职培训能增进员工对组织的了解，及时调整他们对组织不切实际的幻想和期望，使他们更迅速地融入组织。经过社会化的碰撞和调整阶段，新员工会更加清晰地了解企业的经营理念和文化价值观，明确组织对员工的期望与要求，修正头脑中存在的有关心理契约的认知结构。入职培训传递关于组织发展远景和辅导员晋升途径的信息，以便辅导员将自身的职业兴趣、职业潜能、职业价值取向和组织发展需要相结合设计职业发展规划，并将其分解为不断更新的阶段目标，以保持持久的工作热情和奋斗动力。辅导员对“发展机会违背感”的感知在刚开始参加工作时最低，在工作后一年达到最高，随后稳中有降。这反应了刚参加工作时，辅导员大都有比较大的职业抱负，希望在工作岗位上做出较大成绩，但是随着时间的推移，辅导员希望能承担领导性的、规划性的工作，但是却被琐碎的日常事务占据了很多精力，难免出现职业倦怠。因此，组织在辅导员成长的各个阶段都需要介入并科学引导与激励。入职初期做好辅导员的培训与社会化十分必要。

### （三）挖掘辅导员发展空间，缓解职业倦怠

对于出现或即将出现职业倦怠的辅导员，组织应予以其工作内容上的适度变化并给予相对应的培训学习机会，使其在工作中不断发现新的发展空间并培养统筹领导能力。辅导员在不同的成长阶段都不断接触新鲜事物，每阶段都有明确的、可通过努力实现的目标，这将有利于保持辅导员的工作激情，减少工作倦怠、工作目标不明确带来的低效率。学校应注意把学校目标和个人目标结合起来，宣传二者的一致性，使辅导员了解只有把个人的职业生涯规划和学校的职业生涯管理结合起来，才能实现学校发展和个人价值实现的双赢。

---

① 李原：《心理契约违背的理论模型及其应用》，《经济与管理研究》，2009年第8期，第82—85页。

### （四）虚实结合，提升辅导员工作成就感

学校可以通过采用虚实结合的方法，提升辅导员工作成就感。"实"通过工作激励，提升辅导员完成高难度任务时候的成就感。随着业务知识的熟悉与精通，辅导员的工作新鲜感明显下降。职业探索期辅导员总是力求最大限度地将自己的潜能发挥出来，追求工作的挑战性，在完成任务、克服困难中感到最大的满足。管理者应根据每个人的长处、性格及职业发展阶段分配不同的任务，以达到人尽其才，并辅之以既富有挑战性又有现实可能性的目标，尽可能把个人的利益包容到企业的目标中，这样才会激起辅导员更大的责任感和成就感。"虚"是指组织可以采用精神激励的方式提高辅导员心理契约满意度，降低离职倾向。如进行"事业—家庭兼顾奖"、"优秀辅导员"的评选。从某种程度上来讲，此类激励的成本较低，但会对改善辅导员积极性起到良好的效果。"事业—家庭兼顾奖"既是对兼顾工作和家庭的辅导员一种精神上的肯定，无形中也为其他已婚辅导员树立了典范；被授予优秀辅导员的辅导员会在感受组织认可、同事尊重支持的过程中进一步激发自身的工作热情与自信心。

### （五）薪酬激励提升辅导员工作绩效

辅导员对"物质激励违背感"的感知逐年递增。职业探索期辅导员在工作的前几年往往处于两难境地：一方面，处于离开父母独立生活、寻找配偶组建家庭的人生发展关键时期；另一方面，处于职称低、收入少的经济窘困期。组织需要实施全面的薪酬战略，兼顾"外在"、"内在"激励和"正"、"负"激励。外在薪酬主要指为辅导员提供的可量化的货币性价值，内在薪酬则是指那些给辅导员提供的不能以量化的货币形式表现的各种奖励；正激励，如发放工资、奖金、津贴、福利等，负激励，如罚款等。合理的薪酬制度应该提升与绩效挂钩的弹性收入比例，体现多劳多得的原则，充分激发辅导员工作积极性，提升绩效。与此同时，薪酬的公平性也对辅导员的积极性有很大影响。富有激励作用的辅导员考评体系与薪酬制度应该兼顾公平性和竞争力。

# 打造新时期升级版的高校辅导员队伍建设研究

高　伟

**摘　要**：新时期全国高校学生辅导员总量初具规模，虽经过多年队伍建设取得了一定的成效，但辅导员队伍建设仍存在一些突出现实问题，队伍建设亟待升级，基于顶层设计、高校职能与辅导员自我发展诉求的分析，本文尝试从目标、理念、内容、成果输出四个方面来重新设计升级版的辅导员队伍，创新驱动、转型发展，以双肩挑社会人才的管理培训生为培养重点，打造“2+X”专长复合型、多通路的升级版高校辅导员队伍，最终实现让学生成才、让家长安心、让社会满意、让领导放心、让自己成功。

**关键词**：升级版辅导员队伍建设

## 一、升级版的基础与缘起：高校辅导员队伍建设的发展历程与现状分析

伴随我国高校辅导员制度的发展，这一岗位称谓由最初着重党的政治工作的“政治指导员”转变为“政治辅导员”、“政工干部”、“政治工作队伍”，再到着重大学生思想政治教育和德育工作的“思想政治工作队伍”、“德育队伍”，最终定格为着重大学生全面发展，向专业化、职业化、专家型发展的“高等学校辅导员”。

自清华大学首开先河于1953年设立政治辅导员制度至今，尤其是2004年中央16号文件出台以来，截至2013年底，全国高校学生辅导员总量初具规模，其中专职辅导员队伍已达12.7万人，兼职辅导员4万多名，上海市专职高校辅导员3500多名，兼职辅导员共1500多名，肩负着“育人为本、德育为先、立德树人、立教圆梦”教育使命。在队伍建设上，一直坚持八字方针“高进、严管、精育、优出”，经过多年队伍建设取得了较大的成效，为各行业输送了大批专业化社会

---

高　伟　上海对外经贸大学国际经贸学院

型人才。不少党和国家、地方各级政府、组织机构领导人均有过高校辅导员的工作经历。但新时期各高校辅导员队伍建设仍存在如下突出现实问题，队伍建设亟待升级：

### （一）职业角色现实定位不明确

高校辅导员队伍是处在领导、专业教师、学生三者之间的“校园夹心层”，存在职业黑洞“空心化和虚空化”现象，工作负担非常繁重，常被单纯认为是学生事务管理者或被误认为是学校职能部门的行政秘书，存在领导、专业教师和学生群体以及辅导员自身对辅导员职业认同度不高、职业倦怠来临较快、工作压力大、幸福感不稳定等角色定位及工作压力问题。

### （二）学历及职称职级普遍偏低

截至2012年底，全国高校辅导员中硕士以上学历占40.6%，正科以上占24%，讲师（中级职称）以上占39.7%。截至2011年4月，上海高校辅导员共有153位评上正高、副高职称，100多位辅导员定为副处以上职级，这一比例相对很低。

### （三）“人生导师”自身缺乏成功的职业自信和明晰的发展规划，“精育和优出”不到位

高校辅导员一般来源于留校的优秀学生干部、校内转岗行政干部、青年教师兼职和校外公开招聘的应届和往届硕士以上学历优秀毕业生，校外招聘要求一般是毕业于211院校的优秀党员硕士，有学生干部经历，且无正式的事业单位编制，多为人事代理或劳务派遣用工，使得要努力成为大学生“人生导师”的辅导员自身缺乏成功的职业自信和明晰的职业发展前景，然而学校各级组织部门对其工作考核要求高，基本已做到“高进和严管”，但可提供给辅导员的职业发展路径却十分有限，尚未做到“精育和优出”。

### （四）队伍整体素质高但能力素养参差不齐

高校辅导员队伍在公开招聘要求上一直是“高进”：中共党员、硕士、30岁以下，确保队伍整体素质高，基本达到政治化、年轻化、知识化的高标准。但学生思想政治教育工作是一门科学，不是万金油的工作，也不是什么人都能做好辅导员工作的。做一名合格的高校辅导员，既需要具有自己所学专业的知识，与学生在专业等方面有共同的语言，又必须具备思想政治教育工作、学生生涯发展指导的相关专业知识和技能，成为复合型人才。但现实情况反映出队伍能力素质参差不齐，整体和专业教师相比，仍需要进一步“高端大气上档次”。

### （五）队伍流动性大、不稳定，学生教育管理缺乏持续性

从事高校辅导员工作主要存在收入相对较低、培养重视度及地位也弱于专业教师、学生问题层出不穷、工作压力大、容易职业倦怠、工作重复性强、家庭负担等问题，因而导致辅导员转岗和离职较多，队伍流动性大，相对不稳定。

### （六）尚未形成职业化的工作模式，靠经验总结开展工作，缺乏对大学生全覆盖式的深度辅导

根据教育部和各地教育行政部门的要求，辅导员队伍一般按照1:150—1:200的师生比配备，但其实际工作量来看，大多远超过这一比例，加上常有临时性和常设性的校内各级部门事务性工作需要辅导员参与协助以及来自家庭婚恋、科研晋升、学习深造的精力投入，使得精力和能力均有限的辅导员缺乏对大学生全覆盖式的深度辅导。

## 二、升级版的动因：顶层设计、高校职能与辅导员自我发展诉求

### （一）顶层设计

根据中央16号文件和教育部24号令对辅导员队伍的定位，2014年3月25日教育部在颁发的《高等学校辅导员职业能力标准（暂行）》中首次明确了辅导员的职业定义：辅导员是高等学校教师队伍和管理队伍的重要组成部分，具有教师和干部的双重身份。辅导员是开展大学生思想政治教育的骨干力量，是高校学生日常思想政治教育和管理工作的组织者、实施者和指导者。辅导员应当努力成为学生的人生导师和健康成长的知心朋友。

新时期，随着各高校所处的社会环境、人文生态系统发生变化，社会转型期各种矛盾、戾气凸显，精神迷失现象严重，教育国际化已经进入全面深化改革开放的“深水区”，李克强总理提出要打造中国经济的“升级版”。与之相适应的，高校应着力打造升级版的“学习、实践、研究型”辅导员。

### （二）高校职能

众所周知，人才培养、科学研究、社会服务和文化传承创新是高校最具有生命力的四大职能。高校辅导员队伍作为高校青年教师的一支生力军、大学生思想政治教育工作的主力军，同时又是高校党委培养的具有一定管理能力、富有团队合作精神的高素质的业务骨干和党政管理干部的后备力量，更应在上述高校四大

职能中发挥其独特价值。

### （三）辅导员自我发展诉求

不同年龄、专业背景、知识结构、工作环境和人生阅历的辅导员带着理想主义聚集在同一旗帜下，这对辅导员工作本身是激励和鼓舞；而对于个体来说，是一次来自工作本身和自我的挑战。

首先，辅导员的理想主义与社会现实评价充满了矛盾冲突。其次，辅导员自身存在着知识、阅历等方面瓶颈。再次，辅导员队伍工作水平还与社会和国家的期盼有差距。最后，辅导员队伍也面临着社会转型时期的各种考验。

与所肩负的工作使命相对应，辅导员更希望工作有条件、干事有平台、发展有空间、组织有激励 、人生有增值。

## 三、升级版的设计：升级版的高校辅导员队伍建设整体设计

### （一）目标设计

创新驱动、转型发展，以双肩挑社会人才的管理培训生为培养重点，打造“2+9+X”专长复合型、多通路的升级版高校辅导员队伍，做到让学生成才、让家长安心、让社会满意、让领导放心、让自己成功。

2大职业境界：有思想的实践者 + 会实践的思考者

9大职业功能：思想政治教育、党团和班级建设、学业指导、日常事务管理、心理健康教育与咨询、网络思想政治教育、危机事件应对、职业规划与就业指导、理论与实践研究

X个职业通路：终身辅导员、思政研究专家和学科带头人、专业教师、党政后备政工师、党团活动管理师、“两新”组织社会工作者、人力资源管理师、职业与心理咨询师、职业培训师、office应用大师、新闻发言人、危机处理师、会展策划师、学生法律事务咨询师、公关谈判师、网络文化师、素质拓展师、公务员等。

### （二）理念设计：问题倒逼改革

基于高校辅导员队伍建设存在的上述6方面的问题和3个层次的动因进行队伍建设改革。

### （三）内容设计

1. 建设理念升级

近年来，各地高校党委高度重视，以深入贯彻落实中央16号文件为契机，把

辅导员队伍建设作为大学生日常思想政治教育和管理工作的组织者、实施者和指导者来抓，按照“政治强、业务精、纪律严、作风正”的标准和“职业化、专业化、专家化”的目标以及“管理者、教育者和服务者”的角色定位，建设了一支政治坚定、专兼结合、结构合理、勇于奉献的高素质辅导员队伍，努力使辅导员成为大学生的人生导师和知心朋友，校内外党政干部的蓄水池和后备干部的重要来源，社会人才资源的重要组成部分，重大社会政治活动的组织者、实施者与平安和谐校园的坚定维护者。

2. 制度体系升级

辅导员组织开展工作离不开教育、管理和服务，其中服务是教育和管理的优化酶。针对新形势，更需要我们树立并巩固学生工作服务意识，打造基于教育和管理的现代服务型高校辅导员，实现辅导员工作学生满意、家长放心、领导认可、同仁认同、社会好评。

3. 培养、培训模式升级

目前，上海各高校对辅导员的培养基本按照“双重身份、双线晋升、职称单列”的培养模式，在培训模式上既有上岗培训，又有专业培训，既有一般专题培训，又有骨干高级研修培训，既有国内政府企业挂职锻炼，又有海外访学进修。通过培训和培养方式的多样化、培训内容的职业认证化、培训主题与渠道多元化，鼓励辅导员实现一专多能。

4. 工作能力、研究能力、自身素质升级

在工作能力升级方面，辅导员应着力提高日常办公、办会、办文和办事能力，使学习和研究学生成为一种要求、生活、习惯和信仰，具备国际视野和家国情怀。树立工作创新意识，实事虚做，虚事实做，脚踏实地，宁静致远，紧跟前沿。树立使命意识，肩负着培养中国特色社会主义事业的合格建设者和可靠接班人这一人才培养的历史重任；树立资源整合和众包意识。高校辅导员旨在通过“开放倒逼改革、开放释放红利”的学生工作创新思维实现降低工作成本、提高工作实效——借用外力（学生、社会人才）而不养外力，组织更快速、更便宜、更智能、更容易的社会生产；提炼核心价值、打造工作亮点——建立学生和社会专家创新协同中心及智库；引领社会需求、获得社会认可——引导启发激励教育对象（学生、社会人才）设计思维导图和工作方式方法，进一步提高思政教育的学生及社会可接受性和实效性，最终实现善于集聚推动科学发展的正能量。

在研究能力升级方面，立足学生工作一线实践开展学术研究是辅导员得天独厚的研究价值。多思出智慧，工作研究能力往往来源于政策解读、工作体会、理论应用、经验总结、创新思考。做个有心人，发现关注点、兴奋点，有问题意识和问题导向，用眼观察、用心发现，用脑思考，用情揣摩。注重处理好自身研究兴趣与学术热点、研究方法与学术规范、研究成果与学术价值、研究对象与工作对象、定性、质的与定量、实证、实验与实践研究的关系问题，力争在辅导员工作实践和理论研究两个领域尽快涌现出一批中青年骨干和学术带头人。

根据高等教育人才培养目标要求，培养中国特色社会主义事业的合格建设者属于人格素质，培养中国特色社会主义事业的可靠接班人属于领袖素质，这需要辅导员对大学生有针对性地进行分层培养，为每个立志成才的大学生埋下未来成功的种子。

在自身素质升级方面，辅导员应始终保持思想上与时俱进，学习上与日俱增，为人上与人为善，处事上与贤为伍，心态上见贤思齐，教会学生如何做人，向学生传授文明之道，解答成长困惑，努力用自身修养和人格魅力引导学生成长成才。

### （四）创新路径设计

1．提高自媒体时代的网络思政协同创新服务能力，建立升级版高校辅导员卓越团队和高校辅导员协同创新中心

鼓励高校辅导员跨部门、跨区域协同合作创新，通过学习、实践、思考和总结来全面提升个人修养，拓展思考维度，学习政治理论、政策法规、专业知识和工作技能，增强抗压能力和逆商，提高幸福认同感。在自媒体时代下，更应励学笃行，主动学会向乔布斯学习改变自己所处的环境；向李开复学习做最好的自己；向史玉柱学习成败心态；向马云学习创新创业；向罗振宇学习利用自媒体建立互联网知识型社群营销自己；向古典学习拆掉自己思维的墙；向张志学习 office 办公技能；成为网络舆情的积极关注和分析者，学会解读碎片化速读时代下的新闻和标签化的评述。

2．强化战略意识，建立辅导员“专、转、提、派、创、洋”职业通路立交桥

目前高校辅导员队伍的四大出路可以用“专、转、提、派”四个字概括，要放弃“等、靠、要”的被动生涯设计，更应该围绕顶层设计、高校职能、自我诉求来主动“创”设个人升级版的职业发展路径，通过螺丝钉式学习、培训、思考、交流积累打造个人升级版的“X”，各升级版的辅导员团队边培养边分享、感恩、反哺学校和学生，不断总结完善各升级版的辅导员团队成功典型，打造自媒体、大数据时代的辅导员个人或团队品牌，实现辅导员队伍的可进可出、能上能下、宽松畅通、良性循环。教育部和各教育行政部门联合各高校多为辅导员提供“请进来、走出去”的国际交流与合作机会，培养国际化视野的“洋”气辅导员，到海外孔子学院任教或担任对外汉语教学志愿者，加入世界上首个研究学生事务的国际性组织——亚太地区学生事务协会（APSSA），参加高校学生事务国际学术

研讨会，开展国际范围的学生管理与科研、服务合作。

3．聚焦学生发展关键需求，倡导超限沟通，开展工作流程优化再造，提升工作服务价值

高校辅导员日常事务性工作烦琐，曾有人归纳总结为108项具体工作，然而一个人的精力总是有限的，辅导员队伍应聚焦学生成才发展的核心需求，开展工作流程优化再造，进行工作任务和目标、效果分解总结，着力提升语言表达和沟通、信息、组织管理、危机处理和时势洞察等基本职业能力，及时掌握学生思想动态，工作方式方法体现人文关怀、刚柔并济、分层分类、务实高效，把辅导员工作做深、做细、做实，注重构建符合角色期待与角色实践相统一的和谐师生关系，尝试运用情景体验式的思政教育方式。按照高校辅导员誓词和核心价值取向的要求，通过多学、多走、多看、多谈、多管，实现辅导员队伍由事务型向学习型、由限制型向发展型、由高耗型向高效型、由被动适应型向主动创造型转变。鼓励辅导员主动与学生建立链接，开展平等对话，以塑造人格为工作重心，致力于培养具有健全人格、健康心理、国际视野、扎实理论、广博知识、实践与创新能力的学生。

4．创新思政教育平台载体，引入社会资源，拓展工作新领地

在借鉴国外高校学生工作先进经验的基础上，高校辅导员除了传统的形势与政策第一课堂和社会实践第二课堂教育载体的基础上，还可以充分利用感恩教育第三课堂教育、各类专业学科竞赛平台、班党团社区管理平台、学生活动互动和传媒信息沟通平台、职业发展和校企合作、创新创业教育平台、国际交流和合作平台、公益志愿和社会实践服务平台、同辈群体平台等创新载体，主动引入各类社会资源，拓展工作新领地。

5．设立辅导员学三级学科，着力搭建多层次、应用型的辅导员科研平台

辅导员队伍专业化、职业化的建设要求，必然要求提升辅导员的科研能力。各高校要改变辅导员平时“重事务、轻总结；重实践、轻研究”的现象，鼓励基于学生工作实践和相关理论的应用型研究，发动高校辅导员主动与思想政治理论课教师、各专业教师、在读研究生、校外各类专业人士合作开展校级、省市级、国家级科研课题研究，在马克思主义理论一级学科、思想政治教育二级学科下设“辅导员学”三级学科，把中国高等教育学会辅导员工作研究分会办出学术影响力，把《高校辅导员》、《高校辅导员学刊》杂志尽快办成全国中文核心杂志，成为一线高校辅导员评定高级职称优秀论文发表和学术交流的主要平台。

6．开展多形式、模块化、技能型的辅导员培训

在培训形式上，有条件的高校应确保每年选送优秀辅导员出国进修，到校外各部门和各级党校进修、挂职锻炼、企业实践、在职进修硕士以上学位和相关职

业资格认证证书。

在培训内容上，依托教育部和各地教育行政部门设立的高校辅导员培训研修基地、各级党校和教育行政学院、社会培训机构和国际行业组织等多方资源，实施辅导员“9+X”的模块化培训，即要求辅导员取得任职资格后，根据不同工作年限分别接受初、中、高3个职业能力等级的培训，完成思想政治教育、党团和班级建设、学业指导、日常事务管理、心理健康教育与咨询、网络思想政治教育、危机事件应对、职业规划与就业指导、理论与实践研究等九个基本项目的培训。此外，鼓励辅导员根据专业、兴趣和工作需要，选择“X”升级版培训内容，包括管理潜能激发、创新创业教育、新媒体传播等项目，打造升级版社会人才X专业师。

## 四、升级版的成果输出：辅导员专业工作室反哺学生工作

辅导员在升级版之前要学会自我复盘，向保安学习三问：“你是谁？”辅导员所肩负的教育使命和“培养什么人，怎样培养人”时代重任决定了自身必须有所为；“你从哪里来？”辅导员要不忘入职时的初心，带着感恩之心主动服务学生；“你要到哪里去？”辅导员要结合自身兴趣和特长，术业有专攻，做到有所不为，主动设计好自己升级版的辅导员之路。通过升级版的队伍建设，可以在不久的将来培养出一批着眼于辅导员终身发展、多通路专家型的升级版辅导员队伍，即社会人才X专业师、思政领域学科带头人和实践专家。通过优秀辅导员典型示范着力打造辅导员专业工作室品牌，提高职业公信力和美誉度，并为新入职的辅导员指明未来升级的职业方向，从而吸引更多的社会优秀人才加入高校辅导员这一职业，实现高校辅导员队伍的良性更新。升级版的辅导员队伍还可以整合更大的社会资源反馈学校和学生，真正成为学生的人生导师和知心朋友。

综上所述，每个高校辅导员心中都有一个希望人生出彩、教书育人的梦想，也坚信一定能打造出“让学生成才、让家长安心、让社会满意、让领导放心、让自己成功”的升级版高校辅导员队伍。

**参考文献**

[1] 滕云：《高校辅导员职业化研究》，上海：交通大学出版社，2013年版。

[2] 教育部思想政治工作司组编：《高等学校辅导员工作概论》，高等教育出版社，2011年版。

[3] 高祥阳：《高校辅导员多重定位：人生导师、知心朋友》，《光明日报》，

2006年10月11日。

[4] 姜永杰:《新时期高校辅导员角色定位探析》,《湖北财经高等专科学校学报》,2011年12月第6期第23卷。

[5] 龚春蕾:《高校辅导员职业化专业化问题研究》,博士学位论文,华东师范大学2011届研究生,2011年3月。

# 英国学校道德教育主题的嬗变

张　嵘

**摘　要**：英国学校道德教育历史悠久，在其发展的历史中经历了宗教教育、绅士教育、公民教育三次主题的嬗变，三次主题的嬗变反映了不同历史时期英国社会政治、经济、文化发展的状况。在三次主题嬗变的过程中，英国道德教育凸显其贯彻始终的宗教性、传统与现代相结合的灵活性等特点，这些特点使其道德教育思想在主题嬗变的过程中得到不断丰富与完善。

**关键词**：英国　道德教育　主题　嬗变

道德作为一种社会意识形态，它的产生发展都是由一定的经济基础所决定，并为一定的社会经济基础服务。不同的时代，不同的阶级往往秉持着不同的道德观念，不同的文化中，所重视的道德元素及其优先性、所持的道德标准也常常有所差异。因此任何国家的道德教育主题都不是一成不变的，它往往是一个时代政治、经济发展需要的反映。拥有悠久历史的英国，在其道德教育发展的历史上经历了宗教教育、绅士教育、公民教育三次主题嬗变。

## 一、以宗教教育为主题的道德教育

英国是一个传统的基督教国家，从公元6世纪末第一座基督教教堂在坎特伯雷建立后，英国确立了基督教在国家的统治地位。教会开办了英国历史上第一所学校，可以说英国学校教育起源于宗教，学校是教会的产物，教会是最重要的教育代理，教育的发展由教会长期的控制和管理。教会将学校作为传播基督教和教化民众的主要工具，学校的主要任务是培养神父、牧师和皇室官员。教会教育是以道德教育为主，《圣经》是教育的主要教材。学生需要学习的就是迷信宗教、服

张　嵘　上海对外经贸大学国际商务外语学院

从宗教。从教学内容上看，中世纪英国学校学习包括两方面的内容：一是包括文法、修辞、逻辑学、算术、几何天文、音乐的“七艺”；二是宗教教育课程。两部分的内容都是为宗教教育服务的。“在宗教教育为唯一目的社会环境下，‘七艺’课程受到了全面改造，内容变得极其狭窄，远离了世俗生活。学习文法掌握拉丁语，是为了阅读《圣经》；修辞学的学习是为了分析经书的文体，训练宣教的口才；逻辑学的学习是为教会的宗教信条进行辩护，并打击异端；学习算术和天文知识是为用于计算宗教节日和祭奠的日期，以及占卜星象；几何包括一点测量知识，是以绘制教堂建筑图样；音乐则为礼拜和举行宗教仪式服务”。[①] 可以说，一切教育活动都渗透着宗教教育的目的和要求，体现着宗教教育的特点。从教育的方法上看，教学建立在有僧侣担任的教师权威之上，学生不能有任何的探索与创造，强调背诵，也采用问答法进行教学。16世纪之前，英国学校教育实质上就是宗教教育，道德思想基本上是一种以基督教神学为中心的思想，其主要的思想来源和理论基础是基督教教义。道德教育从注重个人德行、人际关系和现实生活方式等方面，引向人和神的关系以及拯救个人的灵魂方面，这一时期是一个道德宗教化的时代。

## 二、以绅士教育为主题的道德教育

17世纪，英国发生了资产阶级革命，英国社会经过激烈的宗教斗争和社会变革，使教会屈从于王权，极大地削弱了宗教历来的权利，社会和教育开始世俗化。新兴的资产阶级集中反对以禁欲主义为核心的宗教神学道德观，坚持人道主义的以自我为中心的人性论，提倡人性之上、个人之上和理性之上，以人性和理性反对神性和蒙昧主义，以人道主义反对神道主义，以个性解放反对封建等级制度。这一时期教会对学校的控制权利削弱了，贵族逐渐从僧侣手中接过了教育权，当时无论是中等教育的公学、文法学校和私立学校还是大学都是由私人和团体捐赠和开办的，进入这些学校的学生也都是上层精英的子弟。新兴的资产阶级用其自身的奋斗经历向社会展示新一代理想的道德形象，其中包括，有德行的人应该是敢于追求物质财富，善于运用知识和智慧开拓海外市场，善于运用法律保护自身的财产与安全，并具有勤俭、节制和高尚的情操等。作为新兴资产阶级代表的英国教育学家约翰·洛克提出“绅士教育”的理念，具体地讲就是绅士必须是有德行、有用、能干的人，具有道德、智慧、礼仪和学问这四种品质，同时必须具有上层社会所崇尚的道德品行，有堂堂仪表，举止大方，懂礼节，善于交

---

① 王天一、夏之莲、朱美玉：《外国教育史》（上），北京：北京师范大学出版社，1984年版，第79页。

谈，还要有资本主义实干家的身体、能力、学识和智慧。洛克将道德教育视为绅士教育的灵魂，他认为："在一个人或者一个绅士的品行之中，德行是第一位的，是不可缺少的。"[①] 洛克的绅士教育思想得到广泛的实施，当时英国公学和大学最重要的教育内容就是伦理、道德、心智训练与人的性格；教育的目的也由以前培养神父变为培养绅士。不难看出洛克教育思想下培养的绅士就是一代新的统治者和实业家形象，是当时封建社会向资本主义社会过渡时道德教育的必然反映。这一时期英国道德教育的主题开始由宗教教育垄断，向世俗化发展，绅士教育就是宗教教育开始世俗化的重要表现。

## 三、以公民教育为主题的道德教育

公民教育早在18世纪后半期就开始在英国出现，但是在当时仅仅是由个人发起，并没有在社会上造成很大反响，并在此后很长时间里也没有引起更多的重视。20世纪中期，经历过两次世界大战的英国社会问题剧增，道德缺失，物质主义、个人主义日益膨胀，种族主义和种族冲突加剧，特别是年轻人政治参与意识薄弱，甚至远离政治，反社会行为增多，这都使英国政府认识到确立一种公认的国家认同观念及提高公民意识与责任感的重要性。在政府积极的推动下英国道德教育开始了公民教育的时代。1997年英国成立"学校公民教育与民主教育顾问小组"，为学校中的公民教育提供有效的建议，顾问团组织进行了一系列的咨询和讨论并于1998年提出了他们的最终报告，简称《科瑞克报告》(The Crick Report)。该报告就公民教育的必要性、目的、内容、方法、重点等做了阐述，为国家实施公民教育奠定了基础。1999年英国国家课程修订，进行两个主要课程的革新：一是在中学基础上将公民课程设立为新的科目，而且是法定的学习内容之一；二是将个人、社会和健康教育的《国家框架》作为上述的补充。2002年8月开始，公民教育成为国家课程体系中的一门基础学科，该课程指导指出，公民教育的目的是在发展学生作为一个公民所应具备的技能、价值观和态度的基础上，帮助学生获得并理解公民的基本知识。公民教育包含的内容有：社区、多元社会、公民自身、家庭、民主、公民、法律、就业、工作和休闲、公共服务。其中还规定公民教育中的活动应促进学生的个人发展，鼓励并建议他们发展对世界事务的关心及参与其中的欲望等。[②]

① [英]约翰·洛克：《教育漫话》，傅任敢译，北京：教育科学出版社，1999年版，第114页。
② 秦树理：《国外公民教育概览》，郑州：郑州大学出版社，2005年版，第22页。

| | |
|---|---|
| 第一阶段（5—7岁） | 学习参与班级讨论，制定和遵守法规，意识到他们属于不同的人群和社区，了解怎样保护环境。 |
| 第二阶段（7—11岁） | 学习社会热点问题和事件，了解法律是怎样制定和执行的，反思社会行为的后果，包括恃强凌弱的行为。 |
| 第三阶段（11—14岁） | 学习、思考、讨论典型的政治、精神、道德、社会和文化问题、难题、事件；学会区分影响其生活和社区的法律、政治、宗教、社会和经济体制及系统；积极参与学校生活、邻里生活，努力对公共生活产生影响；在社区活动中承担义务；从学校、地方、本国和全球的角色理解公平、社会正义、尊重民主和多样性。 |
| 第四阶段（14—16岁） | 继续学习、思考和讨论具有典型性的政治、精神、道德、社会和文化问题、难题、事件；研究影响其生活和社区的法律、政治、宗教、社会和经济体制及系统，密切关注运行情况和影响；继续积极参与学校生活、邻里生活和更广泛的社会生活，对公共生活具有更大的影响力；更多地重视批判意识和评价能力；对诸如公平、社会正义、尊重民主和多样性有更多的了解，参与社区活动，发展知识、技能和理解力。 |

注：表整理自秦树理《国外公民教育概览》。

从英国公民教育的目的和内容规定不难发现，在全球化背景下英国公民教育在传统政治常识之外，更注重与学生日常及未来社会政治生活有关的内容，注重学生对公共生活的参与，注重培养学生从各种不同的视角来看待问题和解决问题的能力，学生们因此也将学习到更多与实际生活密切相关的知识和技能，学校公民教育的意义也就凸显了出来。

## 四、从主题的嬗变看英国学校道德教育的特点

英国学校道德教育主题的嬗变历史反映了英国社会政治、经济、文化背景的演变与更替，在主题嬗变的过程中道德教育的特点也彰显出来。

### （一）道德教育的宗教性

从英国的历史上看，宗教思想总是作为一种保守而稳定的力量在社会思想道德领域发挥作用。即使英国学校道德教育主题因时代的变化而会有不同的侧重，但是无论哪个历史时期宗教教育都始终占据一席之地，甚至有人认为英国社会在20世纪中期以前道德教育完全就是宗教教育。在二战结束后，传统的社会机构和社会观念都发生了前所未有的剧烈变革，宗教教育受到巨大的冲击，英国政府就用法律的形式来保障宗教教育在学校教育中的地位，战后英国首部教育法《1944

年教育法》明确规定：所有郡立学校和民办学校都必须进行宗教教育，其后的《1988年教育改革法》规定，所有在校注册的学生进行宗教教育是每个学校必须完成的任务。英国国家课程中也规定：宗教教育是法律确定下来的，因此必须使其成为学校课程的一个重要组成部分。[①] 近些年来，随着世俗化和现代化的深入发展，社会迫切需要建立起新的价值观念和行为规范体系，传统的宗教教育遭到全方位的质疑，不少人认为宗教教育已经无法再适应现代社会的需要。面对这样的质疑，英国宗教教育工作者努力将新的内容注入到传统的外壳中，使古老的原则与新的时代精神相结合，塑造与现代社会相适应的价值观和人格理想，用传统的宗教来增进民族认同感和归属感。宗教教育专家特伦斯就指出："时间证明了宗教教育可以像蛇一样更换皮肤的能力——宗教指导、宗教知识、神学、教义、圣经知识——这些展示了面对巨大的社会变化时宗教教育表现出来的弹性。"[②] 宗教教育因为这样的弹性特质，不仅没有在现代化的进程中淡出历史舞台，反而注入了新的活力，在新世纪依然发挥着无法替代的作用。宗教教育是英国道德教育发展历史中最稳定、最引人注目的部分。

### （二）坚持传统与现代相结合

英国传统的道德教育主要有两种形式：一种是根深蒂固的宗教教育，另一种是在教育世俗化过程中逐步确立起来的绅士教育。这两种教育在英国学校道德教育发展的历史上都曾经是一个时代道德教育的主题，宗教教育通常给学生明确的道德训导，使用教理问答的办法和令人厌倦的道德说教，给年轻人介绍并强调社会道德的必要性。这种方法通常采用权威方式而且严格控制学生的行为。绅士教育确信人类已经形成一套较为完整和固定的行为规范，认为道德教育的任务就在于尽一切可能让学生了解、掌握这些道德规则并最终按这些规范行事，在教育的方式上主要采用灌输方法。随着社会的进步与发展，这些传统道德教育中的死板、说教的方式和内容已经被逐渐摈弃，精华部分则保留下来，并被注入现代活力的因素，使其更好地与现代环境结合。例如，源于宗教教育的集体礼拜，一直以来都是英国学校进行道德教育的主要方式，传统的集体礼拜主要包括唱赞美诗、做祷告，或者校长讲话、阅读《圣经》和基督教教义，即主要是围绕传统基督教进行的。现在集体礼拜的形式依然存在，但在内容上却不再局限于基督教教义和《圣经》，更多意义上成为了学校的日常集会，集会常会围绕各种主题展开，例如"诚实"、"思考每一天"、"新学年、新开始"等，由《圣经》故事或其他故

① 周洲：《20世纪英国学校道德教育发展》，山东：山东人民出版社，2010年版，第198页。

② Coplay, Terence, *Teaching Religion—Fifty Years of Religion Education in England and Wales*, Exeter: University of Exeter Press, 1997, p.190.

事改编的剧本常被引入活动中，通过这种方式让学生更容易理解《圣经》所传达的基督教精神，使原来枯燥的教义变得生动而容易接受，同时也促进了在现代环境下成长的学生健康道德观的形成。随着科学化、全球化的发展，公民教育对促进学生个人和社会品质发展的作用越来越大，但传统的宗教教育与绅士教育并没有因此退出历史的舞台，它们变成了英国传统文化的一部分，同现代的公民教育结合起来一同发挥作用，对当代英国人人生观、价值观继续产生着巨大的影响。

### （三）道德教育思想完成了从神到人再到世界的转变

从宗教教育到绅士教育再到公民教育的主题嬗变中，英国学校道德教育思想经历了从神到人再到世界的演变。早期的英国道德教育主要就是宗教教育，教育的中心是研究人与神的关系。文艺复兴、宗教改革之后，人取代了神成为命运的主宰，英国道德教育思想开始关注个人的发展，注重人的自由与权力，绅士教育随之兴起。二战后的英国道德教育思想开始将重心转移到人与他人、社会、民族、世界的关系中，提倡在青少年社会化的过程中，正确认识和处理个人与他人的关系，学会关心他人、体谅他人。随着现代信息技术飞速发展和全球人员快速流动，仅仅关注自我和他人也远远不能满足时代发展的要求，英国国家教育委员会（National Commission on Education）1993年报告中指出："教授公民是非常重要的。我们以广义的方式来定义这个科目，它牵涉到各个人之间以及与他们生活的世界之间的关系，它不仅与这个国家而且与欧洲甚至整个世界有关，它关系到民主的制定以及个人在民主社会中的权利和义务；财富的创造；公有的和私有的雇主及志愿团体的角色；人们在社会生活中所塑造并起到的创造性作用的机会。"[①] 近些年兴起的公民教育就是提供机会让学生参与到政治与公民政策问题，参与到社会与民主进程中。在社会道德和文化方面则强调发生在地方、国家和全球环境下的日常事件，例如英国与欧盟的关系，联合国与国家政治实体、全球环境问题等。英国公民顾问小组在其报告中明确提出"英国公民教育的重要目标之一就是公民的范围不再局限于英国公民，而是发展成为欧洲的公民和世界的公民"。[②] 当代的英国宗教教育也不再停留在基督教教义和原则的灌输，而开始探讨宗教和道德的世界性问题，试图在这一领域完成宗教教育的现代化转型。

---

① Kennedy, Kerry eds, *Citizenship Education and the Modern State*, London: The Falmer Press, 1997,p.89.

② QCA. Education for Citizenship and the Teaching of Democracy in School—Final Report of the Advisory Group on Citizenship, London, QCA, 22 sep., 1998, p.16.

# 美国大学与大学生创业教育初探

## ——以加州州立大学弗雷斯诺分校为例

许俊浩

**Abstract**: Based on the research to the development of American university and university students, this study focused on observing and understanding the organization and projects of entrepreneurship education and practice which taken in California State University Fresno, and made a conclusion of three main characteristics. Further more, three hints were summarized by comparing with the entrepreneurship education and practice in China's Universities.

**关键词**: 美国大学　大学生　创业教育

本文在考察了美国大学及大学生的创业教育发展情况之后，以美国加州州立大学弗雷斯诺分校的创业教育与实践情况为例，主要研究其创业教育实施机构以及创业教育与实践项目的分类及实施的情况，总结出三个特点，并结合我国大学和大学生创业教育与实践的实际情况，提出可资借鉴的三个启示。

## 一、美国大学创业教育相关理论研究

1947年，哈佛商学院的迈耶斯·迈斯（Myles Mace）教授率先在美国高校为MBA学生开设了《新创业管理》课程（Management of New Enterprise）(wikipedia, 2012)，因此，迈耶斯也被称为美国创业教育的先驱。近30年来，开设创业课程的美国大学增长迅猛[①]（Acs，Z.，2004)，这一增长的势头来源于年轻人对创业

许俊浩　广东外语外贸大学学生就业指导中心

① Acs, Z., "*Overview of the Global Entrepreneurship Monitor*", 2004, executive report, available at: www.gemconsortium.org/document.asp?id¼38, 2008-10-04.

式职业生涯的渴望，以及公众权威机构关于创业在经济发展中的重要性的提醒[①]（Adcroft，A.，2005）。相关的学术研究表明，创业教育将提高年轻人对创业型职业生涯的兴趣，这种兴趣甚至在接受高等教育之前就已经显现[②]（Bosma，N.and Harding，R.，2006）。甚至在初中教育中，也可发现有些项目成功地将一些形式简单的商业活动结合了学生对创业的期望和理解。在高中阶段，学生可以通过实践来体验创业。到了大学阶段，学生则可以被教授如何绘制商业计划和寻求创业机会。

创业是否能被教育出来，这个问题在学术界曾有过讨论。然而，更多的学者认为至少一些能辅导创业的基础要素是可以通过教育和培训开发出来或增强的[③]（Brooksbank，D. 2006）。创业教育赋予学生市场分析、商业计划的写作、确认商业机会等方法是很有价值的，学生学了这些方法和技巧之后能够去产生一些基础的商业想法，甚至是找到市场，这些知识会影响他们获取商业机会的程度[④]（European Commission，2006）。

有研究建议创业教育应该将重点放在“实践中学”[⑤]（Fayolle，A.，2005），这种方法将显著影响创业者的自信，并将这种自信带到创业的行为中。通过提供商业计划发展的知识，以及在模拟或真实的商业环境中给他们以实践的机会，创业教育能将学生当作一个潜在的企业家来开发其职业竞争力（Wilson et al.，2004）。在运营创业教育项目中所使用的方法上，近年来呈现出一个新的潮流，那就是使用科技、客座讲师、案例分析和角色模拟等[⑥]（Gibb，A.，1994）。通过这些有效的方法，学生的能力和判断力将被更好地开发。

与创业教育相关联的内容还有创业支撑项目，例如课堂上学生的商业演讲、商业计划大赛、课外创业咨询等。研究认为，学生在大学期间接触越多的创业支撑项目，他选择去追求创业式的职业生涯的可能性就越大，因为这些项目的参与将使得他们获取更多社会资源，这些社会资源和关系网能够帮助他们弥补自身资源的不足[⑦]（Hannon，P.，2006）。创业支撑项目同样能够激发学生的创业灵感，

① Adcroft, A., Dhaliwal S.and Willis R., “Insatiable demand or academicsupply:the intellectual context of entrepreneurship education”, *European Business Review*,Vol.17, No.6, pp. 518-531, 2005.

② Bosma, N. and Harding, R., (2006), eds, *Global Entrepreneurship Monitor Report*, London, Babsonand London Business School, 2007.

③ Brooksbank, D. and Jones-Evans D.(2006), “*Global Entrepreneurship Monitor*”, 2005, Wales Executive Summary Report,National Entrepreneurship Observatory for Wales,Cardiff.

④ European Commission(EC) (2006), “Entrepreneurship Educationin Europe: Fostering Entrepreneurial Mindsets through Education and Learning”, COM33 , European Commission, Brussels , February.

⑤ Fayolle, A., “*Introductiona Entrepreneuriat*”, Dunod, Paris, 2005.

⑥ Gibb, A., “Can we build effective entrepreneurship through management development?” *Journal of General Management*, Vol. 24, No.4, pp.1-21,1999.

⑦ Hannon, P., “Teaching pigeons to dance sense and meaning in entrepreneurship education”, *Education Training*, Vol.48, No.5, pp. 296-308, 2006.

而创业灵感有时候比利用资源更加重要[①]（Katz，J.，2003）。

## 二、美国大学生创业教育实践

### （一）实施机构

莱尔思创新创业中心（Lyles Center for Innovation and Entrepreneurship，下称莱尔思中心）是一家服务覆盖全国范围的创业机构，创建于2003年，坐落在加州弗雷斯诺市。作为该地区主要的一家企业家发展中心，莱尔思中心常年为学生以及社区成员提供商业发展上的资讯。中心的服务形式包括授课，专业资讯和提供适合企业发展的管理方案。莱尔思中心通过为创业者提供专业咨询服务和项目来帮助创业者和企业家建立起成功的企业。

莱尔思中心是由加州州立大学弗雷斯诺分校与当地企业家 William Lyles 博士合作办成的。芝加哥科尔曼基金会给予该中心持续的资金支持，用于创建培养本地区创新创业行为的项目和活动。莱尔思中心提供的服务包括：知识产权管理、科学技术发展及商业化、市场和技术评估商业计划评估和实习机会及技术指导。

作为在企业发展交友方面的领导者，莱尔思中心利用自身的优势，发掘并利用整个加州州立大学弗雷斯诺分校的资源来确保为企业创办者和商业发展者提供最好的服务，确保他们能发展起属于自己的成功企业。莱尔思中心作为连接社会和大学的桥梁，让两者之间得到资源的互享，使得双方都取得巨大的经济效益。其项目的主要服务对象覆盖了青少年、高校学生、大学以及社区。

莱尔思中心目前共有十名固定的工作人员，来自加州州立大学弗雷斯诺分校专门从事创业教育和实践的教授 Timothy Stearrns 博士担任执行主任，其麾下设有副主任、财务经理、公关专员、项目经理、项目助理等职位。

### （二）美国大学创业教育项目的分类及实施

从中小学到大学，甚至大学毕业后的人群，莱尔思中心都提供了多种多样的服务项目，这些项目的服务宗旨大致包含了应用型学习、专业化咨询以及解决管理问题。具体包括：创业教育、创业导师项目、孵化器、企业家驻校以及其他多个特色项目。

1．创业教育

加州州立大学弗雷斯诺分校开设有创业学方向的商业管理理学士学位，具体

---

① Katz, J., (2003), “*Chronology and intellectual trajectory of American entrepreneurship education 1876-1999*”, *Journal of Business Venturing*, Vol.18, No.2, pp. 283-300, Myles Mace, http://en.wikipedia.org/wiki/Myles_Mace.

教学工作由莱尔思中心承担，共有13门课。主要课程有：创业导论、机会评估、商业计划写作、新企业管理、新企业实验室、城市创业、社会创业、公司创业、特许经营店、家族企业管理等。除此之外还有10门细分领域的创业课程可供学生选修。学生在完成所有课程的学习之后，还必须通过实习获取其中的6个学时才有资格申请毕业。据了解，平均每年有150人左右的学生选择了该方向。大学里其他专业学生可以通过选修的方式来接触以上专业课程，以增进自身对创业学的了解。同时，莱尔思中心还联合管理学院向外界提供继续教育的机会，参加文凭班学习的可以获取创业学的文凭。创业课堂大多数由两位甚至更多教师一起上，一位是正式的教授，另一位是有丰富创业和企业管理经验的客座教授。

2．创业导师项目

美国大学不仅选用学术上有相当造诣的教授，而且还根据创业教育课程的特点，特别注重选聘有实践创业经验的教师。创业导师项目创建的初衷是给所有渴望创业的学生提供一个与中央谷底地区成功的前沿的创业者直接互动的机会。该项目每年邀请20位以上的成功企业家作为创业导师，为成功注册成为项目学员的学生提供一对一，甚至多对一（多个导师对一个学员）的辅导配对。项目除每周固定提供直接向企业家学习成功经验的论坛、讨论会以外，还包含了企业参观、商务社交宴会、实地考察旅游等活动。同时，配对的导师每周将至少联系学生一次，辅导形式由导师决定。本校学生主要满足以下两个条件即可报名参加：创业专业学生或者教授推荐。该项目每学期仅向本校招收20名学生，年级专业不限，学制两学期，完整完成改项目并成功通过各种各样测试的学生可获得3个学分。创业导师项目自2006年运行至今，已有120名学生参与。2012年，20名学生与20名导师成功配对，除每周一次常规讨论会之外，共举办过六场工作坊，三次实地考察旅游（Annual Report 2012，P3）。学生在与企业家结对子的时候，不仅能习得创业和企业运营的技能，更能与企业家们建立关系。有不少学生在毕业之后直接被该企业家录用，更有学生已经在和其企业家导师一起创建新企业。

3．孵化器

对于学生创业者而言，资金、场地和经验往往成为最令他们头疼的三大问题。一个良好运转、设施齐备的创业孵化器，无疑能成为学生创业成功的推力。莱尔思中心的学生孵化器为学生提供了供他们在校孵化企业的办公室、设备和导师。在美国，合法注册一家企业是一件很容易的事情，即使是自己的家庭住址也可以成为企业注册的合法地址，所以学生更需要的是一间可以用来办公和进行日常运作的办公室。成功注册成立公司的学生可以向学校提交入驻申请，莱尔思中心将对其商业模式、盈利模式、项目进程等多个方面进行综合评估，最后批准入驻。入驻之后，莱尔思中心定时地对该项目进行辅导和评估，同时设置阶段性目标和任务让学生团队去完成。在此过程中，如果评审专家认为该项目不适合继续运行了，将终止其孵化进程。莱尔思中心还与当地的风险投资公司合作，邀请进驻中心，为学生创业团队提供实时风险投资咨询及帮助。在校学生还可以向中心申请5000美金的创业助学金，而这笔资助既可用于创业，也可用于学习，学校一经授予，不再干涉。

4．驻校企业家

驻校企业家就是把杰出的企业家请进莱尔思中心，给他一个办公室，并请他在规定的年限里给学生手把手的指导。他们的主要辅导对象是入驻孵化器的学生创业团队和个人，对他们的经营过程提供建议和帮助。同时，有商业想法但还没准备好创办企业的学生也可以得到驻校企业家的辅导。除此之外，他还将参与为期一周的校园讲座、讨论会和社区活动。

5．企业项目承接

莱尔思中心不仅鼓励学生自己开办企业，同时积极与成熟的企业深入合作，承接部分项目，再外包给学生团队作为创业项目去完成。学生团队在运行项目的过程中，接受外包项目的公司指导。项目完成之后，由莱尔思中心和原公司组织专家评审验收，如果项目通过验收，学生团队获取酬劳，同时也有机会到该公司实习或承接更多项目。

6．特色项目

除针对本校学生设置的常规教育与实践项目外，莱尔思中心还与纽约、芝加哥等地的创业创新机构合作开发多个特色项目。例如专为小学生和初中生定制的“放学后”，该项目与中小学合作，选拔教师统一培训，以夏令营的形式带领青少年通过数学、科学和语言艺术等学科的应用，鼓励他们发明自己喜欢的玩具，以此来激发孩子的创新思维。另外，培训中小学创业师资的NFTE（Networking for Teaching Entrepreneurship）、帮助社区大学青年成长的创业之路（Entrepreneurial Pathway）以及创新工作坊、P9创业技术培训课程等项目，不仅将大学的创业教育和实践年龄段前置到中小学、后延至毕业后，更为该中心在国内甚至亚洲部分国家赚取大量的利润用于运营、开设新项目以及设立创业基金。

## 三、美国大学创业教育的主要特点

### （一）创业教育前置与连贯

与我国创业教育理念形成极大反差的是，美国从上到下都鼓励创业，创业、创新教育和企业家精神的普及程度极高。无论是教育者、地方政府、企业组织还是青少年的家长，均在很大的程度上认可创业和创新的重要性。根据不同年龄阶段的人的发展特点而设置的不同内容偏重的创业教育，不仅让这种理念更早地内化于个体，同时也保持了教育的连贯性。当学生到了大学接触到更深层次的创业教育时，不会觉得生硬。更早地获得创业创新启蒙的学生，也更早地为日后的创业做好准备。

### （二）课程设计贴合实际

美国大学的创业教育较为成熟，其讲授的内容贴合社会现实和企业本身。美国是全球最著名的推崇并鼓励创新创造的国家之一，其创业型经济一直旺盛，拥有良好的社会土壤。即使2008年席卷全球的金融危机为美国带来了巨大的经济滑坡，美国人仍然重视创业型经济。长期广泛的创新、创业实践让美国的创业教育者明白从哪些方面入手更容易培养和丰富一个人的创业技能和知识。目前，美国大学的创业课程分类细致又自成体系。以莱尔思中心为例，除较为综合和从大方面去介绍创业的课程外，还设置细致到房地产、时尚消费、娱乐业、农业等领域的创业指引课程，学生拥有更强针对性的选择。

### （三）善于整合社会资源

美国大学的创业教育不是大学在单打独斗，而是善于整合社会和国家的资源。企业、投资商、孵化器、创业基金、大学、政府的共同参与和支持整个过程，是美国创业教育的一个重要特点。企业家现身说法、手把手传授创业技巧，为创业者提供了宝贵的经验和案例；投资商、创业基金会的积极介入则为创业者提供了资金的支持；完善的孵化器则能帮尚未成熟的小企业催生，并在一定程度上提供了抵御风险的保护伞；大学的创业教育更多地是培养创业者在创业和商业运作上的软技能；政府通过降低创业门槛、适当减免小微企业税收、加大公共宣传的力度以及营造良好的创新创业氛围等方法来为创业者保驾护航。

## 四、美国创业教育对我国大学的启示

### （一）健全机构，灵活机制

目前，我国大学的创业教育机制较为混乱，牵头单位有就业指导中心、团委、管理学院、MBA 中心等部门，难以统一。极少数大学成立了创业学院（中心），而这其中还有一部分属于空有机构，没人办公的流于形式的状态。大多数从事创业教育的老师和干部属于兼职状态，不仅没能潜心研究，甚至连上课时间都难以保证。高校应从健全机构、灵活机制上入手，成立实实在在负责创业教育的专门机构，由专职人员负责管理和运行，充分调动其他学院和部门的资源来充实教学力量和拓展实践平台。同时，在师资建设上要敢于打破陈规，既要有一批擅长理论研究、高学历高水平的教授，也要聘请有丰富实践经验、又能提供实践平台的企业家。高校要建成整合社会资源的平台，倚助多方力量共同培养学生的企业家精神和创业技能。

### （二）自我成长，鼓励盈利

创业本身就是一种争取盈利的行为；而创办创业机构，本身也是一桩创业的行为。高校应鼓励创业中心通过合理的渠道，用活资源，广筹资金，大胆盈利，实现自我成长。作为能够有效运作的创业教育机构，孵化器、创业导师、创业基金、实践平台一样也不能少，更不用说中心自身的运营经费和人员的薪酬，这些都需要充足的资金支持。如果光靠学校拨款，显然很难持续性地将平台做大做强。创业中心可以自行开发培训产品，与企业、社区、其他教育机构合作，将创业教育与实践的产品和服务有偿地推广。这样做，一方面实现了盈利，资金可以滚入创业基金，用以运作和更大力度地支持学生创业；另一方面也弥补了高校创业教育老师普遍缺乏实际创业经验的不足，让创业教育“更接地气”，与时代和社会的发展保持一致的步调，避免闭门造车。

### （三）明确理念，稳扎稳打

目前，我国大学对创业教育的认识普遍存在着一个误差：将创业教育简单等同于教导学生创办一个企业。这往往使得国内的创业教育流于形式，急功近利。实际上，创业教育也称“企业家精神教育”，是一个素质和技能的培养过程。1991年东京创业教育国际会议从广义上把“创业教育”界定为：培养最具有开创性个性的人，包括首创精神、冒险精神、创业能力、独立工作能力以及技术、社交和管理能力的培养。莱尔思中心的 Timothy M. Stearns 教授强调，创业教育在美国无非三个关键词：态度、技能、实践，而莱尔思中心更关心培养学生的创业技能，使之从本质上明白企业创建和运营的过程以及对人的素质需求，至于能不能实践出一家属于自己的企业，那并不是他们关注的重点，况且，并非每个人都适合创办企业。所以，我国高校应当把创业教育当作大学教育、职业生涯教育的一部分，不要急于去推动小企业的产生，而是更加注重创业意识、创业技能、企业家精神的培养，让学生在接受创业教育之后，懂得站在一个企业创办者和管理者的角度去思考自己、认识专业、了解专业与职业的关系、学会专业知识与技能在实际公司运营中的转换、意识软技能对于具体岗位的重要性等，在拥有企业家精神和掌握好创业技能的基础上，无论他是谋职者还是职业岗位的创造者，都能更好地发挥自己的才能。

# 后 记

全国外语外贸类院校学生工作协会至今已走过了19个春秋。这是一个平台，一个为外语外贸类院校学生工作系统打开的交流与互动平台，通过这个平台，14所会员单位相互促进，对话协作，经验切磋，共同推进外语外贸院校学生工作的创新与发展。今年，第十九届年会来到了外交学院，这也是外交学院第一次承办此会。本次年会以“新常态下国际化人才培养德育创新”为主题，产生了一大批理论成果和和丰富的创新实践经验，将这些优秀的文章整理成书，旨在对长期以来形成的理论与实践经验进行总结，并就在新常态下如何继续推进全国外语外贸类院校学生工作进行探索。

纵观本书，以“新常态下国际化人才培养德育创新”为主题，分为思想教育、现状分析、实践创新、海外经验借鉴与队伍建设四大板块，既有理论思考，又有实践探究，结合国内现状与国外经验进行双重视角分析，围绕“新常态”、“德育创新”等关键词展开深入研究。本书中的每一篇文章均有独到鲜明的见解，均体现了外语外贸类院校学生工作队伍同仁对工作的积极热情和不懈追求。

本论文集的诞生过程，凝结了许多人的心血。袁南生书记通读了稿件并为本书作序，郑启荣副院长对本书的结构和诸多细节提出了宝贵的意见和建议，王渝、王钊老师参加了最后的审校工作，并积极与出版社联系、统稿、校对。同时，也要感谢全国外语外贸院校广大同仁的积极配合，正是兄弟院校按时、高效的提交论文，才有了本书的顺利出版，此处，一并感谢。

这本书，凝结了全国14所外语外贸院校全体学工同仁对这份工作的心血，这段日子，充实而富有意义，期待进步，我们共同努力！

编 者

2015年9月25日

**图书在版编目(CIP)数据**

新时期国际化人才培养与德育模式创新 / 吴秀明主编.
—北京：世界知识出版社，2015. 10
ISBN 978-7-5012-5038-7

Ⅰ.①新… Ⅱ.①吴… Ⅲ.①高等教育—人才培养—研究—中国 ②高等教育—德育—研究—中国 Ⅳ.①G649. 2

中国版本图书馆CIP数据核字（2015）第228805号

| | |
|---|---|
| 责任编辑 | 袁路明 |
| 责任出版 | 赵　玥 |
| 责任校对 | 张　琨 |
| 封面设计 | 小　月 |
| 书　　名 | **新时期国际化人才培养与德育模式创新**<br>Xinshiqi Guojihua Rencai Peiyang Yu Deyu Moshi Chuangxin |
| 主　　编 | 吴秀明 |
| 出版发行 | 世界知识出版社 |
| 地址邮编 | 北京市东城区干面胡同51号（100010） |
| 网　　址 | www.ishizhi.cn |
| 电　　话 | 010-65265923（发行）　010-85119023（邮购） |
| 经　　销 | 新华书店 |
| 印　　刷 | 北京京科印刷有限公司 |
| 开本印张 | 720×1020毫米　1/16　28印张 |
| 字　　数 | 600千字 |
| 版次印次 | 2015年10月第一版　2015年10月第一次印刷 |
| 标准书号 | ISBN 978-7-5012-5038-7 |
| 定　　价 | 72.00元 |


**版权所有　侵权必究**